罗中立传记
BIOGRAPHY OF LUOZHONGLI

重庆出版集团 重庆出版社

匡渝光 著

图书在版编目(CIP)数据

父亲:罗中立传记/匡渝光著. -- 重庆:重庆出版社,2019.4
 ISBN 978-7-229-14043-4

Ⅰ.①父… Ⅱ.①匡… Ⅲ.①罗中立—传记 Ⅳ.①K825.72

中国版本图书馆CIP数据核字(2019)第028130号

父亲:罗中立传记
FUQIN: LUOZHONGLI ZHUANJI
匡渝光　著

责任编辑:周北川　赵光明
责任校对:刘小燕
装帧设计:刘　倩

重庆出版集团
重庆出版社　出版
重庆市南岸区南滨路162号1幢　邮编:400061　http://www.cqph.com
重庆出版社艺术设计有限公司制版
重庆市国丰印务有限责任公司印刷
重庆出版集团图书发行有限公司发行
E-MAIL:fxchu@cqph.com　邮购电话:023-61520646
全国新华书店经销

开本:787mm×1092mm　1/16　印张:35　字数:560千
2019年4月第1版　2019年4月第1次印刷
ISBN 978-7-229-14043-4
定价:127.00元

如有印装质量问题,请向本集团图书发行有限公司调换:023-61520678

版权所有　侵权必究

罗中立生活及工作照

1	
2	

1. 安特卫普皇家艺术学院正门前的飞跃（2004年）
2. 德国卡塞尔文献展馆外拿大顶（2012年）

1. 20世纪80年代在川美授课
2. 1984年在卢浮宫临摹
3. 比利时布鲁塞尔街头

1. 巴黎凯旋门
2. 在威尔士卡迪夫
3. 在威尼斯国际双年展

1 | 2
3

1. 法国梵高小镇梵高墓前
2. 在巴黎巴比松米勒故居
3. 2013年在比利时安特卫普皇家艺术学院

1. 在平昌邓家大院和《造新房》中的邓大志留影
2. 和夫人在四川安岳
3. 在平昌邓家大院和老朋友聊天

1. 在达县罗江写生
2. 在四川福宝古镇写生
3. 在万源青花写生

1
—
2
—
3

1. 文革时在双层生产队岩壁上写的标语
2. 川美会见余光中夫妇
3. 和参观工作室的英国小女孩合影

1. 陪同威尔士卡迪夫和挪威艺术家参观工作室
2. 2013年在达县万福铁厂学校

众里寻他千百度
——罗中立代序

《父亲》样书摆到我面前,让我有些激动也有些惊喜,似乎也向我传导出几分沉甸甸的感觉。

一瞬间,我觉得自己乍地就重新变成了一个小男孩,书页也突然变成一排简易平房,墙上有一溜小窗户,和我小时候在西南医院住过的平房很像。不同的是眼前这排平房一直往最远方延伸着,似没有尽头。

这时我听见很多人在旁边大声地喊:罗——老——师!

我转过头去,看见好多小年轻人,很自由很随意很轻松地散站在不远处一片沐浴着春日的树林下、田坎边,他们一张张青春焕发的脸笑得灿烂而温暖,他们充满活力的身上披满了绚丽的光斑,让我的心里也顿时充满阳光。

我知道他们都是四川美术学院的学子,有些我教过,有些没教过,但这不影响他们都喊我罗老师,也不影响我把他们都认作我的学生。毕竟,我是四川美术学院的老师,他们,是从四川美术学院走出来的。然后我们心有灵犀地突然一起放开喉咙高喊道:"我——们——都——是——川——美——人!"

本书作者做事的习惯:实事求是,认真再认真!他从不编"天方夜谭",语言朴实,文风活泼,风趣幽默,有人文气息。

　　其实写不写这本书并不重要,重要的是一路走过来后,可以让人充满激情地去回顾,去品味,可以再一次收获年轻。

　　《父亲》站在北京中国美术馆那儿远望着四川美术学院,他从这儿走出去的,他一定很想念自己的家乡。

　　《父亲》站在四川美术学院"罗中立美术馆"里,静静注视着人们从他身边走过,默默地祝福每一个人:又是好年头!又丰收了!

　　《父亲》对每一个人喃喃着说:历史是人民创造的!我,只是作了一个记录。

　　《父亲》对每一个人喃喃着说:天气正好,咱下地干活儿去吧!

公元2018年秋　罗中立

前言

1980年12月26日,一幅题名为《父亲》的油画,携带着平地惊雷般的震撼,从北京中国美术馆,走进大众的视线。观者无不为之激动、惊叹、赞美、流泪、争论……

弹指三十多年,众多公共媒体、艺术评论家、普通人,始终热情满满地发表着对这幅画的认识。而不同时期、不同之人的评价自是见仁见智,历史则沿着自己的轨迹前行。

但是,关于《父亲》创作者的人生路、艺术路是如何一路走来,围绕着油画《父亲》的诞生,有太多的点点滴滴,一直都处于似真似幻、扑朔迷离之中。

今天终于有一支细腻、趣味、真实的笔,它来描画了一道大门,让人们走进去;它来剖析出相关的一切,让人人都能清楚地看到《父亲》的前世今生,看到《父亲》创作者的人生和艺术路,让人们从这一个侧面去回忆、去认识、去理解已经过去了的那段岁月。

历史在前进的路上,自然会竖起很多里程碑;竖起了,就永远存在,不以人的意志为转移,任谁也不能将之抹去;它们直白地解说着历史中发生过的真实,或也如一盏灯,照亮它之前和之后的历史。

油画《父亲》,有幸、有缘也成为了中国当代艺术史上的一座里程碑。现在我们走近它去细细阅读,看看历史之手在它上面都镌刻下了哪些文字。

目录

众里寻他千百度
——罗中立代序 ········· 1

前　言 ········· 1

第一章 ········· 1
第二章 ········· 35
第三章 ········· 69
第四章 ········· 107
第五章 ········· 183
第六章 ········· 221

第七章 ········· 313
第八章 ········· 349
第九章 ········· 379
第十章 ········· 419
第十一章 ········· 441
第十二章 ········· 503
后　记 ········· 531
主要参考资料 ········· 545
罗中立生平资料 ········· 546

自二千多年前孟子写下了"天时不如地利"篇后,其所述成事三要素,便成为了国人考量一件事是否能成功的最重要的先决因素。而公元1980年作为承上启下的一年,前有1979年底至1980年初举办的第五届全国美展,后有1980年底至1981年初举办的第二届全国青年美展,由此,注定了它在中国当代美术史上,必将成为开创历史的一年。

第一章

1

公元1980年，农历庚申猴年。

新年元旦，岁月之手又翻开崭新一页，中国，就此迈入曾被称之为"史无前例"的文化大革命结束后的第五个年头。

一月一日，邓小平在全国政协新年茶话会上指出：八十年代是十分重要的年代，我们一定要在这十年中取得显著的成就，以保证在本世纪末实现四个现代化。

一月十一日至二月二日，用了三周多的时间，国家农委在北京召开了全国农村人民公社经营管理会议。耗时之长，足见会议之重要性，另一方面也不难想象会议力求达成一致意见的艰难性。会上，安徽省的代表以《联系产量责任制的强大生命力》为题，介绍了安徽农村已实行包产到户试点的情况和好处。但是，与会多数代表仍然表示，一定要按现行中央文件规定办，即"不许分田单干"，"不要包产到户"。

一月二十三日至二月十三日，同样花了三周多时间，中国戏剧家协会、中国作家协会、中国电影家协会在北京召开剧本创作座谈会，中共中央宣传部部长胡耀邦到会做长篇讲话。他提出，衡量一部作品的社会效果，最重要的是看其是否有利于现代化建设，是否有利于安定团结，是否有利于提高人民和青年的社会主义觉悟。又是一次耗时之长的会议，足见其重要性，也可以想见在会议上需要讨论需要决定的内容之多。

二月二十三日至二十九日，中共十一届五中全会在北京举行。会议通过《关于为刘少奇同志平反的决议》。

四月十日，中国第一家中外合资企业——北京航空食品有限公司被批准成立，五月一日公司在北京正式挂牌。

五月十六日，中共中央和国务院批准《广东、福建两省会议纪要》，决定在广东省深圳市、珠海市、汕头市和福建省厦门市，各划出一定范围的区域，试办经济特区。

十一月二十日至翌年一月二十五日，最高人民法院特别法庭开庭公审林彪、江青两个集团的10名主犯。

中国传统文化认为，猴，意味着活力、改变、进取、不满足、机智聪明。

新历一月五日，中国邮政总局发行了中国有史以来第一枚生肖邮票：庚申猴，票面金额为每枚人民币八分钱，这是当时在国内寄出一封平信所需的邮资。邮票上那只乖巧的猴子，由著名艺术家韩美林设计、绘画。三十年后，这枚邮票在市场的价值，蹿升到每枚人民币一万五千元以上，升值达一千八百多倍，年均升值六十倍以上。"猴子"——猴年——猴票，用这样一个事实，向人们证实了"猴"的特异禀性，讲述了改革开放年代中的一段传奇。也或者，它本就是专为这一年有一个良好开端而生的！

为八十年代开局的1980年，注定了也要在中国当代艺术史上画出浓墨重彩的一笔。这一笔，"画"在临近年终之际，也正好迎合了中国文化中对"虎头豹尾"的追求。

1980年12月26日，星期六，在若干相关部门和人员完成了大量的准备工作后，"第二届全国青年美术作品展"，如期在中国首都北京中国美术馆拉开帷幕。它以一种既平常又不平常、既躁动着无限希望又浮游着太多无所谓，这样一种明显充斥了许多矛盾的状态，携带着543（4）件各类艺术作品，走进了公众的视线。

本来，像中国这样一个泱泱大国，举办一次全国性的美术作品展，应该算极其普通、极其正常的文化活动。但如果联想起来看，在它之前举办的"第一届全国青年美术作品展"已是在二十多年前的1957年，中国历史上一个很敏感的年头，打那之后它就销声匿迹，因而它的重新亮相，就显出一份特殊意义来。也许，正因为这一届全国青年美展是在经历了很特殊条件下的时空大跨越后呱呱降生的，就自然注定了它会

有，也应该有震撼的作品诞生。

历史的确没有辜负人们对它的期望。后来的事实证明，"第二届全国青年美展"是当之无愧的中国当代艺术史上最重要的展览之一。在文化大革命结束后的最初几年里，对于刚刚走出文化"空白期"不久的中国人，几乎是每一种新出来的文艺形式和文化活动，都能够吸引到他们的眼球，并受到人们的真心喜爱和推崇。因此，在北京中国美术馆举办的第二届全国青年美展，以其得天独厚的、不可替代的地位和吸引力，毫无悬念地喜迎数量庞大的艺术圈内和普通大众的关注、兴趣，后来并让国人生起许许多多的激动、赞叹、沉思、希望、感慨，还有错愕——假如我们可以这样说的话——也不足为奇了。

不得不说，历史把奇迹的画轴向大众展开时，从来是全不在乎人们会对之作何感想的。

也不得不说，这真是一次前所未有的"另类"的全国美展：一个如此重要的美展，在开展当天，居然把评选最佳作品的评判权交给了所有到场的观众。每个观众都拥有他神圣而宝贵的话语权。哪一件作品你最喜欢？请投下你神圣的一票！

浅显的道理。任何一次展览、任何一次竞赛，总会有人得第一。但是，并非每次都会有人创造新纪录。一个新纪录的诞生肯定是既要有内因，也需要外因助力。虽然我们总说，外因是条件，内因是根本。但在很多情况下，外因也许是更难的一个条件，因为它往往无法靠人通过自身的努力去获得，往往会是产生于类似"自然而然、水到渠成"的结果。而内因，却可以说能够被掌握在人自己手里。

也许，第二届全国青年美展上这种创纪录的评选最佳作品的方式，在把大量观众很自然而然地"暗合"成一个伯乐时，由它所形成的"这一个"外因，就已经孕育了会有创纪录作品诞生的一个必然条件？回头看，似乎也只有在那样一个有着太多特殊性的时间段，才可能出现这样一种特殊的评选方式。

其实，本届全国青年美展上把评选最佳作品的评判权交给全体观众也因而创造了一个新纪录这个做法，它本身就是一个巧合。因为要说起来，这个做法并非是办展之初就被决定了的一次主动行为。

据说这样的决定，起于人人都很乐意下的一个"无奈"。

— 4 —

本届青年美展的作品在中国美术馆与公众正式见面前，从全国29个省市自治区选出了专家代表，连同来自中国美协、文化部、团中央的代表共55人，出任本届美展评委，并组成了一个庞大的评奖委员会，由时任中央美院院长、中国美协主席江丰担任主任委员。因为这是阔别了几十年后的全国青年美展重新亮相，且文革结束后国家正全面出现一派欣欣向荣的景象，所有评委心里都充满了对美好明天的极大期望，大家真的都急于看看，历经劫难后，现在咱们青年人的美术水平到底处在什么层次，所以评委们都很兴奋、很积极、很热情地应邀前往，参加例行的开展前评画。

评画伊始，评委们就对参加本届美展百花齐放般的作品从形式到题材提出了很多不同意见，有些意见甚至很尖锐。出现这种情况也很好理解。毕竟文革结束还不久，人们的各种想法、观点、认识，都还处在相对均衡却并不统一的状态。正是由于这样"分裂"似的均衡，才生出了不太好协调、不太容易解决的矛盾，因而就无法达成相对一致的意见，使得如何给予参展的每件作品最公正、最全面的评价，变成一个难解之题。最后，经人提议，也经评委们一致真心同意：咱把评判权交给观众吧，让观众为他们心中的最爱打分。

这个选择看似一种无奈，但另一方面，正充分表现出了当时人们思想上的解放。再说，让广大群众来给一件艺术品打分，也符合艺术工作者们心底一贯的想法。于是，"观众投票选最佳"这个纪录就应运而生了——假如之前的确没有过这种形式，如果之后再没复制过这种形式的话，则我们可以换一种说法来给它定义：它是一个"空前绝后"的纪录。

经过最后的认真统计，到中国美术馆现场观展的热情观众为后来获得绘画一等奖的作品投进了八百多票，票数比获得绘画第二名的作品高出七百多票。

借着观众"投票代表"们雪亮眼睛的垂青，更借着广大评委的公认，中国美术史的手跟着也很潇洒地一挥，或也带着几分"偶然"的情绪似的，把在全国第二届青年美展上获得绘画一等奖的作品，轰然推到了大众眼前。

它是一幅油画，名叫《父亲》。

（本次全国青年美展共评出两个一等奖，另一个一等奖颁给了版画《秋瑾》，一名女性艺术家王公懿的作品。）

自此，它便成为了中国当代艺术史上具有划时代意义的一件作品，更让无数的目光、无数的思辨、无数的研究，跟随着它一路前行。

借着这一个"偶然"，人们的目光被一下聚焦到地处中国西南部一座具有悠久历史、在中国现代史上曾扮演过十分重要角色的城市——抗日战争时期中国的战时首都：重庆，让它在历史的这一个时刻，又一次罩着荣耀的光环走进人们眼中。

依20世纪80年代中国的行政划分，它是四川省重庆市。

2

重庆市九龙坡区黄桷坪，到20世纪80年代初还类似于乡村实则为城乡结合部的偏僻之隅，矗立着我国西南地区唯一的一所高等美术专业学院：四川美术学院；《父亲》，就在这里诞生。

翻开四川美术学院的历史之页，可以看见它的路是这样走过来的：1940年，李有行、沈福文教授等老一辈艺术家在四川省成都市，创办了四川省立艺术专科学校。1950年底，四川省立艺术专科学校更名为成都艺术专科学校。同年，由贺龙元帅任校长的西北军政大学艺术学院的部分骨干奉命南下，来到重庆市九龙坡，在当时完全是乡下的黄桷坪，建立了西南人民艺术学院。1953年，西南人民艺术学院与成都艺术专科学校美术学科合并，成立了西南美术专科学校。1959年，西南美术专科学校被正式命名为四川美术学院，为本科院校，设立了造型美术系包含中国画、油画、版画、雕塑四个专业，另设工艺美术系包含染织、漆器、陶瓷、装潢四个专业，同时，设立了学制四年的四川美术学院附属中等美术学校。

自那以后的几十年里，四川美术学院也一直跻身于全国传统八大美术学院之一，但它没有徐悲鸿，没有傅抱石，没有关山月，没有吴冠中，也没有齐白石。一言以蔽之，它没有久远的艺术传承和厚实的学术底蕴，没有在中国艺术界的领军人物，它当时得以在西南地区诞生和存在，更像是1949年后国家为了保持美术教育在地域战略上有较好的平衡分布。

当然，它也并非一直默默无闻。

早在20世纪50年代，沈福文教授的漆画作品、李有行教授的水粉画教学体系，也曾成为全国美术院校工艺美术学科专业学习借鉴的典范。进入60年代，川美的雕塑艺术更在全国大放异彩。首先是于1964年先后在北京、上海、武汉和重庆举办的《四川美术学院雕塑作品展》，共87件作品的展出，以清新的风格、丰富的内容、多样的形式让全国为之惊叹。《人民日报》进而发表了题为《向四川雕塑学习》的文章，各大报纸杂志相继发表了王朝文写的《新花新实——看四川雕塑展》（首发于《人民日报》1964年4月23日），刘开渠也在《美术》杂志上发表了《鼓舞人们的雕塑成就》。这个展览不仅是川美雕塑史的一个重要事件，更经此表明了新中国写实雕塑艺术已经达到了较高的水平。在紧随其后的1965年，为阶级斗争服务的大型群雕作品"收租院"产生，被称为代表了当时中国写实雕塑艺术的一流水平。

"收租院"由四川美术学院老师和学生集体创作，被誉为我国"雕塑史上的革命"，也是川美雕塑的一个重要里程碑。它的诞生，为四川美术学院戴上了一顶绚丽的花冠。因此，到70年代末期，当中共中央决定修建毛主席纪念堂，就抽调了时任川美院长的叶毓山教授等人前往北京，负责为毛主席纪念堂创作汉白玉毛泽东坐像，以及纪念堂外的大型群雕。再往后，叶毓山院长更受中央军委委托，主持创作了位于四川省松潘县的国内最大纪念碑雕塑——红军长征纪念碑，后来又创作了重庆歌乐山烈士陵园纪念碑群雕等。这一切，都使得四川美术学院在中国八大传统美术学院里享有了一些实质性的地位。但总体看，作为西南地区唯一的专业美术学院，几十年里它在艺术领域中所取得的成就，仍然不够分量。说得简单明了些就是：艺术大师太少，有分量的艺术作品太少，对中国艺术或者说对中国艺术史产生影响的作品太少。然后，直到这一天，它仿佛突然从酣睡中醒来，大喊道：该创造新的纪录了！于是借着在1980年初举办的全国第五届美展（国庆三十周年展），和1980年底举办的全国第二届青年美展两个大平台，一大批打动国人心扉的各类优秀艺术作品尤其是油画作品，从四川美术学院的教师，从七七、七八、七九级学生们的画笔下，雨后春笋般生发出来，闪亮登场。

油画《父亲》，当之无愧地走在领军的位置。

《父亲》，曾像尽情吮吸着时代的丰富营养终于长得丰硕无比的一根竹笋，澎湃着饱满的生命力，伏在薄薄的土层下，期待着和新春一同降临的那一声热血呼唤。它一路跋涉，从重庆辗转到成都，从成都辗转到北京，等待着。

第二届全国青年美展，就是随新春降临的那一声热血呼唤。在那呼唤声中，这根"丰硕的竹笋"轰然破土而出，把自己茁壮健硕的身体，亮相在大众眼前，毫无保留地接受人们各种目光的洗礼。

那一声热血的呼唤，带着炸响的春雷，从北京飞向全国，飞入四川美术学院七七级油画系一个学生的耳朵。

这个学生，就是在第二届全国青年美展上获得广大观众青睐、获得评委们首肯、最后获得本届大展绘画一等奖、为中国当代艺术史翻开了一页新篇的《父亲》的创作者：罗中立。

罗中立创作完这幅油画，送往成都参展时，画被他取名为《我的父亲》，后来选送北京，也用的这个题目。

为什么要用这个题目呢？

"父爱是人之常情，所以取名——《我的父亲》。"罗中立说。

北京。中国美术馆。

《我的父亲》在评委们眼前甫一亮相，就吸引了所有人的目光：这一张满是皱纹、一脸苍老的农民面孔，深深打动了评委们的心。评委们在画前站了很久，细细品味着每一个细节。

到评画时，著名艺术家吴冠中先生站在画前，思索了一阵后，说：作品表现的人物完全是我们上一代的父亲形象的一个概括，题目里用"我的"太小了，我提个建议,把"我的"拿掉,改为《父亲》吧,它代表着我们这一代人的"父亲"。

吴冠中先生补充说,虽然因为时间紧,没来得及征求作者本人的意见,但我相信他会同意的。

油画《我的父亲》就此更名为《父亲》,亮相在展览上。

罗中立没有到北京中国美术馆展览现场,他是后来听其他评委讲起评画现场这个有趣的小插曲的。

罗中立打心底里赞成并完全同意吴冠中先生的建议,更是衷心地感谢。也因为这个机缘,他与吴冠中先生结成了忘年之交。

这一个所谓的"小调整",实则为作品带来了非常积极和重大的意义:内涵因此更宽更深、更丰富、更多包容、更能为大众接受。应该说,这个新题目也是它向大众"亮相"后,能让几乎每个见到它的人都被深切打动、产生共鸣的最重要原因之一。因为,几乎每个人在这张饱经风霜的脸上读到的,都是"我自己的父亲"!正是基于此,"他"才不再属于某个特定人的"父亲",而是"父亲"形象的高度概括,所以,他代表了每个人心里的父亲那一代人。

受当时通讯工具不发达的制约,诞生在北京中国美术馆里的这个天大喜讯传入罗中立耳朵里时,已是1981年1月初,也恰是春风徐入唤醒大地的日子。

那时罗中立正在四川达县家里,妻子刚刚为他生了一个大胖小子,他正沉浸在喜得儿子的无比激动和快乐中。突然有好些朋友兴奋不已地跑来,告诉他这个现在的确是意味着双重喜庆的重大消息,这个让他惊喜到都有些不能自制的消息。

他也不太敢相信自己的耳朵,反复地追问朋友们:你们说的是真的吗?你们怎么知道的?

嘿,还不相信!中央广播电台里播出来的。你自己快点儿去听吧!

《父亲》,后来被证明创造了多个纪录的这件油画作品,被一只创纪录之手推向世人,就此在中国当代艺术史上,占据了一席无可替代的位置。

罗中立,创作油画《父亲》的一个年轻学子,从此在中国美术界有了极大的知名度,也有了不可动摇的位置。

四川美术学院,因为在一年内举行的第五届全国美展、全国第二届青年美展上出

展的教师及几个年级学生的创作而斩获的靓丽成果,包括了《父亲》、《雨过天晴》、《您永远活在我们心中》、《1968年×月×日雪》、《春》、《为什么》、《我爱油田》、《手》、《冬夜》、《我们曾唱过这支歌》、《1978年的夏夜》、《藏族新一代》、《父与子》、《生命的光》、《玉碎》(雕塑)、《初生牛犊》(雕塑)等一大批优秀作品,理直气壮地站到了中国当代艺术的前列。

3

在那个春雷炸响的日子过去了三十余年后的今天,重温一下,当年数量庞大的观众和媒体,当他们在中国美术馆与《父亲》偶遇后,是怎样的一种反应。

1980年12月20日,北京,中国美术馆,第二届全国青年美术作品展正式向观众开启大幕。

观众们兴致勃勃地走进中国美术馆大厅。进来了,就在大厅正中那面墙上,一幅油画,蓦地吸引了他们的眼睛。

一幅油画,一幅看上去那么巨大、呈现为纪念碑式的构图的油画,画面上,是一个同样显得那么巨大的头像,一个——分明是老年农民的头像!

人们有些错愕,几乎不敢相信自己的眼睛。

看错了吗?走近些,再仔细看看。

没看错,那真就是一个地地道道的老农民的正面肖像画!不敢想象!真的不敢想象!人们都早已习惯了在这样巨大的画幅上仰视领袖们的标准像,但是今天,是的今天，一个老农民，竟然以昨天还只属于表现领袖人物正面肖像的方式，出现在了如此巨大的画幅上！

人们抬起头去再看——也需要仰视，仰视这个穿一身土白色衣服、裹一条土白色头巾的普普通通的老农民。

瞧他那张脸，因为长年累月饱经日晒雨淋已变得如古铜色又略透出几分黑棕色的脸；脸颊上、额头上，布满深深的皱纹；那么深的皱纹，像黄土高原上纵横起伏的沟壑，像田土里被铧犁犁出的铧沟，像被漫长的岁月之手粗鲁地、漫不经心地、恶作剧似的雕刻出来的一道道伤痕，人们甚至可以在那些皱纹里清楚看见被岁月之手强行铸压进去的、记录着浓浓苦涩的尘土，看见在那被雕刻的过程中，自他心底深处一点一滴渗出来的、已经凝固的痛楚和酸辛。

这样的一张脸，长着不少黢黑的老年斑；颌下有稀疏的、凌乱的胡须，这些明白地告诉人们，他属于一个已年过花甲的老人。

这样的一张脸上，挂着大颗大颗的汗珠，虽然晶莹剔透，却是艰苦的劳累和疲乏凝结而成，带给人无以言表的压抑和沉痛。人们久久凝视着，慢慢地好像看见了汗珠正一滴一滴地从那张脸上掉下，甚至像分明听见了汗珠掉地面上时发出来清晰的"啪嗒"声，夹着强烈的希望和无奈的失望，向四面溅出。

他脸上有一颗清晰可见的象征悲剧色彩的苦命痣，暗示他是个一生命苦的老人。他的命苦是注定了的，但这注定并不是因为他长了这颗人们迷信中传说的苦命痣，而是因为他就是一个自打出生就已注定了要与苦命为伍的普通农民。至少，在他今天向人们"亮相"之前已经走过的人生路上，这苦命，密实地浓缩在他的绝大部分时光中。

他生着两只略卷起的耳朵，那是民间俗称的"炒耳朵"形状，这说明他是一个性格软弱、只会逆来顺受、不会有丁点儿反抗的人。

他那几欲干裂的、干瘪的嘴微张着，可是在想要告诉人们什么？是述说他这一生走过了多少充满艰难曲折的险峻山路？这一生曾历经了多少希望和失望？还是……但分明有一种苍凉，一种宿命般的悲戚，一种让人们的心为之颤抖的无奈，从那微张的嘴里，从那已残缺的牙齿缝里析出。

再瞧他那一双手，因为曾与艰难苦痛的生活有过太多摩擦、冲撞和拼搏，因为同

样被岁月之手粗鲁地雕刻出了深深的皱纹,一如老树上的两段枯枝;十根手指因为有太多的伤疤而变得粗糙又干硬,像随时会在一阵风吹过后断掉的细小枯枝。

就是这样一双手,端着好大的一个粗瓷的、民间俗称的"土疤碗";他那一副紧绷绷地端碗的姿势,直白地向人们传导着发自他心底的紧张,感觉仿佛是,如果他在不经意间把手指稍稍松开了一点点儿,这碗就会掉下地去彻底摔碎,再也"捡不起来",而那本来就是一个曾经被摔残破过,又被人用心锔起后再使用的土疤碗。这土疤碗显然和老人一样经历过了无数的风风雨雨,见证了他生活中曾经的无数艰难;它还很可能已超过了老人的年龄,是从老人父辈传到他手上的,所以还记录着他父辈的所有复杂人生,那些和他自己人生中有过的、几乎雷同的经历;他肯定也清楚这些,但还是无可奈何。只有这只经修补后的土疤碗被他用心地珍惜着。土疤碗上有当年烧窑师傅用希望之笔画出的很美的、游动的鱼纹,那是过去千百年岁月里中华民族希望连年有余(鱼)的美好生活的象征。可是在老人已走过的生活之路上,别说"连连有鱼"了,日子已经"连年有余"了吗?也许他真实拥有的,还就是经这只土疤碗上的鱼纹传唱出来的、支撑他一直向前走去的那个美好希望。

此刻他捧着这只残破了补起再用的碗在做什么?

看清楚了,原来这碗里装着大半碗略显浑浊的水。

哦,他是口渴了,正在喝水。

他正面朝向观众,背分明微微佝偻着,让人不由一下联想起一头正在田地里辛苦耕耘的老牛。

他正面朝向观众,但让人们最无法看清楚说清楚的,却恰恰是他那双眼睛:那双眼睛隐在阴影里,眼前依稀挂着一帘迷茫和呆滞。在那迷茫和呆滞后面,人们却分明读到了满满地书写着的无声的叙述,比一千零一夜更长的叙述。

人们明明看不清楚他眼里究竟是什么眼神,却又实实在在地感觉到有善良、温和、淳朴、欢欣、痛苦、麻木、渴望、失望、希望等交织成的矛盾综合物,从那双眼里透出来,游移漂浮又沉重,紧紧地抓住了站在他面前的每一个人的心。

再看看,他身后那一片伸向远方的金黄是什么?

是的,没有看错,那是一片真正的金黄,是丰收的稻谷,拢在晒坝上发出的灿烂金黄！

老农民站在堆满丰收和希望的打谷场上，之前他也一直在用自己那样的一双手，重复着和世代祖先相同的劳动。现在他休息了，站着，抹几把汗，端起土疤碗来喝两口水，然后，他会去继续劳动，去收获他付出无数心血换回来的劳动成果——生命的另外一种表现形式。

我们似乎可以感受到从他背后那片晒谷场上扑面而来的热浪，嗅到从他身上散发出来的浓浓的汗味，还有新鲜稻谷发出来的、弥漫在空气中的很"闷"人的潮湿气味。或许，更也听到了他刚才喝下一口水后，从他喉咙深处传上来的低沉的吞咽声和疲乏的喘息声。

不过请注意，虽然他的脸，他的手，他捧着的那一只有修补的土疤碗，都把我们的思绪带向一种沧桑，带向一个充满沉重而复杂的思考中，但他却不是一个人们常言说的"旧社会"的农民，当然他是从那个社会走过来的——他现在是1949年后的新社会的一个有文化的农民。

何以见得？

请看他左耳朵上方，在那张土白色头巾的下沿，露出来了半截圆珠笔，一支在20世纪六七十年代流行的竹竿套圆芯的圆珠笔。好一件道具！虽然它不那么起眼，却恰到好处地交代出来它所代表的时代。这真是四两拨千斤！真是起到了画龙点睛的作用。

你正仰视着的是一个画中的老农民，但分明是一个活生生的老农民，活生生到马上就可以从画上走下来——那只要你抑制不住地对他轻轻地、充满激情地一声呼唤："父亲！"

每个人站到这幅巨大的老农民的肖像画下，都会感到有一股震撼力，如山洪般向自己狂猛袭来。

人们站在这幅画前久久不能离去，思绪随着他们视线的移动而沸腾。人们站在这幅普通老农民的肖像画前流下滚滚热泪，因为他们没法停止如决堤般而出的泪水；他们当然想控制住情绪，也不想当着周围那么多不相干的人泪飞如雨，但他们却发现那一瞬间完全不能左右自己的心情，并且就在那一瞬间，他们也清楚看见旁边好多人其

实也和自己一样,脸上都流淌着热泪。

这幅老农民肖像画,后来被更多的人在更多地方经由更多种方式见到后,有更多的人也忍不住流下了滚滚热泪。

中国美术馆里,所有见到这幅画的观众都忍不住走上前去,去看这幅画的题目,看它出自哪一位艺术家。

他们于是知道了让他们心灵为之震撼的这幅画的名字:《父亲》。也知道了作者的名字:四川美术学院油画系七七级学生——罗中立。

人们在读到这幅画的题名的同时,都不由自主地把长期深藏于自己心中的"父亲"一下就与它联系起来,或者说,自己长期忽略了的对"父亲"的情感顿时被唤醒。人们也联想起更多与自己的人生经历、与人性意识有关的方方面面。是啊,在此之前,关于"父亲"的一切,关于普通人的一切,在我们心中几乎都被"正常"、"应该"这一类词语所掩盖,鲜有人会"没事找事"地去"揭开盖子"来一探究竟。但现在,一个普通形象的《父亲》竟然这样地站在了我们面前,我们怎么可能不被震撼呢!

是啊,对每一个孩子而言,父亲总是意味着力量、权威、智慧;总是以一个勤劳淳朴,吃苦耐劳,无所不能般的形象出现在孩子眼里,植入孩子的记忆中;总是把生活中所有的艰苦默默无语地独自挑在肩头,把能够获得的一点儿快乐和希望留给孩子,总是用自己的言行对孩子起着潜移默化的作用。父亲既是孩子心中一座坚不可摧的大山,又是孩子最可依靠、最能倚靠的大树。因而,当一个如此形象的老农民以《父亲》的名义出现时,他会让人们生起什么样的认识和感受,不难想象,也不难解释,它何以能如此深地打动了那么多人,何以会有破纪录的人为它鼓掌,何以会有那么多人愿意为它落泪……

它走进每个人的心中,成为了每个人的父亲。

《父亲》从全方位表现出来的本质上的真善美,感动了前来观看画展的观众。展览现场事先准备的几大本厚厚的留言簿被观众们用感叹、赞美之辞写满,几乎清一色是对它的赞誉。

《父亲》从全方位表现出来的本质上的真善美,也打动了所有没有到展览现场,但是后来从其他渠道看见了它的人。

几个驻守边疆的战士联名给罗中立写来一封信:"我们把一张《父亲》的画页夹在书桌的玻璃板下,这样好让我们经常看到《父亲》,时时想起我们当儿子的责任……"

河北省一位农村青年的信里说:"寒假中,我背着四天的干粮,骑了整整两天自行车来到北京看全国青年美展。我一走进展览大厅就在《父亲》这幅油画前怔住了。我在画前足足站了一个多小时。我流泪了,我想起了我的父亲……"

重庆铁路分局的一位列车长在来信中写道:"过去,我们对乘车的农民总是一凶二恶,态度生硬。看了你画的《父亲》,心里感到不安。我想,我们以后应该多为乘车的农民提供方便才对啊!"

一个小学生看到了《父亲》后,专门写了一篇作文,题目叫"珍惜农民伯伯的粮食",并专门把这篇充满童稚之情的作文寄给了罗中立。

回溯到1980年10月,当《父亲》赴成都参加四川省青年美展暨第二届全国青年美展作品预展时,就掀起了巨大的波澜,产生了强烈的社会反响。据说,成都预展上,四川省美协派出的现场工作人员忙得不亦乐乎,他们从来没有在一次展览上忙到如此程度:忙着解答观众的大量提问,忙着把拍下的展览上展出的一些画的照片洗印出来,满足观众购买。其中,《父亲》的照片卖得最多。

"完全卖疯了。"有个工作人员后来这样回忆说。

"我那时还生活在离成都比较远的一个小县城,也喜欢画画,也想以后能考上美院。我有一个朋友去成都看了这个展览,回来时带了好厚一摞在展览上买到的《父亲》照片,转卖给我们这里激动不已的美术爱好者。"一个后来如愿考上了川美并留校任教的老师回忆说。

当年四川师范学院外语系七九级一个姓程的女学生这样详细地回忆道:这天我在学校图书馆的报纸张贴栏里,看见省展览馆要举办四川省青年美展的消息,我就去了。因为我母亲以前是学美术的,所以我有喜欢看美术展览的习惯。那时从沙河堡去省展览馆,要转两次公共汽车,来回车费要五毛钱的样子,真不算一笔小开支。展览是免费的。走进展览馆里,我一眼就看见了挂在展厅最显著位置的《父亲》,一下被

吸引过去,而且不知为什么,立刻热泪盈眶。我后来觉得,是画中的《父亲》传出来一种我也说不太清楚的精神,深深地打动了我。后面几天我抽空又去看过一次。每次站在《父亲》画前,我都那么心潮澎湃,那么地被它感染。我还在展馆里买了一张《父亲》的黑白照片留作纪念。

罗中立也没有去成都的展览现场。

那个年月的艺术家们大都没有亲临美展现场的习惯。基本上都是把自己的参展作品交给负责办展的单位就行了。

有去了成都展览现场的人后来告诉罗中立说,画展上,观众留言簿处因为有太多的人争抢着要挤进去留言,出现一幅完全挤爆了的场面。留言簿上,写下了太多观众们观看油画《父亲》后的火热感想。

《父亲》在成都展出后传来的现场反应,让罗中立心底隐隐地有了感觉。两个最大的可能:一、此画能够被顺利选送北京参加全国的展览;二、有可能在北京获得较好奖项当然也有可能获得大奖。在参加成都预展之前,他还有过几丝担心,不知它最后能不能如愿赴京参展。现在看,没有悬念了。

4

1981年1月,中国当时唯一的一家权威美术杂志、人民美术出版社出版的《美术》第一期封面上,被油画《父亲》占掉了几乎整个版面。

这幅老农民肖像画,在短短的两个月内,先后在四川省展览馆和中国美术馆举办的全国第二届青年美展上激起了巨大的波澜，而今更是以一种空前规模、空前震撼的形式，"飞跃"进入全国人民的视线。

有意思的是，杂志封面左边最上角那里，在一小块红色长方形里印出来的白色阿拉伯数字"1"，显示它是《美术》杂志1981年第"1"期的"1"，又似乎标志着现在是正式进入了八十年代的第一个年头，更仿佛还为了提醒人们它包含着一种暗示，暗示这里出现的就是以后会在若干评论家笔下被称为中国当代艺术史上第一幅划时代意义的作品、中国当代艺术史上的第一座里程碑！这几个"1"凑在一起，难道真是为了印证"无巧不成书"的趣话？

还不仅是《美术》杂志本期封面上的满画幅呈现，连同着惯常的次重要版面封二，也给了这幅老农民肖像画的局部。全国绝无仅有的权威杂志，用如此重要的两个版面介绍同一幅画，不知道是不是空前绝后？在进入一个新十年的开篇第一期，用这样的形式来推荐对国人而言绝对属于全新的一幅画，实在是让所有人都不得不刮目相看！毋庸置疑，以《美术》杂志那时所拥有的权威性和唯一性，这种做法的的确确形成了一条真正的快捷道，迅速地把《父亲》推向了更广泛的领域，进入更多人的视线，让更多人真心实意地把它收藏进了心底深处。

在那段日子里，包括了全国几乎所有的主要报纸、杂志，从国家级的广播电台到几乎每个地方广播电台，少有没刊登过、广播过关于油画《父亲》的介绍和分析文章的。

来听听《美术》杂志时任编辑、资深艺评家栗宪庭先生那时是怎么说的。

栗宪庭回忆说："发现《父亲》其实很偶然。1980年，罗中立创作完油画《父亲》时还是四川美术学院的学生，当时这幅作品参加四川省青年美展，美术杂志社领导去参加了，带回来一些照片。我看后，觉得非常不错，于是决定将画在《美术》第一期的封面刊出。"

为了做得慎重，栗宪庭本人及美术杂志社另外几名领导和工作人员还专程来到四川美院，就杂志将刊发《父亲》及川美其他部分同学的画作等事宜，与大家商讨。

从一个角度说，《美术》杂志的栗宪庭等人，对于《父亲》后来能够那样迅速"走红"全国，起到了非常重要的、不可或缺的推动作用。正是他们具有的"伯乐"

的眼睛,才把《父亲》用这样的方式推荐给了全国人民。

还要注意到一个事实,杂志决定把《父亲》刊登在《美术》封面上向公众推荐时,《父亲》还没有闪亮站上北京中国美术馆的全国第二届青年美展舞台。换句话说就是,那时《父亲》还没有摘得大奖。从《美术》的角度看,这个时候刊登《父亲》等画作,主要还是为了配合、宣传这一期《美术》的发行,同时也配合、宣传正"上演"的第二届全国青年美展。足以证明这点的是,翻开本期《美术》,从画页的介绍及目录中,我们看到对它采用的名字还是《我的父亲》。

于是《父亲》就这样"巧合"但也是"应运"地站在了1981年第1期的封面,而不是它获得大奖后的第二期或更晚。

《美术》刊登出《父亲》,对于《父亲》获奖并没起到推波助澜的作用,却恰到好处地为宣传《父亲》、扩大其影响,形成了天衣无缝的"接力"。或者,这也可以看作是一个巧合?与《父亲》在1981年第1期《美术》同时介绍出来的,还包括有陈卫闽、何多苓、程丛林、杨谦、朱毅勇、王亥、王川、龙泉等人的作品。因此是不是也可以这样认为,因为有一大批四川艺术家的作品在本期以及前后时期集中刊出,随着后来《父亲》获得的巨大成功,这一期的推介,对后来"四川画派"被人们喊出,起到了一个很关键的作用。

栗宪庭透露,在他决定刊发《父亲》时,还收到过罗中立寄来的一封信。"他在信中谈了自己创作《父亲》的感想,让我特别感动。这封信我修改了一些内容,就及时地发表在1981年第2期《美术》杂志上。原信内容我已经不记得了,大致意思是说,此画是他长期对农民强烈感受的结果,尤其是农民偷粪那个情节,他说想的就是要给农民说句老实话。"

罗中立给《美术》杂志写的信中这样讲述了自己创作《父亲》时的感受。他说:"站在《父亲》巨大的头像面前,就会产生强烈的视觉上的效果,这是我尽量把画幅加大的原因,如果这幅画缩小一半,效果就完全不一样了。所以,大,也是我的语言之一。只有这样,在这巨大的头像面前,才使我感受到牛羊般的慈善目光的逼视,听到他沉重的喘息,青筋的暴跳,血液的奔流,嗅出他特有的烟叶味和汗腥味,感到他的皮肤的抖动,看到从细小的毛孔里渗出来的汗珠,以及干裂焦灼的嘴唇,仅剩下的一颗牙齿，可以想见那张嘴一辈子究竟吃了些啥东西，是多少黄连？还是多少白米……父亲——这就是生我、养我的父亲，每个人站在这样一位如此淳厚、善良、辛苦的父亲面前，谁又能无动于衷呢？会有什么样的感想？又是哪些人不了解、不热爱这样的父亲呢！

同样是罗中立的作品，也是由《美术》杂志刊登出的，并且还是在1980年11月先于《父亲》刊登出的《大巴山上》，就没能有这样的好"运气"，成为至少有人知的一幅作品，而在当时，罗中立可能最多就是收到了同学们的几声道贺。

5

油画《父亲》面世后的当时及之后很长一段时期里，很多的媒体、艺评家写下了许多评论文章，包括很多观众，谈了大量看法。援引一句中国成语，叫"见仁见智"。对同一件事物，不同的人持不同的看法，这本就是天经地义的。

以下选取小部分来自两方面的观点，以助读者见仁见智。

一、来自肯定方面的声音

这个普普通通的农民形象被画得如此巨大，并且被堂堂正正地摆在中国的最高艺术殿堂——中国美术馆的大厅中展出时，这一切就没那么普通了……要知道，在此之前，只有描绘领袖人物时才会使用这种方法并悬挂在如此的位置。尤其是在我们整个民族经历了十年浩劫这个重大灾难之后，它所激起的不只是观者对老农个人身世的悬想，更是对整个中华民族这个农业大国命运的深深思索……这位老农的形象已经远远

超出了生活原型，他所代表的是中华民族千千万万的农民。

这个发人深省的头像，使每一个中国人记住他就是记住了历史，记住了真实，记住了我们对中国农民负有的责任。

在这样的形象前面，人们不禁要肃然起敬，从内心深处感叹中国农民的任劳任怨和艰苦朴素，同时会自然地提醒自己：不要忘记哺育了我们的农民。

油画《父亲》是我国伴随着伟大思想解放运动在艺术上出现的觉醒了的现实主义的一次引人注目的胜利。

《父亲》使我们感到这是一个饱经沧桑，却又永远对生活充满希望、期待，有着乐观精神和坚韧的奋斗力的普通老农民，在他身上汇集着中华民族的优秀传统，百折不挠的创造力，这种强烈的视觉效果在观众的心中产生的是一股平凡而又伟大的力量，情感是撼人心魄的，正是罗中立毫不遮掩地把农民的丑真实地表现出来，才使得《父亲》的形象更加真实可信、有血有肉。

罗中立创作的《父亲》，在中国美术馆开幕的"全国第二届青年美展"获得强烈共鸣……对改变中国美术界的封闭状态和单调的俄苏画风主宰画坛的局面起到重要作用。

画面具有一种悲剧性的震撼力，表现了生活在贫困中的老农形象；老农开裂的嘴唇、满脸的皱纹以及手中粗劣的碗等等写实的描绘，消除了观赏者与作品之间的隔膜，画家借此来对传统文化和民族进行反思。

这个"父亲"不仅是罗中立的父亲，而且是全中国劳动人民的"父亲"。《父亲》是农民形象中有代表性的一个，是罗中立这代人思考的结晶。

《父亲》的出现，说明艺术从天国向现世回复，无论它的作者是否自觉，它都反映了把被颠倒的历史重新颠倒过来的趋势，反映了现实主义的胜利和革命人道主义的胜利。

一幅优秀的油画作品，将作者的才华展示出来，在中国的油画史上默默筑起一座里程碑。作者抛给我们一张"父亲"的脸，写实的手法与细腻的刻画竟然让读者看懂了神与神的相通。

人们对画中的各部分索取得淋漓尽致，让农民的儿女能涌出泪来，让人们浮躁的内心肃然起敬，这是属于农民个人的魅力，更是这幅油画给我们带来的一种无形的力量，是"不问收获，只问耕耘"的特殊情感，是这一生贡献给土地的有力证明！

这是"父亲"，农民父亲！指甲里还存有脚下的泥土，眉梢上还挂有灰色的汗珠，碗中有水已经发黄却泛起金光，笑得不知所措甚至有些麻木，就这样，感动得我们一塌糊涂。

《父亲》突破了中国当时原有的绘画模式，在中国美术史上做出了突出贡献，这使罗中立成为中国美术史上一个里程碑式的代表性画家。

《父亲》诞生于中国改革开放初期，正是思想解放、个性自由的历史阶段。人们从空洞的口号中解放出来，开始关注民族的未来和国家的命运，开始关怀底层民众的疾苦。罗中立深刻把握住了时代的脉络，通过照相写实主义的手法，精细刻画了中国农民的内心世界：面对苦难的泰然与麻木。这是历史的悲剧更是人的悲剧。是作者对民族文化的深刻反思。看到这样一幅画，社会的浮躁会渐趋平息，底层民众的热泪将夺眶而出。那千沟万壑的皱纹是民族悲情的历史写照；那擎起的粗瓷大碗，以及那碗中的黄泥水又在时刻警示着人们，祖先留给我们的并不多，后世必须通过不断的学习进步，才能求得菲薄的生存……

《父亲》是美术学的父亲，也是历史学、哲学、社会学、文化学的父亲。《父亲》是一座丰碑，屹立在人们的心中。

一幅感情真挚、纯朴憨厚的"父亲"画面，没有斑斓夺目的华丽色彩，没有激越荡漾的宏大场景，但作者依然刻画得严谨朴实，细而不腻，丰满润泽。背景运用土地原色呈现出的金黄，体现了《父亲》外在质朴美和内在的高尚之美，与作者对生活中劳动者的崇敬和赞誉。

此前的中国油画肖像创作，有大影响的，多是因为画了大人物、领袖像。《父亲》却把焦点聚到了一个极其普通的农民脸上。油画中的人物头部占满了画幅，那双眼睛，以一种文字难以表述的神情看着我们。我并不认识罗中立，只是猜想他一定是农家子弟，那画中的老人，也必是他的父亲，大约是历经沧桑，才会显得未老先衰和有那种独特的目光。

罗丹说："在艺术领域……诚挚是唯一的法则"。诚挚的作者创造了诚挚的"父亲"，赋予作品强大的生命力，不禁让人感叹艺术价值可以如此之高，如此之深刻。

当我们凝视一个阳光下的慈父时，它的意义已不仅限于农民的力量所在，我们应该清楚地认识到它已经涉及了人类灵魂的象征。也许《父亲》那破了又锔起来的粗瓷碗，早已放进历史博物馆，今天面对《父亲》，我们仍能领受一种逼人的烧灼感。那张被疲劳所摧残，被太阳所炎晒而布满皱纹的脸，将是我们无法忘却的脸，他是你我精神上共同的父亲也是中华民族沧桑历史的见证。"父亲"点燃我们心中沉积已久的热情，无论是作者的创造，还是读者欣赏，都是赋予艺术的伟大使命！"父亲"古铜色的老脸，艰辛岁月耕耘出一条条车辙似的皱纹；犁耙似的手，曾创造了多少大米、白面？那缺了牙的嘴，又扒进多少粗粮糠菜？他身后是经过辛勤劳动换来的一片金色的丰收景象，他手中端着的却是一个破旧的茶碗。

从画和题目中知道画中人的两个身份：农民和父亲。父亲为了儿女而奔波一生那是一种无私的奉献，农民父亲为了儿女的耕作是一种血泪的劳苦。我注视画中的这位农民父亲，日光强烈照射下的脸都能反射出光来，我愈发觉得这张脸像一张明镜，照映着我们的心，明镜中仍有深深的裂痕，那是春夏秋冬的风雨无阻，那是冷暖不知的岁月旅途。

这是一幅中国油画史上前所未有的巨大的农民头像。从20世纪80年代直至现在，媒体对于它的关注热情从未消减，这其中不仅仅指美术类杂志，还有大量的大众媒体。

罗中立是中国当代美术和发展过程中的一位重要画家，对中国当代油画的发展做出了巨大的贡献。有媒体称，《开国大典》《毛主席去安源》《父亲》是新中国成立以来，中国最重要的三件油画作品。

一个诗人站在这幅画前，发出深情的呼唤："父亲，我的父亲！"并写下了一首题画诗——《读罗中立的油画〈父亲〉》。

从《父亲》中可以看出，不论是在题材内容上，还是在形式语言上，都有革新的意义，它开辟了刻画普通农民的复杂性格和表现内心思想的新领域，给20世纪80年代的艺术界带来巨大的震动，也由此奠定了川美乡土绘画的创作基调，并且从川美迅速波及全国，在中国美术史上起到了承前启后的划时代意义。

《父亲》的影响就在于它成功地利用照相写实主义的局部放大的手法，把一个饱经沧桑的贫苦农民的巨大头像直接呈现在观众面前。这件作品使观众感到极大的震撼，它并不在于技法的高超和形象的逼真，而在于它已经超出了艺术的真实，使人看到了真正的现实。几十年来，在中国的社会现实主义艺术中，从来没有表现过农民的真实生活和形象，在那些作品中，农民都是过着幸福美满的生活，愉快地劳动。在文革期间，有上千万青年学生和知识分子来到农村，亲身经历了中国农村的贫困，目睹了农民的艰辛，父亲的形象就是农民生活的化身，同时也是中国的现实。中国刚刚实行对外开放的政策，人们很快看到中国与发达国家的巨大差距，痛感中国的落后，这样父亲的形象就具有了象征的意义，它象征着落后与贫困，象征着一种忍辱负重的精神，也成为中国人在精神上的自我写照。

从形式上讲，罗中立借鉴了美国的照相写实主义绘画风格。从社会学上讲，父亲隐喻的是当时社会的农民问题。当时有这么一句话，"我们都是农民的儿子"。而改革初期一个迫切的矛盾就是农民的问题，和土地承包责任。

已经过去了几十年，但是对于《父亲》的争论一直没有停息，这本身就说明了此画所拥有的巨大力量……评估一件艺术品的价值，要从历史价值、审美价值、文化影响三个方面来考量。《父亲》当年引发的讨论、热议，也构成了其艺术品价值的一部分。这恰恰说明，《父亲》是改革开放以来影响力巨大的作品。

《父亲》不是某一个农民的父亲，是我国经过十年浩劫的八亿农民的父亲，也是当代中国农民的形象。这个形象所体现的力量，是撑持我们整个民族，整个国家从过去走向未来的伟大力量。但他生活在最下层，过着不声不响的勤劳艰苦的生活，从他身上，可以看出我国农民、农村的缩影。它不但是将中国的现实主义绘画发展到一个全新的高度，并且对中国当代艺术的发展产生深刻的影响，成为中国当代艺术史上划时代的里程碑之作。

罗中立作为中国当代美术史上里程碑式的人物，为中国油画的发展做出了巨大的贡献，为中国油画开辟了一片新领域。

二、来自不同意见方面的声音

把《父亲》作为八亿农民的典型代表，是很勉强的，是软弱无力的，缺乏足够的说服力。

《父亲》污蔑了中国农民的形象，没有反映解放后中国农民的新变化。

新中国成立以后，劳动者被定义为国家的主人，在几乎所有文艺作品中，他们都被描绘成积极、乐观、高大的正面形象，脸上更是洋溢着当家做主人的幸福微笑，像《父亲》这样一个忍辱负重的形象，能代表新中国的农民吗？

繁琐的细节描绘反而损害了人物的形象。比如说，《父亲》"仅剩下的一颗牙齿"，不管吃"黄连"，还是吃"白米"，反正迟早总要脱落的，所有生理上的退化现象都是无法防止的，再幸福的人也是要死的，作者仅仅依靠细节惟妙惟肖的刻画，并不能完成人物性格的塑造。

把八十年代的中国农民描绘得依然"麻木"、"呆滞"，用一双"牛羊般的慈善的目光"，"逼视"着我们，不能认为是健康的、正常的、合乎情理的。类似这样的形象，很难使人产生美感……这是旧式农民的性格特征和形象特征……是一个没有解放的旧式农民，作者在他身上没有注入任何崇高的革命理想，不知道他怎么会成为"八亿农民的父亲"呢？难道八亿农民都是傻瓜，就会接受这样一位"父亲"吗？把这样一位"父亲"强加于八亿农民是没有道理的，至少是不慎重的。

我国十亿人口有八亿是农民……农民辛辛苦苦地干一年，到头来生活还是贫苦的，凡是由城市到农村的人，都会发现农民的苦楚。在这方面，艺术家较一般人会更加敏感些。苦是严酷的事实，无法否认。如果艺术家把他在农村所观察到的一切，都如实地反映在作品中，是不是就等于真实地反映了农民的现实生活？对于这个问题，一般人的认识，可能持肯定态度，但作为艺术家，不应当把自己的视野局限于一般人的视平线上，艺术家应当比一般人看得更远些，要看到普通人看不见的东西，也就是说，艺术家要有深刻的、积极的潜意识活动，在作品里要渗透艺术家的崇高理想，对生活不能采取消极的旁观态度。因此，观察农民的苦，是一回事，如何反映农民的苦，又是另一回事。虽说，艺术是生活的反映，生活决定艺术，但生活不等于艺术，艺术也不等于生活。这是不言而喻的道理。然而像这样的问题，并不是在我们所见到的美术作品中，都得到了很好的解决。

对生活的认识，不能完全建立在直观上。直观有时是会骗人的。以"守粪"而言，并不见得是吃亏，是苦差。西安市区"守粪"的农民也很多，据他们说，能够到城里去守粪，是生产队对困难户的照顾，有些老、弱、病、残，干重活有困难，希望干点轻活，守粪属于轻活。虽说，"守粪"有点脏，可能被人瞧不起，这是城里人的看法，农民祖祖辈辈跟粪打交道，对粪不抱什么成见，活不重，工分也不低，绝不像罗中立同志所叙述的那么"乱糟糟"。在农民看来，"守粪"绝不是什么下贱的事，不管"老实"或"不老实"都有"守粪"的可能，当然，"老实人"更可靠，这是用不着"同情"、"怜悯"和"感慨"的，只有那些出于某种优越感的人，才想到"要为他们喊叫"。实际上是完全多余的，甚至是莫明其妙的。如果说"守粪"是"苦差"，那也不是为了地主和资本家，而是为国家、为集体、为个人，谈不上"吃亏"或"不吃亏"。由"守粪人"联想到杨白劳、祥林嫂、闰土、阿Q等，也是没有道理的；如果这些人能为自己"守粪"，恐怕命运还不至于那样悲惨，应当为旧社会的农民不能为自己"守粪"而"喊叫"。旧社会的农民干"苦差"，新社会的农民也干"苦差"。从表面看来，"苦差"都是一样的，实际上是完全不同的：农民在旧社会吃的"苦"，没完没了，在新社会吃"苦"是为了未来的幸福；觉悟很低的农民也懂得"甜"从"苦"来这样一个朴素的生活道理。罗中立同志既然把为"守粪人""喊叫"作为创作《父亲》的"最初冲动"，那么，在人物刻画上，就要使农民"吃亏"、干"苦差"形象化，正如他自己描写的那样。

从生活实际出发，一个"受苦"的农民，如果牙齿脱落，还要设法镶假牙，不仅为了实用，也是为了美观……农民的生活条件虽然差一些，但他不愿外人听见他"沉重的喘息"，不愿外人嗅出他"特有的烟叶味和汗腥味"，也不愿外人看见他"干裂焦灼的嘴唇"，这些生理上的缺陷或生活上的不良习惯，农民一样认为不美。如果遇到罗中立同志描写的那样的农民，要是免费给他照个相，他是断然要拒绝的，谁都不想给别人留下一个丑陋的印象，农民也有自尊心。只要到过农村，到处都可以看到农民的住处挂着死者的"遗像"，不论是穷还是富，都穿戴得整整齐齐，坐得端端正正，没有一个是歪鼻斜眼，汗流满面，手里端个破碗，可可怜怜的样子的。为什么？这绝不是农民的虚荣心，而是爱美的表现，文明的表现。我曾经拿着《父亲》征求过农民的意见，他们普遍不喜欢，说它是"要饭的"叫花子，要是让他们把《父亲》挂在自己的墙上，每天欣赏，他们是不愿意的。不知道画家为什么喜欢农民的缺点，生理上

的缺陷，畸形怪状，也许认为这有画头，能入画，有意境。欣赏丑，以丑为美，是一种病态心理，是一种不健康的审美观。如果有人借着画农民的"丑"，以证明自己的绘画天才，他是不会受到农民欢迎的。

《父亲》一画的内在涵义是经不住推敲的。从这幅画多次改名字就可以证明这一点……最初画了守粪的农民，以后又画成……"粒粒皆辛苦"，经一位老师建议改为《我的父亲》，后来一位老画家定名为《父亲》。题材、主题思想和表现方法，始终未变，只是在名字上改来改去。……不管改过几回名字，但它始终是一个老年农民，这个农民在旧社会受过苦，在新社会也没有享过福，始终是个受苦人……罗中立同志认为把他的"全部想法和感情都说出来了"。但这样大的题名，画面的内容是否承受得了？题名过大，加重画面的负担，使题名与内容脱节，造成名不符实的弊病。在这种情况下，要求内容适应画题，就不免要苛求画家，这是很不恰当的；如果让画题勉强适应内容，使人感到题名是强加于画面的，评论也会强加于读者。我们希望画名与内容应当名实相符，不要让人产生歧义……目前看来，根据《父亲》这个题名所作的评论，包括罗中立同志给自己作的评论，都不免有些过火，使人难以心悦诚服。夸张、过火总是不好的，尤其是艺术评论，宁可不足，留有余地，不要过火，失于虚夸。历史是不会埋没杰作的，好作品经过千百万有眼力的反复评论，始有定论。一张作品，即便是佳作，刚一问世，就把它评得很高，几乎是最后的结论，使别人不敢说话，这未必能得出公正的结论。

从以上摘取的、来自两个方面的意见和观点我们基本可以看到，人们对于《父亲》关注、发表意见最多的，是画中人物的社会性和他所承载的思想性，而对于此画所用的语言形式则相对着笔较少、评论较少。即使有，也多出自于艺术圈内人，又往往是一笔带过，对于何为照相写实主义，没有人加以细细解释。然而事实上却必须得说明，《父亲》能够获得巨大成功的最重要原因之一，却正是这个当时对于绝大多数国人而言的"全新写实绘画语言"！从某一个方面去理解，我们甚至可以说它正是最直接、最为重要的一个因素。但由于在当时，一般的人根本没有机会听说、更不用说亲眼见到照相写实主义绘画，自然就无缘于深度了解何为照相写实主义绘画，或者说更多的人也根本没兴趣去对之做深入了解，因此，在大多数人的心目中，它应该就是与自己很熟悉的"写实"画画上等号的某一种"画法"而已。因为自己已对它"熟悉",所以没有评论,即使是在被告诉了它其实是来自西方的"照相写实主义"绘画语言以后。

也有人明确指出:画中洋溢出的对"农民"最朴素最真诚也热烈的情怀,最简单最清楚也深沉的思考,是打动人心的最根本因素。而它在艺术上表现出的另外一些方面,如构图的大胆,绘画语言的新颖,真实细腻的刻画,相比这幅画所获得的巨大成功而言,该属于相对较小分量的一部分,它们只是帮助作者将其原始创作意图最好地交代给大众的有效"工具",是让《父亲》得以收获成功的重要手段之一,但不是决定因素。但是,可不可以将其放在"形式与内容"不可或缺这架天平上呢?

6

面对铺天盖地的赞誉和也不算少的不同意见,听听罗中立本人是怎样的说法。

1981年第二期《美术》杂志上刊登的罗中立写给编辑的一封信中他这样写道:我陆续收到不少素不相识的同志的来信,给了我热情的鼓励。来信中有的以他们各自的生活经历和思想来剖析、理解这幅画,很多比我本人更多、更理性地谈到此画;有的来信则只说了些朴实的观感。相比之下,我更接受后一种,因为我压根儿就没有想到那么多理念,也不是从某种推理出发的。说到底是我长期对农民强烈感受的结果,我想的就是要给农民说句老实话,因此我的激情很高……我用最大的努力来表现我熟悉的一切——农民的全部特质与细节。这是我作画全过程中的唯一念头。技巧我没有想

到，我只是想尽量的细，愈细愈好，我以前看过一位美国照相写实主义画家的一些肖像画，这个印象实际就决定了我这幅画的形式，因为我感到这种形式最利于强有力地传达我的全部感情和思想……我觉得作品应有人民性，作品应和多数观众去得到一种感情上的交流和共鸣作用，要做到这点，重要的是要有坚实的生活基础和真实感情。

他也说：《父亲》的成名颇有几分偶然，而《父亲》所显示的艺术方向才是必然。成名固然为我带来了许多未曾料想到的收获，而真正重要的却在于自己选择的艺术道路——为走一条我最熟悉、最热爱的路坚定了信心！我将沿着这条通向大山的路一直前行。

几句简单的话，足以让人从中感受到罗中立的朴实、真诚、单纯、谦虚，为艺术的执着，为普通平民动真感情的赤诚胸怀。

除了《父亲》具有的形式与内容两大因素外，另一个与《父亲》的成功应该算也起到了比较重要作用的相关因素，有必要在此提出来。

回顾可知，《父亲》出现的时期，人们的思想和认识大致还徘徊在相对的空白空间里。特别是经历了文革中那些特殊的人和特殊事后，总体上说，这时期很多人的思想框架里还是乐于自觉不自觉地渴望英雄、寻找英雄、创造英雄、虚构英雄，还在受到想有英雄、有"神"来填充自己头脑中的空白那种惯性意识支配。正因如此，一些本来并不应该被归为真"英雄"的人或事、顶多只是在某一个方面稍微有一些超出于大众平常认识的表现，比如在那两年高考中出现的某一个学科里的所谓"状元"，比如某人写了一篇并没有真正的分量事实上也经不起时间检验的作文式的小说，却都因为在某一点上刚好满足了这个时期潜在于人们心底的某种需要，于是在人们不断加以传说和夸张想象中被"演化"成、虚构成"英雄"式的篇章。

沿这个思路分析，当《父亲》这件作品，以一种事实上既拥有全新的绘画语言形式，又具有很真实的、丰富的、强烈打动人的思想内容，几乎就可以完美地满足人们的心理和精神需求——对"英雄"的强烈渴望——这种面貌轰然亮相时，其所应该产生的效果会是也必须是何等的震撼，其应该收获的结果会是什么就很好理解了！

从另一个角度进一步剖析则应该是这样：之前，长期的艰难生活在人们心中沉积了太多的沉重，长期的精神压抑使人们积压了渴望释放的强烈情绪，曾经的太多伤痛更让人们极度渴望能有一种久旱逢甘霖般的方式来宣泄。在这样的大背景下，《父亲》以这样一种面貌赫然亮相，就像有一只手猛地拉开了封锁人们心灵的闸门，让长期在人们心中翻涌的情绪得到一个爆炸似的缺口，如一股巨大的洪流呼啸而出，去融合、去拥抱那个"神"一般地站在自己眼前的《父亲》。由这我们也可以得到一个解释，为什么《父亲》一出现，就那么快地融入了亿万人的心灵，使大家的心和"他"一起跳动，为他流泪、呐喊。因为所有人眼里都明明白白地看见了"他"的艰难，看见了"他"经历过的沧桑，看见了"他"与身后打谷场上那似乎绵延至天边的丰收粮食之间的一种生命与生活的内在维系，看见了"他"与自己的紧密联系，于是从中感悟到此画的创作者对中国农民——人民——的真诚和尊重。人们还自然地联想起俗语之云："民以食为天"。而创造这"天"的人，其命运是如何、又该如何呢？

或许应该承认，当时人们这样的思想状态和认识人与事的方式，是包括油画《父亲》《父与子》等在内的一大批艺术及文学作品，以一种"类大跃进"式的方式获得了巨大成功的重要原因之一。但对于这点，我们大概只能以一种认可历史、承认事实的客观态度予以接受。

在这里做出这样一个简单的分析，当然不是试图以今天的思维自作聪明地去否定昨天人们的思想认识，只是想借以解释，昨天那个特殊时期中人们因为受认识等的局限，出现过一种或许可以被称为"临时正常"的现象。

进行一番大致的分析、梳理、归纳，我们认为油画《父亲》能够获得成功，是不是至少应该包含了以下几个最重要的原因：

一、改革开放、发展进取的大背景，社会处于一个大变革时代，人们的价值观正发生了巨大的变化，主体意识开始觉醒；

二、《父亲》画面中运用的、对于广大国人而言属于"全新"的、但同时也正好是满足了国人长期追求的写实——超级写实或称照相写实主义绘画语言，因画面背后的内容需要而决定的特殊图示，由这种语言、这种图示表现的特定内容，恰到好处地结合后产生出来的创造性、震撼性；

三、具有浓厚的人文主义和强大亲和力的题目，题目后面所包含着的内涵，唤醒了长期在人们心灵中某一个"角落"沉睡的某种情怀；

四、在一个特殊时期中人们对人或事物的特殊认识观；

五、作者本人对艺术持之以恒的勤奋"劳动"，对人生、人性认识的升华，对渴望艺术成功的不懈追求。

一个不可否认的事实是，由《父亲》开始，中国当代艺术出现了一个重大的变化：美术作品的内容转而关注民生，关注普通老百姓和生活本身。这种主题思想的突破，有力地展现出了《父亲》具有的、足以影响中国当代艺术和艺术人的巨大魅力，及其丰富的内涵。

1982年5月，中国美术作品首次应邀参加在巴黎举办的国际沙龙美展。《父亲》作为中国现实主义美术的代表作，悬挂在中国展厅入口处的五星红旗旁边，醒目而庄重。年轻的中国油画家罗中立，和他的艺术，开始被国际画坛认识。

2005年，前《美术》杂志编辑栗宪庭到成都参加中国当代"油画邀请展"。栗宪庭回忆：《父亲》在《美术》杂志上刊发后，除了得到巨大关注，也引起了很长时间的争论。有批评家批评《父亲》"污蔑了农民形象"，作为编辑者的我当时挨骂是肯定的，但我并不后悔，我觉得应该给当时新的艺术一个展示的平台，给年轻艺术家一个露脸的机会。

栗宪庭说，每一个新的艺术出来大都会出现挨骂的现象，但最后大家又接受了，因此他不在乎自己为《父亲》挨骂。

栗宪庭介绍说，我之前并不认识罗中立，只是曾经发表过他的一幅知青画，《盼》。

《盼》先于《父亲》出现，是罗中立顺应当时的"历史潮流"亦即"伤痕"感知下"机械"地完成的一件作品。没当过知青的罗中立在画这幅画时，不知道最打动他的是哪一点？而这一点的产生灵感，来自何处？让人可以想到的最基本的一个原因是：时代影响的烙印。因为，那是一个几乎家家户户都有知青、或至少都与知青有联系的时代。

《盼》是一幅尺寸为一米左右的横方画幅。画面上，一个女知青站在路边，背上背着一个小孩子，双手举着一张撑开的塑料布，遮住空中飘下的潇潇细雨，她在等客车到来。不知道她是要搭车回城探亲，还是要去哪里街上赶场？总之，是一幅典型的、袒露出伤痕的画面。

其实这幅画还有一个很重要的切入点，但一般人可能并没有意识到。那就是女知青背在背上的小孩子。从这个小孩子可以讲出的故事，其意义，已远远超出了单纯的知青题材表现。在它的后面，除了对知青题材的伤痕表现外，更有一条明显的人性的线索生发开去。罗中立是凭什么敏感地抓住了这一个点，从这一个与大众不相同的角度切入了大众熟悉的知青题材？是他的有意之为还是无意下的为之？这幅《盼》后来被一个美国人买走，不知去向。

自80年代初油画《父亲》在中国卷起波澜，随后更不断发酵，当然多是在艺术圈内、从艺术理论上对其展开的深入研讨。同时，一个有趣但也千真万确的情节是，对绝大多数普通观众，经历过了看见《父亲》的激动，他们甚至都没有记住罗中立这个名字，可是他们清楚记住了《父亲》的那张脸，他那双手，和他手里端着的那一只破旧的土疙碗，还都更清清楚楚地记住了这幅画的名字叫《父亲》——因为在他们心底，已经自觉不自觉地把"他"当作了自己的"父亲"。那以后好多年里，罗中立常常碰到这样的情况：他出现在某个场合，当知情者向其他人介绍他是罗中立时，一般人的表现几乎都是客套地应酬几句，礼节性地笑着和他打个招呼、握个手。但是，当被进一步介绍到他就是当年那幅油画《父亲》的创作者时，那些人眼里马上会流露出不相信这是真的那种神色，往往在得到再次的肯定答复后，顿时激动得脸上放光，兴奋地叫道：我知道那幅画！我知道那幅画！然后，就会有几分控制不住地大谈起自己当年见到这幅画时的感受，特别谈起画面中那些给自己留下了最强烈印象的部分。

"乡土、写实、人性之美，一切都浑然天成，《父亲》就这样成为一代开山之作，深深打动着这个曾经多灾多难的民族，打动着一颗颗来自黄土地的中国心。"2013年山东美术馆举办了全国美术馆优秀藏品展，齐鲁网这样写道。

"我们都知道，在20世纪80年代之初，中国刚刚从文革美术的背景中走出来不久，人们对一种真诚的、真实的情感特别有强烈的呼吁，所以这件作品也就是80年代改革开放之初，在艺术上反映真诚、呼唤真诚的一种精神的象征。其实它的意义既是乡土的又是超越乡土的，它承载一个时代人们精神的写照和寄托。"中国美术馆前馆长范迪安后来如是说。

《父亲》产生的年代，中国基本上还是一个农业社会，农民问题是中国社会的主

要问题。《父亲》的意义也在于此，罗中立关注的不是农民的形象或农民的问题，而是当时的中国问题；《父亲》表现的是集体经验，而非个人经验。著名评论家易英教授如是说。

■1981年第一期《美术》杂志封面

《大巴山人》，1980年

在儿童的世界里，无论是托儿所发的一块饼干、空坝子上看的一场露天电影、士兵手里握着的钢枪，还是父亲笔下出现的一幅什么画，都可以简单地用两个词语来表达：美好、诱惑。

第二章

1

    1949年以后，重庆行政上设立了七个主城区，其中之一是沙坪坝区。本区域内后来聚集了重庆最多的高校和知名中小学，故人们习惯称之为"文化区"。在沙坪坝区中部，有一列南北向绵延的高山，就是著名的歌乐山。歌乐山属于缙云山一支余脉，距离重庆市中心16公里。

    民间传说，当年大禹治水，召众宾歌乐于此，故此地得名歌乐山。沙坪坝区东南部，歌乐山朝向城区这一侧的山脚下，有个地方名叫"天星桥"。相传清末该地建桥，竣工时，专邀古稀老翁前来踩桥。旧时云"人过七十古来稀"，人喻古稀者是为天上寿星。为得"天上寿星降福"，此桥乃取名天星桥，此地即随桥得名。

    抗日战争时期，中国国民政府迁往重庆。1941年，国民政府中央医院作为战时医院随迁，落地天星桥。

    1947年7月23日，罗中立出生在天星桥这家战时中央医院。

    按家族的字辈，罗中立的父亲给家里这第二个儿子取名"罗中立"。往后几年，一直想有一个女儿绕膝的父母亲没能如愿，又给罗中立添了两个弟弟。

    四兄弟年龄相差不大，每个只差着一两岁。这注定了四兄弟之间平时经常可能会因为都喜欢上了某一件东西，为了各自的"利益"互不相让，吵吵闹闹。有四个孩子的"吵闹"，固然可说给家里添了很多的人气，但肯定也会让父母多出来好多烦心事。不过这种情形在那个年代的家庭中，也是家常便饭。

罗父老家在重庆璧山县丁家镇，打小就爱读书写字画画玩乐器。罗中立的爷爷原是丁家镇上一位老中医，医术好又为人正直，在当地一方颇有些声名，常被乡邻请去排解纠纷。因为是医生，家里自然就有很多这种那种书籍，成全了罗父从小泡在书堆里，泡在笔墨纸砚里，得到一个聪明的脑瓜子，也练出来一手好字。但就在罗父将完成小学学业前一年，家里开在丁家镇街上的药房被土匪洗劫一空，从此家道中落。

罗父在老家读完小学后，本因学习成绩好，可到县城读中学，但此时经济上的拮据破灭了他的继续读书梦。不久后罗父经人介绍去参加了一个考试，以不俗的成绩进入重庆大军阀刘湘在主城内某处开办的一家兵工厂，做了一名小工。由于有些文化，又肯学肯干，进步很大，提前出了师，当了名车工，成为厂里的技术骨干。卢沟桥事变后，南昌空军机械学校来重庆招生，主要培养修理飞机的机械师和相关地勤人员。罗父就去报名，顺利通过考试。没多久，这一年所有的新招学员一起在重庆登船，前往设在南昌的空军机械学校。记不得船在长江上走了好多天，终于到了武汉，突然得到消息，说日本人已快打到南京了。大家都被安排在武汉停下来，不再往前走，很快又被告知返回重庆，改到空军机械学校重庆分校学习。因为船运紧张，在武汉又等了好一段日子，才搭上船回到了重庆。

南昌空军机械分校开初设在重庆长江南岸的广阳坝，那里驻有刘湘的一支空军。不久后，主要从安全角度考虑，分校搬到了长江南岸真武山上的一座庙里，学生们就在那里学习。这批学员毕业时，正赶上重庆市白市驿机场修建完成，学员们就成为分配到白市驿机场工作的第一批地勤人员。那时候，日本飞机还主要从武汉和宜昌飞临重庆轰炸，所以重庆机场的人员工作都非常紧张。后来，日本人因无法沿长江而上威胁重庆，改由缅甸进攻云南。于是成都那边变得更紧张起来，重庆的很多空军人员也就迁到成都。罗父也去了，他们一批人住进了成都市内的太平寺机场。再往后，大概在距抗战胜利两年前，成都已主要使用双流机场了，其他几个小机场于是慢慢被弃用。罗父曾经的一个老师早知道他笔头很不错，介绍他去成都的中央大学医学院院部做文书。罗父就去了，直到抗战胜利。

抗战胜利后不久，中央大学医学院也按要求随国民政府回迁南京。罗父带着妻子

和不到两岁的大儿子随着回到了重庆，因为那时出川的交通主要还是靠轮船。到重庆后，还是因为船只紧张，得慢慢等。罗父一家就在天星桥某处租了间房子住着。谁知道，这一等就是大半年。

罗父一个同事的太太，当时是国民党中央医院的护士长。这天这个同事来游说罗父说，你拖家带口的，走那么远也不方便，不如干脆去中央医院干吧。本来就不太想远离家乡的罗父动了心，答应了，于是合家来到中央医院，还是在医院院部干文书工作。罗母则去了离家好几十公里远的璧山县来凤镇小学教书。

罗中立母亲原住璧山城南街，还是小孩子时就与罗父认识了，青梅竹马，后来确定了恋爱关系。抗战期间，有一次罗父从成都回重庆探家，一位在大路场中学当校长的亲戚说，择日不如撞日，干脆把婚礼办了吧。于是两人就在距离青木关不远的大路场中学里举行了婚礼，然后夫妇一起去了成都。

1949年，重庆即将解放前夕，国民党中央医院里好多人出于担心，跟国民党走了。罗中立父母因为真舍不得离开家乡，全家人留了下来。

解放军进城后不久，一家陆军医院搬进了中央医院原所在地。1950年，这家陆军医院更名为西南医院，一直沿用到今天。

罗父进了西南医院工作，继续做文书。当时，单位上的文书，因为属于比较稀有的"文化人"，所以在医院里大小也算是一个"领导"。

罗父长期坚持学文化，业余时间里还爱写写画画，在同事们眼中是一个"能人"。五十年代初，他积极参加了西南医院办的夜校，还在单位上的文化剧团排演的话剧《白毛女》中客串过杨白劳。

1949年新政府成立后，无论在城里还是乡下，新政府沿袭着入城前在农村革命根据地的优良传统，开办了很多诸如识字班、扫盲班、夜校等，这样做的首要目的应该是提高全民文化，利于国家开始进行的全面大建设。平心而论，以当时国人普遍低之又低的受教育水平，新政府的如此之举是非常应该被肯定和赞扬的。因此，在那时社会万象一派欣欣向荣的大背景下，包括好多大学教师、教授都积极响应新政府的号召，主动积极地到这种识字班、那种提高班、夜校扫盲班等去上课，且基本都不取任何报酬。在他们脑海里，那叫"国家兴亡，匹夫有责"。既然咱们这个新生的共和国要大建设、大发展,民族要大进步,需要我们出力,二话不说,咱这就算为之尽一点儿绵薄之力吧!

因为罗父的毛笔字写得好,当年西南医院大门边挂出的第一块字牌"西南医院",就顺理成章地出自他手了。

1949年后罗母仍然教书,但换到了离家近些的一所小学,在歌乐山半坡上一座叫做圣泉寺的庙里。虽然比来凤镇近了好多,但靠两条腿来回走仍是比较远,所以平时罗母都不回家。罗中立还记得小时候和父亲、大哥,一起去过母亲教书的学校。因为时间久远,学校的详细情况已经记不起了。

国民政府战时中央医院原来的位置,在现在西南医院大门的对面,现在西南医院的位置上,抗战时曾经还有一处宋美龄开办的孤儿院。1949年后,新政府在别的地方统一修了孤儿院,孤儿院搬走后,原来的房子就空出来了。新生的西南医院发展迅猛,就利用原来的孤儿院改建,再加盖了一些平房,之后,分配给医院的工作人员和家属居住。罗中立他们家也搬了进去。有人沿着老习惯还把这地儿叫做孤儿院,也有人叫疗养院。为什么会有这样的叫法,罗中立记不得了,只是很清楚地记得那一长排一长排的平房,有新盖的,也有从前的旧房子。

四川到处都生长着茂密的竹子。修房时,有人去率性地砍下竹子,用柴刀剖为一条条长长的竹片;拿碗口粗的木棒搭出很多长方体的框架空间,很像今天小孩子们玩的积木游戏。人们用自制的超长的铁钉把木棒的交接处固定住;使用铁钉固定是为了"绕开"极为复杂费时的做榫卯的工序,房子因此就可以建得更快些。对此当然也可以换成一种调侃的说法,叫做"偷工减料"。至于为什么,只有历史能够回答它了。接下来大家灵巧地把剖好的竹片在框架里编成一壁一壁的墙骨,然后往这些墙骨上糊满加了竹绒的稀泥,墙壁就成了。最后和些呈稀粥般状态的石灰浆,在墙壁里外都薄薄地抹一层,房子就宣告建成。这种墙被重庆人称为"照壁墙",房子和重庆人称的"穿斗房"基本相似。

称为中央医院也罢还是西南医院也罢,那时医院周边地方都是真正的乡村。放眼望去,入目皆是如画的景色:田野、小河、山岗、树林、飞鸟;地里一年四季都有农民种的庄稼和蔬菜,这里那里星星点点地站着农民的土墙茅草房。也许,乡村的场景

就是这样于不经意间，在年幼的罗中立脑海里刻下了烙印。那些真实、单纯、美好的乡村画面在罗中立的印象里，永远像刚放映过去的电影胶片，永远那样的熟悉、亲切，刻骨铭心。或许我们可以认为，就是这些最本原的、鲜亮的信息，铺垫起他后来为何会那样地钟情于乡村和农民的第一层基础！

随着这家解放军部队医院进入，出来了很多新鲜事儿，一天天地，在罗中立还稚嫩的思维里留下深刻的记忆。

医院大门边每天出现了站岗的士兵，全副武装，端着枪，威风凛凛。

小罗中立也和其他男孩子一样，对所有表现出力量的东西比如机械，更比如兵器等，有着天生的喜欢和兴趣。他最渴望的是能有机会亲手摸一下握在士兵手里的那杆枪。

记不得是他几岁的时候，但终于是有一天，一个看上去面相很温和的站岗的士兵叔叔，一定是看穿了长时间站在旁边不远、紧盯着他手中枪不眨眼的小罗中立的心思，竟然破天荒地，笑着招手让罗中立去到自己身边，让他伸出小手，在紧握在自己一双大手中的冲锋枪把子上摸了两把。这给罗中立产生的兴奋，让他在几十年后讲起童年的这次"体验"时，眼里都还放出异彩。

罗父的工作主要是帮着医院院长处理或起草一些文件，为医院做宣传工作包括办宣传栏，画些宣传画之类的。

在一个新时代所带来的飞速发展背景下，和绝大多数人一样，罗家一家子的日子也过得"风生水起"般。

2

  1952年的国庆节就要到来了,和其他国家单位一样,西南医院里的人们也纷纷积极地、热情高涨地动了起来,为庆祝这即将到来的又一个盛大节日做准备工作。

  医院里安排了好多人去高高的歌乐山上,砍下堆积如山般的松树枝柏树枝。然后有很多人拿这些蓝蓝绿绿的树枝,在医院大门边装扮起来几座郁郁葱葱的拱形门,门上扎着很多五颜六色的彩带。路边摆起好多排条桌,摆上了好多苹果、香蕉、柚子、柑橘、糖果等。漫天空气中,都洋溢着浓浓的节日喜庆气氛。

  为满足庆祝国庆节需要,医院安排罗中立的父亲画一幅很大的马恩列斯毛领袖像油画。这个任务落在谁的头上都肯定是一份极大的光荣,但同时也更是一份艰难。

  罗父从没画过油画,只画过一些水墨画、水粉画等。

  但组织上交代下来的光荣任务,无论它多难都不能以任何理由推托,更没有完不成这一说。你要考虑的就是怎样想办法完成,还要完成得最好。这就是那个时代的特点,是那个时代中人们对待组织交给自己的工作的唯一态度。

  经人指点,这天上午罗父坐着西南医院专门为他派的一驾马车,从天星桥乡下进了大城,来到城中心的解放碑。因为别人告诉他,这里一条街上有家工艺美术公司,里面有人会画油画。

  罗父顺利找到了这家工艺美术公司,与美工马如其认识了,后来他们还成了交往较多的朋友。

马如其家也住沙坪坝，他还是重庆艺术圈老一辈中一个比较知名的人物。在那十余年后，马如其的儿子马一平成了罗中立报考美院附中时的主考老师，再往后又做了四川美术学院副院长。再往后数年，罗中立出任了四川美术学院院长。历史有时候就这么风趣，把一些看似不相干的人、看似不相关的事，在你不知不觉中给糅合到一起，突然展现在你眼前。这时你才发现，原来这些人和事，在它们的表象后面，竟然有着这么些千丝万缕的"缘"。

所以人们常说：这世界太小了。

罗父就在这太小了的世界里坐着简陋的马车跑来跑去，前后去了工艺美术公司好几趟。凭着他的聪明，很快就大致了解了画油画的方法。回到医院，他找来木条，买来麻布、胶水等材料，自己动手做起画框。然后又去买了油画颜料、油画笔等，开始画领袖像。好多天过去了，他终于"很好地"完成了组织交给的任务。

如果不去与油画标准对应，也许可以这样说，至少，这幅领袖集体像的画，是用油画材料和油画的主要绘制方式完成的。

罗中立却在父亲第一次用"油画"画马恩列斯毛领袖像的那个空间里，第一次闻到了油画颜料的气味。这第一次闻到的油画颜料发出来的特殊气味，给他"制造"了太深刻的难忘记忆。直到今天，他都还能明明白白地感受出它与他后来闻到的油画颜料气味的完全不同之处。

其实我们更可以把存留在他记忆中的这种特殊的气味，理解为是一个小孩子由初次体验所得来的、被认知无限放大了的结果，尤其，当这种初次体验还是与自己父亲的"伟大杰作"联系在一起的时候，与自己喜欢的画画"游戏"联系在一起的时候。

50年代初期，西南医院也和其他政府供给制单位一样，所有医护人员和职工一天三顿都在医院的集体食堂吃饭，只星期天例外。星期天家家都自己做饭，像是单位上特意给一家人留的团聚机会。那时这种生活方式，以后被人们编排出一个专门词儿作调侃，叫做"吃公家"。直到若干年后，重庆人还有用这个词儿作为相互间的戏谑。比如某人看见一个朋友或熟人在餐馆里吃饭时出手比较大方比较浪费，就会开玩笑似的说：咂，这样子整，吃公家嗦！

每天晚上在医院集体食堂吃过晚饭后，家长一般会带着家里小一些的孩子先回家，留下大点儿的孩子去食堂灶房的大锅边，等着一会儿水烧开了，打几瓶开水回家去，方便家里人喝水、洗脸洗脚用等等。

有天晚饭后，打开水的活儿又分派给了罗中立。

他小心地在大锅炉的开水龙头那儿把两个竹壳暖水瓶装满开水后，拎在手里往家走。到底还是小孩子，虽然拎着的是暖水瓶，走路却很有些心不在焉。而且不知咋搞的，他心血来潮似的，把两只暖水瓶一起拎在右手里，就像是要炫耀一下自己的力气很大似的。当然差不多每个小孩子时不时地也都会做出些这种欠思考、不自量力的事。

正高兴地走着，不知怎么的就听见"嘭"的一声，两个暖水瓶突然爆掉了，把罗中立吓了一大跳。他不知所措地、眼巴巴地望着地上还在蒸腾起热气的那一大摊水、四下散布着的碎玻璃片，最后是无奈地提起两只空水瓶壳往家走。边走，居然还不知所以似的把残留在竹壳里的碎玻璃片摇得稀里哗啦地响，仿佛很欣赏它们发出的像是某种音乐般的哗啦声。

母亲先是紧赶着仔细看了看儿子有没有被烫伤划伤，见没事，就有些生气地吵儿子说你干吗这么不小心，两个水瓶都打破了，又得花钱去买！末了，母亲让他原路返回，去把地上的碎玻璃片都捡起来，拿回家。

记忆中那段路大概有两华里远，天早已黑尽了。罗中立慢慢来到水瓶爆掉的地方，就着路边昏黄的路灯光，蹲下去，小心地把碎玻璃一片片地捡起来，放进随身带去的一个小竹篮里。捡完后回家交给母亲。

第二天把这些碎玻璃片拿到医院大门外、对面街上那个专收破烂和废品的小摊去卖掉，可以换回两分钱。

每年过春节时，西南医院这地儿都会有好些个热热闹闹的日子。

医院会安排在一处宽大的坝子上放映好多场露天电影。每到放电影那天，下午很早，空坝子上就会被人们（当然主要是小孩子先去）放上了很多大大小小的石块，给自家人晚上看电影时占个位子。慌慌忙忙地吃过晚饭，扛着或长凳或方凳的人们就赶到坝子上，很准确地找到自己先前放的石块，然后把带去的凳子椅子放那儿，等着电影开映的激动时刻。当然，经常都有人因为去得稍晚了些，人一多，就找不到自己之前放的石块，也就失去了先前占好的位子。于是他们可能就会与旁边的人发生争吵，

认定是旁边的人把他们用来占位子的石头给甩掉了。争吵归争吵，因此发生打斗的情况极少出现。坝子边上就有不少荷枪巡逻的士兵以及保卫处的配枪人员负责维持秩序：他们会闻声而至，果断地把发生纠纷又不听劝阻的人迅速带离现场。

等电影放映结束，整个坝子上到处丢着乱七八糟的大小石块，这让第二天来打扫清洁的人免不了会边扫、边不停地骂骂咧咧。

医院还时常花钱去请一个川戏班子来唱戏。这很有点儿那时在人们骨子里形成了习惯的唱大戏庆佳节的意思。

不记得是哪一年过春节了，医院照例请来一个戏班子，放在了天星桥最热闹的地方唱。

这天刚吃过晚饭，罗中立迫不及待地扛起一根小长条凳，和邻居的好几个大人小孩一起，兴奋地赶去听戏。其实呢，对一个五六岁的小孩子，与其说真的是为了去听戏，还不如说是为了去看热闹。用今天的时髦话说，叫"打酱油"的。

那天晚上，罗中立他们一行人去得可能稍微晚了些，或者换一种说法是，别人去得更早了些。反正结果是，到了演戏那儿一看，早已人山人海，戏台上也已敲锣打鼓地开场了。

罗中立他们东游西走，最后找了个勉强认为似乎还可以的地方。

他把扛去的小长凳放地上，站上去试了试。但是这里离那个临时搭起来的低矮戏台太远了，前面又密密麻麻地站了很多人，即使他脚尖踮得再高，即使从前面人与人之间的小缝隙中看出去，他也根本没可能看得清戏台上的表演。何况，他还不可能整个晚上就这样一直踮着脚尖、歪斜着身子吧。

罗中立干脆在小长条凳上坐了下来，像一棵在若干大树的缝隙之间顽强生长着的小草，静下心来，用耳朵去捕捉从远处戏台那边传来的唱戏声和乐器声。

慢慢地，看戏的人群发出的嘈杂音似乎消退了，他耳朵里只清楚地听见舞台那边传来的高亢而尖厉的唢呐声，透出一种划开夜空的力量；听见二胡逸出的悠长颤音，绵绵柔柔地揉搓着空气；听见锣与鼓击出急迫的节奏，急雨敲打屋瓦般同时也敲打着他的心扉，所有的一切，最后竟幻化成一个立体的、他不能很形容得出、只觉得是很美的画面，定格在他脑海里。

到今天他还是不能很形象地描绘出那是一幅什么画面。"是在潜意识里觉得很美",他回忆说。

那晚的民乐传递给他的深切感受,却是多年后他在回忆中一点一点地搜索、组织起来的。但他说,当时,就像是在突然中,他简单而单纯的童年脑海里,蓦地有些感知到了中国民乐、中国传统文化的魅力。

好多年后,我们在他大量的画面里,似总可以揣摩到有如流水浪花般涌动、跳跃的节奏,如广大国人所熟悉、所钟爱的传统民乐创造出的那种节奏,更倾向于柔美、含蓄、悲壮、深沉、富于哲理。这,是不是发源于那晚的意外收获?

住在医院家属区里的几乎每家每户,都在自家屋子外边的空地上开挖出一小块地,下班后有闲暇时,在这地里种上些时令蔬菜,边上还栽几株容易活的花草。这有几大好处:美化环境;让家里的小孩子学会热爱生活热爱劳动,了解到一些简单的农业知识;收了菜蔬瓜果,自家人有得吃也可以送人;大人们借此保持劳动本色,反正是空闲时间,没有其他事做。

这一年,罗中立家在开挖出的小块"自留地"上种的南瓜获得了空前大丰收,送了好多去给邻居呀朋友呀,还剩下好多,就一股脑儿地堆在他们家小灶房里一个大木架子上,像小山一样。

罗中立和几兄弟从中发现了乐趣。

这天趁父母亲不在家,几兄弟一窝蜂地冲进了灶房里,疯玩起来。

罗中立照例一马当先,动作麻利地很快爬到了南瓜堆成小山般的木架子上。几兄弟正玩到"忘记了自己姓啥子"的时候,突听山崩地裂般一阵巨响,架子上的南瓜全部哐哐当当地滚下了地,有些还被摔烂了,搞得到处是南瓜碎块和瓜瓤瓜籽,一片狼藉。

这变故把几兄弟吓得要死,不要命地跑出了灶房。幸好没人受伤。父母亲回来见到了,少不了对几个淘气精一顿责骂。不过那时候也可以说家家小孩都顽皮,再说家长们也找不出更多法子让孩子们发泄旺盛的精力。总不能强迫孩子们成天木偶般坐着一动不动吧!所以家长也罢,孩子也罢,都早就习惯了对方的招数。骂归骂,耍归耍,"风波"过去了,属于孩子们的世界该怎么灿烂照旧灿烂。

西南医院开办有一家职工托儿所。既然是职工托儿所,自然会多少有些福利。那

个年代差不多家家都有好几个孩子,但托儿所接收条件有限,所以不是说每家的几个孩子都能同时走进托儿所。

家长们当然想让每个孩子都能去托儿所,毕竟有很多同龄小孩子可以在一起玩耍,这会有助于孩子的身心正常发展;托儿所里有老师照看孩子,教一些简单知识;托儿所的小院里还有一架滑滑梯、一架跷跷板,虽然简陋,总是小孩子最喜欢玩的。对了,还有一架手风琴,常常有一位老师拉着琴,教小孩子们唱歌。

为了解决不能把几个孩子同时送进托儿所去的矛盾,家长们都被默契地"逼"出来一个折中办法。比如,像罗中立家有四兄弟,按有关规定托儿所最多只能收两个。父母就让老大和老三一起先去托儿所待半个月,然后把这两兄弟接回家,同时把罗中立和老四送去托儿所待半个月。轮流着转,于是几个孩子就都能享受到托儿所里的"待遇",都能接受到托儿所的"教育",孩子之间不闹矛盾了,父母自然也不会再因为哪个孩子没能去成托儿所而心生内疚。

那时的罗中立当然体会不到父母的如此用心。他就是非常喜欢去托儿所。除了可以和小孩子们玩,托儿所里还有比医院集体伙食团好吃得多的饭。另外再有很重要的一点:托儿所每天到了大下午会给每个小朋友都发一块饼干。那饼干太好吃了!香香脆脆的。但这还不是这块饼干带给他的全部意义。他也不会因为它太好吃了把它一口就吞下去。他总会把饼干捏在手里,翻来覆去地先仔细看上好一阵,才用舌头去轻轻地舔湿它的某一边,接着用牙齿去把被舔湿的这边一点儿一点儿地、慢慢地咬下。饼干在他的手里就会先变成一个缺了一小块弧的月亮,然后如法炮制,让它变成一条小狗,一只小鸡,一只小蝴蝶。最后的最后,这只"小蝴蝶"才会轻轻地、小心翼翼地"飞"进他的嘴里。

没到自己去托儿所的日子,罗中立会掰着指头笨拙地数数,看还有多少天才会又轮到自己。当只剩下两三天就又到该他进托儿所了时,他总是会迫不及待地自个儿跑去托儿所。不能进到里面去,他就靠在那道一米多高些的南竹片片做成的、用来隔断托儿所和外面"社会"的竹栅栏上,透过竹片之间不到十厘米宽的缝,朝院子里面几个早已看见了他的小孩子兴奋地大声喊:还有两天,我又要来了!

有天一大早,医院全体职工接到紧急通知,集合去医院外面的马路边,欢迎参加抗美援朝后归国的志愿军战士。

大家都去了。

罗中立也跟去了。

等了没多久，见一长溜军车开过来。前面好多军车上，整整齐齐站着一排排雄赳赳气昂昂的年轻士兵，后面很多军车拖着穿了土绿土黄色炮衣的大炮，不紧不慢地轰隆轰隆驶过来，一路扬起浓密的灰尘。

并没有人带领，但所有人都不由自主地疯狂般地鼓起掌来，还发出雷鸣般的欢呼。也有好些显然是先前做了准备的男女宣传队员们，在马路边上热烈地跳起了舞，嘴里反复唱着"雄赳赳气昂昂跨过鸭绿江"的歌。这支歌当时是人都会唱，就连很小的孩子也能跟着哼。

罗中立脑海里一直很清楚地记得一个画面：有一次他和父亲一起回家，在路上碰见一个他并不很熟、但显然和父亲关系较好的叔叔。那叔叔在和父亲寒暄了几句后，伸一只手拍拍罗中立的小脑瓜子，微笑着说：这孩子很聪明，就是太调皮！

罗中立并不清楚这话是表扬呢还是批评，也不知道那叔叔是怎么得出结论的。但很多年后他每每回忆起自己小时候时，总说，小罗中立那时可能是有些调皮。不然就无法解释，为什么不管他家住到哪里，邻居们提到他时都这样说，"天上地上都有他的脚印"。这个说法在重庆，是对那些平时行为很符合众人一致认可的调皮孩子标准的终极结论。

罗中立自己也认可小时候很调皮，他说：我是家里四个孩子中最调皮的，一天到晚总是在想方设法要搞些自己觉得很好玩的事儿出来。

不过话说回来，罗中立表现出的调皮，主要是比较活泼好动，比较喜欢动脑筋想点子，比较不安于墨守成规，比较喜欢"独辟蹊径"。与那种无心学习、一门心思出歪点子捣蛋整人的淘气孩子相比，不在同一个类型。

20世纪50年代初期，时任中共中央西南局第一书记的邓小平，与刘伯承、贺龙等领导一起，执行中央的方针，根据重庆的实际情况开展经济建设。随着工作的逐步深入，提出重庆一定要尽快把工业搞上去。等不及慢慢培养人才了，必须在现有条件下挖潜力。在这个政策下，重庆大范围地推行起技术归队。具体说就是，每个单位上

具有这样或那样专业技术的人员,但目前没有做自己本来所学技术工作的人,都要调配出来重新安排,让他们到可以最好地发挥专业技术的岗位上去。

罗父就符合了这一政策。

西南医院让罗父在全市范围内自己挑选,看看去哪个单位最适合他。考虑到拖家带口,走远了搬家不方便,罗父最后选择了当时称为重庆601厂,即后来的重庆第一棉纺织厂。

西南医院和重庆601厂离得不远,大概有几公里距离。都在沙坪坝这个小范围里。

于是罗家举家搬迁。

罗父进了技术科,在绘图室做机械绘图工作。罗母到了厂子弟小学——601厂子弟校,继续教书。

他们全家搬进了厂里一个叫做京华院的家属区,紧邻着的,叫做民主院。

■ "京华院"速写

3

重庆第一棉纺织厂位于沙坪坝区小龙坎汉渝路。沿着厂外的斜坡往下走去，就来到长江的第二大支流嘉陵江边。

重庆第一棉纺织厂是重庆当时的一家大型国有工厂，主要生产布匹类轻工业产品，在20世纪50年代直至以后的很多年里，都是重庆一家举足轻重的轻工业产品工厂。

对于小孩子，搬家的主要意义，就是少了从前熟悉的环境，少了可能已经玩腻的某些活动，同时冒出来更多新鲜的、未知的、也许会更好玩的这样那样。

秋天，罗中立进了重纺厂第一子弟小学读书。很多年后他说他都一直记得自己当时的作业本上写着：601厂子弟小学。

有母亲在学校作教师，很自然，罗中立的小学时期是一直处于母亲和教师的"双重"看管下的，但这并没能有效地扼止住罗中立天性中的贪玩，从而让他成为一个"循规蹈矩"、成绩优异的小学生。

被问到读小学的学习情况时，罗中立会挂着几分俏皮的微笑说：记不太清楚了，但学习成绩应该还过得去吧，应该是学得很轻松。再说，那时候小学的课文本来就很简单。

简单吗？那是什么呢？还记不记得？

怎么不记得？连小学一年级一册班开学的语文课都还记得。

第一课：题目，开学。正文：我们开学了。

第二课：题目，上学。正文：我们上学了。

第三课？记不得了。

教语文课的母亲可能没有过让自己的孩子将来在文学上走出一条金光大道来的规划和行动。或者是，出于母爱的特殊性，她对儿子采取了"给他一个快乐成长的童年"的态度，就像多年后罗中立与朋友谈起自己对儿子的教育态度时，嘴上也老爱挂着这句话一样。

但另一方面，身有多种爱好的罗父，空闲时会主动带着家里的几个孩子要么是写写画画，要么拉拉小提琴，在有意无意的言传身教下极大地影响了小罗中立。也许可以说，是那种在纸上写写画画、在二胡呀提琴呀的"拉拉扯扯"中蕴含着的让人可以随意涂鸦、任性发挥的成分，恰好满足了罗中立像一个老想着"搞怪"的孩子而有的那份躁动，恰好迎合了存在于他心底的渴望创造、渴望有成就的那种追求感。

小学生时的罗中立，就被父母、老师、邻居、小朋友们一致认为他"很会画画"。

"很会画画"的小学生罗中立对画画表现出来的喜爱，是只要与"画"有关的都感兴趣，包括父亲在厂绘图室里绘制机械图纸，他也常常黏着父亲跟去，虽然就只是站在边上，虽然是啥也看不懂，也仍然饶有兴趣地、不厌其烦地看着。

当罗父清楚地意识到二儿子对画画有着特别的兴趣后，开始有心地为他寻找、创造机会。

他带几个孩子去重庆那时很出名的西区公园画动物，去文化宫画花草，到嘉陵江边画挑夫、画洗衣妇等，有时也领着几个孩子去郊外乡下，对着大自然涂鸦。

因为罗父有写写画画方面的"业余爱好"，他时不时地会被厂工会请去帮着画宣传画。每次只要有可能，罗父都会带上罗中立一起。

重纺厂以前有一个工人名叫邓绍义，后来考上了四川美术学院，他在学校上课画的作业，现在常被罗父借回来拿给孩子们看，目的既是让儿子可以见得多，同时更带着一种暗中的鼓励。瞧瞧，这就是从咱们厂考进美术学院去的哟！要好好向人家学习！

罗父每次带着孩子们画完后，还要耐心地对他们的"作业"做点评。罗中立也总是每次都要父亲表扬自己的画，不然就不依不饶。或许可以说，长大后的罗中立身上表现出的"较劲"、总不服输、总想求胜，打那时就发源了，随着之后天长日久的积淀、深化，渐渐聚成对人生的成功积极而不懈追求的强大动力。不过实话说，那时，为了每次都可以得到父亲赞扬，为了比自己的几个兄弟画得更好，他也的确是更努力、更投入。因为有追求，所以很执着。

在孩子眼里，父亲是伟大的；在孩子心里，父亲的表扬是了不起的荣誉。因而，每当一向显得比较严肃的父亲对自己的绘画"作业"表示赞赏时，罗中立心头总会生起莫大的幸福和荣耀感。

毋庸置疑，对于一个不懂事的小孩子，生活中出现的任何最新鲜有趣的体验，都有可能会成为记忆中难忘的一部分，成为他成长路上的一个指南针。更何况，这体验来自于自己"伟大"父亲的指引。

罗中立对画画的"兴趣"，无疑就是在父亲这样的有心引导下、在他不知不觉之中慢慢地扎下根的。或按照人们习惯说的，加上一份天赋。我们也不能说罗父对孩子所做的一切中，包含有自己的孩子必须走进艺术的神圣殿堂去的刻意，但至少可以认为，这种"普及型"的启蒙教育，的确会一点一点地在罗中立心中累积起对艺术的愈加热爱，为他幼小的心灵灌输进热爱艺术、对艺术敏感的活水，渐次升华为雨露和沃土，悄悄滋润埋进了他心底的那颗艺术的种子。

结论是，基于有"伟大"父亲的努力引导，有罗中立自己纯真情感下的坚持不懈的体验，有一份天赋的协作，罗中立走上了追求艺术之路。

真实说，罗父在画画上也的确有几分天赋。他没有专门学过艺术，仅凭着自己的兴趣在画，凭着努力去学，但在重纺厂时，竟然能够有作品入选全国第一届工人美展。

那是在20世纪50年代晚期，罗父画了幅漫画，画面上有四个人，面部表情各不同，内容是当时很流行的评选劳动模范。厂工会有人看见了，说不错可以去投稿。于是投到《四川日报》，居然被刊登出来。厂工会有人又说真不错，可去参加全国第一届工人画展。就推荐去了。没想到入选，还得了一个什么奖，大概等于今天的三等奖吧，反正有奖品，是一个画板、一本英国水彩画册，还有几十张十六开大小的水

彩纸。

还是在50年代末期，罗父的另一张素描，被《工人日报》刊登出来。

后来罗中立考进川美附中读书时，曾在附中图书馆的一本杂志上，见到父亲当年参加工人画展的那幅漫画。

或许可以说这也是一部分渊源吧，都在罗中立的潜意识中起作用，推动他在艺术之路上一直往前。

但多年后，当被问到是否还记得小时候有没有什么明确的"志向"时，罗中立笑着津津乐道地提起自己小学时的一个"志向"，其"另类"的程度，让人听了实在忍不住要大跌眼镜。

他回忆说：小时候，重庆的发电厂几乎都烧煤发电，大量的煤靠木船运来。在我们小龙坎住家下面的嘉陵江边，就有一处专门为发电厂卸煤的简易码头。船运来的煤，需要很多人一趟趟地从船上挑下来，倒在沙滩上，再用很破烂的卡车或者人力架架车来拉到电厂里去。挑煤的人踩着一头放在岸上、另一头搭在木船上的长长的木跳板，晃晃悠悠地来回上下，过程有几分情趣也有几分惊险。这样的情形可以说一年三百六十五天都不间断。到周日、特别是暑假中，一群群中小学生也会担着一副箩筐来河边挑煤，像很多年后被鼓励做的"勤工俭学"一样。

罗中立说那时我们人小力气小，筐里装的煤不多，只能挣点儿小钱。而父母会很高兴地从这赚到的小钱中拿出少许给我们作"奖赏"。我们就可以去买一点儿平时很眼馋的，比如冰糕、油条吃，或者是买一个写字画画的本子。那时我们一群小孩子看着壮硕的大人们担一挑煤就是三百多斤，心里真是佩服得要死。所以我那时最大的志向，就是哪天我也能够像他们那样，一次挑起三百斤煤。

很自然地，罗中立加入了小学的美术兴趣班。

在厂子弟校带美术兴趣班学生的，是教美术课的董德林老师。

董老师很喜欢罗中立，一方面是因为罗中立对画画表现出的极大兴趣和很好的悟性，另一方面是董老师也认识罗父，知道他时不时地被厂工会请去为厂里画宣传画。既是一个厂的同事，又有共同的爱好。有这双重原因，董老师来美术兴趣班辅导时，总会给罗中立特别的关心。

小学校里有用砖头石灰砌起来的两个很大的宣传栏。美术兴趣班的学生经常被安排去画刊头，这当然也是为了培养孩子们学习与实践相结合、提高他们的能力。

画刊头是用粉笔画。画时或是用毛刷擦干净宣传栏的墙面时，会飞飞扬扬地掉下很多粉笔灰末，恣意地飘浮在空气中，让人呼吸不畅，感到极不舒服。不过这种状况半点儿也影响不到罗中立画刊头的积极性。每次他被叫去为刊头"主画"，都非常乐意接受，也非常惬意。

罗中立有极大的兴奋劲儿画宣传栏刊头，不仅因为"画"这个行为本身带给他一种享受，更有一个重要原因是，宣传栏就正端端地竖立在刚一踏入校门的路两边。当他站在桌上画刊头时，所有从校门进进出出的人都会看见他，肯定时不时地有人会驻足观看片刻，有人还会笑着称赞一句：小家伙画得不错！虽然这极可能就是别人一句不经意的称赞，但它对一个孩子却很有意义。因为，这是来自一个离他很"遥远"、比他"高大"好多的成年人世界的赞赏，是他用心付出后的被认可。这让他感到满足，生起骄傲和自豪，更成为他反复告诫自己一定要画得更好更招人喜欢的动力！

小学生罗中立的心中，已经因为自己能够"画"、能被人赞扬，开启了一条荣誉的小溪，溪水涓涓，滋润着他画画的兴趣，成为促进他坚持并努力画画的催化剂。

既然是市里大型国营厂的子弟校，既然学校有美术兴趣班，兴趣班的学生也就会去参加——被邀或是主动申请参加——市少年宫每年"六一"儿童节或其他重要节日，或是为了什么大事件而举办的少儿书画比赛和画展。

在董老师和其他很多人眼里画得很不错的罗中立，少不了每次都是参加者之一。

在董老师和其他很多人眼里画得很不错的罗中立，画的画却从没能在重庆市少儿书画比赛或展览中真正"露脸儿"，就是说从未与获奖有缘。不过有机会时不时地参加绘画比赛和展览，对培养、保持他的画画兴趣和状态，对进一步激发他画画的潜动力，立下了一份不可磨灭的功劳。

重纺厂的日子对少年罗中立而言，除了好玩还是好玩！他经常喜欢带着四弟去厂区里一些偏僻的角落捡柴，拿回家在做饭时当柴火。

厂里工人们干完活儿后，往往会在现场随手扔掉一些小片木柴。那时住家属区的绝大多数小孩子都去捡过柴火，一则是干这活儿有乐趣，再就是家长也会使唤着孩子

去捡拾些柴火回家，那多少也可以省下几个钱呢。从前的日子里，孩子参加这种节约再节约的家庭劳动，是广大普通人家孩子生活中的一堂必修课。

有一次罗中立带着四弟又去拾柴火。走啊走的，路过一幢老式的四层楼房，那房子的大门平时都关着的，今天却虚掩着。罗中立就让一贯胆子比较小的四弟在楼外等着，自己溜了进去。他沿着楼梯三步并作两步地来到了三楼，就在那里，发现一个巨大的惊喜：地板角落处有一块很大的木块，静静地躺在角落里，似乎已经等了上千年，一心一意就为了等着他到来。

罗中立如获至宝，快步抢上前去，仿佛担心它会突然从眼前消失，就像他曾看过的一个故事，说东北人进山挖人参宝贝，发现了人参后就要赶紧地用红绳子把它给拴住，否则它就会逃掉了。

罗中立当然用不着拿根红头绳去把这块大木块系住，他只需要赶紧弯下腰去抓起那块在他眼中显得巨大无比的木块就行了，然后惊喜万分地来到窗前，高高举起，大喊下面的四弟快看，还不停地舞动着木块，炫耀自己的空前收获。

四弟在下面自然也非常高兴，跟着他欢呼，蹦跳。

兴奋到忘乎所以的罗中立嘴里大声宣布，自己要从三楼上把这大木块直接丢下去，丢进四弟的背篼里。

四弟走过来把背篼放在地上，赶快站到一边，等着分享二哥的大惊喜。但楼上的罗中立很不赞同他这个举动，坚持要四弟把背篼背在背上，再站到窗户下面来。

四弟几番拒绝无效后，只好乖乖地照做了，站到窗户下面，背朝着二哥，把背篼亮出来，举起双手死死地抱紧了头。

罗中立继续对四弟做出的抱头姿势非常的不满意，认为这是对他的高超"本事"的极度不信任。他坚信自己一定能够准确地把这天外飞来的"胜利果实"直接扔进四弟的背篼里，他坚持要四弟赶快把手从头上拿开，把背上的背篼充分亮出来。四弟拗不过二哥，只好照做了。

罗中立眯缝上一只眼睛，稍微"瞄"了一下准头，让大木块离开了自己的双手，自由落体地朝下"飞"去。就在他洋洋得意地等着听见四弟为他的"本事"欢呼时，却听见四弟发出来的一声撕心裂肺般的惨叫。罗中立顿感大事不妙，转身跑到楼梯那里，飞一般地三两步蹦跳下去。来到房子外面，一眼看见四弟双手捂住头顶，满脸鲜血，正大哭着。

罗中立扔下的木块正好砸在了四弟头顶上。

后来四弟头上留下一道好几厘米长的伤疤。那次"意外"也成为罗中立心中一点永远的伤痛。之后任何时候想起来，他都觉得十分地惭愧和内疚。

一家的多个孩子中，或者在邻居们的孩子之间，相互引发这样无意中造成的"流血事件"，在那个年代里，司空见惯。

4

不太记得是小学几年级的事了，反正罗中立就觉得这些日子学校里像是一夜之中突然发生了什么变化。

校园里很多地方特别是像操场那些很宽敞的地方，横呀竖地拉起了一条条绳子，一长溜一长溜地，好似牵在空中的蜘蛛网。绳子上还粘着好多好多张不太大但写满了字的纸，大多是毛笔写的。风吹过时，那些绳子会带着纸片一起飘摇，极像是满天蝴蝶飞舞。孩子们偶尔听到从大人们口中蹦出几个新名词：右派、大字报、大鸣大放等等。

罗中立认不全写在这些纸上的字，虽然它们有的写得很正楷，有的写得很潦草。不过这些什么大呀小呀的字报，什么右派左派，与他一个小学生也没有关系。他的印象是这些并不影响他和几个同学突然发现了一片"新大陆"：他们时不时跑来这里，

把绳子和纸片连络成的"迷宫"当作他们的游戏场所，在里面捉迷藏，钻来钻去地取乐，发泄着只属于孩子的那份仿佛永远也消耗不完的精力。

罗中立认不全多种笔迹写在那些纸片片上的字，却从在自己身边匆匆走过的一些老师们小声的交谈中"捡"到些只言片语，慢慢地竟"凑"成一个基本完整的消息：教美术课的董老师，家住沙坪坝平顶山上那座董家大院，家庭出身大地主，现在属于地、富、反、坏、右分子之一，现在是在接受群众的批判和监督了。

罗中立就这样在懵懂中"被告诉"，董老师很坏，因为他们董家很坏；董家解放前是大地主，专门剥削压迫穷苦人，而他董老师，是大地主家庭的孝子贤孙。不过说来也很奇怪，虽然有了这种认识，却并没妨碍学生们继续很快乐地跟着董老师学画画。

另一方面，紧随着让小孩子们都似懂非懂的这些变化而来的一个现象是，家长们变"忙"了，话也突然少了好多。罗父母和几个孩子在一起的时间也明显减少，却频繁地要去参加学校或厂里召开的会。因为是厂子弟校，所以厂里召开的很多大会，学校的教职工也要参加。也许是为了不占用太多的生产时间，厂里常常都让大家吃过晚饭后才去开会。担心孩子们自己在外玩耍时间长了会因为不小心惹出事来，罗父母离开家时，干脆就拿一把大铁锁把几个孩子反锁在屋里。当然这也不是个例，那时大多家庭都用这个法子来"照看"孩子。

罗中立家这时在京华院住的是一种木结构房子，就是重庆人称的"穿斗房"。

"穿斗房"多为一二层建筑，但在重庆这样的山城，因为有倚山而建的优势，故"穿斗房"大量出现多至若干层的，有人泛泛地将其称为"吊脚楼"。

从前的人们建老式"穿斗房"时，多会先用正规的条石做成坚固的地基，按需要搁好若干个往往是做工比较讲究的石柱础，再把圆木棒在地基或石柱础上竖起来作房柱，用细小一些的木棒或木方以传统榫卯方式与房柱相扣构成框架，再用一般为一米多至两米左右长、一二十公分宽、一公分多厚的木板子一块块地装嵌成墙。这种房子很牢固也很"透气"，宜避暑，抗地震，寿命长，使用过上百年，即使眼看着房子都已倾斜了，也不那么容易就倒塌掉。但这种房子也有很多缺点，怕潮湿，怕虫蛀，不防火，更要命的是，易招贼。来个"贼娃子"，稍微做些手脚，就很容易把嵌入柱子或木方上并不太深的槽缝里的木板子取下来,"贼娃子"就可以打这轻松进出。尤其那种经历过了大岁数的房子,木材经自然干燥后本就已收缩,要把木墙板取出来,简直就是小菜一碟。

罗中立早就在他们家房子后墙的一处木板壁上发现了这样一碟"小菜",有两块木板子在嵌入木方的端头那里,已有了大老鼠都可以自由进出的几个残破的洞。

等到父母锁上家门,匆匆赶去开会了,极度兴奋中的罗中立和几个兄弟就迫不及待地跑到了"小菜"那里。

兄弟几个干这种"好事"基本上都是罗中立积极出头。

他把双手掌紧压在那块有残破的木板子的面子上,多加些力往前上方一抬,那块板子就慢慢地、基本脱出了木方上的槽子的"束缚"。他手再紧紧夹着木板子往左右轻轻摇晃几下,几个兄弟跟着搭把手,第一块木板子就被取下来了。接着取后面一块,就更是"小菜"。稍稍用点儿力,把第二块木板朝刚才取走了的那块板子空出来的方向一推,木板就倾斜了,再用点儿力一提,就大功告成!取掉了两块板子后,墙上露出来一个够大的长方形洞。这时罗家四兄弟就像小狗一样,一个接一个地从那个洞"飞"到屋外,到外面的自由天地,和邻居家的孩子一起疯玩各种只属于孩子们的游戏。

他们会根据经验,感觉父母要回来了时,急急地跑去"洞口"那里,依次钻进屋,再把木板放回原处。

也有那种时候,几兄弟要得太投入,忽略了回屋的意识,或者是父母提前回来了,邻居家有小孩远远看见他们的父母正走回来,会一边飞快跑来一边压低了声音喊着向他们报警:罗家大,罗家二,罗家三,罗家四,快点儿,你屋妈老汉回来了。

罗中立有一次不知道从谁那里学到了一门"绝活儿":先把明矾化在自来水里,再用笔蘸着这明矾水在一张黄草纸上画些人人马马。等明矾水干后,草纸看上去就是一片空白。然后他到一帮年龄和自己差不多的孩子群里,如此这般地吹嘘几句后,当着他们的面,把"空白"的草纸放进水里。黄草纸被水浸湿,之前他用明矾水画的人人马马慢慢就呈现了出来。罗中立对孩子们宣称这是他的"土电影、水电影"。那些不知就里的孩子每次都会被这"土电影、水电影"勾起偌大兴趣。

你们还想看更多吗？好啊，那就买票吧。买票也简单，不要钱，每人去家里拿几张黄草纸来，就算买过票了。罗中立就拿这些从其他孩子那里收来的黄草纸画更多，再让那些孩子看更多。而他的"土电影、水电影"，也因此越画越大、越画越好。

从搬到重棉一厂京华院开始，罗中立家也和邻居们一样，每天早上要自己发火生炭炉子做饭了。

家用的炭炉子都不大，一般四五十公分高，直径二十多公分，和电影《林海雪原》中土匪滦平扮小炉匠时挑的那只炉子大小差不多。

每天晚上不再用火了后，为了节约，家家都把小炭炉子的火熄掉，第二天早上起来重新生火，重庆人俗称"发火"。

罗家每天早上发火生炉子的事，除四弟以外，由其他三兄弟轮流承担。按计划做事的思维，也许那时就以这样一种很自然的方式，不经意地嵌入了孩子们的脑海。

三兄弟一般每人负责发火一周，有时也是三天，他们会根据心情来做临时调整。

发火生炉子，意味着肯定要比别人早起。

发火时，先裹一把在哪个地方捡回来的木刨花，或者是在厂车间里捡回来的一团废油棉纱，也许用一张废报纸，划根火柴点燃，塞进炉膛最底下，跟着迅速放进去几块小些的薄木柴块，也有放杠炭的，再放几块比较易燃的被大家叫做"块子煤"的。事先还准备一把扇子，一般是平常日子里用旧用烂后的大蒲扇。为了让火能顺利生起来，燃得快些，负责发火的这个人按部就班地点上火放好柴放进煤块以后，就一把抓起扇子使劲儿地左右扇，把风从开在炉子下部的那扇小炉门送进炉膛。随着扇子的摇动，看得见火舌从炉子里最下层那儿一舔一舔地往上蹿，一大团一大团的浓烟也随之向上空卷去。特别在清早，当有很多户人家同时发火生炉子时，这里那里冒起来的滚滚浓烟，常常给人一种遮天蔽日的感觉。文学家也许会更喜欢形容，那就像是世界末日来临了的感觉。

负责发火的这个人当然常常会被浓烟呛得不停地咳嗽，不停地流泪。实在忍不住了，紧跑几步，到离炉子远一些的地方用力深呼吸几口，好让自己喘过气来，再回去接着干"煽风点火"的事。炉火也伴着他的咳嗽和眼泪而旺了起来。

当火已经完全旺起来了，为了节约，也为了让炉火燃烧得稍微慢一些久一些，一般都要往炉子里丢几块不太大的煤夹子，其实就是一种半像煤半像石头的东西，人们一般叫它煤矸石。因为它不是完全的煤，燃烧过程自然会长一些。

今天的孩子无法想象当年那种情形，他们的生活状态已与这种经历完全无缘。只有从那个时代走过来的人，才会一听就明白是怎么回事。回忆中的罗中立如是说。

5

住在闻名遐迩的中国三大火炉之一的重庆、守着中国第一大河的长江和汇入长江的嘉陵江这两条大河长大的重庆孩子，主要是男孩子，说是夏天不下河去游泳的（重庆人不把这叫游泳，叫"洗澡"），那简直就是"开国际玩笑"。

夏天下河去"洗澡"肯定是孩子们生活中一种无以言表的快乐，但擅自下河"洗澡"的行为，也充满了极大的危险。听听上了年纪的重庆人对此嘴边老喜欢念叨的一句话是什么：马上摔死英雄汉，大河淹死会水人。"会水"在这里的真实意思，是指一个人的游泳功夫非常高。潜台词则是，就算你游泳功夫再高，在无数激流暗礁千变万化无法揣摩的大河里，也不敢称自己是"常胜将军"，一个不小心，就招致了灭顶之灾。假如你还不是一个"会水"之人，只是一个小孩子，这危险岂不是会增加了好多倍。

不过这样的念叨和其他类似的警语，都不能够阻挡住坚决要下河"洗澡"的那些人的脚步，特别是对生性贪玩、爱耍水的青少年和孩子，几乎就没有丁点儿约束力。炎夏日子，他们会千方百计寻找机会、抓住机会、创造机会溜下河"洗澡"。每次来到水边后，他们都会像生平中才第一次见到这么多水那样，不顾一切地跳进水里去。

为了避开老师和家长们警惕的眼睛，孩子们相互之间还发明了只有他们才懂的暗号。比如，想要约着其他孩子一起下河"洗澡"时，肯定不能此地无银三百两地大声喊出来。暗号就应运而生。孩子们见了面，悄悄地在身侧稍稍抬起右手，伸出食指和中指，一上一下地交叉着动几下。那个手势很有点儿像是一个人在水里挥动双臂往前游泳的动作；意思当然也是再明白不过了：咱要下河"洗澡"，敢去吗？

罗中立也常和一些同龄的或是稍长一些的孩子，偷偷溜去嘉陵江里"洗澡"。他们一般会从小龙坎那里沿坡而下来到河边，到一个叫石门的地方"洗澡"。那里有一段江面相对平缓。

大多数时候，他们也是以精彩而刺激的"放滩"，来结束本次"洗澡"。

"放滩"不知道是不是下河"洗澡"人发明的专用名词，但"放滩"绝对是下河"洗澡"人最乐于、最喜欢做的一个内容；"放滩"的含义是冒险、挑战、大乐、未知！

"放滩"前，准备"放滩"的人把自己的衣服裤子叠好，平放在头顶上，再用自己穿裤子的腰带，常常是一根普通的、重庆人称为"鸡肠带"的白色软绳子，有时连这也没有，就去江边草丛中扯一把韧劲儿很好的、俗称的"官司草"，三两下扭成一股很粗糙的绳状，然后从头顶上开始，压住衣服裤子，往两端延伸下去到了脖子下面，在那里打个结、系紧，这就好了。

"放滩"的人选好了从某一个地方开始"放滩"后，就一个接一个地鱼贯走入河中，水越来越深，没过脖子了，他们就身子朝前一扑，游了起来。"放滩"人会奋力往江心游出去好一段距离后，才开始正式的"放滩"。其实"放滩"就是顺流而下，"流"到了下游某一个大家事先确定的位置后，就调转方向游上岸。

罗中立常约在一起下河"洗澡"的这群人，"放滩"时基本上都是在石门那儿朝江心游出去，顺流漂到一个叫虎头岩的地方上岸，从那里走路回小龙坎。快乐的"放滩"全程大约五公里。在夏天嘉陵江的湍流里"放滩"，这段距离用不了多少时间。

但是等到要从虎头岩那里一步一步地"丈量"回土湾,踏着布满大小石块和满是淤泥的江边走,就不那么快乐了。花的时间和"放滩"的那点儿时间相比,"漫长"了不知好多。

不过往回走的这段路不是最难对付的。最难对付的是回去后来自于父母或学校老师监督的眼睛。

夏天,为了防止孩子们偷偷溜下河去"洗澡",除了苦口婆心的日常教育,父母及老师都会想方设法严防死守。而且,他们都学会了用一种特别的"手段",来检查孩子是否下过河"洗澡"。

夏天是长江上游这个区域的洪水季。雨后,夹带着大量泥土的水从沿途两岸流下来混入江中,流到重庆这一段时,无论长江还是嘉陵江的水都已变得浑黄。浑黄色的水在渴望"洗澡"的人心里没有半点儿不利影响。有影响的是这浑黄色的河水中混合着的泥土,就是这些泥土把一条大河的水都变得如浑黄的泥浆。在这样的河水中"洗澡"后,人的皮肤表面会被"染"上一层很不容易去掉的淡淡的土黄色。如果忽略了这个问题的严重性,麻烦就来了。

等你回到家中,等你回到学校,被怀疑或已遭他人"检举"曾偷偷下河去"洗澡"的你,会被父母或老师叫到面前,让你挽起裤腿,亮出来膝盖以下的部分。然后父母或老师会伸出一只手,绷紧五根弯曲着的手指,指甲紧贴着你膝盖那儿的皮肤,稍稍用点儿力朝下方一划,你小腿上立即就会露出来几道泛白色的划痕,衬着指甲没划到处依旧偏土黄色的皮肤,显得是那么另类,那么的"清清白白"。这时你还有什么话可说呢?就算你有一百张嘴,也别想自圆其说。既然你说没有下河去"洗澡",何来这下过河的铁证?

为了躲避父母或老师如此这般的严防死守,让父母或者老师的这种虽另类但却基本行之有效的"手段"失败,他们也好放心地享受下河"洗澡"的快乐,孩子们动起了脑筋寻找"破解"的方法。

俗话说功夫不负有心人。最后终于有人找到应对之法了,然后这个方法被孩子们"广而告之"。

应对的方法就是:下河"洗澡"完后,孩子们在回家里或学校之前,先去厂区偏

僻些的地方找到一个水龙头，拧开，脱掉衣裤，用清洁的自来水洗个透彻，特别把小腿呀手臂呀脸呀脖子呀，凡是可能被那种另类"手段"最光顾的地方，反反复复地冲洗干净。反正厂区里自来水又不要钱，公家的。洗完了，现在可以放心回家了，可以放心去学校了。没有谁的手指还能在你皮肤上划出那种会"揭发"了你行踪的划痕来。

那些年月下过河"洗澡"的孩子，就没有不知道这个妙招的，可能不可避免地都使用过这个自认为胜算的妙招麻痹自己，骗过父母和老师。当然这有点"掩耳盗铃"的意思，但每个孩子真的是都打心眼儿里感谢那个发明或者说发现了这妙招的谁谁谁，让自己获得了基本上能够"对抗"父母"对抗"老师的一面"盾"。天才明白，那个谁谁谁会是被什么样的心情逼着，才"被聪明"到了如此的地步？！这是不是应了人们常说的一句话：当人被逼到绝处时，智商也会相应发挥到极致。就像狗被追急了会跳墙，兔子被逼急了会咬人一样。

罗中立不想每次都用这样的被动方法。一是觉得麻烦，二是也有些担心。万一父母或者老师因为对防止孩子下河"洗澡"找不到好的破解法，失去了耐烦心，干脆一竿子撑到底，哪天直接来江边现场"抓人"，不就一了百了吗？

他动起脑筋，想出一种"迂回"战术。

既然在长江嘉陵江的浑水里"洗澡"容易暴露行踪，得不到完全的保障和充分的快乐，那咱不去这大江大河里"洗澡"不就行了吗？咱去另外的地方行不？只要能满足"洗澡"，能得到"洗澡"带来的快乐，去哪里不行呢！

罗中立选中了沙坪坝重庆建筑学院旁不远处一个叫松林半岛的地方。山坡下有一条小河，水从青青的歌乐山上缓缓流下来，所以河水三百六十五天都是清清的。即使下过大雨后去看，水的颜色也只略略有些儿变化，但绝不会变得如泥浆般浑黄。在这条小河里"洗澡"出来，人也会变得青青的，就像春天刚冒出泥土来的一棵嫩竹笋，人见人爱，父母或老师根本不会动起心思，想要绷紧弯曲的手指去你皮肤上抠、去"凿"出下河"洗澡"的痕迹！就算他们真那样做了，也是徒劳无功。

之前不久，有一次罗中立跟着几个大好多的学生到这里来钓鱼，"发现"了这个理想的"洗澡"的地方。

罗中立找到了这方新天地，继续享受"洗澡"带来的极大乐趣。

突然有一天，他忍不住把这个秘密告诉了几个平时和自己比较好的同学。

然后有时，他会和这几个同学约着一起去那条小河"洗澡"。

然后又有一天，当他们几个同学悄悄约好了去那清澈的小河里"洗澡"时，其中一个同学无心把这秘密讲给一个班干部听了。

结果可想而知。

罗中立至今记得很清楚那天被"抓了现行"的情形。

那天下午课少，放学早。放了学，他们几个人就直奔他们的秘密"洗澡"地而去。

从学校出来，走到松林半岛坡下这条小河边，边跑边跳地走，至少要二三十分钟。罗中立和几个同学早被脑海里一直蒸腾着的"洗澡"美梦诱惑着，这点儿路简直不算什么，何况那时走路本就是家常便饭。

一行人还没有走拢小河边，就都开始脱掉背心、短裤，边脱边扔边跑，一脱光，像一群鸭子般扑通扑通跳进水里，哈哈大笑着，欢呼着，享受起来。

那天后来发生的真实情形如下：

大家"洗澡"一阵子后，坐在河坎边的小斜坡上晒太阳、玩水，突然看见远远走来一小群人。慢慢地走得近些了，一个同学眼尖，看清走在前面的居然是他们班上和同年级其他班上的七八个同学，想也没想，忍不住就大叫起来：好呀，又有"洗澡"的了！

其他人也跟着应和，不亦乐乎，站在水边的站在斜坡上的，都齐齐蹦跳着，向越走越近的那群同学使劲儿挥手，一边大声喊：快点儿，快点儿下来"洗澡"，好安逸哟！

就在那群人走到离小河边还剩十几米远时，走在前面的几个同学竟突然飞快地向两边散开。罗中立等人还没反应过来是怎么回事儿时，就见到学校的几个男老师，像从地下冒出来的一样，老鹰抓小鸡似的朝他们直扑过来。

罗中立和几个同学吓傻了，呆了。也不知道过了有多久，有同学出于本能，也许是本能的反应快一些，转过身"噗通"进了小河里。

但就算你跳进了小河里照样逃不脱。

学校在安排前来"抓现行"的这些老师时，肯定已经把各种可能性都考虑进去了。来的几个男老师个个年轻力壮，个个能跑善跳，个个是游泳好手。

最后，罗中立和几个"洗澡"的同学都被连抓带扯地揪着站到了河岸边斜坡上，一个个赤条条，垂着头，歪歪斜斜地站成一排，每个人心里最清楚的只有一件事：这回绝对遭了！

按那时通行的处理方式，罗中立等几个同学为自己违反校规的行为各自交出一份"深刻的"检查，并在班上向全体同学宣读，表示认错，表示绝不再犯相同的错误。回到家，少不了还有父母一顿充满关心充满爱也充满无奈的责骂。

6

像人人都会说的"光阴似箭、日月如梭"一样，转眼，罗中立就要小学毕业了。也就在这时，命运突然飘来，轻轻敲响了他人生经历的大门，带来他人生中第一个有明确意义的转折点，一次极可能影响了他后来人生成就的经历。

1960年上半年，成立时间还不太长的四川峨眉电影制片厂为了更好地发展，到包括重庆在内的一些城市招收年轻学员，培训学习后，今后在制片厂做美工和宣传等工作。

罗中立报名参加了峨影厂招工组举办的美术专业等考试，最后以突出的成绩被顺利录取进美工班。

得到这个消息后的日子里，罗中立多出来很多兴奋。

以前他从没出过远门，现在他天天都忍不住要去想好多遍那个完全陌生的、很远很远的"成都府"是什么模样？他很想去那个世界闯一番。他猜想着自己去了那个叫做四川峨眉电影制片厂的新地方后，会有什么样的精彩生活等着他？以后他会学到什么？他会画什么样的画？

有去过那边的人告诉他说，走出四川峨眉电影制片厂不太远，就可以见到很多很高很美的大山。

他喜欢大山，因为大山总是与乡村相连；大山和乡村让他兴奋，让他觉得一身都迸发着活力。

他反复地问别人从重庆到成都该怎样去？坐火车还是汽车？路上要走多久？车票要多少钱？到了成都后怎样去峨眉电影制片厂？

父亲和大哥决定亲自把罗中立送到峨眉电影制片厂去。毕竟，罗中立年纪尚小，这又是他第一次远离家门；毕竟，这是亲人的一份必须和应该的关心；毕竟，这也是罗家的一件大事：罗家老二要去工作了，家中减少了一个要靠父母养的人，他还可以挣一份工资了。

罗家人沉浸在一份既依依不舍又很喜庆的心情中。

然而，让罗中立突然站到了人生第一个转折点的"命运"，突然又给他玩了一个再转折的游戏，带着他画出一个360度的圆圈，回到了起点——像重庆人的口头禅说的那样：画个圈圈，等于零。

四川峨眉电影制片厂招工组突然通知，接上面转来新精神，今年暂停新招工项目。

后来罗家人从其他渠道听到，停招的原因据说是鉴于连续的自然灾害给我国国民经济造成了严重困难，自年初以来，中央已在多次会议上，提出要对国民经济进行全面调整，尽快扭转各行业中的不利局面。在提出的对应新政策中，包含了一项定为"调整、巩固、充实、提高"的纲领，后来被称为"八字方针"。

正是在这个后来的"八字方针"精神下，包括四川峨眉电影制片厂在内的相当大一批单位，这一年的新招计划都被叫停，很多厂矿刚开始进行或将要进行的项目也全

部下马或暂停了。

　　命运给人的印象是它从来都来无影去无踪。它之所以让人称奇，正在于事实上它时时与你为伴，却又并不让你时时能觉察到它存在。当你认定非常需要它青睐相顾时，总觉得它一定是早已把你完全忘记了，但当你以为它真的不存在时，它却不知道又从哪里突然冒了出来。对此，人们只好说，不要埋怨命运，不要苛求命运，听其自然，是你的就一定是你的，不是你的，再怎么争，它也不是你的。这就是命运。认了吧！

　　这就是"命运"？

　　它突然以一种看似有几分滑稽的方式，给罗中立的人生开了第一个不大不小的玩笑。也可以说，命运是以它独特的方式，让罗中立对命运这东西的特异性有了第一次分量不算太轻的体验。虽然，以罗中立当时的年龄，还不足以很深地领悟命运开的这个玩笑可能对他人生的真实影响究竟有多大，意义有多大，分量有多重，所以他也并没有突然从天上掉到了地上的感觉。但他的确有过一些遗憾，是少年人的遗憾：这次不能去那个很远很远的"世界"独立生活了，不能去看那些很高很美的大山了。而那些，恰恰是他这个年龄的孩子都渴望的。

　　一个必然下的偶然，让罗中立与四川峨眉电影制片厂有了一次失之交臂的机会，但多了若干年后可供茶余时闲聊的一份素材。

　　假如，这里说的只是假如，罗中立那年顺利到了四川峨眉电影制片厂，若干年后，还会有一个画出油画《父亲》的罗中立吗？

　　今天当然谁也说不清这个变故对他本人而言是一件好事，还是一件不那么好的事。无法猜测，他在峨影厂美工的岗位上，会不会有一天也创造出一个奇迹来，就像若干年后他在第二届全国青年美展上给大家展示的那个奇迹一样，就算不是画的一幅油画《父亲》！

　　说到底，假如永远是假如。一个假如变成了真实才有意义。没有成为真实之前，理论上，人可以围绕着自己的思绪去设想无数个假如，他可以选定一个认为最符合自己需要的"假如"，然后努力去实现它。一旦这个假如被付诸实施，不管之后它会带来什么样的真实，你所能做的就只是等着，等着听到命运说出一个字，"OK"。

去不了峨眉电影制片厂，就只好回来继续做学生读书。小学已经毕业，该进初中了。

然而命运开的那个玩笑，对罗中立人生的影响，开始显现出来。

就在他一心准备着去峨眉电影制片厂，去经历外面那个世界，去看美丽的大山时，市里当年的初中招生工作也在紧锣密鼓地进行。当命运突然带着罗中立回到起点时，全市的初中招生工作已经结束。

这一年因为同样原因受到影响的并不止罗中立一个人。全市里至少还有其他十多个在音乐、体育、舞蹈等专业领域的艺尖生，也因为命运开的这个玩笑，被"照顾"在了本年初中招生的大门外。

如果不是因为峨影厂这件事，以当时的招生情况，罗中立不是进了重庆市三中，就是重庆市八中。

最后是教委出面协调，解决了这一批人进初中的问题。

远在沙坪坝郊外歌乐山上的歌乐山中学，把罗中立等这一批艺尖生收下了。这倒不是因为歌乐山中学有很好的办学条件，可以随时多收下几十号学生；或者也不是因为学校领导有远见卓识，愿意想方设法接下这批艺尖生。歌乐山中学之所以能够比较"轻易"地收下他们，一个主要的原因，应该是因为它真的远在乡下，地处偏僻，交通不便，环境冷清，生活艰难，学校在各方面的条件都相对简陋。因此，歌乐山中学基本上是年年招不满新生。也正好，才比较容易把这一批"艺尖生"整体接收进去。

这批"艺尖生"的入校，为歌乐山中学创造了后来的"一鸣惊人"。

长期在市教育界默默无闻的歌乐山中学，因为这批艺尖生的不期而至，在接下来的几年中，突然在艺体美领域不断创造出优异成绩来，走在了全市所有中学的前列。包括了在少年短跑比赛上有同学以优异成绩令人刮目相看，在歌唱表演方面有同学的表现"技惊四座"，等等。

每年都从初中毕业年级学生里招生的四川美术学院附属中学（川美附中）这一年的招生工作应该是在前面早已经做完了，因此，1960级的学生得以正常入学，那之后，也就暂停了招收新生。

跟着命运说出的那一声"OK",罗中立背着简陋的行装:一床薄铺盖,几件秋天的换洗衣服,几样日用品,从沙坪坝小龙坎步行,经杨公桥、烈士墓、白公馆,登三百梯上到歌乐山,在快到山顶那儿,转上一条乡间小路,蜿蜒前行一大段后,就走进了歌乐山中学,全程耗时两小时左右。

就此,罗中立踏上了人生中一段崭新又具有重要意义的新旅程。

没有经历的人生是平庸而苍白的，没有磨难的人生是软弱而怯懦的，没有记忆的人生是缺乏奋进动力的。

亲身经历过了，记忆才会无比深刻，渴望奋进的动力也才会更猛烈。

第三章

1

歌乐山属缙云山余脉，这里松柏苍翠、林壑密布、风光优美，是重庆市主城的一座天然绿色屏障。它以抗战时期陪都遗迹蒋介石官邸"林园"，"中美合作所"——20世纪40年代国民党关押共产党人及其他异见人士的白公馆、渣滓洞监狱——而闻名全国。特别是文化大革命前的一部长篇小说《红岩》在全国范围内流传，更把歌乐山变作一座红色革命英雄化身的山。歌乐山景区纵横10多公里，是全国重点文物单位，重庆市最为著名的景区之一。

严格说起来，歌乐山中学也不该被归于一所默默无闻、无足轻重的学校。追溯校史可知，它的前身，是抗战时期国民党中央财经学院，因抗战需要而从外地搬来重庆，为了躲避日军飞机对重庆城区的频频轰炸，选择了远郊外有林木遮天蔽日的歌乐山上落脚。

与那时从外地、尤其是像从上海南京武汉这些大城市搬来重庆的几乎所有学校、政府机关、或有钱人为自己修的战时"别墅"相同，都是基于暂栖身的想法来修建的。因此总体上就是，虽然很多建筑物大致上看也像那么回事儿，但是都打骨子里明明白白地透出一种"过渡"的气氛。所用的建筑材料，建筑的规模等等，都明明白白地向人透出它内在里包含着的真实意图：既然不为长久计，那么能将就的就将就吧。

其实这也不难理解，想通了反而很可以接受：所有人那时心里想的都是，早早打败小日本，然后咱们从哪儿来的还都回哪儿去。

由这个历史原因可知，国民党中央财经学院离开重庆时留下的那些校舍等等的，本身就注定了先天不足。

1949年国民党离开重庆，新政府建立后，可能最主要还是出于一种惯性，出于新政府对教育分布点的需要，这所地处远郊的学校被保留下来，因地制宜更名为歌乐山中学，继续办学招生。

在20世纪整个50年代，由于政府需要把最多的钱投入到当时的头等大事也就是"建设一个新世界"的大政中去，国民党时期遗留下来的机关、单位、学校等等的那些建筑物，基本上都是能维持用的就先维持着，实在破了烂了漏雨了，修一修补一补将就用。这样下来，到了60年代初期时，歌乐山中学从前那些校舍的状况也就更可想而知了。

幸好在那个年代，几乎家家户户教育孩子时都会灌输那一套"新三年旧三年，缝缝补补又三年"的思想。所以学生们对校舍、教室、寝室什么的也没有特别的要求，有地方上课有地方睡觉就行，再说早习惯了服从，安排什么就接受什么。八个同学挤一间寝室，五个同学住一间寝室，在同学们眼里，也没多大区别。只要这是学校安排的，就OK！

罗中立因为没有去成峨影厂在心里产生起的一小点失落，很快被在歌乐山中学开始的新生活覆盖了。

不过这新生活，主要却不是生活带来的愉快，甚至也不是作为一个学生，为了想取得好成绩而去克服学习中的诸多困难所付出的努力。

罗中立离开父母和家庭，独自走进"社会"去生活，第一次去独面人生磨炼。虽然离家不太远，虽然那时候几乎家家的孩子都不至于那么弱不禁风，但不管怎么说，多数时候得自己面对和处理生活中发生的一切，这对一个少年人的心理承受能力，多多少少总是一份不小的考验。

歌乐山中学度过的几年"新生活"，真真实实地给罗中立留下了一段刻骨铭心的记忆：一份实实在在的、"艰苦卓绝"的生活。

如果具体化，那么这"新生活"的经历里至少首先包含了两个很大的痛苦。

第一个痛苦，来自于歌乐山上雨后的湿雾和冬天的寒冷。

歌乐山山高林密，人口少，房屋少，多雨多雾。常常是在山脚下还看见阳光照耀，一到了山上就变得细雨霏霏密雾蒙蒙。春秋冬三季，往往是下雨不久，四野里很快就生起浓密的湿雾，如布帘般漫天洒下，紧裹着山上的树木杂草，笼罩了整个世界，且常常是好多天都不散去，让人看不穿猜不透湿雾后面到底是什么，走路挪动步子也要小心，怕掉进了雨雾后面的"深渊"。因为经常性地、长时间地置身于那浓雾中，人几乎就要窒息；感觉中那雾老是湿漉漉地黏于身上、纠缠于心底，怎么都挥之不去，不由不令人心烦。

山上常年温度比城里低着好几度。那时人们普遍低下的经济水平，使得自然界的现象总是向着不利于人生活的一方面倾斜。冬天，同学们因为没有能够很好保温的鞋袜衣服穿，没有厚的手套和棉帽子戴，衣着单薄地坐在教室里，教室四壁到处是大小窟窿、四面漏风，窗户玻璃烂掉了好多又关不严实，都觉得快要冻僵了。好多同学双手双脚生满了冻疮，肿得像胡萝卜，手指头溃烂了，连翻书、捏笔做作业都困难。

今天住在歌乐山上的人们，肯定不再有罗中立他们当年从冬天的寒冷那里感受到的痛苦。今天歌乐山上建起了好多好多现代高层建筑，那样的建筑物发出的热辐射，并互相作用形成更强的连锁反应，轻轻松松地就抬高了环境的整体温度。还有今天人们抗寒的穿着，与几十年前相比，不知暖和了多少倍，今天人们吃的食物都具备高热量，生活条件较之以前更优越了不知多少倍。

话说回来，当年的寒冷、雨和湿雾造成的痛苦，都还不是大家最不能忍受的。真正不能忍受的，是第二个痛苦，它也是最沉重、所有人都永远无法忘记的痛苦：饥饿。

应该说这个痛苦从罗中立跨进歌中之前就已经开始，出现在歌中的日子里算是它的延伸吧。不过因为一些客观条件的改变，所以这个痛苦跟着变得更加真实、更沉重、也更难以忍受。

50年代末60年代初在中国大地上出现的罕见三年自然灾害和带来的严重影响，不是以一加一等于二、二加一等于三这样的数学递增方式影响到人们的正常生活和国家的正常发展，而应该至少是——以几何级数般增长的力度消耗国家的能量、吞食人们的健康、蚕食人们的意志。当年其造成的影响真正严重到何种程度，肯定无法准确地统计，而其真实也一定让人不敢相信。总之是，没法简单地用几组数字来表示。

就在这样一种社会大背景下，罗中立和所有正处于青春生长期的同学们，在歌乐山的校园里蹒跚着人生之路。

平心而论，当年国家也采用了很多方法，来保证一些重要岗位的人员和一些必须保证的人员的粮食供应。在校学生也是国家重点保证人员之一。按小学、中学和大学生处在不同的年龄阶段，给予不同标准的定量粮食供应。定出的粮食供应标准，严格说也基本上可以满足这个年龄阶段的学生的饭量——假如，其他的辅助食物比如肉啊菜啊什么的也可以同时做到基本满足的话。但问题恰恰就出在这里。无论城市还是农村，缺少了主要的粮食，就缺少了相应的副食。这就像是一条链子，哪里缺失了一环，整根链子就断掉。

于是，三年自然灾害期间充斥于几乎所有人脑海里的，简单归纳起来就一个字："饿！"

饿了，学生们白天安不下心来上课，晚上躺床上翻来覆去睡不着。有同学正上着课，或是走在哪里，突然就晕倒了。大家手忙脚乱地把晕倒的同学送到学校小医务室，一检查，饥饿惹的祸！

校医说：没事，喝几口温开水就好了。背过身去，悄悄往温水里加一点盐和一小匙白糖，递给学生，喝下去，好了，回寝室睡一觉吧。

为了战胜那一个"饿"字，为了……为了，总之是为了尽量保证生活的前行，同学们除了坚持必要的学习外，把余出的时间毫不吝啬地都用来寻找可以吃进嘴里、填进肚子里的东西。

歌乐山中学门口那里从前有一大片桐麻豌树，树上挂着很多比豌豆荚大些的荚，里面结着豌豆般大小的籽。一次次地，桐麻豌籽被好多人爬上树去摘下来吃了，后来树皮也被人剥去吃了，再后来树也死了。

罗中立的书包也装过从这片桐麻豌树上采下的桐麻豌籽，装过一些桐麻豌树皮。但他不敢学有些同学那样一把一把地把桐麻豌籽生嚼着就吃了，而是带回了家。城里人吃桐麻豌籽，大都先把它放锅里干炒，炒熟了的桐麻豌籽闻着和吃着都有几分香味。不过桐麻豌籽有微毒，吃多了会引起腹泻，腹泻太厉害的话人会受不了。所以不

敢多吃。

　　罗中立吃过很多种当时绝大多数人都吃过的东西,只没有吃过白善泥,就是俗称的"观音土"。他试过一次,但觉得那东西完全无法咀嚼,无法下咽,而且他听有的同学说,吃那东西会胀死人。他不想死。

　　不过有一次他在学校吃了另外一种东西,虽然没受到死亡的威胁,也着实经历了一番痛苦的煎熬。

　　他吃了松树的嫩松针。在嘴里嚼时,感觉有一小点儿涩,也有一丁点儿清香,吞咽时似乎也不是特别困难。在那样的感觉下他可能就吃下去了不少。接下来,他突然发觉拉不出屎,一连两天,肚子胀痛得不行,但他强忍着,再说就算你痛得把天叫垮了也没人有办法帮到你。

　　好在马上就到了周末,罗中立强忍着痛苦,回到家中。在母亲面前不需要再强忍着疼痛了。他在床上不停地打滚,放开了乱叫,大声喊痛。母亲流着泪,赶紧拿来肥皂,切下几小块,给他塞进肛门里,再用水慢慢洗。

　　好不容易,屎拉出来了。

　　为了带领全校师生共同努力,克服自然灾害给大家的生活学习工作带来的困难,一是顺应当时的社会趋势,另外肯定也有来自上级的精神,这一天,歌乐山中学召开了一次"上山挖野菜渡难关"的全校师生动员大会。

　　全校师生集合来到了大操场上,站在那里,所有人的眼睛都齐刷刷地望向废砖头和黄泥垒起来的那座一米来高的土台子上。

　　校长在台上,坐在一张桌子后面。不过所有人的视线并没停留在校长身上,而是——凝神于校长面前那张桌子;桌上,放着一个在所有人眼里看去都硕大无朋的——包子,像大海碗那么大的一个包子!

　　校长猛地伸出两只手,一把捧起那个大包子,向上举在空中,略低下头,凑近麦克风向台下全体师生大声地问道:这是什么?

　　台下全体师生的声音汇聚在一起,响亮地回答:包子!

　　校长又问一句:大不大?

　　全体师生齐声回答:大!

校长提高了声音再问：好不好？

群情已被煽到了顶点，师生们亮开喉咙高喊：好！

这时只见校长两手一起动作，用力一掰，把大包子从中间掰成了两半，里面稀里哗啦地掉下好多青青绿绿的东西，在桌子上堆成一小堆。

校长静默了很小很小的片刻，手指着桌上那一堆青青绿绿的东西对师生们大声道：这就是野菜！今天我们开这个动员大会，就是要动员起所有的人，所有的力量，一起上山下地，挖野菜！

接下来，校长开始向师生们讲起红军二万五千里长征路、爬雪山过草地、吃草根吃树皮的故事，最后，号召全校师生要学习红军的革命大无畏精神，鼓起革命斗志，与饥饿斗争到底！与美帝国主义斗争到底！

在最后，校长大手一挥，对所有人命令道：现在，出发，挖野菜！

傍晚，学校伙食团外，各种野菜堆成了一座小山般。

当晚，所有人都兴奋地猛喝着野菜混合炒米粉做成的野菜糊糊。

第二天早上，还没到起床时间，一大批学生上吐下泻，校医务室人员闻讯急忙赶来，沙坪坝好多医院的救护车和救护人员也前前后后急如星火地赶到了歌乐山中学。

紧急施救。

真相很快查明：野菜（野草）中毒。

幸好，中毒事件没造成很糟糕的后果。

教委立即发出通知：即日起，禁止任何学校再组织师生挖野菜。

有组织的挖野菜行动是停止了，但学生们自己想方设法寻找可吃的东西包括可替代传统食物的行动，从没停止过。

2

歌乐山中学校门外，就是农村生产队的田地。

那几年有一个奇怪的现象，离学校大门近一些的田地里，一年四季几乎都见不到种庄稼或者蔬菜。

当然不是因为这些土地贫瘠长不出庄稼，事实上还都是肥沃的熟土。另外也不是因为社员们懒，不想种这些地。相反，那时社员们恰恰还去山坡上开荒，希望有更多地可种，就能多几颗收成。

这些地被莫名"撂荒"的真正原因是，社员们在这里种下的庄稼也好蔬菜也罢，都等不到成熟，就已被歌乐山中学的一些学生们顺手牵羊也罢，刻意为之也罢，给"偷"来吃了。因为这地离学校太近，社员对学生们的顺手之"偷"防不胜防，无可奈何，认命，把地荒了吧。

为了保卫离学校远一些地里的"财产"，社员们就会费尽心思，采取非常"正规的"行动：平常的日子，除了不定时巡逻外，到了周六学生放学回家（也包括周日返校）的集中时间段，几个被安排一直站在校门外不很远处、专门负责监视的社员就会大喊道：歌中的"土匪"出来了！听见喊声，平时早有准备并也已经养成了习惯的社员们就都会自觉地"倾巢而出"，快速赶到学生们的必经之路旁，手抓一根扁担或是双手紧握锄头，每人按一定的距离站着，像三步一岗五步一哨戒严的士兵，人人大睁着流露出愤怒和祈求神色的眼睛，紧盯着学生们的一举一动。

即使这样，也无法彻底制止学生去地里的"偷"。

学生说，周末不行，咱就平时；白天不行，咱就晚上；近处不行，咱就走远些。行吗？有学生还给去远一些地方的"偷"行为取了一个有几分想法的名字，叫"远征！"瞧瞧，咱学生还是很有知识的吧！

那一年初，离学校约一公里远处一个小山坡下好大一片很平整的地里，社员们种上了"洋芋"，就是土豆。

六月上旬，洋芋差不多成熟了。为了保卫所有社员付出了若干汗水和心血才得来的劳动果实，人民公社的生产队提前安排了几组社员，每组四五人，每人扛着一杆在中国堪称历史悠久、用来打猎的火药枪，白天黑夜不间断，轮流为那一大片地巡逻。巡逻社员们的每双眼睛，都一眨不眨地盯着那块地。夸张点儿说，哪怕是一只老鼠想来揩点儿"油"，也逃不过他们的"法眼"。

还有很多双眼睛也早就盯住了那片正孕育着丰收的土地：这些眼睛仿佛可以看穿土地，看到随着日子一天天过去，土下面那些洋芋块越长越大，越来越发出迷人的诱惑力，越来越让人按捺不住冲动，那冲动像是一股携带着摧枯拉朽般力量的山洪，在他们心里汹涌翻滚。

这是学生们的眼睛。

这些学生们知道必须得尽快出击了，是突然袭击，否则，说不准哪天，社员们就会先实施突然袭击、加班加点挖走土豆，那学生们之前的太多努力就都白费了。

为了得到这些"洋芋"的一部分，这些学生已经付出了太多努力，早就开始了周密的活动。好多个白天晚上，分别派出过好些批同学，去仔细观察、记录巡逻社员的行动。比如看巡逻小组每隔多久换一次班，每个小组都由什么年龄段的人构成，看巡逻社员们一般什么时候最放松警惕，甚至连他们撒尿大都在地头哪一个角落这样的细节也没放过。最关键还有，学生们反复计算过，如果巡逻社员们正走在土地的最远点，发现了在离学校最近点的地方"偷"洋芋的学生后，至少要花多少分钟才跑得过来。就是说学生们可以最大利用到多少时间平安跑进学校，跑进寝室关上门躲起来。如果再把有夜幕掩护的因素考虑进去，巡逻社员发现学生、跑过来企图抓住他们所用的时间还会更长一些。

瞧瞧，咱学生可真是有知识的哟！把咱在书本上学来的、电影上看来的，都用于实际行动中了，虽然这"行动"看似有那么点儿不大光彩。不过眼下非常时期，顾不得太多了。饿呀，被旺盛的青春欲望涨满的身体，饿着真叫难受！

学生们终于决定行动了。择日不如撞日，就定在这一天：这一天月黑风高，这一天学校的教职工被通知晚饭后都去学校礼堂临时参加一个重要的学习，所以不会有值日老师来教室巡查，同学们被告知在教室里上晚自习。

行动没有名义上的组织者。

参与"远征"去"偷"或者说"抢"洋芋的若干学生们自己把自己组织起来。几个平时比较喜欢出头的学生早就顺理成章地站了出来做各项安排。集思广益，所有自愿参加的学生，按行动的需要和每个人本身的情况被分成三个组。

第一组，身强力壮，手持准备好的小锄头、小洋铲等可以挖掘的工具，只负责不顾一切地弯腰挖土，把洋芋刨出地面来，持续前进。

第二组，身材中等，手拿撮箕、麻布口袋等，负责把第一组同学刨出来的洋芋抓进撮箕、口袋里，差不多了时，转身往后一放，顺手接过紧跟其后的第三组同学递过来的另一个空撮箕等，继续往里装洋芋。

第三组，平时以奔跑速度见长，先把空撮箕或袋子递给前面第二组的同学，再弯腰捧起地上装了洋芋的撮箕口袋等，转身飞快往学校跑回去。这一组人最多，因为要像接力跑似的，前面一个跑回校去了，后面马上又顶上一个。

当然，也没忘了安排几个眼尖的同学分散在最"第一线"，负责监视巡逻社员的任何一个举动，见势不对要立即发出警告：一声长长的口哨。所有学生听见警告，不可"恋战"，必须马上停止行动，快速跑回学校躲进寝室。

这场"偷抢"洋芋行动的结局毫无悬念：巡逻的社员很自然地终于发现了从一开始就没打算刻意遮掩的学生们疯狂的"偷抢"行动，一边朝天鸣枪一边怒骂一边像疯子般追过来。为了洋芋和责任，他们穷追不舍，一直追进了校园，却在那里变成了没头的苍蝇，四下乱转，只能像街头泼妇般歇斯底里地破口大骂，但全然无计可施。

所有学生都跑进了寝室，灭掉了灯，装作早就睡熟了。没参加"偷抢"洋芋的学生更心照不宣，没人会傻到因为心烦外面的吵闹声挺身而出，没事找事。

— 78 —

追来的社员自然无法断定有哪些寝室的学生参与了"偷抢"洋芋，天性中的怯懦使他们还不敢对所有的寝室"行凶"。再说，就算他们砸开了某些寝室，也绝对找不到学生们拿回来的"赃物"：行动前学生们早就算计到了这点——送洋芋回校来的学生，把它们藏在了只有他们才知道的地方。不在寝室里。

面对闻讯赶来的学校一干老师和领导，面对他们表示一定要帮着生产队追查到底的承诺，和老师们赔着笑脸的道歉，骨子里对"先生"还保持着一份尊敬的巡逻社员们，最终只好悻悻离去。

学生们用从家里偷偷带到学校去的锑锅、或者自己吃饭的"洋瓷"大盅等，悄悄地煮食从社员们的地里"偷抢"来的任何吃食。每次煮时，基本上都是只能放一点儿盐。虽然如此，他们一个个仍然吃得无比的津津有味儿。其实，应该说是吃得狼吞虎咽的。绝不夸张。

罗中立从没参加过同学们这样的"偷抢"行动。

身为班干部之一，像其他班干部一样，还是很记得清学校的规定，不能在诸如此类的方面"以身作则"。但班干部们都不约而同地对其他同学的这类"偷"行为视而不见，在学校的有关人员来调查时表示自己对任何情况一概不知。所以从某一个方面说，班干部们这样其实也应该被算作"偷"的参与者之一，区别只是他们没到现场。再说每次当其他同学煮好"偷"到的什么"果实"，来叫班干部去共同享用时，他们也会欣然前往。这洋芋这菜什么的上面又没写着"偷"字，咱怎么知道是不是"偷"来的呢，不是吗？

学生们的"远征"肯定不是每次都能胜利而归，也有走麦城的时候。在有一次"远征"中，一个学生被愤怒到失去了理智的一个追赶社员用火药枪直接击中，不治身亡。那个社员最后受到了法律的惩罚，而一个年轻学生原本正在盛开的生命之花，也就此凋零。

一个悲剧故事里的两个悲剧角色，都因为一个共同的起因：饿呀！

可是就连血的教训也不能完全阻止住学生们的"偷"，只是让他们更加小心谨慎。

除了像做贼一样"偷"，学生们还有另一种明火执仗般的"偷"。

按教学大纲安排，学生每学期都要到人民公社的生产队参加劳动，至少一次。那时候的说法，这叫做支农或是学农活动或是为了与贫下中农打成一片什么的。

支农也罢学农也罢，都只是一种说法，换汤不换药；能不能与农民打成一片也无关紧要，不过这种活动却不折不扣是学生们的最爱、至少是最爱之一。这样的活动谁也无权取消，谁也不能阻拦，谁也不能拒绝。它是咱教育大政方针之一呢。

于是学生们在学校老师带领下，每次往往都是一支几百人组成的庞然队伍，浩浩荡荡、名正言顺、理直气壮地"开"进生产队的田地里，参加劳动。

真正的劳动当然也是必需的，因为它是咱来这儿的目的。但在劳动的间隙中，只需要稍加避开前来负责"监视"的生产队队长或社员的眼睛，就可以放心地开怀"偷"吃可以到手的任何一种"食物"。

罗中立记得至少"偷"吃过地里正长着的一种"牛皮菜"。

"牛皮菜"也被叫做"厚皮菜"，顾名思义，厚如牛皮。所以重庆民间挖苦某个人很"不要脸"时，有这样一种比喻，说"你脸皮比牛皮菜还要厚"。

"牛皮菜"叶为青绿色，大多菜帮子为白色略泛青绿，也有泛紫红色的。因为粗糙，因为带苦涩味儿，因为"刮油"，一般人不太喜欢吃，吃了心里发慌饿得快。只是因为极易种，生长迅速，产量大，所以社员们也会种上些许，主要用来喂猪等，偶尔拿到街上去卖，也会有人贪便宜、图量多而买一些回家。但在三年自然灾害这个非常时期，它的角色也发生了极大的变化，被很多人当作主要吃食之一，煮一大锅，至少可以暂时让肚子撑饱。

罗中立清楚地记得，在那天他"偷"吃的"牛皮菜"很茁壮很厚实的叶子上、菜帮子上，还残留着农民浇粪后的少许粪渣。不过没关系，入口前捏紧那菜叶子在裤腿上使点劲儿多擦几下，看不见粪渣了，干净了，赶紧大口大口往嘴里塞。咀嚼吧，享受吧，赶走一直在心里施虐的那个魔鬼——饥饿。

后来那些天里，就像是因为吃多了那些青绿色的牛皮菜，同学们谁的脸看上去都是青绿青绿的，怪吓人。

其实并非这几天大家的脸看上去才是这样青绿青绿的，早就如此了，没人有兴趣来挑明而已。说了也白说。真实原因是营养不良、是饥饿造成的，非牛皮菜之过。

罗中立还记得另一次去生产队参加的学农劳动。倒不是因为这次学农有多特殊，而是因为它带来的结果比较有趣。

用社员们的行话说，那天的劳动是"点胡豆"。

这劳动本身肯定没多少趣味。

一个人拿把锄头在前面懒洋洋地挖土，身后就出现一条长长的、蛇一般蜿蜒前行的浅沟。后面紧跟着的另一个人，一只手拎着一个篮子什么的，里面装着胡豆，另一只手机械地不时抓起几颗胡豆，丢进那浅沟里，顺便提起一只脚，踢些土进浅沟里去把胡豆埋上。社员们说踢土是为了让胡豆可以在泥土下正常生长，还为了避免胡豆会被眼尖的鸟儿飞来吃掉。

有趣的结果发生在第二天上课时，教室里只听见这里那里座位上的同学们不停地在放屁。但没人对此说什么也没人笑，心照不宣，课正常进行。谁都知道原因：头天去参加劳动的几乎所有同学，不论男同学女同学，都把发给他们本来是要丢进土里去做种子的胡豆，也悄悄地往自己的口袋里"丢"了一些，然后躲开其他人赶紧吃掉了。

罗中立对此的叙述中流露出几分戏谑，更有几分沉重，说，今天回想起来，只能为当年这样损公利己的行为说一声"对不起"了。

你不能指望，处在严重饥饿折磨状态中的十几岁的少年，都具有孔子般的高尚品行和思想修养，周游列国的路上断粮七天仍不吃子贡化缘得来之食；不能指望他们会严格奉行什么"大丈夫不吃嗟来之食"的精神守则；也不能指望在饭都吃不饱处境中的半大孩子会坚持"先天下之忧而忧，后天下之乐而乐"的无私精神。也许他们记得更清楚的一句古话叫做：民，以食为天！而他们最想做的，最乐于做的，肯定是填饱肚子填饱肚子填饱肚子！

他们都正处在身体快速发育的阶段。不幸的是饥饿感填充了他们这个阶段中生活的太多部分！

是真饿呀！

歌乐山中学的日子里还发生过另一件"悚然"事件。

学校伙食团的一名师傅，这天早上照例起得很早去给学生们做饭。他走进厨房，拉开灯，第一眼就看见那个硕大的蒸笼上盖竟然斜倾向了一边。师傅清楚记得，那只大盖子每天晚上都一定是盖得严丝合缝的，因为里面放着师傅们前一晚做好的馒头，怕老鼠钻进去偷吃不说，而且会糟蹋了同学们的早饭。

师傅又担心又疑惑地走上前去，伸双手抬起盖子，想看个究竟，竟被一下跳进眼里的情形给吓了一大跳。

他条件反射地甩掉蒸笼盖子，大叫一声跑出厨房。

随后，被师傅急急叫来的一大群人再次来到厨房。大家一起，小心地把蒸笼盖子移开，清楚地看见竟有一个成年男人斜倒在大蒸笼里，右手里还捏着半个馒头，一动不动，不知是睡着还是死了。

大家一起动手，先把这个男人从蒸笼里半拖半抬弄出蒸笼，平放在地上，这才又发现他居然连裤子还褪在大腿处。他先前真的只是睡着了。当人们把他平放到地上后，过了一小会儿，他居然响亮地打起鼾来。

接着大家看见大蒸笼里昨晚放满了的馒头现在少了好多，而且蒸笼里还被这个人拉了一泡黑黢黢的屎。

接到学校报告，歌乐山派出所的户籍警来了，好不容易才把这个人弄醒。到了派出所，事情才真相大白。

这是一个饿极了的中年男人，老家贵州，他已记不得自己有好多天没真正吃过东西了。这天晚上他"流浪"到了歌乐山中学这里，看见是个学校，想着去伙食团一定可以在潲水桶里找到点儿残剩的吃，就在夜深人静时溜进去，最后是揭开了大蒸笼。

蒸笼里放满了第二天给学校全体师生作早餐的馒头。

结果可想而知。

狂喜不已的他狼吞虎咽地吃下了太多的馒头，竟然把肚子里不知积压了多少天的一泡屎也给撑了出来。他连去找一个更合适的地方拉屎都没来得及，蹲在蒸笼里就拉了。拉完屎后突然的放松和刚才吃得太饱而突然产生的重压，使得他甚至连裤子还没完全穿上，就睡过去或者说晕了过去，进入沉沉的梦中，直到被人发现。

还是饿呀！

还有其他的吗？

想一想？

还有一件似乎小有趣、但也让人感到很无语的小事，也许值得一提。

学校里有一个并没由谁划定、但同学们都认可的松散型学生自由聚集"中心"，就在操场边上的小树林那里。

有一次，同学甲和同学乙打赌，同学甲说他可以把一个"高级饼"一口吃下去不掉一粒渣。同学乙那天不知是哪根神经短了路，竟然站出来，愿拿一个"高级饼"和他打这个赌。赌约：同学甲如果不掉一粒渣一口吃下了这个"高级饼"，这饼子算他白吃，同学乙自认倒霉。反之，如果同学甲掉了哪怕只是一丁丁点儿饼渣在地上，也算他输，得赔偿同学乙两个"高级饼"。

为了有人作见证，二人约起来到了这个学生聚集"中心"。

这可不是一件小事！涉及一个或者是三个"高级饼"呀！

这里还得先给何为"高级饼"费点儿笔墨，否则这就真只是一件基本不值得写的小破事了。

那时人们每月正常的粮食供应量按年龄、工种、身份等不同而不同，按月按人按量发给粮票，凭粮票去购买需要粮票买的一切比如米呀面呀，另外也凭定人定量发给的副食品票，去国营糖果商店里可买到些糖果糕饼等。

所谓"高级饼"，主要是用一些真正的粮食，加上其他一些什么东西合成的饼子，大小与人们平常用来吃饭的小碗差不多，大都在正规的糖果糕点店出售，偶尔在单位的伙食团也可以见到。"高级饼"虽也算粮食制品，但不在粮食定量配给计划内，所以不要粮票，不要副食品票，只用钞票买，但是要支付比买一般凭粮票凭副食品票可买到的糕饼多得多的钱。大致上，一个"高级饼"按其大小和品质，定价从五角钱至一元钱以上不等。考虑到那时一个人每月基本生活费只有几元钱的水平，以这样的价格卖出的饼理所当然地可以、也应该被叫做"高级饼"。

所有人提到这种饼时都称其为"高级饼"。但没有资料可供考证，这是不是当时官方定的名字。不过至少有一点能肯定，"高级饼"的出现，的确与上层的某些考虑有关。

总之，甲、乙同学的打赌就因为涉及这种背景比较"神秘"的"高级饼"，而一传十十传百地，在那一天很快吸引了好多同学前来围观。

由同学乙先掏钱，不知是在哪里去买来了一个"高级饼"。

打赌行动正式开始。

同学甲有些忐忑地接过同样有些忐忑的同学乙递过去的"高级饼"，小心翼翼地放到嘴边，那时他的嘴巴张大得吓人，让人很自然地联想起吞象的蛇，和那句蛇吞象的成语。

但他不是蛇，他的嘴再怎么张大也有限度，不能像蛇那样在一瞬间松开下颌。当然，如果他是蛇，或者他有特异功能，可以像蛇那样在一瞬间把下颌松开，他就可以把饼全部塞进嘴里，那样就不可能会有饼渣掉出来。那样他马上可以宣布自己赢了赢了！

现在他能做的，是尽可能地向后仰着头，让自己可以用最慢的速度把部分"高级饼"放进嘴里去。他也很聪明，事先经过了认真的思考：他要借着唾沫的慢慢润浸，使先进入嘴里的那一部分"高级饼"被软化掉，散掉，接着被他一点儿一点儿地慢慢吞下，然后继续这个程序，直到获胜。

但他显然低估了制作"高级饼"的混合材料的"坚韧度"，高估了自己的唾沫对"高级饼"的快速润浸能力；他也忽略了一个事实，如果他的嘴巴张大得越久，嘴里就会越发干而唾沫就会越少，对"高级饼"的润浸软化就自然会大为放慢。关键是他现在还不能用牙齿去咬一口那饼，他很清楚只要自己一咬，上下嘴唇一合，那饼——至少是饼渣——就会掉下地了。

随着时间的推移，十分钟、二十分钟？他明显有些坚持不下去了。包在他大张着的嘴里的那一部分"高级饼"，变得像是一块撬开他嘴唇的发烫的铁块，他脖颈上和脸上的肌肉都在发痛在颤抖，仰得太久的头开始一阵阵地往他意识里灌输晕眩的感觉。但他用有意识的和无意识的力量更用意志坚持着。

这场"打赌"行动刚开始时，围观的同学都是饶有兴趣地等着看事态向哪一个方向演变。怀着不同想法的围观同学中，不时有人发出助阵或者搞怪的呐喊，他们本指望赌博会在最短的时间里结束，他们需要那个很带着些莫名刺激的结果来满足自己的某种心态。慢慢地，同学们从这持续发展的僵持中感到了一些不安。看着同学甲那副分明已大写在脸上的不堪痛苦，有胆小些的同学已忍不住发出了同情的喊声：不要吞了，要哽死人了！

同学乙也大睁着双眼紧盯着，从他眼里流露出的更多希望，当然是看见同学甲主动放弃，或者被迫放弃。

同学甲不敢放弃。那意味着至少要损失两个"高级饼"！代价太重！

想看到某一方赢，又不想看到出现不良后果的矛盾心理，也在围观同学们的心里发酵。

好多年后，罗中立回忆起这一幕时，说：我后来很多次动过画出那个场面的念头。不同的心态、不同的想法，清楚写在现场每个人的脸上，那些生动的表情，那表情后面的含义，若干次地刺激着我的创作欲望！

或许是因为，这件"小事"虽然也与粮食有关，但似乎与农民题材离得较远，到今天罗中立也没有把想象中的画面变成笔下真实的画。谁知道呢，说不定哪一天，走到生活的某个位置，也许他会突然发现一个与它交集的强交汇点，那样，画就会诞生了。

那些年，一般在每天下午放学后，是这个松散型学生聚集"中心"自由活动最集中的时候。而有一个现象，几乎一直存在：每天，都见到有好几个学生站那里，大大方方地摊开一只手掌，托着拿几片菜叶包着的一团米饭。

如果你有需要、拿得出钱，就可以去和其中某一个学生商量好价格，买下他这团米饭。

这团米饭不是学生偷的，是他从自己口中省下的。

学校伙食团按照学生的粮食供应额，每顿用一只定做的、大小一致、造型一致、颜色一致的土陶罐为每个学生蒸一罐饭。学生们把它叫做"罐罐饭"。有的学生出于某些原因，会从自己每顿吃的这罐饭里省下几口，一顿省几口，累积几顿后，就可以攒下半罐、乃至一罐饭。这时他就会把省下来的饭拿到学生聚集"中心"来，卖给有需要、愿意买、有钱买的同学。

卖饭的同学肯定是出于什么原因特别地需要这点儿钱，否则，相信谁也不会愿意从自己的口中省下那点饭来。每个人都有一张何等饥饿的口呵——饥饿到像随时都有一只痉挛的手从喉咙里伸出来抢吃！

歌乐山中学的日子，就这样给罗中立留下了关于粮食的太沉重的记忆。这里那里，这样那样，在罗中立的心中，刻下了一道又一道悄悄滴着血的伤口。

当然，这些日子写出的一个大大的"饿"字，只是学生们生活中的一部分，特别是对于活力旺盛的年青人，只要这饥饿还没有到让他倒下的程度，他就会踩着生活安排的轨迹一路往前。

饥饿带来的痛苦，当然不仅发生在学校。

周末从学校走回家，罗中立在小龙坎街上，不止一次见到过大同小异的一个场面。

有些衣衫褴褛的人，也不知道来自乡下还是城里，多是上了年纪的，有的看着稍微年轻，有时也有小孩子。他（她）站在馆子门边，或是趁着店里伙计一个不留神溜进了店里面，突然伸出肮脏的手，从摆在柜台上的大笸箩里一把抓起一个或几个馒头，或者是猛地从旁边哪个顾客刚端在手上的一碗小面里抓出一把，一边不要命地朝嘴里塞，同时转身飞快地向外面逃。这时馆子里的伙计，或者被抢了食物的顾客，常常一起（也有时候这个顾客已被吓得不知所措了），口里大喊着"抓住这个抓九"，一边追赶上去。结果往往是，抢食物的那人会被抓住，会被死死地按在地上，会被抓住他的人一顿拳打脚踢。但他却并不在乎自己是不是正被人抓着痛打，他的身体此刻好像对疼痛已经麻木，哪怕这时他已被打得满脸鲜血，但他就像一部事先被编了程序的机器，只继续做一件事：把抓到手的不管什么食物使劲儿朝嘴里塞，使劲儿往下咽。

在极度的饥饿面前，人有时候甚至会忽略了吃的真正意义，放轻了生命的价值。为了满足身体自本能上反映出来的强烈饥饿感，可以干出正常人无法想象的事。

那是一种让人竟然麻木了生命的饥饿！

有时周末罗中立回到家中，看见父亲或母亲的乡下亲戚，带着他们饿得瘦骨嶙峋的小孩子来城里"走亲戚"，说穿了，是饿得没法了来蹭顿饭吃。心地善良的父母虽然有心帮助，但是自己家里也正好是几个"正在吃长饭"的孩子，不可能有多余的粮食分给这些亲戚。能做的，就是往已经煮好的稀饭里加进两瓢水再煮一煮，让稀饭变得更稀，可以足够让这时在家里的每个人都舀上一碗喝下。

同样备受饥饿煎熬也没真懂事的罗中立几兄弟们，对此当然心有不甘，但也无可

■速写歌乐山

■歌乐山

奈何，只好在背地里把亲戚的小孩子吵上几句，说些诸如你们来抢了我们的饭吃等气话。

罗中立后来从父亲口中得知，乡下有个叔叔只为了得到十斤米，把亲生儿子卖去了贵州大山里；还有几个本家的姑姑，因为能有一口填肚子的，因为可以给家人换回一二百斤包谷，把自己嫁去了贵州的大山深处。这倒不是说贵州的大山里有富余的粮食，而是说大山深处那些本也贫穷的人为了能够得到个老婆，万不得已，用从自己口中省下来的这点儿吃的，与山外的人做了一次"以物易物"式的交易。

这些经历和事实，虽然当时不一定在罗中立尚不成熟的心中卷起了多大的波澜，但那记忆肯定是深刻且充满痛苦的。多年后，当他提起一支饱浸着关于粮食关于农民关于人生的笔来创作时，所有曾经敲打过他心灵的那些点点滴滴，就都自然地合而为一，成为一大瓢热油，浇进他正熊熊燃烧的为创作而生的火焰中，令他忍不住要呐喊的激情和压抑不住的思想如火山般喷发，那也是水到渠成的事了。

曾经的关于粮食的经历，让罗中立打心底里心疼每一粒粮食。若干年后，当大家的生活水平都已经跃上了不知多少个层次，他还是那样地"初心不变"，甚至，当他正在一个大型宴会上时，也能自然而然地、旁若无人地捡起自己不小心地掉在饭桌上的几颗饭粒送入口中。

没有经历的人生是平庸而苍白的，没有磨难的人生是软弱而怯懦的，没有记忆的人生是缺乏奋进动力的。也许，这可以用作对罗中立在歌乐山中学三年生活里一个方面的结语。这一切，悄声没息地滋润、催化着他的思想，成为若干年后他艺术创作中一股不息的躁动，成为一盏为他指路的灯。

3

罗中立走进歌乐山中学的前一年，学校分配来一个美术老师，西南师范学院美术系的毕业生，名字叫菊明孝。

罗中立进校后不久，也是顺理成章地进了学校的美术兴趣班。和在小学时一样，罗中立等几个在美术兴趣班的同学也负责起了歌中的墙报宣传，因此很快出了名。不久罗中立还被选上做了学校的学生会主席。

负责带美术兴趣班的就是菊明孝老师。

菊老师学的专业是油画。

从当时的美术教育大纲规定下走出来，和几乎所有中国美术圈的人一样，菊老师也是对苏派（俄罗斯古典）艺术滚瓜烂熟，时时从口里讲出来的，都是写实风格巡回画派的画，谈及艺术家也总是那些家喻户晓的苏派大画家如列宾、苏里科夫、克拉姆斯柯依、列维坦、谢洛夫、希什金等。

菊老师喜欢罗中立对画画的热爱和执着，欣赏他隐隐表现出来的一种很自我的个性，感叹在他画画中时不时闪烁出来的"另类"闪光，所以总是很乐意单独给他画的画做点评，回答他不断地冒出来的该怎样画的问题，包括经常显得"刁钻古怪"的问题。

罗中立一有空就往菊老师那里跑。他崇拜菊老师的画，佩服他在与艺术有关的理论方面显出来的高水平。事实上他们两人的关系与其说是师生，不如说更像两兄弟。

菊老师为少年罗中立打开了一扇宽大的艺术窗户。

罗中立在菊老师这里第一次听说了、见到了那么多俄罗斯古典写实绘画作品。虽然都是印刷在书上的，但那些优美的油画图片，还有那些了不起的俄罗斯绘画大师，加倍激励起他想画画的欲望。

罗中立崇拜名家，为大师的作品激动。他特别喜欢列宾的《伏尔加河的纤夫》。

那时长江和嘉陵江岸边随时都能见到拉船的纤夫，罗中立心下觉得，这完全是一个天造之机，让自己可以经此与大师站得更近。所以他时常一个人跑到江边去，仔细观察纤夫们匍匐在地，奋力拉纤的动作。他也画了很多速写，记下纤夫们拉纤时自然表现出来的、那种令人热血沸腾的顽强和力量象征的形象。

罗中立说：尽管那时正是受三年自然灾害严重影响的时期，全中国闹饥荒，人人都在饿肚子，但我对画画的兴趣没有受到影响，一直在坚持画画。

画画，带给他心情的舒畅和精神享受，虽然那还只是出自一种最本能的需要。

初中二年级的一天，学校贴出一个通知，香港要举办一个世界少年儿童国际美术作品展览，鼓励同学们中的美术爱好者都去报名参加。

罗中立毫不犹豫报了名。

报名前他没想太多：没想过这展览是一个什么水平的平台，没想过自己的画是不是会被选去展览，更没想过是不是要获奖，甚至都没有真的想过自己为什么要参加。反正就是，自己喜欢画画，画画就要参加展览，现在有这样一个画展，学校鼓励大家报名参加，那就报名吧。

他报了名。

命运之手于是第二次来叩响了他的心扉之门。

记不得是多久后的这一天，菊老师从城里回来，带回一个大喜讯：罗中立送去香港参加展览的画，获奖了！

居然获奖了！优秀作品奖！虽然置身于十分的激动中，罗中立却都还不敢完全相信这是真实的。

他就是画了一张十六开大小的水彩，取名《雨后春耕》。顾名思义，画面不难想象：重庆的雨雾——不会是歌乐山上的雨雾吧？但却肯定是——歌乐山上的一大片水田，披着蓑衣的几个农民，一头水牛，一场春雨之后，正耕耘在田间。

居然获奖了！获奖证书寄来了！画也被中国少年儿童保卫委员会收藏了。

还有奖金，二元人民币！好大的一笔钱啊！

学校很高兴，菊老师很高兴。

罗中立很高兴，罗家人也高兴。

罗中立的画在香港获奖还得到二元钱奖金的消息，迅速传遍了歌乐山中学。

今天人们已经无法得知，那一年当这个喜讯传遍全校时，对其他同学产生了什么影响。但在几十年后，有一次当罗中立重返母校歌乐山中学时，当年的一名教师、时任歌乐山中学的校长，还在念念不忘地、兴致勃勃地讲起罗中立那次获奖带给大家的兴奋、带给学校的荣誉。

人们所处的这个世界，大都会对成人在某一个领域的获奖大书特书，却少有谁会用笔来恣意描写一次获奖对一个少年儿童的意义，对他的人生发展可能产生的重大影响。事实后来证明，罗中立这一次的"意外"获奖，对于少年的他在艺术发展之路上的影响堪称至关重大，对他后来能在艺术之路上取得大"丰收"，恰是一块至为重要的奠基石。以后来罗中立自己所说，那次参加香港画展获奖，对自己能就此立下明确的目标，就此走往专业艺术之路，真是太重要太及时了。如果没有这次获奖带来的刺激和激励，让自己看到了原来画画不但可以满足个人喜欢，可以让你获奖得荣誉，甚至还可以"赚钱"，那么，后来的自己很可能就会只是一个比较优秀的美术爱好者而已。

参加香港画展获奖，一时让罗中立兴奋到无以言表，让他突然中对自己的艺术未来生起了空前的自信。

二元钱奖金——在那个人均消费每月只有几元钱的年代，这二元钱对一个初中学生的意义，早已超越了数字本身所代表的概念。无疑，它被罗中立视为自己得到了社会的第一次重要的认可。另一个关键是，这是他通过自己最喜欢的画画获得的，是对他为艺术付出努力后而得到的最大肯定！

本来，罗中立之前画画，很大程度上就是出于天性中的喜欢，由一种绝大多数小孩子天性中都有的喜欢画画的朴素兴趣所致，另外还有几分受父亲的影响，再加上一

点儿"我可以画画"的小自豪。总体上说，算是一种爱好吧。但突然，获奖了！得奖金了！名利双收！一时间，对"画画"的某种追求变得清晰起来。一个目标在他脑海里跃然而出：我要画画，我要获奖，我要当艺术家，我还要——不怕人笑话——得到更多奖金！

或者就从此刻起，对于罗中立而言，画画就被命运的这一次小小的"添油"，提升到了一个高度，产生了一次质的升华，成为他踏上真正艺术之路的起点。

此外还有一个插曲，也在这时为他的目标选择添了一把火：他读到了一个苏联故事。准确说，是在一本类似小册子的书里写的故事，名字叫：《初升的太阳》，作者是苏联作家列夫·瓦西里。它讲述了一个苏联少年绘画天才的故事，对这个少年如何勤奋努力，最后取得成功，书中作了极大篇幅的描写和渲染。

这个少年绘画天才的故事让罗中立感动不已，尤其是他在书中看到那个少年天才画的画，觉得真是太棒了！少年天才的成功加倍地激励起了他的斗志。在崇拜、羡慕少年天才成功的同时，他更一心一意地认定：勤奋，绝对可以弥补一个人艺术天分上的不足！后来他在艺术之路上何以那么勤奋，无疑正是受到了对勤奋如此认识的大力鞭策。

那时候中国的少年、青年，多受到苏联的卓雅、舒拉、保尔·柯察金等英雄人物的深刻影响，对苏联英雄的崇尚深深浸入大家心中。只要是与这种"英雄"有关的，都很容易让人热血沸腾，激励起人的斗志，鼓舞着人去行动。

对英雄的认识、同时也很大地影响了罗中立的，还来自另一个方面。

每周六从学校放学回家然后周日从家里返回学校，在歌乐山脚下，罗中立都要经过"白公馆"。每次经过，看见路边小坡上林深处的"白公馆"，他都会自觉不自觉地联想起已经听讲过若干次的关于红色革命烈士的那些英雄故事。

不仅如此，有时在"11·27革命烈士遇难日"，学校还组织师生前往"白公馆"、"渣滓洞"，缅怀革命先烈，在烈士纪念碑前宣誓一定要继承革命先烈的遗志。这样的革命教育，在少年罗中立心中更强化起学英雄、做英雄的志向。而这样的经历，也是从那个时代走过来的几乎每一个孩子都有过的。

特别在读到了那个苏联少年艺术天才如何成功的故事后，罗中立更暗自下了决心，要以少年艺术天才为榜样，实现自己的志向。

他开始憧憬起将来在画画上的成功梦，更清醒地为自己定下了目标：进附中，进美院，成为艺术家！

从此他随时随地都背上了一块画板，上任何课也不离身。这块画板正是他父亲那年画的漫画参加工人画展得到的奖品，由此陪着他走完了在歌乐山中学剩下的时光。就在他初中毕业时拍的毕业照里，也看见那块画板被他紧紧地背在他背上。

为了实现定下的目标，罗中立用心考虑后，为自己立了几条"规矩"：第一，每周画素描、速写，不少于五斤重，要用秤来"验收"。今天我们可以看见，这时期里他画的主要是学校周围的农村景物，也有在沙坪坝住家旁的所见。第二，不管天晴落雨，不管天热天冷，不管是不是放假，每天都要去乡下画画，而且去时不能穿鞋，必须打赤脚。重庆被称为中国三大火炉之一，不用想就知道夏天的日子多么难熬。当然歌乐山上林木葱葱，如果不直接站在太阳光下面，也许还可以忍受。但是在冬天，重庆不再是火炉，歌乐山上还常会下雪，这时要你打赤脚站在冰冷的田坎上，一边要想专注于画画，一边得与严寒抗衡，这滋味不知道有多少人能够忍受？最关键的是，遭这份"罪"是你自己为自己"整"出来的。第三，外出画画时中午不吃饭，要凭着意志去抵抗饥饿。细细想想，那时人们本就已经被饥饿折磨得够难受（冬天还要加上寒冷，真正的又冷又饿），他竟然还为自己定下这样一条规矩，足见他的决心之大、意志之坚决。他希望用这些非常规的方法磨炼自己，让自己更快培养起钢铁般的毅力，更快实现目标。

罗中立不仅想方设法地磨砺自己，还总用中国古代历史上那些激励人勤奋学习、助人铸造钢铁意志的典故来激励自己。比如人们熟知的"凿壁偷光"，"悬梁刺股"，"卧薪尝胆"，"铁杵磨针"等等。他回忆说，那时每当想到这些典故中的人物，就会莫名激动，会觉得自己的精神也随之为之一振。

少年罗中立，就这样按着自己的理解，朝着自己定下的目标，一步一步地、踏踏实实地走下去。

4

菊老师非常高兴见到罗中立在画画上表现出来的突飞猛进的进步。他说既然我的学生有了目标,我一定要尽力帮他实现。

菊老师就专门为罗中立制定了针对性的训练计划,并更加悉心地指导他的速写、素描、色彩、创作,一切都为了应对美院附中招生那种正规的专业考试。

看见弟弟这样喜欢画画,而且已出了个不算太小的成绩,罗家大跑去川美附中,找到自己以前的一个同学,那时正在附中学习的王龙生,借了一些他画的作业等,带回家来给弟弟学习。还拜托王龙生帮着留心打听,只要得知川美附中重新招生的消息,就请最快转告。

看见儿子如此喜欢画画,而且已经表现出来有些艺术感觉的意思,罗父更是四下打听、奔走,去寻找画得好的人,极力给儿子创造更多的学习机会。

然而川美附中还在停止招生的状态。

但咱得做好准备对吧?万一那扇门突然打开了呢?俗话不是说吗:机会永远只属于做好了准备的人。

正如人们都喜欢说的,命运在你面前关上一扇门时,也会为你打开一扇窗。命运在罗中立眼前关上了通往峨影厂的门时,也为他"打开"了可能引着他跃进川美附中的那扇窗户。

当然还有一个关键点:你能不能清楚地看见在你眼前打开的这扇窗,你有没有能力可以一跃而起，跳进这扇窗户里，走进一个新世界中。

罗中立也看见了那扇窗，不过这时它还虚掩着。他天天梦寐以求地等着那扇窗子突然洞开，给予他苦心追求的机会。为了那个在某一天它突然打开的时刻自己能够一跃而入，罗中立苦练肌肉，运动腿脚，让自己的思维变得更敏捷，眼睛变得更犀利，双手变得更能干。

初中最后一年了，罗中立还在煎熬般的希望中等待着，在极度的渴望中凝视着，心里有一根弦紧绷着。他无数次地忍不住自问：那扇窗子会打开吗？

回答是不知道。

回答是希望、希望。

回答是一定！

一天天过去，这根弦越绷越紧。

在希望与渴望与努力的行动中等待的罗中立，也做着两手准备：加强文化课学习，万不得已之下，还得报考普通高中。

其实那时他还有另一个机会，重庆市少年体校。那是一个无心插柳柳成荫之下产生的机会。

经过了从嘉陵江中、从松林坡下的小河中，甚至是从农民田间池塘里多年"洗澡"活动的锻炼，罗中立在游泳方面居然表现不俗，而且在市少年组游泳比赛中得到过较好名次。

进入到每年初中生毕业时期，重庆市少年体校照例会在全市各中学去挑选体育尖子生进体校，作为可能培养成体育人才的苗子。罗中立有之前的获奖成绩垫底，有歌乐山中学的推荐，有少年体校教练的喜欢，很自然地被预选入，只等着初中毕业的最后时间到来，只等着罗中立本人同意进入少年体校，那就"OK"！

但罗中立继续在自己选定的要"画画"的路上持之以恒，而且越加努力。

现在每周六回家后，周日他就去重庆八中。

重庆最知名中学之一的八中，也办有美术兴趣班。学校平时教美术的周正康老师，也负责教美术兴趣班的学生画画。每年初中生进入毕业阶段，平时的美术兴趣班差不多就成了应对美术学校专业考试的强化"培训班"。

周老师不但画画得好，更是一个非常尽职尽责的人。

周老师带美术兴趣班不敛财不获利，只为那时谁都很在乎的、无私的职业精神，当然也为了满足心中那一份荣誉感，希望自己教的学生能够多有几个成才。如果看见自己的哪个学生考上了附中考上了美院，他就会非常兴奋非常自豪。

罗家大以前毕业于八中，王龙生也毕业于八中，就是从周老师负责的美术兴趣班考去川美附中的。有了这层关系，罗中立有了直接去到周老师的美术兴趣班的"捷径"，接受周老师的当面指点。

罗中立去了八中美术兴趣班，和班上的同学们一起画画。

周老师也很欣赏罗中立的画，时常把他的画拿去给美术兴趣班上其他同学做示范。

美术兴趣班上的其他同学大都喜欢相互对画。罗中立则主要还是画和农村有关的。显然，歌乐山中学的生活，对于他所以会这样选择，有着非常大的影响。

如果当年罗中立不是进的歌乐山中学，而是进了一所城中心的中学，那他还有可能与农村题材画联系得这么紧吗？后来还会有一系列"农民题材画"吗？

不知道，罗中立说，也许会是另外一回事儿。这就算阴差阳错吧。但至少说，初中二年级后，是他艺术之路的真正起步，为他的艺术之路打下了非常好的基础，是他把人生目标聚焦到艺术上来的一个非常重要的时期。所以他真正的艺术目标，应该就是从此树立起来的。而这个时候，罗中立正好置身于被大农村包围着的歌乐山中学，他的生活中正好多了许多与农民紧密关联的"外因"。

上进心是父母和教师管教出来的吗？不是。它是生活的压力逼出来的，是环境帮着形成的，是人心灵深处产生了一股永不服输的精神铸压出来的，是人对一个目标有了永不放弃的美好希望后产生的。

5

初中阶段最后的日子在不知不觉中一天天溜走。

初中阶段最后的日子也在罗中立心急如焚般的焦虑中残忍地溜走。

心急如焚是因为看见川美附中的窗户仍然关着。

诚惶诚恐的焦虑中,罗中立终于坐不住了。他向川美附中的有关部门写了封信去,只有一个内容:附中今年会不会恢复招生?

通过邮局寄信,是那时候几乎百分之九十五以上的中国人用以联系两地的方式,尤其是私事,也包括公对公处理的大部分事宜,几乎都采用这种方式。

当然可以用电话联系。

但首先这两地之间都得有电话,然后你得知道对方的电话号码,然后你得有钱去打这个电话,然后你得去邮局,先买一份申请打电话的单子,在上面填写下对方的详细资料包括名字、单位、电话号码、预计电话打多久等等,然后你就交一笔保证金,最后你就站到旁边等着。等多久不一定,要看那天的线路是否通畅,还要看那天排队打电话的人多不多。虽然总的说想打电话来联系的人不算多,但毕竟电话的数量更少。一般情况下,短的时候等十多分钟,长的时候等上个把小时也不稀奇,甚至到最后告诉你今天打不成电话了也还是不稀奇。那个年代出现什么情况都正常,要是你觉得你不能接受告诉你的结果那反而是稀奇是不正常了。反正是,等到柜台后面的工作人员用一种似乎很不耐烦般的声音大声叫喊你的名字,同时也像是很不耐烦般地告诉

你去营业厅里边上某个角落的第几号柜子式的隔间时，你就可以进去那里面讲电话了。

之所以说"讲电话"，是因为这时候你想要和他通电话的那个人差不多已经等在电话的另一端了（或者那里的其他什么人，也不一定是你要找的本人。总之是，现在电话已经和对方接通了）。

邮局都有专门的接线员，她（他）之前已经为你做完了接通对方电话的工作，现在对方已有人来准备和你"讲电话"了。这当然不能完全归于接线员很尽职尽责，热心为你服务因而大包大揽了前面的琐事。更主要的还包含了以下原因：节约时间，节约资源，担心你不会打电话，还是得去反复问邮局柜台后面的工作人员，那样岂不是有更多麻烦！

罗中立选用了更普及性的、更容易操作的、当然也是更经济些的方法——本市寄平信邮资只要四分钱。而打电话先有基本费用，然后才是按每一分钟多少钱加收费，不足一分钟自然按一分钟计费。如果罗中立想要把自己关心的问题完全搞清楚，他不知道最后会花多少钱。

几天内他向川美附中寄出了两封信。

两封信都石沉大海。如民间俗话说：赵巧儿送灯台，一去永不来。

原因，不详。

总不能无限期地等吧？万一错过时机，机不再来。

几天后，心急如火又万般无奈的罗中立决定了，专程去一趟川美附中，去当面问清情况。如何去，他还是采用了那时人们最常用的方法：步行。

参考一般人正常走路的速度，从歌乐山中学步行到黄桷坪，至少要近三个小时。但罗中立没有在乎这个。这天午饭后，他向学校请了假，走向还飘浮在自己梦想中的希望之地。

这是五月初的一天，天儿闷热得让人感到要窒息，属于重庆人特别不喜欢的那种天气。每一年总会有上这么几天，多数出现在五六月份。出现这种天气，往往意味着强雷暴雨会接踵而至。

罗中立把一双洗得干干净净的解放鞋用报纸包好，拿在手上，打着一双赤脚，顾不得路上的石子是不是很硌脚，甩开大步走向黄桷坪。他还在路上时，天空中零零星星地洒起了小雨点。那时候川美真正还被农村"包"围着，川美附中就在川美校园里面，蜗居一角。

今天站在黄桷坪正街热闹的街中心的邮局，那时还是人只要一踏出邮局门，就马上发现自己置身于旁边一大片水田的环抱中。

罗中立走到邮局这里时，天已经不早了。

他先站到水田边，把两只光脚上的泥土洗干净，拿手几把抹掉脚杆上太多的水，穿上带来的解放鞋，站起身来往不远处的川美老校门走去。

小雨点倒是早就没下了，天气却变得让人感到更加难受，浑身也早被汗水湿透。

他来到川美老校门马路对面，望着学校的大门，心潮激动地翻涌。然后他强压住心情，穿过马路，来到校门边。

校门边不像今天这样有保安执勤，校门那儿进出的人也没像今天这样川流不息。

他犹豫了半天，终于是壮着胆向一个在他眼里认定应该是学校的人问：去附中的学生宿舍怎么走呀？

那人倒还真是学校的。

但罗中立却听到一个让他很失望的回答：今下午附中的所有学生都不在校，到城里解放碑旁边的群众艺术馆看学雷锋展览去了，肯定要很晚才能回来。

别无选择，罗中立要等王龙生回校。

川美老校门边上那时有一排小花台，他就在花台上找了个地方坐下，过一阵子站起来走几步动一下，眼睛很留神地注意看从身边经过的每一个人，生怕错过了回校来的王龙生。

好多年后做了四川美术学院院长的罗中立说，我今天对那些来川美参加入学专业考试的考生的心情真的是太理解了。记得我第一次到川美，去找王龙生那天，我望着在川美校门进出的人，只感觉得每个人的背上好像都在放射着光芒一样。我心里一直翻搅着一个折磨人的想法：什么时候我也能作为这个学校的一名学生，也能这样地"自由"进出呢？

多年后建在重庆大学城的川美新校园，做成了一个基本没有围墙、完全"开放的校园",不知道这和罗中立从这次经历中得到的体会是不是有一份渊源联系?一个可以自由进出的校园,至少是从其开放的形式上,先就让人享受了一把轻松:现在,咱也可以"自由进出"心目中向往的学校了。

但很多年前的那一天,站在黄桷坪川美老校园正门外等待中的罗中立,心情没有半点儿轻松,或者说,他那时正在一种沉重压力和强烈希望交织着的状态中,追求着可以让他飞翔的轻松。

等到天都几乎黑尽了,也没见到王龙生回校。

很有幸,一个回校来的女学生注意到了在校门边徘徊、左顾右盼、明显有心事的罗中立。她主动走上前,很和气地问罗中立:你是在等什么人吗?听罗中立回答他在等王龙生,她热情地说:我是王龙生的同学,同学们在城里看展览都已经结束,他今天可能不回校,会回沙坪坝家了。你知道他家在哪儿吗?

罗中立说:我知道,我和他住家离着不远。

看见罗中立的一脸失望,她又好心地说:那你再等一会儿看吧,如果他没回来,你今天不打算回家,要留下来等他明天回校的话,我介绍你去男生宿舍凑合住一晚,反正今晚肯定空出来的床位很多。

罗中立毫不犹豫就同意了。

虽说平时也经常走路,但一来是今天走的路真不算少,二是罗中立来时心情迫切,步子就迈得大迈得快,到现在两只脚掌和小腿确实在生生地发痛。再说没找到王龙生他也不心甘。他不想就此回头,因为专门来这儿一趟也不能说很容易很轻松。

那个女同学把罗中立带到一间男生寝室,找到一个叫陈守文的同学。学生宿舍是一幢三层楼,罗中立去的这间男生寝室在一楼。

那天晚上,罗中立躺在附中不知是哪个同学的小木床上,翻来覆去地怎么也睡不着。

那天晚上,沉闷了很久、积蓄了很多力量的天空终于爆发了,暴雨自高天呼啸而来,借着狂风的威力,如古战场上催动三军往前冲锋的急骤鼓点,凶狠地敲打在屋瓦上,汇集一起的雨水瀑布般从三楼屋檐那儿轰然地飞流而下,击打着地面发出震耳欲聋般的"啪啪啪啪"声。

罗中立听着狂风仿佛就在耳边掠过，感觉得那雨点却是一直打在心尖尖上。他本来就没睡着，一直激动着的，颠来倒去地老是在想着，自己竟突然睡在了日思夜想的川美附中的学生寝室里。这一份奇妙又奇怪的感觉，不是语言能表述的。

夜里没睡得好，第二天早上罗中立不自觉地睡了个大懒觉才起床。

天空还飘着些小雨。

起床后，罗中立在简陋的盥洗台子那里拿手捧了几捧冷水泼在脸上，双手抹了几把，算洗过了脸。回到寝室，吃了陈守文早上到学校食堂给他拿回来的一个馒头一碗稀饭。之后陈守文很客气地告诉他说，你可以去学校美术馆看看，那里有个小展览。

罗中立于是去了当时川美的学院美术馆兼图书馆——红楼。很多年后当他出任川美院长时，红楼已在他任院长之前被改做了学院党委和行政办公楼。

罗中立走在校园里，看见到处种着夹竹桃，盛开着大簇大簇的红花白花；被前夜一场大雨恣意"蹂躏"后，花朵们透出很凋零的感觉，但色彩却依然妖艳、很吸引人。后来罗中立读附中时，看见杜泳樵老师以夹竹桃花为题材画的好多画，他才突然发觉，那一天，那些夹竹桃花其实竟于不经意间在他脑海中留下了很深的印象。而杜老师在表现夹竹桃花色彩的"复杂性"和"妖艳"时，在把握运用上表现出来的得心应手的"妙"，让他受益匪浅。

罗中立看完小展览回到男生寝室，王龙生还没回来。

中午，陈守文又去食堂打回饭，请罗中立吃了午饭。

午饭过后没多久，王龙生回来了。下午学校行政部门上班后，王龙生带着罗中立一起到了附中办公室，了解当年是否恢复招生，答复是：回去等着吧，现在学校还没有得到上面的准确消息。

罗中立在新的希望和旧的失望交替的心情中回到了歌乐山中学。没得到准确的消息，但不等于说就没有了希望。他告诉自己决不能有丝毫松懈，得继续做好准备。每天上完课后的空余时间，他还是一门心思地去画画。他在全身心的准备中，等着川美附中吹响恢复招生的号角，他要做到随时都能够应着那声号角发起冲刺。

热心帮助罗中立的那个女同学名叫张世萍。她比王龙生低一个年级，是附中那时的美女之一，有好多男生追着呢。后来她和从达县地区文工团调来川美教书的一个帅

小伙王老师结为伉俪。

罗中立心底一直存着对她的真心感激！还有热情接待他的那个男同学：陈守文。

在那不久后罗中立如愿考上附中。进校报了名，把随身带去的东西丢在自己寝室的床上后，他立刻就去找陈守文，现在是作为小学弟了，他要用一份特殊的心情来向学长表示感谢。

居然没找着。

他去找到了张世萍。

张世萍告诉罗中立：陈守文不久前被学校开除了。

有一次上静物课，课外作业，陈守文把一张画布拿回寝室，在画布上画了一个骷髅，口里含着一把刀，面前放着一支蜡烛，画面看上去有些阴森恐怖。

陈守文因此被学校开除了，从此再无消息。

这当然是一个比较特殊的个例，但也可以从一个方面看到，那个时期的附中，对于学生思想方面的管理是持一种什么方式，艺术教育对于学艺术的学生执行的是一种什么规则。

6

命运总有自己的安排，它其实没有抛弃罗中立。只是，它要到最该来的时候才现身。而且，也许它就是总以一种"突然"的方式出现，才可以向人们显出它拥有一种不可捉摸的"神奇力量"。

罗中立去川美附中打探消息而无果回到自己学校,在希望与焦灼中等待了没多久些日子,这一天,罗家大哥如星火地赶到歌乐山中学,向二弟转告了王龙生送来的好消息:川美附中今年恢复招生!快去报名!

大激动之余罗中立又深深地庆幸:幸运!终于赶上了!

好多年后罗中立非常感慨地说,我这一生的确很幸运,至少赶上了两趟不能错过的列车:60年代中期川美附中恢复招生这一趟,赶上了;1977年大学恢复高考这一趟,也赶上了。

今天我们同样无法假设,如果罗中立错过了其中任何一趟列车,他还会是今天的罗中立吗?还会有中国当代艺术史上的里程碑之一的《父亲》吗?

参加川美附中招生专业考试的前一天,罗中立回到了小龙坎家中。

那一年,川美附中的专业考试在四川设了三个点:重庆沙坪坝,重庆市中区,成都。

沙坪坝考点设在后来的重庆建筑学院里面。

考试前晚,罗中立一家人围坐在家中那张吃饭的方桌前,都来帮着整理他之前画的画。最后主要是由罗父作决定,挑选出好多画,装了一大提包,第二天带着去考场。

几天前,罗父在厂里参加了一次紧俏商品抓阄(因为工业物资缺乏,这是那个年月里在单位上常见的对有限物资的一种分配方式,抓阄——凭各人的"运气"),结果是罗父抓到了幸运号票,凭着这票,去买了一只苏联产的手表。是什么牌子的早就忘了。罗父这晚就把这只带着"好运气"而来的手表拿给罗中立,让他第二天戴上,主要是考试时好盯着时间。另外,大家当然都希望,它还会给他、当然也是给大家,再带来一份"好运气"!

那一晚对罗中立,几乎是又一个不眠之夜。

第二天一大清早罗中立就醒了,却感觉得精神是空前的好。匆忙吃了点儿早饭,虽然离考试时间还早得很,他拎上装着画的大提包,急忙地往建院赶去。从小龙坎步行到建院,快走就二十分钟左右。

那年在沙坪坝考点参加考试的共有五六十人,被分在两个教室里考试。

罗中立参考的这个教室，负责考试的老师是马一平、王大同，还有另外一个老师。

罗中立考进附中后，马一平和王大同老师都教过他，所以记得他们是自己那个考场的老师。另外那个老师没教过他的课，罗中立想不起来是谁了。

那时候参加川美附中的专业考试，要先由在考场负责考试的老师进行面试，主要内容是看考生带去的自己之前画的画。这种做法与现在美国等西方国家的艺术院校招生时，都要看考生预先准备的自己的portfolio（文件夹）的方法非常相似。但很奇怪的是，这样的做法不知为什么后来在国内会取消了，或许，是因为现在报名考美院的考生数量太多，看不过来了吧？比如若干年后的2017年，据说报考川美的考生数达到十二万人以上之多，而当年的招生数也才一千六七百人。

1963年那年罗中立去参加川美附中专业考试面试时，他走进考室，把提去的那个大提包摆上桌子，三个老师看见他不紧不慢地从提包里拿出来那么多画时，都"吓"了一跳。

罗中立后来没去问过几位老师当时的感想。但就在现场那个时刻，他从他们的脸上已看出了一种肯定。

专业考试笔试分别考了素描，画一组静物；创作，画一幅命题画。有没有画水彩？记不得了。但罗中立记得很清楚，也感到很骄傲的是，他的专业考试卷画得很认真、很"正规"、很"标准"，像是今天专为考美院的考生学习用的范本一样。

考试完了，罗中立如释重负。回家去等着吧。

这次的等待好像没有太久，功夫不负有心人，好消息终于飞来了。罗中立，以当年川美附中招生专业分数第一名的成绩被录取。

罗中立看见通向艺术殿堂的大门终于正式为自己洞开！至少他当时是这样认为的。

缪斯向他轻轻挥起美丽的手，发出炫目的光彩，光彩后面衍射出一个标志着成功的花环。至少他当时眼里看见的是这样。

就在罗中立被川美附中录取时，另外那一个机会也来到了他面前。

重庆少年体校再次找他商量，希望他能进体校。体校的老师们觉得，以他在游泳方面表现出来的情况，以他的身体条件，他很可能会在这个领域创造出好成绩。

罗中立没有丝毫犹豫，选择了川美附中，因为这是他多年来的心之所系，希望之所向，梦之所向。

歌乐山中学几年的时期里，罗中立画了非常多的速写和素描。但很遗憾的是，20世纪90年代重纺厂对京华院进行重建，罗家在搬家时，所有的这些速写本全部丢失。

■《美院大礼堂》，1965年

■《抢修电车线路》，1965年

《增广贤文》曰：三穷三富不到老，十年兴败谁知晓。此句当然不仅对个人有提示警醒的作用，对于一个国家，又何尝不具有相同意义。

第四章

1

1963年9月，罗中立独自背着行李，从沙坪坝小龙坎，一路步行来到了九龙坡区杨家坪黄桷坪街道的四川美术学院——附中校园，开始了他作为川美附中1963级学生的时光。

走进川美老大门，往右边拐进去五十米左右，有几幢陈旧的房子，这一块就是附中的区域，包括了学生宿舍、教室、办公楼等。附中有自己全套班子的管理人员，同时它也受学院直接管理。

附中相当于普通中学教育的高中阶段，但不同的是附中的学生要读四年而不是普高的三年。（附中也被人们按习惯归之为中专，而那时，社会上很有些人对中专校生是不大看得起的。基本上都认为，主要是那些文化学习成绩不怎么好、对考大学无望的学生才会无奈去考中专。）这种认识一直流传了好久，直到今天或许都还多少存在。严格说人们有这样的想法也不足为怪，因为当时一般中专学生，基本上就没听说谁谁毕业后又去考了大学的。

当然有例外。

包括了四川美术学院附中在内的一些专业针对性很强的附中（比如音乐学院附中等）就是例外。它们和普通中专不同。它们的主要目的，正是为专业艺术大学培养并直接输送优秀专业人才，主要是直接管理附中的这所大学。换句话说就是，这种附中具备普通中专和"特殊"中专双重性。为什么这样说呢？因为附中学生毕业时报考本专业大学，被录取时享有文化课分数可以远低于非附中毕业考生的"特权"，还具有在同等条件下优先录取的优势，而考大学落榜的附中生或因为其他原因不愿再报考大学的，国家会按普通中专毕业生的办法分配工作。

附中学生们的心目中因此老有几分莫名的骄傲，老有一种冲动想大喊，我是美院的学生！

有这样的冲动从客观上看倒也基本成立。第一，他们和学院的大学生们住在同一幢三层楼宿舍里，在同一个学生食堂吃饭，共享图书馆，经常在一起活动。第二，他们中的很多人，总体上说几年后都会顺理成章地进入美院继续学习。第三，教他们专业的老师差不多都是正式编制在美院的教师。

但另一方面，对那些现在已经真正在学院学习的哥哥姐姐们，他们还是很仰视的。

不知道因为什么考虑，附中的男生都被安排住在宿舍的底楼，学院的大学生主要被安排住在二楼和三楼。二、三楼的通道中间，被一道门隔开，一边是男生宿舍，另一边则是女生宿舍。

罗中立进附中这一年，附中共招了三十一个学生。之前每一年，大致上每年新招二十名左右。因为这是附中停招两年后恢复招生，所以这一批学生，成了附中办学以来招生最多的一批。和往年新生的情况一样，也是男生多女生少。

所以这批新生心里也带着几分后来七七级新生走进美院时所带着的那种"傲气"。

他们觉得前途一定是光明的。既然附中停招了两年，美院的学生层次应该也正处于青黄不接的状态吧？那么到他们这批附中生毕业时，无疑就能有更多的同学可以走进美院。

很不幸的是，他们这时生起的如此美丽梦想，后来被不期而至的文革运动所破灭。还是命运的安排？

附中上课的主要教室在一幢两层楼的红砖老房子里，与学院的教室隔得比较远。附中学生的课程三七开，三分专业课七分文化课；专业课也不像学院那样，把绘画、雕塑什么的不同专业都分得很清楚。

进校不久，罗中立被选为班长。

对此罗中立这样回忆道：可能是因为我入学考试的专业成绩好，开初就选我当了班长。我那时个子不算大，都叫我"小班长"。其实我心里不太愿意当，觉得当了班长，很多面子上的活动你都要去带头，而我心里只想多画些画。

进入附中没多久，想多画些画的罗中立画了一张自认为很满意的画，其实是临摹的一幅英国水彩风景画。有意思的是，他把一个正在画画的人的背影，像一个点睛似的"人物"添进了这幅风景画的几乎正中心位置。这种举止，是否让我们可以认为，他在艺术上表现出的总是主动乐于"搞怪"、喜欢"另类"的行为源头，至少可以追溯到这里？如果说此前出现的此类行为还归于一个冲冠少年的懵懂的话，那现在，身为附中学生的罗中立，做出如此的行为应该归于有些下意识了吧？

假如再深一步看，我们似乎还可以这样说，这幅"搞怪"行为下出现的临摹加创意的水彩画，竟在不经意间，拉开了他几十年后踏上一条艺术创新路的序幕。

罗中立无疑是怀着对艺术的满满憧憬、一腔激情和无限希望走进川美附中的。走进附中这个行为本身，就像是全神贯注地等在百米速跑起点的运动员听见裁判扣响了手中的发令枪。罗中立早已迫不及待，想马上就在艺术大道上向前飞奔。但是，还没等他来得及完全消化成为美院附中学生带来的兴奋，就被砸回了一个现实。

想多画画的罗中立很快有了些失望。

作为教书育人重要阵地的川美附中，自然不能置身于社会现实之外。校园里醒目地张贴着的大幅标语上面写着学校的工作指南，"文艺为政治服务，文艺为工农兵服务"。这是那个时代为文艺制定的纲领，是不容有半点偏离的大方向。

学校瞄准的培养学生的目标是："又红又专"。

站在某一个角度上看，"又红又专"的提法是成立的；在那一个时代，它有着独特的意义。

然而怎样定义"又红又专"？学生怎样做才符合"又红又专"？

界定一个人是不是"红"肯定比较容易。按学校的主流认识，你在思想上和行为上与校方保持高度一致。套用一句流行话就是：领导指向哪里你就奔向哪里，领导让你做（画）什么你就做（画）什么。

但要想走到"专"，你肯定得投入时间、得画大量的画，才有可能走上一条由"量变引起质变"的路。可是，当你有事无事都沉心于画，把大量时间都花在为了走到"专"里面时，"矛盾"就出来了。这样做的你，一定会或多或少地、有意无意地"偏离"了或没有跟上"红"的节奏。对这样的行为，当时有一个"对应"的名称，叫"白专"。而"白专"就是一顶透出几分"危险"的帽子。进一步，如果你画的主题不是领导要求表现的"工农兵"或为社会需要服务的内容，比如多是画些那时被归为所谓小资情调的、孤芳自赏的、追求个人情绪表现的等，那可能"白专"帽子就非你莫属了。再有那类成天只知道画"自己的画"、完全不听"招呼"、不接受"教训"的学生，就会被划入"白专典型"，戴上了"白专典型"帽子的人，后果堪忧，严重者将招致开除。这就不难理解，学生当时为什么都怕自己被人说成是"白专"。因为，就算你心里本来装着很多红色革命英雄人物，并一直都在告诉自己要以他们为榜样，告诉自己现在努力学习专业就是为了今后成为优秀的无产阶级革命艺术家，但是一不小心，你属于"白专"了，被"典型"了，麻烦就接踵而至了。

事实上，无论是按分配给"红"与"专"的时间来看、还是依认识上存在的差异来区分，平分秋色式的"又红又专"，更像一个虚构的提法，或者可归为一个努力追求的目标。

由于"又红又专"标准当时在具体执行中存在的"不清晰"界线，为了防止出现不好收拾的局面，作为负责执行该"标准"的校方，往往采取"矫枉过正"之法。表现出来的基本上都是，可以只要"红"，但不能只要"专"（白专）；或者是，要最多的红，可以有一点点"专"，作为点缀也罢，或者他们真的认为这就是"专"了也罢。总之，是否"又红又专"，焦点在于你是不是与校方保持了步调一致，在于你有没有满足"文艺为工农兵服务"、"文艺为政治服务"的原则。

好在大家看到，学校当年在要求上的确是很严格，也总是在尽力把"问题"都消灭在"萌芽"阶段，从某种角度看，它是校方必须坚持喊的一句口号，必须追求的目标。到真正来处理此类"问题"时，总体上校方还是十分慎重的。因此那些年里，学生们是感觉得心理压力很大，但也并没见到有很多学生真的因为这个意识形态上的原

■ 临摹的英国水彩，1963年

■ 黄桷坪川美附中校园外写生，1964年

因被开除。

这时已把画画作为生命中头号选择、梦想着今后要成为大艺术家的罗中立没法不画,无法忍受不画,他是一定要很自觉地多画才行的那种类型。所以他不仅尽量地"榨"出每一分钟来慷慨地献给画画,问题还在于,他画得最多的,基本上不是那时喊得最响亮的为什么服务的内容。借着他的那些画面,可以看见社会的一个个小角落,生活在这些"环境"中的各种人,从中折射出来他心中对自然美的追求,他自然而然的情绪之下想要表现的社会的这一部分。它们并不叛逆,但也显然不是受某种主题指导、追求表现时代主流的东西。因此,就算画面中出现的也是工农兵形象,讲述的也是与工农兵相关的故事,但因为缺少中心思想、缺少那个鲜明的主题,简单说不是社会主潮流需要的赞歌,就只能算是对事物的一种客观反映,一种"自然主义"的倾向。要严格划分,大概率上可属于"小资"。

要说起来,"自然主义"式的倾向,从他初二那幅获奖水彩画就已经可以看出。表面上,那幅画仿佛也算紧随着当时的文艺主流即表现社会主义现实题材的内容。但如果进一步去认识,它应该还真就只是一个小孩子对自然美的描写,对印在自己脑海中的乡村和农民的一种小关怀下的重现。不过,对一个初二学生的作品,用过于严格的题目如"自然主义"、如"社会主义现实"等去给它加一个框框,显得也太没意思。所以,还是把它归为一个初二学生喜欢那样画则可。

抛开其他不谈吧,真实发生的是,一个不留心,班上的团支书来找罗中立谈话了。有了好几次真挚而恳切的谈话又似乎觉得收效甚微之后,终于有一天,团支书很明白地、也是很严肃地告诫他:作为一个团员,你决不能走"白专"之路哟!

罗中立立刻感到了空前的压力。

但认真地想一想,真的不能不画呀!画,有可能被"白专";不画,可能会要了命!

当然要"保命"。

怎么保呢?不能在学校里画了,咱躲出去画吧。

罗中立和几个也想多画画的同学悄悄约起,翻墙,从附中后面那道围墙翻出去,外面是农田,平时人很少,从这里翻出去不易被发现。外面不远处还有一个水塘,一些同学在夏天也常常翻墙出来跳进这水塘里"洗澡"。轻车熟路。到了外面,他们就

可以走到离学校更远些的乡村去自由地画。

罗中立那时最盼望星期天，恨不得天天都是星期天，因为他可以整天"躲"在外面画画。用重庆话说，叫"敞开了"画！

可以敞开画，但不等于能把自己敞开来画的作品都敞开给同学们看。

每个假期后回学校，本来他在外面画了很多，还有很多是感到好得意的画，本来真忍不住想向同学们炫耀一番，毕竟是小年轻吧，都会有一种藏不住的心态，有一份荣耀心理产生着像荷尔蒙一般的刺激。但是罗中立不敢，他只能强压住那种非常想张扬的情绪，事先小心地挑出几张画，拿来给同学们看，并故意一次次地大声声明，就只画了这么可怜的几张画。没有了。

这不算"白专"吧？！

附中几年中，记忆最深刻的，就是学校的气氛对于想多画，想努力实现个人艺术理想的学生有很大的压抑。你的一切行为都得按学校的要求做，大家怎么走你就怎么走，这样你才能算是行走在学校定出的"又红又专"的框架内。想要认真地多画点东西，就只能偷偷摸摸地。

除了偷偷摸摸地躲到外面去画，罗中立也临摹了不少苏联出版的杂志上刊登的画作，很多临摹都被他一直保留着。

罗中立因为有"白专"倾向，受到过来自学校的警告。据说他还上过"黑名单"，幸好，还没到被视为严重的程度。但因此，罗中立担任的"班长"一职，在入学一年左右后，自然而然地被"撸"了。

如果以后没有文革时期的混乱所导致的更混乱，川美附中的档案室应该还保存着历届学生的档案。那样，也许可以通过某种正常的渠道，打开罗中立那时的档案来看一看，他被列入"黑名单"的理由是什么，今天去读，也许我们会觉得，非常——非常……！

不过从另一方面看，在当时几乎每个单位都会自觉地寻找"白专"典型那种社会大形势下，他不顾后果、一味想多画画的行为，导致他被"白专"，被警告而终致列入"黑名单"，也不足为奇。

虽然从学校和班上团支书那里都传导来了不小的压力，虽然产生了一些"磨难"，罗中立在班上还是保持了专业最好的成绩。或者换言之，他终究是没有和"白专"划清界限。

著名艺术家林风眠曾说过这样一句话：艺术，是人生一切苦难的调剂者。也许，罗中立正是因为骨子里的那份对艺术的无比热爱，才使得他任何时候都能够很快就忘记了在自己身上发生过的任何"磨难"，而一往直前。

2

每周六上完课，班上都会留下几个同学做教室清洁。罗中立总是和住沙坪坝的三个同学同一天做清洁，然后一起回家。几年里基本上都这样。

罗中立和住沙坪坝的同学一道回家时，从黄桷坪步行，经杨家坪、石桥铺，到沙坪坝。那时他们走过的这一路，是十足的农村。途经石桥铺，天气好时，他们常会跳到路边一口池塘里去"洗澡"，起来，接着走。很多时候，他们也会抓紧在乡间画几张速写或是水彩。冬天的重庆白天较短，黑得早。等他们上完下午课离开黄桷坪回沙坪坝，步行几小时，路上还在这里那里地耽搁一下，回到家早已黑尽了。

多年后罗中立的妻子陈姐老爱开玩笑说，罗二哥身体好，就是靠了初中和附中那些年里一直坚持走路回家练出来的。

这既是玩笑，更像一种黑色幽默。那些日子人不靠两条腿走路还能咋地？每一分钱都得节约下来用在最需要的地方。因此，只要是靠自己动动手动动脚就能够做的事情，就直接甩开你的手迈开你的脚去做吧！

附中时，罗中立最喜欢的一件事就是去乡下赶场。这个情结一直旺盛地活在他心里，延续在他以后几十年的生活中。直到今天，初心依旧。

很多年前的赶场天对于乡下人，是过节一般的日子，是乡下人精神世界里的一个大寄托。

赶场对于附中学生罗中立的精神世界，也是一个大寄托，虽然此寄托非彼寄托。

他来到离大城市远远的乡场上，兴奋地呼吸释放着彻底自由的空气。他像一条自由的鱼，穿梭在被赶场兴奋起来的乡下人汇成的"河流"中。偌大的乡场上虽然拥挤了这么多人，但谁也不认识他，谁也不会来打扰他、干涉他。在这里他可以想画多久就画多久，从早画到晚都行；没有会被"白专"的压力，不会有班干部从哪个角落里突然冒出来拦住他严肃地谈话。

他特别喜欢在插秧季节去赶场。那时他会久久地站在田坎上，看农民们在水田里劳动：农民们栽的一行行秧苗，"画"出似直似弯的"线条"，描绘出自然画图才会有的那种动人心魄的美，他的心情也被那大美深深地感染。

乡下得到的所有感受，都在他心里激动起一股让他忍不住想画的力量，驱使着他舞动手中的笔，去把见到、想到的这些那些，在速写本上迅速画出。

因为骨子里对乡下的一份偏爱，在罗中立读初中后不久，他就开始了一个有机会就回乡玩的"节目"。

父亲和母亲都有很多乡下亲戚，就住在离主城不算太远的青木关、大路等公社。

从小龙坎一路步行，经杨公桥、白公馆，翻歌乐山，下山后再走好远好远，先到青木关，接着往前走啊走啊，就到了大路公社。

口里说是不太远，但这一路过去也要整整一天吧，还两头摸黑。中午在路上吃一顿午饭。一般是随身带一个馒头，有时候父母亲会给两毛钱，那就可以进路边哪个店里吃一碗小面。

罗中立回乡时最喜欢带着四弟一起，他说，那可能是因为对自己在四弟头上造成的那一条长长的伤疤而长期有几分内疚。他也和大哥和三弟一起回过乡。

暑假里他们基本上都回乡去，可以住一段比较长的日子。一般住一周半月，或者更长。

■《璧山老家》，1966年

■《故乡》，1966年

暑假天儿热，他们会下堰塘里去"洗澡"，去小河边钓鱼，跟着农民亲戚的孩子玩乡下的"土游戏"，比如粘知了、逗蜻蜓、抓螃蟹等等。平时在城里肯定没有这些很好玩的游戏。这些难得的、很好玩的乡村孩子的游戏，在罗中立心里留下非常美好的记忆。很多年后，这些记忆也成为一种燃烧的动力。

罗中立自然要借此机会画很多画。

他把那些美丽的乡村景色都画进自己的速写本中：树林山坡小河牛羊鸡鸭，掩映在竹林后面的农舍草房。他画着画着，常常会突然有一群什么鸟在他头顶上自由地快速掠过，把它们欢快的歌唱留给天空、留给路人，把罗中立快乐的心情也带到很远很高的地方。

结束了乡下的日子回城时，他们兄弟会各背一小背篼木炭，这也是他们来乡下的"任务"之一。那时的木炭，主要是人们去山坡上砍下青冈树等杂树烧成的，所以民间习惯称这种木炭为"杠炭"。

那时城里的普通人家可以说家家户户都要烧小煤炉做饭。生炉子时，发火要用易燃物，火才能生得快，节约时间又节约钱。

杠炭易燃，燃烧的时间也较长，是最好的发火物。

但并不是家家生火时都能用杠炭。如果在城郊附近乡下没有农民亲戚，用杠炭就得花钱去买。街上商店里的杠炭可不便宜。事实上也很少看见哪户人家天天都用杠炭作为生火时的发火物。

所以罗家兄弟在结束了愉快的乡下假期返城时，很乐意顺带背一背篼杠炭，在邻居们很羡慕的目光注视下，带着几分得意走回家。这时候，可就显出了在离城不太远的乡下有农民亲戚的好处了。

3

回忆起附中时的老师们，罗中立说，一直都很喜欢教他们的杜泳樵老师，还有马一平老师等。当时夏培耀、张方震老师都是在学院里教书，同学们对他们非常钦佩，也可以说是仰视他们的。

附中时，每月每个学生自己交七元钱伙食费，困难学生可以向学校申请到一些补助。

1949年以后，罗父的工资一直处于较高水平，因而罗中立读附中时，家里的人均收入已超过了困难学生申请补助的标准。

读附中时可以吃得饱了吗？不会再是像歌乐山中学那种日子，经常得为了填饱肚子而东想西弄的，无法安心学习了吧？

应该是好了一些，但依然吃不饱。至少脑子里记住的主要还是没吃饱过。尤其刚进校那一年，三年自然灾害的影响还在严重发酵，学生们的伙食仍然很差。饭不是完全的白米饭，掺着碾碎的玉米颗粒等杂粮。

进附中之初和在歌乐山中学一样，每顿还是吃罐罐饭，连罐子的颜色大小形状都惊人的一致。这使得罗中立有时会呆望着面前的饭罐子，不知不觉中生起一种怀疑，自己到底是已经进了川美附中，抑或是还在歌乐山中学？

不太久的后来，记不起准确的时间，是进了附中后的第一学期里吧。有一天学校突然宣布，吃饭方法要改了，改成吃盆盆饭。依稀记得当时说的好像是为了学习解放

军。当然不是一人吃一盆,是一桌安排八个同学分食一盆饭、一盆菜。盆子和同学们平常用的洗脸盆、洗脚盆一般大小。每桌有编号,每个同学都知道自己编在哪一桌。对此好像从没听说有人搞错过,也没听说有人迟到过,几乎都会提前就围在饭桌那等着了。特别是中午放学时,下课铃一响,同学们都会风一般冲出教室、冲向食堂,至今想起那个"热烈"的场面,仍是一种"欲说还休"的感觉。

还有同学不知是自编还是从哪里学来了一首吃饭歌,反正大家觉得很好玩,你一句我一句的都学着唱:伙食团敲起了钟声,好像是吃饭的歌声,吃饭啦吃饭啦,抓起了钵钵和盅盅……

每桌有一个同学值日,值一周还是多久不记得了。反正中饭晚饭都由那个值日的同学负责带着另一个同学去窗口领饭菜,然后负责"划饭"分饭、分菜。早饭还是每人自己到窗口打饭。

罗中立说他脑海里有一个非常难忘的记忆。那应该是刚改了吃盆盆饭后不久。有天中午他们去吃饭,所有的饭桌上都已摆了一盆煮熟的胡豆。那天那个值日分饭的同学就充分发挥出自己的智慧。他先把胡豆倒出来堆在桌上,根据眼睛目测,把所有胡豆按大中小分成三小堆。接着,开始给本桌同学一人一颗地轮流着分配大中小胡豆。分到最后,多了四颗出来或者也可说是差了四颗,反正是不够每人一颗了,他就做了八个小纸团,在其中四个纸团里分别写了1到4的数字,然后让同学们抓阄。抓到有数字的同学就再分得一颗,抓到白条子的就自认倒霉吧。

罗中立说自己那一天分到了大中小不等共三十多颗胡豆,算吃过了午饭。

吃饭无疑是头等大事。头等大事自然就会包含了很多有趣的小事。比如说分饭,就属其中之一。

值日负责分饭的同学,拿一支筷子在饭盆里先把饭等份分成八块类似三角形(体),如果这个值日同学愿意,可以优先取一块饭。接下来,这一桌的其他同学就动手各自往自己碗里扒拉进一块饭。一般情况下同学们还是会比较斯文地依次取自己那一份饭。然后值日的同学再分菜。不管他分得是否公平,每人都会接受。说到底也是公平的,因为每个人都会轮流着当值日生。

这样的分饭方法无法避免会地给极个别值日学生留下可"作弊"的漏洞。分成八块的饭，上面看着基本一样大，到下面就可能有大有小了。同学们称之为"挖墙脚"。附中因此还整出来一个"经典"笑话：附中有个任课老师叫张雷凡，有一次他上素描课，看到一个同学画的素描，忍不住大声喊叫起来：同学，你这个透视没整对头！你以为是像你们分桌饭那样搞的反透视吗，上面大下面小！

"反透视"一词，从此成了附中学生们经久不衰的笑话。

不过还就在当时，为了杜绝此类作弊，有聪明的同学很快搞出了对策：值日生被要求，分好饭后，必须双手端着那饭盆在桌面上顺时针地使力转几圈。饭盆边转动，边发出"噼里乒啷"的声音。等饭盆停下了，现在你还搞得清楚哪块是哪块吗？请你先选饭吧！

另外的小趣事是，每顿吃饭时，食堂里都会摆出两只堪称巨大的木制黄桶，装着所谓的汤，汤里稀稀拉拉地漂浮着一些切碎的青黄色菜叶。

好多同学会去围在大黄桶边舀汤。先抓到汤勺的那个同学恨不得一勺就把菜叶都"打捞"上来装进自己碗里。偏偏那些碎菜叶在一大黄桶汤水里是"滑得像泥鳅一样"，左右整了半天还没被捞住。旁边的同学已等得毛焦火辣，一边当然也是幸灾乐祸地眼望着那些仍然在汤水里自由"飞翔"的菜叶，嘴里就直催促还拿着汤勺在追赶菜叶的同学赶快"结束战斗"换上他人。

星期天放学，每个学生可以去伙食团退回一斤粮票。

拿到这一斤粮票，罗中立喜欢和几个要好的同学尤其是一个叫李万年的同学约着一起去街上"进馆子"。大多数时候，他俩会是在馆子里买一碗饭，一碗面，再去要一大碗免费的、还撒了几颗葱花丢了几颗盐的"合汤"。端到"合汤"后，他们又去把馆子里桌上摆放着的劣质酱油倒一些进汤里。两人先平分了饭和面，再把"合汤"倒进去。这样美美地吃一顿，感觉舒服到家了。

大致归纳起来看，歌乐山中学和后来的附中，有两个记忆最为刻骨铭心。

一、总体上贯穿在这几年里的饥饿。说到吃的就是"限量！限量！"当时的物资匮乏是一个重要原因，再就是因为同学们都正在长身体阶段，恰又碰上三年自然灾害的影响，感觉就是每天都没吃饱。

二、想画画的极度渴望与害怕被打成"白专"典型在精神上产生的沉重压力。虽

说也是一直在画，但老有一种做小偷的感觉，要时时防着被哪个同学去"告发"，怕因此招致严重后果。

饥饿与想画画，是两件看似完全不搭界的事，但它们会不会在人的潜意识里交织后，产生一个微妙的触碰点，当进一步融合后，就引导着人从某一个方面去把这"融合"下生发起的内涵完整地、完美地爆发出来？如果这种逻辑成立，那也许我们可以从又一个方面得到一个重要解释：为什么罗中立会独到地、那么深地、那么真诚地，让自己的画面几乎都被农民所"占领"！农民——粮食——生命——人性！说不定，他的画面后的逻辑关系就是这样形成的！

附中时的学习课程还是很按部就班的。学生上专业课时也画模特，当然是穿衣服的。而且有一个公开的规定，做模特的人只能来自于"工农兵"，学生们通过这个规定也就很自觉地知道了，他们的画面中只能表现的是："工农兵"及与之相关联的。

课余生活，罗中立也喜欢参加体育活动，主要是踢足球，但表现不突出。还是用今天的一句流行话概括，属于"打酱油"一类。

4

"到工厂去，到农村去，向工农兵学习"。

"教学面向基层，为工农兵服务"。

这是那个时代的精神，那个时代的需要。我们无法评判、无法结论这种精神对一个时代、对置身于这个时代中的人最后能起到的是什么作用，但至少有一点我们很清楚，对于投身于文学艺术之人，这样的行为本身绝对是有意义的，有必要的，是能起到良好辅助作用的。就算我们可以不在乎这种提倡的出发点是什么，但从事文学艺术之人却真的非常应该这样去做。它带来的直接效果，也许就是古代艺术家提倡的那种"师法自然"的翻版。无论从哪一个角度，包括从人文、社会或是艺术本身的角度去理解，都不能改变它本身具有的主动和积极意义。

那时学校执行的主要教学方针就是"教育为无产阶级政治服务"，学生要深入到基层生活中去，在火热的三大革命熔炉里去锻炼。依照这个逻辑，才能培养出愿意并且能够为工农兵服务的人才。

当时川美附中已经去部队里请了军人，时常来校辅导学生一些军事方面的基础知识，开展准军事化训练；学生被要求像军人那样出操，像军人那样安排生活作息等。

不久，附中恢复招生后进校的第一个年级的学生们，来到了重庆一家超大型国营企业——重庆钢铁厂——学工。

重钢厂坐落在大渡口区，来厂里学工的学生们被安排和工人一样三班倒干活儿。所谓三班倒，就是早班、中班、夜班，每个班工作八小时。今天干早班，明天干中班，后天就干夜班，轮流着转。

当然，学生也不可能干和工人一样的活儿。更多的时候学生们是打杂，也做一些下体力的活儿。学生们常常被分成两人一组，从坡下的长江边，把货船运来的砖头往坡上抬。那是好大的一道坡。来学工的大都还是些十六岁左右的孩子，自不待说，劳动中经常会累得脚杆发软、打抖，迈不动步子。这时同学们会相互鼓励，相互打气，说我们要学习红军爬雪山过草地的大无畏精神，然后大家又坚持着，抬着筐子艰难地一步一步往坡上走。

有时，他们也从车间里把一大筐炉渣抬到江边，倒进江里。那些常常温度仍然不低的炉渣倒进江里时，被江水一浸，还发出"嚓嚓嚓"的响声，激起来大团大团的白烟。

学生们先后分别在脱模车间、浇铸车间、平炉车间等干过。当然也都是干不特别危险的工作。

平炉车间最有画面。罗中立回忆时这样说。

学工期间除劳动外，一周里学生们也会有两天用于上专业课和文化课。专业课经常是安排在高炉车间里画速写。那些手持钢钎在烈火熊熊的高炉前奋战的工人，总让学生们非常有感觉，非常激奋。罗中立也非常喜欢这感觉。

重钢厂学工最让罗中立受不了的是上早班，因为得很早起床。其时毕竟人年轻贪睡。被从美梦中叫醒，睡眼惺忪地爬起来，胡乱洗一把脸，赶紧拿着搪瓷缸子去食堂打早饭吃。

从山坡上面的单身职工集体宿舍那里顺着一大坡石梯步往坡下走，一路上脚步都还摇摇晃晃的。来到了食堂，打一碗稀饭，拿一个馒头，几大口就吃光了。拍拍肚子，没饱，还想吃点儿，犹豫不决；摸一摸口袋里的饭票，想起都是之前就计算好了的，每天每顿只能吃多少，这顿多吃了下一顿怎么办？一咬牙，忍了吧。

在重钢的学工劳动为时大概一个月。

后来他们这批学生还去过歌乐山上一个采石场学工。那里也是重钢的采石场。

在采石场学工时，同学们住在临时搭起的工棚里，每天要早起、要跑早操，边跑边跟着领操的人喊口号：一、二、三，杀！

采石场的劳动也是一个月左右。

后来终于轮到学农了。

对从来就喜欢乡间乐趣的罗中立来说，他是真心愿意与农民打交道，总是像久旱的土地盼甘霖般渴望着融入乡村。对于他，"学农活动"代表的政治意义并不重要，在这个"意义"指导下发生的具体的活动才有更多意义：借着这个"意义"，他可以不用遮掩地深入进农民的生活，在他们那里发现有真实意义的绘画题材，为他迸发出画画的激情。

1966年2月，新学期伊始，为了开展与贫下中农的"三同"活动（同吃、同住、同劳动）、落实文艺走入基层文艺为工农兵服务的精神，同时还为了完成另一个政治任务，川美附中安排了罗中立他们这个年级的学生下乡学农。

学生们将前往达县地区平昌县驷马公社双层生产队。

学生们在那里成就了一段后来被当地村民们长期津津乐道的、艺术学生和大巴山农民"同吃同住同劳动"的佳话。

因为一次必然的"安排",大巴山深处这个名不见经传的穷乡僻壤,在偶然的天作之合下也罢,必然的与心灵碰撞的结果下也罢,成为了罗中立后来艺术灵感的策源地,成为了他可以取之不尽地挖掘艺术创作素材的主要基地。

人们会奇怪为什么川美附中的学生们会被安排到离着重庆三四百公里之远、大巴山深处的平昌县驷马公社双层生产队来"学农"呢?原因说起来也简单:驷马公社是当时四川省的"农业学大寨"标兵、示范公社,而双层生产队又恰好是驷马公社树立的生产队典型。重庆出版社按上级布置,要为大力宣传"农业学大寨"典型出版一本画册,双层生产队就"入选"了。出版画册自然需要组稿,而重庆出版社没有凭自己就可以完成大批量组稿的条件,于是找上了川美。正好,川美附中必须要在学生四年的学习期间完成学农计划。双方各有所需,各有所得,就有了这次合作。所以附中学生们这次下乡来,兼带着要完成的那个政治任务就是:为重庆出版社宣传"农业学大寨"典型出版画册完成组稿。

由重庆出版社出面联系当地政府机构,做好相应的接待工作,并提供一些经费资助等。要求是,学生们在乡下一边参加学农劳动,改造思想,体验贫下中农的思想感情,体验学习大寨的精神,一边收集"农业学大寨"的典型素材,创作宣传"农业学大寨"内容的画稿,最后转化成创作成果,交给出版社编辑出版。

这一天,附中1963级的三十一个同学,还有几个负责管理工作的附中领导和老师,乘着重庆出版社安排的一辆苏式吉尔卡车,在车厢里整整齐齐地坐成五排,向着目的地出发了。因为车小人多,所以显得很挤,几乎是膝盖紧挨着膝盖坐着。每个学生带着个人的生活品,背着一个背包,背包像军人一样打得整整齐齐。

第一天一大早离开重庆,午饭在哪里吃的已经忘了。坐了一整天车,一路风尘一路颠簸,天色很晚了才进到达县城里,在当时城中心的车坝那里的一个招待所住了一晚。罗中立还记得,招待所楼下是那时达县最大的一家百货公司,进出的人不少,闹哄哄的。

第二天早上起来,大家匆匆吃过早饭后又坐上车。大下午了,才来到驷马公社所在地的街上。师生们依次下了车,排好队,背着行李,跟着公社安排来带路的社员,步行前往双层生产队。一路爬坡上坎,一路的兴奋和着疲倦,在崎岖的山路上艰难地

■ 双层生产队药王庙内外景，1967年

走了大约两个小时，来到了大队的药王庙小学。走进小学时天都基本上黑尽了，连周围的地形长成什么样子也已看不清楚。

虽然当时没看清楚周围地形长啥模样，但罗中立至今都还清楚记得那晚的另一番情景：热情的村民里三层、外三层，将这些在乡民们眼里就是从远在天边的大城市——重庆府——来的学生们，水泄不通般地围在龙王庙小学的操场坝上。

有一个社员高高举起一盏点亮的马灯，透着些惨白的昏黄灯光艰难地从积压在玻璃灯壳上的陈年污渍的缝隙间映渗出来。大队长把一张名单凑近这灯光，开始用尽了吃奶般的力气大声武气地喊学生的名字，每喊出一个，紧接着就喊事先安排好了的作为接待户的那户村民，喊你快点上来把学生领回去。整个过程看似一片混乱，却很见效率，现场自始至终都沸腾着鲜活的热力。

经过不算太短的一阵无拘无束的吵嚷喧闹后，龙王庙小学的坝子又变得空空落落，夜晚的宁静重新笼罩下来。同学们全都分下了社员家里。

男同学大都是一人住进一户社员家里。女同学呢？记不清是几人住一家了。

5

罗中立那天被一个看上去年龄很大了的老人领回了家，家在一个上百年的大院里，大院坐落在一座大山的半坡上。社员们叫它邓家大院。

这个老人就是邓开选，那年六十二岁。罗中立叫他邓大爷。

邓开选与罗中立人生有了第一次相遇。这个缘分，促成了他后来成为罗中立笔下

油画《父亲》的主要原型。

邓大爷家所在的这个院子是典型的四合院，一进式格局，穿斗房，建房子的材料是常见的就地取材。做地基的条石从后山上开来，地基往上又用两层条石垒成墙础。同样是从后面大山上砍来的一根根粗大的杉木柱子立在石头墙础上，木柱之间紧固着长而宽的杉木装板。看到房子用的这些材料可知，从前屋子后面的大山里必定是林木茂密。大院的房顶上盖着最常见的小青瓦。屋檐下和窗棂上，这里那里还残留着一些雕花，算不上精美，足以说明从前的主人应该属于小康人家。

罗中立第一次走进邓家大院时，这院子里住了七八户人家，一共有好几十号人。

紧靠堂屋左侧那间屋子，面积为二十来平方米，就是邓大爷的睡屋。

那晚邓大爷领着罗中立走进黑黢黢的睡屋时，有意识地把手中一个"煤油灯"举高了好些，方便跟在后面的罗中立看得见路。要说那是盏"灯"实在很勉强，它不过就是用一个和拳头大小差不多的墨水瓶做成的简易灯盏。再说明白点，就是拿类似铁钉子这样的硬物，先在墨水瓶盖子上钻穿一个小洞，找来一小块薄薄的铜皮或铁皮卷成中空的小管子插入小洞中，再把一根自家搓的粗棉线作为灯芯，一头从管子里穿过，浸入瓶内的煤油中，一头露在管子外面，这"灯"就成了。当这盏"灯"亮起时，真的能让人马上领会到，为什么古话会说，"一灯如豆"。它的光芒能够照到的可视范围，估计就不会超出二三米外去。

进到屋里，靠左边墙壁，摆着一张老柏木床，雕有水平同样不太高的雕花。根据那些雕花大概可以判断出，这床应该是清朝年间的制成品。从进门处到床远端挡头那儿再往里去，两米多外的屋角落尽头处，有一架木楼梯，满身灰尘，还钉着好多处"补丁"，呈一个大约六十度的角斜着往二楼（一楼半）的小阁楼伸上去。阁楼主要用来存放他们家每次从生产队分回来的、包括从自家一点自留地里收回来的粮食，还堆着一些平时不太用得上的杂物。

太破旧的楼梯显得已有些承受不住人的重量。当有人往小阁楼上走去或者从上面走下来时，它就会一边痉挛似的发抖，一边发出吱嘎吱嘎的呻吟声，仿佛正耗尽着最后一点儿力气承受人的重量。最初这声音让罗中立听着心里很有些紧张，怕它会在

■《巴山夜雨——洞房夜》，1990年

■《灯光》，1994年

自己或者谁的脚下突然垮掉。但是邓大爷和家人对此却好像丁点儿也不在乎。每次上楼下楼，从没见他们露出过担心，偶尔反会开玩笑似的说一句：呲，你还叫得欢哟！

随着日子慢慢过去，一次次反复进入罗中立眼里的那架破旧的楼梯，在他眼里渐渐变得像是一条通向希望之路。一楼这间黑黢黢的屋子里几乎见不到一件值几个钱的东西，二楼上存放着邓家人赖以生存的不多的粮食，破旧的楼梯把一楼和二楼紧密地连接在一起。换个眼光看，就像是从楼下这个一无所有的地方，一步一步地走进阁楼上面那个阿里巴巴藏宝的山洞。

白天站在一楼楼梯那儿，抬头向上仰望，可以看见有几抹显得尤其亮的光线，穿过屋顶的几块亮瓦射下来，就仿佛是几根凝固的长方体光柱，支撑着上面那个小空间。在黑漆漆的屋子空间的背衬下，那光柱有些刺眼，也如利刃一般，把一楼和二楼变成截然不同的黑白两个空间。

从一方面讲，木楼梯固然是表现乡人生活中一个重要的"道具"，但更也许是因为这架破旧的木楼梯曾在罗中立脑海里留下了太纯粹、太强烈的印象，才使它后来有幸在罗中立相当多的作品中占了一席之地。包括：《农忙时节》（1990年），《巴山夜雨——洞房夜》（1990年），《梳》（1993年、1998年），《金钱豹》之一（1993年），《喂鸡》（《喂牛》，1994年），《吹灯》（1994年），《下梯的农妇》（1997年），《晚归》（1997年），等等。有从楼梯下往上走去的角度，也有从楼梯上走下来的角度来画的。

可以认为，从艺术思维上来讲，楼梯现在负载着的内涵已经不仅仅局限于它所存在的"这一个"场面。因为世人皆知，楼梯的主要功能是一种连接作用或承上启下。由此点延伸，现在画面中的它已经在人们的无意识中，把人的思想从眼前的"这一个"场面引向了它连接的、但现在不在人们视线中的"另一个"场面。它通过这样的"连接"，让人们的思绪产生了空间的变化和飞跃，或者说是从这一个平面的画面，进入到了另一个立体的思维的空间中。

随着画面的变换，那一架饱经岁月的楼梯引领着我们进入到了一个又一个不同的场景，从那些场景后面折射出来不同的文化及人文内涵。"楼梯"作为一个不那么起眼的、默默无声的配角，却很负责地"烘"出了画面中主角的光彩，阐释出潜在于画面后面的丰富意义。

这架反复出现的简陋而破旧的楼梯，似乎就是以一个普通得不能再普通的角色的身份，以一种此时无声胜有声的效果，从一个角度向我们展示了罗中立在艺术之路上的努力尝试，告诉我们他是如何从昨天一步步地艰难走向今天——踏着那架叽叽嘎嘎作响、随时可能"断塌"的木楼梯，从一个较低处，走向越来越高的地方。

在罗中立的农村题材画里，也很多次出现过简陋的油灯。给人的感觉是他一直都乐此不疲地、反复地让它活跃在自己的画笔下。

对于油灯的如此"钟爱"，不外乎包含着以下几个原因。

首先，和木楼梯一样，它也是反映乡村生活、反映农民贫穷生活所免不了的道具，是农民们生活中存在的一种常态。

其次，与他第一次到大巴山乡下学农时、邓大爷手中高举起的那盏很特别的油灯给当时处在特别兴奋状态中的他留下太深刻的印象有关。

然后，它与罗中立这一代人曾经的经历有关。用他自己的话说是，"我们小时候，因为城里常常停电，更因为家家都要想方设法地节约每一分钱，所以大家都会拿红岩牌或渝江牌墨水瓶来做几个简易油灯。"这在当时很普遍。那时候在城里的杂货铺，还有走街串巷的货郎担那里，都可以买到白色的灯草。而小孩子们还会从这自制油灯上找到特殊乐趣。他们拿一张白纸凑近油灯的火焰上方，让袅袅上升的黑烟去把白纸熏出一团团灰黑色的痕迹，然后伸一根手指头，就可以在这痕迹上画出一些图形来，如依稀可辨的动物呀人物呀什么的。这给孩子们带来极大的欢乐。因此，我们也可以把"油灯"的反复出现，理解为是罗中立意图对自己童年生活经历过的那一份深深的怀旧情结的再现。

最后，它传导出的是罗中立心底的一种寄托：在漆黑的、伸手不见五指的夜色中，闪出哪怕只有一豆之光，它就会引导你的目光，你的思想，你的精神……灯就是光，光就是温暖，就是希望，就是收获，就是快乐与幸福。

对"灯"的情结，使罗中立后来还专门创作了一个"灯"之系列。

从来到邓家大院那夜起，罗中立就和邓大爷住一间屋子。他们俩同睡在那一张老

■ 速写的邓大军

■ 速写的邓大伯（右）

柏木床，各睡一头。柏木床上挂着一张老蓝粗布做的蚊帐，蓝底上依稀可见几点白色的写意小花朵。乡民们世世代代都用这种农家自己手工织成、再拿到街上的染坊去手工染出颜色和简单纹饰的粗布，做衣服，做蚊帐，做被单等。

初春的大巴山，还散发出严冬残留下的较浓的寒意。盖着山民们用惯的厚重的老蓝粗布被子，罗中立有种喘不过气来的感觉。身体早就疲倦了，但年轻人特有的初到新地所产生的兴奋，强烈地刺激着他的大脑，让素来差不多是倒头就能睡着的他久久不能入睡。他像老是听见外面野地里有种什么虫子在响亮地鸣唱，牵着他的思绪去飘浮；那些从木板缝中、从屋瓦之间透进来的从暗夜过滤出来的光，也是特别的亮。

不管怎么说，学农的日子，就这样让人很兴奋也很平常地拉开了序幕。

罗中立很快与邓大爷家亲如一家人。

邓大爷只生了一个儿子，叫邓大军。邓大军十五岁就参了军，抗美援朝，保家卫国。在大巴山平昌县驷马镇双层生产队这里，他是个不折不扣的"见过世面"的人，而且见的不是一般的世面，是出过国和高鼻子蓝眼睛的美国佬打过仗的"世面"。这份经历，在当地提起来，是人都会刮目相看。从朝鲜战场上下来，他又在东北炮兵部队服役过，评上过一级技术能手，荣立过三等功。1958年1月复员后，他回到农村老家，理所当然地当上了最基层的带头人，被选为生产队长。干农活他是一把绝对的好手，既是邓家的顶梁柱，也是双层生产队的主心骨。

邓大军比罗中立年长十来岁，罗中立叫他大军哥。

邓大军和他老婆住在进大院后左侧那排厢房最里端的一间屋子，与堂屋的平行延伸线成九十度角，和邓大爷住的屋子略略斜对着，中间隔了一条不到两米宽的过道。邓大军两口子住的屋子，当时是大院子里最宜住人的一间：屋子的正门朝向内庭。穿过这间屋子，正对着这扇正门，有另一扇门通到院子左侧外面，踏出门就是片石铺成的一个小晒坝，空旷而干燥。风可以从处在平行线上的这两道门之间自由自在地穿过，而屋子东西向的开户，在上午下午，又刚好能让阳光从敞开着的两道门照进大半间屋里来，使屋子里总是充满着生气和活力。当然邓大军两口子没有这样的想法，他们就觉得这间屋子干燥、向阳，住着少很多麻烦，比如说人不容易得"风湿"。还因

为，这间屋子是土改那阵分地主的浮财时，分给他们家的。

邓大军只有一个儿子叫邓友仁，那年川美附中学生下去学农时，大约十岁，他喊罗中立"罗二叔"。

1978年，邓大军因病无钱医治去世，他老婆不想再住在这间虽然可以充满阳光但却也留下了她极大悲伤的屋子里，搬到大院外面的一间侧屋住去了。

邓开选就搬了进去。他之前住的那间屋子，后面离山坡太近，下雨后雨水顺着斜坡流下来，浸泡着墙脚润湿着木墙板，屋里一年四季都潮湿。人老了风湿重，身子经常痛。

沿袭着祖祖辈辈的生活习惯，每晚吃了晚饭做完家务杂事儿后，大家都睡下了。没有任何文化娱乐生活。

6

面朝邓家大院堂屋门往左边去，有一条大约十米长的过道，尽头是一个边门，出边门来到大院外，就是从邓大军两口子住的那间屋子的后门出来的那个小晒坝。这个小晒坝也是在罗中立后来的创作中出现较多的一个场景。

晒坝左侧，边上立着一根三四米高，下大上小的四方体石柱，石柱顶上有一个像杵米用的"斗"的装饰。社员们叫它石桅杆，说原是清朝年间官府在这儿给谁谁立的贞节牌坊，后来残败了。从大院子正面那一坡石台阶往坡下走三十来米远，走到大路边，也有两根类似的石柱，门柱般相对而立。社员们说从前那是一座更大的石牌

■ 邓家大院外的风景

■ 邓家大院外砸烂的老牌坊

坊，是邓家族中有人在清朝中举后建的。这两座牌坊具体毁于何时已没人能说得清楚了，只有些社员记得，牌坊上的好多石头在"大跃进"时期被拆去砌了集体的猪圈。后来又陆续塌掉一些，被社员们你一块我一块拿回家，做屋基垒猪圈或是垫路去了。旧物利用，也算是在人的想象下发挥了余热。剩下几根粗大的石柱单调而脆弱地立着，向后来人默默念叨着它们曾经的显耀故事。在大巴山的深处居然也有这样的"风景"，可见当年的邓家在此一定也算得上"辉煌家族"。

有社员说，很多年前曾有一个仙风道骨的风水先生路过此地，驻足路边，摇头晃脑地四周转着看了老半天后，连说几遍"气场不凡"，离去。于是人们传说，难怪世居大巴山深处的邓家，前清时会出了好些个举人等。

这说法有没有道理不去追究，不过另有一件趣事倒值得一提：双层生产队有几个山歌唱得很漂亮的人，被社员们统称为"民歌手"。其中一个名叫邓王松，他唱山歌的特点是一边唱，同时做出许多率性的、风趣夸张的动作表演，逗得人们哈哈大笑。唱的内容不固定，随心所欲，见啥唱啥，现编现唱，不外是插科打诨，最多的是与社员们的"性"趣直接相关。一句话，他唱的山歌社员们都喜欢听、更能让他们开心不已。应该说他的山歌不折不扣是社员们的一种非常重要的精神文化生活。更有甚者，他的山歌固然是一绝，最绝的却是他那张脸，自带喜剧色彩，从脸形到神态，活脱脱就是那个广为海内外人熟知的、四川出土汉代击鼓"说唱俑"脸谱的翻版。2015年秋天罗中立再次回去时，邓王松在邓家大院子里专门给老朋友来了几段即兴"说唱"表演，以示欢迎。罗中立则是抓紧时机，画了好多张这个复活的"说唱俑"的现场速写。也许这正体现了罗中立老爱说的一句话：这里，有我可以取之不竭的素材。

1966年初春当川美附中的学生来到双层生产队学农时，那两座石牌坊还保留着更多一些原始风貌，也被罗中立画在了速写本中，成为永远的记忆。

1966年初春当川美附中的学生们来到双层生产队学农时，站在邓家大院子正门外山坡下边那条大路上往深深的坡下看去，可见到逐次往下延伸而去不知有几百米的山坡上，尽是层层叠叠的梯田，田坎清一色用大小石头砌成，景象蔚为壮观。这就是当地"农业学大寨"数年的成果。换平时，谁有这份力量这份意愿，费力地抬着沉重的石头，艰难地行走于崎岖的山坡小路上，克服无数困难，洒下无数汗水，在偌大的那一片山坡上"巧手画出"如许整齐划一的梯田？不过，望着那些收入眼帘的无数起伏山坡，感觉着从这大自然中展现出来的一种龙飞凤舞般的气势，也着实让人眼前一亮，神清气爽！

穿过大院子外的小晒坝，沿着一条田间小路往前走，爬到一处山脊上，就看见一块大岩石。让人觉得意外而且很有意思的是，岩石正中间居然有一口水井。社员们说，那是好多年前队里花了不少劳力在岩石上一点一点地凿出来的。其实也就是一个一米多见方、约两米深的大坑。至于为什么要费大力气在硬硬的岩石上凿坑，而不像惯常那样在泥土地上轻松地挖一口井，社员们自己也说不明白。猜这样做可能是为了更有利于蓄水。社员们打好坑后又扛来一些较大的树棒，棒的一面被拿柴刀砍平后，艰难地挖出凹槽，一根一根连接起来，向远处的山坡上伸去，最后见到有一汪清泉在地面上汩汩涌出，社员们就让泉水顺着树棒的凹槽流进岩石上凿出的坑里，让它成为一口能很好蓄水的"井"。俗话说高山出清泉，从山坡上面流进这口井里来的泉水也真的是清冽甘甜。

离邓家大院不远的几户社员家中，住着另外几个同学。每天早上，他们也和罗中立一样，来到这口石头井边，洗脸漱口。平时，罗中立也常来这儿帮邓大爷家挑水。

每天洗漱完，同学们就按带队老师规定的时间集合，由老师领着，要么学习文艺"双百"等有关文章，或者是去参加队里的什么早会。完了后解散，各回各农户家吃早饭。

对于附中的学生们来乡下学农，除了感到新鲜，很多社员的态度基本上是不太热心不太欢迎，当然也不拒绝。不热心不欢迎主要是因为他们依据自己的惯性思维认定，这些城里来的学生娃子多多少少会影响到他们本来就很贫苦的生活，说穿了就是会吃掉本来属于他们的一部分口粮。不拒绝，则因为这是上头派下的任务，以社员们思想深处也是早已形成了惯性的"服从"，不可能、自然也更不敢拒绝。不过马上，有学生娃子住进家来的那些社员们发现，学生们都交粮票给他们，是可以买回来白米的粮票，而且还交一定的伙食费，按老师和学生们都说的，这样做是为了学习红军，学习解放军，不能占老百姓的便宜白吃白喝。到这时，社员们的态度就大幅度地转变

■ "造新房"速写

■《造新房》，1983年

了，变得热情有加。当然也应该说，这种转变和社员们骨子里存在的淳朴善良好客的本性有极大关系，顺风顺水时，他们本性中的这种"善"的一面就毫无遮拦地发挥了出来。

学生们在双层生产队体验"三同"的这段日子里，社员们都跟着附中一些学生管罗中立叫"罗二"，但他们叫他时，会把"罗"字拖得老长，叫成"罗——二"，而且会把重音落在"二"上，听上去很有点好玩，很有这一方人的特点。

队里有个社员邓大志，木匠，附中学生们去开展"三同"时，邓大志正在为自己很快就要到来的结婚作准备，忙着盖新房。结婚对于任何人肯定都是人生大事，对于大山深处的农民，则更可能是人生头等大事，因为结婚意味着就要承担起传宗接代的重任，无论从人类的繁衍还是个人生命延续等角度去理解，它都是重之又重的大事。而结婚会带来的很多"衍生行动"，主要比如行婚礼办酒席闹洞房等，那更是山民们平凡枯燥生活中难得溅起来的、特别巨大的精神文化生活浪花。淳朴的一方山民们都会为这即将到来的"大事"欢欣鼓舞，并会尽己所能伸出一双双互助之手。这个"插曲"自然也大大地吸引了罗中立。他把邓大志盖新房的场面画了好些张速写，过了好多年后，又让这个场面在自己的油画布上跃然而出。

罗中立每天一大清早起床后，都会先从堂屋左边这道边门出来，走到院外的小晒坝边上，那里有邓大爷家用石块和土墙做成的一个猪圈，后面有个粪坑，罗中立就去蹲在坑边大便。邓大志正在盖着的新房离这猪圈大概也就二三十米远。

这一天，也是早早就起来做盖新房活路儿的邓大志看见了"罗——二"正蹲在粪坑边，好些日子来一直都处在极大兴奋状态中的他，突然恶作剧心态浮上来。他偷偷地捡起一块比拳头大些的石头，用力一扔，投进粪坑里。石头砸起臭气烘烘的粪水，溅了好多在罗中立光溜溜的屁股和他的衣服、裤子上。罗中立受惊地跳起来，提着裤子赶紧跑开，跑到晒坝边上，扭头看着因为恶作剧获得大成功而正在那儿洋洋得意地哈哈大笑的邓大志，又气又有几分好笑但又无可奈何。

2015年秋天罗中立再回平昌，与来看"罗——二"的邓大志面对面坐着，两人在笑声中重提起这事。甚至到了这时，邓大志的眼里都还流露出很得意、很满足的目光。

学农的日子里，吃的当然不能说好。但有一个显著的变化是：吃饱了！终于可以吃饱了！收了同学们的粮票和钱，社员们都不吝啬，把家中的洋芋红苕玉米什么的，尽可能敞开了煮给同学们吃。其实山里人本来就不小气，至少是当他们真正把你当成客人的时候，更会这样。

于是大巴山的洋芋红苕玉米让同学们把肚子吃饱了，甚至可以说是吃"撑"了。每当带队老师聚起同学们开会时，都会听见此伏彼起的放屁声。不用说也知道，那是大家吃了太多的洋芋红苕玉米的关联反应。没有人发笑，都心照不宣，心里还涌动着几分真心的感激。

7

在前两次学工劳动中，罗中立没能画到什么有感觉的画。这次到了乡下，他好像一下子活力爆发出来了，基本上是走到哪画到哪，心情异常轻松和快乐。才几天下来，他已经不知道自己画完了几本速写本。

那时他用的速写本也不是花钱在商店里去买来的专用速写本。都是自己动手做的。

罗父找熟人关系，去报社买回来一些印报纸后余下的边角料，论斤买出来。罗中立自己拿长条形钢片做了一把简易裁纸刀，在一端缠上些布条作为刀把子，免得用时会伤手。他用这裁纸刀把买来的边角纸料裁得大小基本一致，去街上捡回一些别人吃完冰糕后顺手丢掉的小木片，拿回家洗干净，晾干后，把几块木片合在一起，用作速

■罗中立自制的速写本

■偷画的破四旧内容

写本的"脊",接下来用针线把裁好的纸和木片缝在一起。事先还剪出和速写本一样大小的几层布,用牛胶粘合而一,作为速写本的封面封底,在"脊"那里粘紧,速写本就做成了。

像这样自己动手做学习本子,对那个年月的孩子,是家常便饭。

罗中立就拿着这种自己亲手做的简易速写本,"得意忘形"地活跃在大巴山乡下,把所有刺激得他兴奋不已的一切一切,记录进速写本中。

也许正应了那句"乐极生悲"的老话。轻松快乐刚没几天的罗中立,这天一下子又掉进了"冰窖"。

罗中立无意识地以为现在全部身心都处在一个"自由世界"里,以为自己每天除了可以吃得饱邓大爷家尽心尽力准备的"渣渣草草",还终于可以随心所欲地画了。可让他没想到的是,随时都有双眼睛在"自觉地"紧盯着他,说一眨不眨都不为过。一不小心,罗中立自己又把自己给"装"了进去。

不知道是哪个同学悄悄去向带队老师报告了,说罗中立前一天画速写画了一个富农分子。

带队的书记、班主任等人听到报告,如大祸临头般,紧急把罗中立找去,先有一番让他丈二金刚摸不着头脑的"声东击西"似的开导,然后要他自己查找问题,见他依旧一副懵懵懂懂的样子,才循序渐进地逐步向他说明了他的错误,及其严重后果,最后很严肃地要求他写出深刻检查,并必须在其中写明,因为自己对阶级斗争这根弦绷得不紧,所以犯了错误,今后一定要以"延安文艺座谈会上的讲话"精神为行动标准,保证不再犯类似错误,等等。

罗中立的确是画了个富农。那是前一晚上,他去参加生产队的社员大会时画的。因为这时候学生们刚到队里还没多少天,还没正式开展他们的各项计划,基本上就是跟着生产队活动,只要求他们要尽快与贫下中农社员熟悉,包括参加生产队的会,帮社员们干活儿等,算是对他们作先期了解,也是和社员们结合的一种方法。

参加这样的集体活动时罗中立总是喜欢站在人群边上,因为他觉得站边上可以更好地观察场中其他人的言行举止,便于他捕捉到感兴趣的、可画的对象。这晚他去开会时,接连画了好几个也是站在会场边上的人。他觉得有些人脸上的表情,讲述着比较多的故事。

　　这几个被他画进了速写本中的人，就包括了一个富农。当然那个富农脸上并没有写字，注明"我是富农，离我远点儿"什么的！还有那个富农肯定也不知道学生们都必须得遵守着一条纪律，就是不准画地富坏分子。否则，以这富农当时的浅显认识和之前已经受过了不少惊吓的"鼠胆"，肯定会主动地躲得远远的，让自己从学生们的视线里逃开。而罗中立那时当然也并不知道，像这种属于"坏分子"之类的人，集体开会时都是不可能挤到人群中间去的，他们都会很自觉地站在边角上，支起耳朵，听清开会的内容就行。如果哪一天他们站到了人群中间，那对于他们而言，肯定又是大事不妙了。

　　时间过得很快，一转眼，学生们已在乡下来了两个多月了。

　　这一天，生产队收了新麦，家家户户都分到一些。

　　这一天晚上，邓大爷要做新麦粑粑请学生娃吃。

　　做新麦粑要先把新鲜麦子碾成麦面，调入适量的水，拿手揉捏成比巴掌小些、平整的面粑粑，一块一块贴进大铁锅里。灶膛里烧着火，火不用太旺，锅里的麦粑粑很快就会散发出有点儿闷人但也很诱人的清香。这清香之所以很诱人不仅仅是它可以让人大快朵颐，更因为从它后面弥漫出来的浓浓的丰收气息。

　　邓大爷要碾新麦了。

　　他先去队里把大黄牛借回来，套在小晒坝上那架很大的石碾子上。碾新麦就在这里进行。他动手碾新麦时天已擦黑，有山蚊子成团成群地吹着进攻的号角蜂拥而至，朝人和牛疯狂地叮咬。

　　邓大爷走到墙边，那里堆着一个大草垛子，他从草垛子上伸手扯出一大把新收回来的麦草，麻利地挽几挽，挽出一个很紧的草把子。然后他从口袋里摸出一盒花两分钱买回来的火柴，取出一根，很小心地擦了几下才擦燃了，伸去草把子下面点火。因为新麦草还不是很干，因为草把子裹得比较紧，并没有明火迅速燃起，只看见有几处火舌一小舔一小舔的，同时却冒出来浓的烟。觉得差不多了时，邓大爷走回黄牛身边，捏着现在被烟和火紧紧拥抱着的火把，往牛肚子下面猛一伸，又极快地退出来，再抬起手臂在自己面前的虚空中一挥一画，就看见有无数山蚊子被定格在从运动中的

火把上疾速跃出的火焰所画出来的一块似真似幻的屏幕上，当那欢快跳动的火舌吞吃掉那些山蚊子时，旁边的人甚至都清清楚楚地听见了山蚊子们的身体在火焰中毁灭时发出的"嚓嚓嚓嚓"的声音，极像是上演的某种魔幻音乐中的怪诞伴奏。

邓大爷就这样一边左手挥鞭赶牛碾新麦，一边反复挥舞紧捏在右手里的火把，与蜂拥而来、前赴后继般的山蚊子展开大搏斗。

为了让城市来的学生娃们吃上新麦粑粑，邓大爷挥舞火把大战山蚊子生出的这个画面，一直都在罗中立脑海中鲜活着。直到五十余年后的有一天，罗中立在这一天带着几分沉思说：还没有完全想好，但哪一天，我肯定会让它出现在我的画里。越可能是好的东西，我会越加珍惜。

双层生产队进入了农村里每年活路儿最多也是最苦的两个季节之一，双抢季节：抢种抢收。一边要忙着收割麦子、收豌豆胡豆油菜籽，一边忙着要栽水稻秧、红苕秧等。学生们每天跟着社员们一起下地去帮着干些轻便点儿的农活儿，顺带着在田间地头找素材画草稿。

1966年5月下旬，在大巴山里与社员们开展了三个多月"三同"生活体验的附中学生们，突然接到学校通过地方政府转来的紧急通知：全体师生结束学农活动回校。没说理由，只让马上返校。

虽然有些舍不得，但在乡下待久了，同学们都还是愿意回到自己熟悉的大城市和学校去。毕竟，作为学生，他们认为最主要的还是在课堂上学习。

在接到学校这个紧急通知前的一些日子，同学们已经进入了为重庆出版社的"农业学大寨"宣传画册组稿做创作的准备阶段。每天晚上，带队老师都组织开会、反复学"延安讲话"，一次次强调每个人都必须要端正态度、提高认识，还帮着同学们分析、总结搜集来的资料素材，为最好地完成创作组稿打好基础。突然到来的紧急通知，让正在进行的这一切戛然而止。而再往后来发生的一场大演变，让这一批学生则是既没能按惯例举办学农汇报展，也没能完成重庆出版社原计划出版"农业学大寨"的宣传画册的组稿创作。事实呢，是重庆出版社也再没有来问过组稿的事。

离开双层生产队那天，社员们纷纷走来送别这些和他们已经非常熟悉了的学生娃。好多社员和学生都纷纷流下了热泪，依依不舍。

还是在驷马公社坐上了出版社派来接他们的车,还是在达县车坝边上的招待所住了一晚,总共还是花了两天时间在路上。离开双层生产队后的第二天晚上,学生们回到了重庆,回到了附中。不同的是大家兴奋中的心情相较于去的时候,显得更稳重了许多,充实了许多,深沉了许多,还凭空多了几丝牵挂。

一觉醒来,同学们昨晚都还有的愉快心情,马上被在校园里见到的一个新鲜事物转移了。

校园里到处可见随意张贴在这里那里比如墙上树干上的大、小字报,学校的领导和很多老师的名字都赫然在这上边"露脸"。大、小字报上"披露"出来的很多关于学校领导、关于老师们的各种"内幕",让刚从宁静而纯真的大山深处走回来的学生们既感到新鲜、惊奇,也怀疑、困惑不解。但马上他们就知道了原因,也接受了:一场"史无前例"的革命运动,正裹挟着"摧枯拉朽"般的骇人力量,滚滚而来。

从初春到初夏,当罗中立和同学们待在大山深处那个自然到接近原始状态的乡村里时,外面世界悄然地发生着一个天翻地覆的变化。这个变化,后来让所有学生娃们自觉不自觉地卷入或被卷入其中。

学生们从前每天的正常上课,现在是三天打鱼两天晒网的意思了。

没过两天,带罗中立和同学们去大巴山学农的书记以及几个老师的名字,也出现在了大字报上。

不知从哪一天开始,校门外黄桷坪那条破旧的街道上,突然来无影去无踪似的,每天都会涌过一队又一队批斗这个单位或那个单位的"走资派"及"黑五类分子"的群众队伍。

大家很快明白,这场称作"无产阶级文化大革命"的运动,正式拉开了大幕。

文革刚开始时,川美附中面对这突然而至的"运动",和其他单位的处理方法完全一样,按照来自上面的精神,学生都被要求留在学校里开展自上而下、自下而上的革命运动。而且初时,还有这一级或那一级政府主管部门派来的官员,专程到学校来为师生们宣传开展文化大革命的意义,并作些指导。不过很快,就再也没见到他们的身影了。

学校虽然不像厂矿企业那么复杂,但也没有一堵挡风的墙,可以把正在校园外面

进行着的运动挡在校门外，何况这运动本就是从有着"上层建筑"之称的高校拉开序幕的。也不知是搭上了哪一股风，反正在一夜之间，附中冒出来一个红卫兵组织，亮出它的名字："红色尖兵团"。

"红色尖兵团"一诞生在人们眼前，就高亢地宣布它的成员都必须出自"红五类"家庭子弟。既然冠名"红色"，它就必须保证自己的血统纯正。

罗中立的父亲在1949年前曾经集体参加过国民党，按照1949年以后共产党的政策，这属于不予追究的情况。不过因此，罗中立就不能被算作"红五类"子弟，因此不能成为最坚强的无产阶级革命战士，因此就不能加入"无限忠于革命领袖"的"红色尖兵团"成为一个红卫兵。幸好他也不被算作"黑五类"家庭子弟，没受到运动的冲击。

"红色尖兵团"出现没几天，学校的几乎所有领导，包括很多老师纷纷开始被挨批斗了。这一天，在黄桷坪川美老校园里礼堂边的小操场上，学校共有二十多名领导和教师被"红色尖兵团"的红卫兵们戴上了纸糊的高帽子，还有人被剃了阴阳头，站成一长溜，接受红卫兵和革命群众的批判、声讨。批斗会正式开始前，红卫兵们还去打开了旁边的教具室，把里面存放的、之前学生们上专业课时用的石膏人像等搬出来砸了个稀巴烂，把很多旧式洋装古装抱出来胡乱堆一大堆，点一把火，在红卫兵们热血澎湃的呐喊声中化为青烟和灰烬。

像这样的批斗在川美只搞了一天。分析原因很可能是因为学校的人较少，批斗场地偏僻，外来看热闹的人少，所以没能让红卫兵们的革命亢奋情绪和热情持续并逐步高涨。但经此，学校里多出来了一批那时被泛称为"牛鬼蛇神"的人：他们被分派每天从早到晚自觉去校园里打扫清洁，包括那几个本来长期都是很臭很脏的公厕，作为对他们另一种形式的批判和惩罚，当时把这叫做对他们的"思想改造"。这批"牛鬼蛇神"，就是学校里被红卫兵们批斗的那些人。

8

最初，罗中立看见那些贴在校园建筑物外的墙上，或是用绳子悬挂着拉在几棵树木之间的大、小字报时，会不由自主地想起小学的董老师。只不过这一次，写在纸上的内容不是仅针对某一个人或某几个人，而是指向了学校几乎所有领导、很多的老师，接着又像无法控制的传染病似的，迅速"染"上了区里、市里乃至中央的领导，他们大都被冠之以"走资本主义道路的当权派"、"历史反革命"、"现行反革命"、"地主资本家的孝子贤孙"、"帝国主义的忠实走狗"、"国民党的特务"等等"帽子"。这情形既让学生们惊奇不解，又觉得很悚然，当然，也多出来许多莫名的兴奋。

罗中立既然被排斥在了红卫兵组织的大门外，而且按学校之前的要求是学生都必须留在学校里，他也就乐得清闲。大致上他每天都会去校园里逍遥地转悠几趟，读别人贴的大字报，看这里那里总用红色圈出来、都喊作是爆炸性的什么消息。后来看多了，他发现那些所谓爆炸性消息其实就是些小道消息。打发时间还是可以的。有时候他觉得日子这样过着真无聊，有时候也似乎觉到几分新鲜。总体上，那时他处在一种自己也说不出究竟该怎么作结论的状态中。

不过说到底他还是年轻人，有些时候一定忍不住好奇心。所以偶尔，罗中立会跟着那几个平时关系比较好、已加入了学校"红色尖兵团"的同学上街，去看他们如何开展革命活动，比如跟去杨家坪、两路口、解放碑看他们抄大字报。几个同学说这是为了学习其他革命组织的好经验引为己用。又比如跟去看他们在街上散发他们自己油

印的传单，内容多是从其他地方东拼西凑来的。有时几个同学把传单一张一张地递给过路人，有时则干脆抓起一大把，站到高一些的地方，使力往空中一抛，那些传单就在空中如雪片般飘摇而下。这时，看着好多的行人为了得到一张传单，纷纷前前后后左左右右地跑来跑去伸手去空中抓，去地上捡，有时候还互相争抢同一张，他们心里就感到非常自豪，非常满足，享受着他们亲手开展的这种"革命"行动生起来的特殊乐趣。

有一天罗中立跟着几个红卫兵同学，他不记得是为了什么，一起去了沙坪坝的重庆师范学院。看见一个偌大的空坝子上一片人头攒动，聚集着怕至少有好几千到上万人。具体数字在罗中立看来并不重要，数字从来就不是他的强项。反正他看见有很多人就是了。他也记得大家一起振臂喊口号时，举起来的光光的手杆就像是一大片直插云霄的树干。从所有人胸膛中歇斯底里般冲出来、汇集在一起的吼声，一次次如雷鸣般轰轰隆隆地震颤着空气。

好半天他才搞明白，原来是主要来自重庆一些大中学校的红卫兵们，正在这里进行一场批斗本区和本市部分领导的批斗会。不断有学生你争我抢地跳上临时搭成的台子去慷慨发言，伴随着不断呼喊的口号声，口号基本上是重复循环。那天应该是刚进入九月，重庆的这个时候，天气还比较热，特别是在大白天。很快，好多参加批斗会的学生渴得不行了，都跑去广场很远处角落，那里有一个自来水龙头，大家排起长队，等着轮流喝几口凉水。

后来突然听见台子上有人通过高音广播声嘶力竭地大喊道：我们要革命，我们要绝食，我们要去北京告状，向毛主席告状，告黑市委迫害我们红卫兵小将。

台子上面那人每喊一句，台下面庞大的人群就跟着喊。

那样喊过没多久，庞大的人流突然开始缓缓地朝一个方向移动，就像是在池塘的某一边挖开了一个小口子，水就很自然地慢慢朝那边流去。这时大概是下午两三点钟。没有人安排，但后面的人自觉不自觉地跟着前面的人走，但好像是都不清楚要去哪里，又好像是谁都不在乎要去哪里。走出了重师，继续往前走啊走啊，凌晨两点左右，才发现来到了茄子溪火车站。

这时所有人都已经被饥饿、口渴、疲倦折磨得不行了，七倒八歪地在站台上坐下来。

重庆大学的学生校乐队还在坚持着，不时奏几遍乐。虽然疲倦至极，但都是年轻人，所以还有人跟着乐队奏起的曲子哼唱，尽是那时红卫兵们自编的造反歌曲，比如"拿起笔作刀枪，集中火力打黑帮"；比如"老子革命儿接班，老子反动儿混蛋"，等等。渐渐地瞌睡虫爬了上来，绝大多数人已不能坚持，你靠我我靠他，在站台地上东倒西歪地"睡"下了。后来罗中立回忆说，那时本来已经饿得不行了，但最后是瞌睡虫占了上风，怎么睡着了的也不知道。

第二天早上很早就醒了，还带着一些迷糊的罗中立看了看倒身睡在站台上的人群，不敢说有多少，但可以肯定的是，应该不够昨天在重师广场上聚集人数的一小半。

接近中午了，人们又饿又乏，正觉得快受不了时，突然听见稍远处有人大喊起来：工人老大哥支援咱们来了！

所有人都像被注入了一剂强心针，本能地、不约而同地跳起来，欢呼起来：感谢工人老大哥的支援！

然后看见很多工人推着一长串木板架架车慢慢过来了，每辆车上搁着木制大黄桶和竹子大筲箕，里面都装着馒头，还夹着肉片。后来才知道，这是茄子溪肉联厂的工人造反派组织，前来支援"红卫兵小将"们。

架架车分在几处停下来，大家蜂拥而上，每人领两个馒头，大口地咬大口地嚼大口地吞，又来到车站边上一个自来水龙头那儿，依次弯下腰去喝几口水。

肚子暂时吃饱了，大家却都不知道接下来要做什么。等吧，反正只要有人送饭来吃，就无所谓。

到了半下午，突然听见人群中再次响起兴奋到极点的吼叫声：周总理派火车来接我们去北京了！

顿时人群鼎沸，都在站台上跳着跑着，好多人还兴奋地脱下衣服不停地往空中扔。没过多久，真看见一列火车喷着白烟，鸣着长长的汽笛慢慢开进站，停下了。

来的是一列闷罐车，平时用来装货的，没窗户。大家顾不得更多，甚至没待火车完全停稳，争先恐后地从车厢那道敞开着的唯一的推门往车厢上爬。更有不少人等不

及，干脆攀着车厢连接处的铁梯子爬到了车厢顶上，在上面欢呼雀跃。

罗中立和几个同学爬进了车厢里。说车厢里人之多，满满地塞得就像一个沙丁鱼罐头绝不夸张。

不一会儿，站台上已经空落无人，火车就开动了，"喊里咔嚓"的车轮声这时在所有人耳朵里，绝对是世界上最美妙的音乐。后半夜时火车到了贵阳站，睡眼惺忪的人们被从闷罐车上叫下，换上了另一辆客车，最老式那种，但车厢里有木板钉成的座位，有窗户，人也可以在车厢里勉强从人缝中挤过去稍微走动一下，感觉要好多了。一路前行，火车每次停下时，站台上都会有人上车来送开水和吃的。大致记得吃的都是馒头之类很方便吃的食物。

三天后，火车到了北京站。站外早有好几十辆公交车等着，把来自山城的这满满一列车学生分送到事先安排好的不同的接待单位。罗中立和几个同学还有其他三四十号人，被送到了北京一所中学。好像是三十几中，记不得了。

住下来后，大家心里面那个高兴劲儿，完全不能用语言来表达！咱这是在伟大领袖毛主席住着的地方呀！是咱从小以来就梦想着的祖国的首都呀！

第二天一大早就都醒了。吃过早饭，罗中立他们住一起的这几十号人被几个几个地分成一小组，安排去北京一些大学特别说明了要到清华、北大等当时走在全国文革运动前列的学校去，抄大字报，抄标语，学先进经验，看首都的学生都是怎么斗走资派怎么斗"牛鬼蛇神"，怎么开展文化大革命的。

因为希望可以在一路上顺便多看看首都，所以大家去那些学校基本上都是走路来回。路上看见有人在散发传单，他们也兼带着收一些。每天晚上回到住地后，把各处抄来的大字报资料和收捡来的传单，一并交给也是重庆去的、被安排在这一个接待点负责的几个人。

大家每天如此，热情不减。

大概过了十多天，这天一大清早，还没起床，突然有人来通知，赶快起来，准备好，去接受毛主席接见！

听见这，从所有人心里爆发起来的那种兴奋，是觉得只要自己一张开手臂，马上就可以飞上天去了。大家飞快地爬起来，三两把刚漱洗完，接人的车就来了。大家被直接送到天安门广场，那里早已站满了人。

罗中立他们被安排到了离天安门已非常远的地方，感觉上是都不太看得清楚天安门了。但这改变不了大家激动万分的心情，人人望眼欲穿，等待着伟大领袖毛主席出现。等啊等啊，一直没动静。中饭和晚饭，由各自的接待单位分别派人蹬着三轮车送来。饭后继续等，谁也没有半句怨言，没有半点儿失望，始终情绪昂扬。

夜幕降临一小会儿了。蓦地，不知从哪里突然响起响亮的《东方红》乐曲声，接着便听见仿佛是一个人又仿佛是很多人合成的一个声音轰然喊叫着：毛主席来了！毛主席来了！

人人都热血沸腾了，身不由己地往前涌。或者，与其说是自己在主动迈开步子，不如说是被来自身后的强大的人流推着往前走，自己根本收不住脚。

所有人都被"洪流"推着往前"流动"，所有人都变成了这股"洪流"中的一朵浪花，所有人嘴里都很有节奏地、一致地、一遍又一遍地喊着"毛主席——万岁！毛主席——万岁！"在这样的气氛感染下，人人都是泪流满面，嗓子早已嘶哑，只是被本能驱使着在坚持发声。

罗中立回忆当时的感觉和所有被接见过的红卫兵们的感觉完全一致：如果那时候毛主席抬手往前方一指，广场上的所有人一定都会毫不犹豫地冲向前去，绝不会在乎前面是刀山还是火海。

罗中立你看见毛主席了吗？

不知道！一是天色已晚，二是离得也远，再呢，你根本不可能站下来多看两眼，就已经被后面拥来的人浪给"卷"走了。当时只远远看见天安门城楼上站着一排模糊的身影，其中有一个身影，以最明显突出的、也是后来大家在银幕上见惯的那个动作，在向下面这个由年轻的红卫兵们汇成的海洋慢慢地挥手。

有人告诉我们，那就是毛主席！

被"卷"出天安门的范围后一段路上，看见路边停了很多救护车，还有很多医务人员，正救治那些因为刚才过于激动而休克了的人，因为身体素质差而虚脱了的人，也有在行进中被踩伤、撞伤的人。

第二天一早吃过饭后罗中立又专程去了天安门广场，他想好好回味一下前一晚被

伟大领袖毛主席接见时的那种强烈感受。他在广场上看见有好多清洁工人正在打扫，有数不清的塑料鞋、布鞋什么的，小山般地这里一堆那里一堆。不用说，那都是前一晚红卫兵们互相踩掉了的。

1966年8月18日，毛泽东在天安门城楼上第一次接见了红卫兵，至当年11月26日最后一次接见，前后共有十次接见（也有一种说法是八次），被接见的总人数无法准确统计。

罗中立始终没搞清楚或者说没记得住自己"意外"地参加了的这一次，是毛主席接见红卫兵的第几次。他说，当天下来，好像听见有人说过，这是毛主席第三次接见红卫兵，而且还听说，仅仅这一次参加接见的红卫兵，就超过了百万人。

在北京又待了没几天，接待站的工作人员告诉他们，按照上级安排，为了保证首都的正常秩序，已参加过毛主席接见的红卫兵都要尽快离京，返回原单位去继续开展文化大革命。

其实再不离开他们也真够呛了。入秋后的北京，晚上冷得让人难受。在学校腾出来的教室的空地上，只铺着一溜草编席，他们一人给发了一床土白色或土绿色的薄被子，就睡在草席上。晚上起来上外面小解，冷得直打抖，回屋后就赶紧着往人堆中间挤。

他们去北京时，都还穿着重庆的夏装。罗中立是穿着一件篮球队夏天穿的队衣就去了，就像后来的那种T恤一样。虽然北京的接待站提供了些厚点儿的衣服，但远远不够。

接待站为大家买好火车票，罗中立就和几个同学一起回了重庆。

在这次北京之行的日子里，罗中立竟然没画一张画。这应该是他一路走过来的生活经历中最破天荒的一次。居然一张画也没有?！哪怕是一张几分钟就可以搞定的速写！为什么会这样呢？说不清楚，到今天也说不清楚！可能，是因为那些日子太激动、太充实、太投入、太转移人的思想了吧。

9

回重庆后不太久，罗中立又和一个叫彭栋梁的附中同学，另外有三十中的一个学生，有市公交公司的一人，还有市曲艺团一个拉二胡的人，共五人约起，乘船前往上海。这个时期大家的一门心思仍然都还想着要响应伟大领袖的号召，去革命的大风大浪里去"经风雨，见世面"，去投身于一种打小来就无比崇尚的革命行动。当然，可以顺便到从前就很心仪的大城市去看看，也真好！所以从这个角度看，似乎也暗合了重庆人俗话说的，"脚板遭走油了"的感觉，就是说心思停不下来了，老想到处去走去看。

话虽如此说，心虽如此想，接下来的行程却并不轻松加愉快，整个过程也不像今天去三峡旅游的人那样，乘着漂亮的豪华游轮，要么在甲板上的躺椅里晒着暖洋洋的太阳，要么去船上的观景台，跷起二郎腿坐在扶手椅里，边喝红酒边欣赏两岸缓慢地移动的、梦幻般变化着的如画美景。

首先他们五人那时是囊中羞涩，另一方面当然更是为了要节约几个钱，所以并没有掏钱去售票窗口买了船票，然后堂而皇之地、踌躇满志地走上船去。

他们去上海乘的船很大，是可以载下几百上千号乘客还外加上很多吨货物的那种船，当时这船的数量也不少，统一被命名为"东方红"号，又在"东方红"的后面加上"一、二、三、四……"的数字用以区别。

同行的公交公司那人有个朋友在这条"东方红"×号船上当二副，带着他们一行

五人前一晚就上了船，这是为了避开第二天早上上船时必须得经过的验票。这种行为很有点儿像几年后长演不衰的一部电影《地道战》里的一句经典台词表现出来的意境，说是"悄悄地进去，打枪的不要"。船员中的绝大多数，都会在开船这天早上才回船来，他们五人就被二副悄悄带到船员舱，找到空出来的船员床，睡了一晚。

第二天早上，听着轮船拉响长长的汽笛，轮船随着起锚声一点儿一点儿地离开了朝天门码头，渐行渐远，他们几个人才放下了一颗悬着的心，走出"藏身"的舱来，强掩住心头的狂喜，庆贺终于开始了充满新鲜的旅程。其实他们本来大可不必这么紧张，因为码头上的工作人员根本不可能在开船前来搞全船检查，还有船上和码头上的人之间，长期都是心照不宣、相互要利用的。只要别做得太出格了，都没有关系。

接下来的日子，可以用兴奋加复杂来形容。

为了解决吃饭的问题，二副找到船上的厨长，让安排他们几人下厨帮帮忙，比如择菜淘米拖地洗碗等，就可以吃到免费的"船员饭"，但是得等到船员们都打完饭以后他们才能去吃。好在船上的饭像是从来都没有吃完过，所以他们也不担心晚了就没有饭吃。每晚睡觉则要麻烦得多。二副要先去落实看哪些人是值夜班，再带着他们几人这里一个那里一个地，安插在值夜班人员空出来的床上去睡觉。所以，他们每天晚上都睡不同船员的床，还有过两人挤在一张窄窄的单人床上睡的时候。

沿江而下的日子大概一周，这天下午终于抵达了上海港。望着站立在江边的那些从前只在小说里读到过、在电影银幕上见到过的洋溢着欧风美式很"洋"气的高楼大厦，让记忆与真实相互对上号，脑子里想着已经站到了有"远东第一大城市"、"冒险家的乐园"之称的上海，他们都抑制不住兴奋了。但必须等。他们焦躁而无奈地站在船员舱外，看着其他旅客慢条斯理地全都下了船。还得等。等到天快黑了，厨长找来几套厨工的衣服让他们换上，让他们有意松散地走成两批，踏上了下船的跳板，忐忑着但是很顺利地"混"出了港。

他们在上海停留了三周左右，等到二副所在的那条船下一次又来到上海时，依样画葫芦地按先前的办法上了船，经过大约十天的航行，回到了重庆。

在上海，他们先后去了朝阳中学和华东师大，按当时串联的规矩，找到接待站，会顺利地被安排住下。后来的日子，他们在城里四处走走看看，照例抄大字报，收捡

■上海外滩

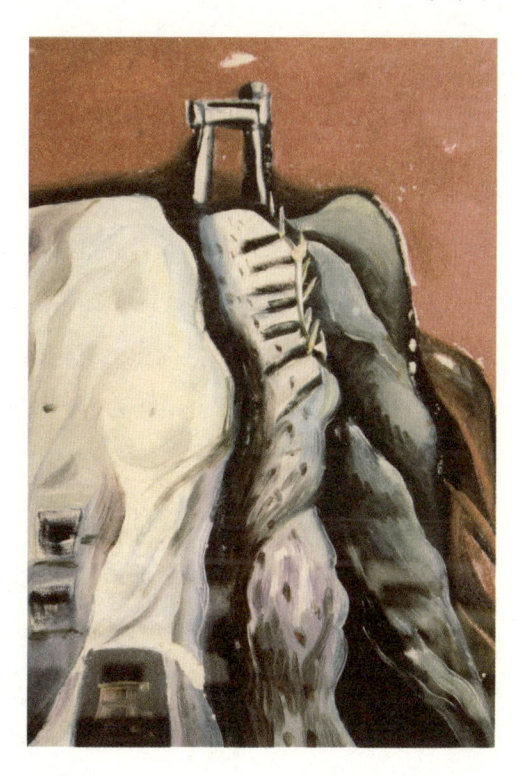

■附中写生

认为有用的传单，等等。当然也去参观了一些有名的地方，如城隍庙、黄浦江、豫园等地。

这趟上海之行，在上海时及来回的一路上，罗中立倒是很自觉地遵循习惯，画了好多速写。特别是在上海，面对着大量的从前难得一见的欧式建筑，还有停泊在江边的数不清的多种样式的船只，罗中立压不住激动，常常是近于疯狂般地画个不停。

他们在上海游逛时还惊奇也是惊喜地发现，上海的物资供应远远好于重庆，比如糖果、猪油等生活品在重庆已非常紧缺，在上海却不凭票就可以买，只是每次每人购买的数量有限制。罗中立赶紧写信让家里给他寄去了十元钱，然后把这十元钱全部用来买了白糖和猪油，高高兴兴地带回家。

没花一分钱给自己买东西。罗中立回忆时笑着说。

1966年8月下旬，《人民日报》发表了一则消息：大连海运学院有15位红卫兵，怀着对毛主席的无限热爱、无限忠诚，从大连步行至首都北京，开创了步行串联的先例。

1966年9月上旬，中央文革小组发出通知，鼓励各地大中小学校的革命师生免费赴京、全国大串联。但很快，由于短时间内出现了太多人的流动，造成全国范围内交通工具运行失衡等严重问题，中央文革小组于是又发出号召，要红卫兵发扬红军二万五千里长征的革命精神，开展"步行大串联"。于是一夜之间，全国各地掀起了一股红卫兵"步行串联闹革命"的高潮。尤其是青年学生更积极响应，纷纷组织步行串联队伍，主要选择前往在中共党史上有记录的当年的革命斗争圣地，如井冈山、延安、遵义、湘潭等。甚至还有红卫兵去重走长征路过草地爬雪山，但据说很快出现了人身伤亡问题，被紧急叫停。

罗中立从上海回来后，听到了开展"步行大串联"的号召，觉得反正待在学校里也没有其他事做，就去和班上的另外两个同学商量，趁着还在鼓励步行串联的机会，也做一次步行串联，走向革命老区。他们最初定的计划是，经达县革命老区到平昌，然后出川去延安。

之所以会这样计划，主要是觉得：一、达县也曾是红军的老区；二、年初他们刚去过平昌驷马，在那里有群众基础，因此可以更有利于他们在贫下中农那里开展革命

继红长征队

宣传；三、这也是一条传统的红色革命路线。

其实可能还有另一个简单的解释。那就是：人在做一个决定时，一般都会首先向自己熟悉的或者是对自己具有特别意义的一方面倾斜，并据此来作出自认为最合适的决定。

1966年11月底，在完成了一些相关的准备工作后，罗中立和两个同学，张兴堂、付康龙，正式开始了他们的步行串联"壮举"。

出发前几天，他们专门向学校做了汇报。当然这时管理学校的已经不是原来那个领导班子了，是主要由红卫兵组织的几个负责人，再加上学校原来的一些工作人员在处理日常工作。按照临时"组织"的安排，他们去学校负责处理学生步行串联事宜的后勤部门，每人领了一件带毛领的棉大衣，一顶有护耳的棉帽子，又到教具室借了部幻灯机，借了介绍张思德、白求恩等人事迹的幻灯片。还带了私人的一把二胡，一支笛子，一支口琴，一副金钱板，做好了一路上要边走边宣传的准备工作。

虽然只有区区三个人，他们也为自己这支微型"革命队伍"取了个很正统很响亮的名字："继红长征队"。名字简单上口，含意浅显易懂，也非常符合时代要求。只是这个名字在那时铁定是已被用得很"泛滥"，很容易被混淆被忘掉，还透出点俗味儿。但总是有胜于无。老话不是说，名不正则言不顺吗！

对了，他们还做了一面红旗，旗上用黄色的字大书出他们这个步行长征队的"名号"。在猎猎劲风下，飘扬着的红色的底上闪动着黄色的字，还是很醒目很有感觉的。罗中立心里肯定很激动，后来还专门在自制的速写本上画了一幅。

出发这天，他们是吃过中饭后才动身的。走前，还在校园里搞了一个简单的出发兼送别仪式。

因为出发得晚，所以也是在晚上比较晚了才走到江北县人和公社。找到接待站，登个记，住一宿。那时人和公社办公地设在解放前的一个地主大院里，正院为两层，楼上楼下都铺的木楼板。公社把正院腾出两间最大的屋子，给接待站用。罗中立他们到达时，有不少也是出来步行串联的人已睡下了。木地板上铺着很厚的稻草，稻草上面覆盖了很大几张虽然是灰色但仍可以看出很脏的布，像是临时从哪处礼堂舞台上扯下来的幕布。所有人都睡在上面，两个人合盖一床很重很厚的土布铺盖。

江北人和公社砸旧石牌坊修语录碑，1966年

第二天早起，在接待站吃过早饭，出来走到院子大门外不远，看见有人正把路边一座有精美雕工的旧石牌坊砸烂后，利用取下来的石头在旁边修毛主席语录碑，罗中立就站在旁边画了几幅社员现场做碑的速写，当时心里想的是，这也算对革命群众的革命行动的支持和宣传。

他们一路往北，路上时不时看见有举着红旗南下北上步行串联的红卫兵队伍。每到两支队伍"会师"时，双方就会相互喊口号，相互致敬，并衷心祝愿对方早日革命成功！

罗中立记得最清楚的，是在路上碰见过好几队从北方南下来的红卫兵。他们清一色穿着仿八路军或新四军样式的制服，背着背包，斜挎着印有鲜红五星的军绿书包，一个个精神抖擞、整整齐齐地迈着步子。与罗中立他们三个人擦肩而过时，很自然地也是很自豪地向他们大声背诵起毛主席语录。虽然罗中立他们也很激动地向对方背诵毛主席语录以示回应，但心底里总是感觉得自己这份气势跟人家相比，差了老远去。

总之，每个人心里都澎湃着革命激情，就像是真的回到了几十年前的大革命时代。而事实上每个人心里都这样想着或至少是想过：赶上了，我们终于赶上了这一个红色革命大时代！曾经，我们以为它只属于我们的父辈时代，以为这是我们终生的一个大遗憾，是我们以为再也不会到来的永远的梦想！

一路上他们几个人积极努力地向其他人进行红色宣传，也向他们经过地的红卫兵组织学习革命经验——他们最初肯定是这样想的。但他们很快就分明发觉，这一路走过来，到处都已经呈现为一派文化大革命烈火熊熊燃烧的场面，已根本用不着他们再去宣传鼓动添油加薪。即使如此，也丝毫没有影响到他们继续革命的热情和旺盛的意志。他们一路向北、向北！

这天接近中午时分他们到了渠县。

他们进了城，照例是先去找到当地的接待站，去"点个卯"。那时到每地的接待站签个名，都可以免费吃住，当然可以吃饱。他们在渠县住了两三天，既是休整，也交流革命经验，顺便在这里那里画几幅速写。

这天他们吃过早饭，计划要往下一站去了。临行前，来到县城里专门划分给革命群众组织贴传单的中心地，想把随身带来的传单张贴一些出去。

他们从挎包里拿出传单,往宣传栏贴上好些后,正准备离开继续赶路,就在这时,突然听见一声断喝:站住,你们是干什么的!

他们还没反应过来是怎么一回事,先发现已经被一大群人围住了。稀里糊涂之间,被推搡着站到了几条不知是什么时候出现的摇摇晃晃的长板凳上面,背对着宣传栏,而前面,咋地已经围站起了黑压压一大片人。他们想问问这是为什么,也想解释,说是不是大水冲了龙王庙。但根本没有机会。下面那一大群人情绪激奋,只管大声吼叫着,他们几个人的声音就像小蜜蜂的嗡嗡一样,完全被淹没。同时他们心里也真有点儿那种——给吓傻了的感觉。

好一阵后,他们才从站在人群最前面、像是带头的几个人东一句西一句的问话里,基本听清楚了是怎么回事儿。原来,他们刚才贴出去的传单,把之前已贴在宣传栏上的中央文革的文件覆盖了,而那些文件就是眼前包围着他们的这群人贴上去才没多久的,再说人家还按当时的惯例、用红笔在旁边注明了必须保留多少天的。

他们几个人去贴传单时,一则是心情亢奋着,二是急着想赶路,再,可能骨子里也有一点儿自认是大城市来的革命小将的意思,没太把这区区小县城放在眼里,所以可能都没细看,或者根本就是看都没看,拿出自己挎包里的传单就往宣传栏上贴了。结果就有了现在这一幕。眼见这群人左臂上都戴了一个写着"红卫兵"的红袖章,知道他们肯定也是当地的红卫兵组织。但关键是人家现在根本不听你解释,就只一个劲儿地问你为什么要这样做为什么要这样做,知不知道知不知道你们这是反革命行为,人家就是要批斗你,还有人大吼着要砸烂这几个现行反革命分子的狗头!

幸好那时还在文革的"文斗"时期,幸好也是在一个小县城里,人的思想可能没有大城市里那些红卫兵们激进,所以最后没有谁真上来砸烂他们几个的"狗头"。但就这样,也够他们难受了。

他们被强迫着站在颤颤巍巍的长板凳上,莫名其妙地被批斗了长达五个多小时。

"尿都差点儿憋不住流出来了!"罗中立脸上浮起几分无奈的笑,回忆说。

说不清什么原因吧,反正看着天色已不早,那群人才慢慢散了。他们几个得到解脱,赶紧"逃跑",往大街后面的偏僻河边跑,一是希望迅速躲开人们的视线,生怕那些人突然再追来;二是此刻他们更"忍无可忍"的,是赶紧去找个没人的旮旯撒尿

■ 渠县河边速写

■ 申家场速写

"松包袱"。

身心得到了放松后,他们虽然觉得刚才经历的一幕实在有些像一场闹剧,但此刻仍然充斥在心里的,分明还是才从亲身体验中产生出来的、从亢奋的革命红色高潮突然跌进了革命低谷中那种灰蒙蒙的颜色。

他们顾不得冬天黑得早,天色已模糊,沿着河边一条水渠急急往前走。向北、向北;心里悄悄唱着"抬头望见北斗星"那支歌,迈开脚步向他们定下的方向走,一点一点地把县城在身后越甩越远。虽然不知道接下来走到哪里可以住宿,但此刻脑子里想的,是尽快离开这个是非之地。至于住宿嘛,像四川人开玩笑常说的那样:走到哪里黑,就在哪里歇。

正走着,前面隐隐现出一个人影,走近了,才看清是一个二十来岁的小伙子。他穿一件灰色土布对襟衣,背上背着一个背篼,右手把一把紫色的"撑花"(重庆方言:雨伞)扛在肩上。离着他们几个人有三五米远时,那小伙子竟站住了,表情僵直地望着他们,突然开了口,很严肃地、一字一顿地、就像是在背台词一样地对他们道:今天,你们在城里被批斗,我们也有同志在下面,看见了。但我们的组织人少,不敢声援你们。我现在向你们致以歉意。现在,我们这里,革命形势非常严峻,保皇派势力特别强大、特别猖獗。我们也面临危险,正在转移。你们赶快离开吧。白色恐怖就要来了!说完,那小伙子抬开步子,和他们擦肩而过,消失在他们身后渐次浓密的蒙蒙中。

那小伙子说的这一番话,他说话时的表情,让他们几个人听着,心里不由得一阵阵发毛,生起很强烈的、却也说不出来究竟是什么的感觉。联想起今天在县城里的遭遇,他们不由自主地加快了离开的脚步。

好些天后,渠县的这场意外带给他们的低落情绪才逐渐淡漠了。

为了这难忘的经历,罗中立专门在渠县画的一张速写上写下了这样一行字:"在渠县被围斗五小时。"

10

  达县石桥古镇被称为"列宁街",是他们几个人这次步行串联路上必须要去"瞻仰"的地方,更带有一种去"朝圣"的意思。

  他们到石桥古镇时是上午。

  走进古镇老街上,他们非常惊奇地发现,整条街上居然还完好无损地站立着好几座雕工精美的清代石牌坊。但仔细看看仔细想想后,就恍然大悟了。那应该是因为在这些石牌坊上面,有当年红军刻下的很多红色标语,才让它们逃脱了自1949年以后、更包括文革在内的几次大的政治运动带来的疾风暴雨式的冲击。

  石牌坊在当时毫无疑问该纳入"破四旧"的范畴,该被砸碎,不然怎么体现"破四旧"呢?但试问,谁有这个斗胆去砸?石牌坊上面刻有当年红色革命时期的许多红色标语呢!谁砸,谁就是百分之百的现行反革命。因此该砸与不能砸,形成了一个悖论。

  也可以给出另一个理由。石牌坊还能"全身"屹立在那里的结论是,本属于"四旧"的石牌坊现已为革命所用,虽然它本身内在的"四旧"性质并没发生改变,但可以看作它这块"四旧"阵地已被革命占领了。

  只顾了取其一而忽略了其二进而造成"悖论"的情况,在那些日子里不算少见。比如众人皆知的文革时期里准备发行的邮票"全国山河一片红",本意是为当时的一派大好革命形势唱赞歌,但设计者却也"被"犯了一个类似的"悖论"错误:邮票上，整个中国大陆是一片红海洋，唯一把宝岛台湾留成了白色。其初衷很容易理解。台湾是国民党反动派盘踞着的地盘，习惯上都把"国民党反动派"占据的地方称为"白区"。逻辑是，"白区"当然不能为红色。谁敢把白区做成红色？你想为反动派唱赞歌吗？你想当现行反革命吗？所以顺理成章地，台湾就被做成了白色。但更严重的问题出来了。你写的是"全国山河一片红"，可是台湾不"红"，那你说台湾不是中国的一部分吗？这是何等严重的政治错误。只把你列入"现行反革命"之列可能已是最轻最轻的处罚。幸好，这枚邮票携带着天大的错误却令人难以置信地一路顺利过关通过了各项检查，在官方即将正式向社会发行的最后一刻，"终于"被发现而没能"出笼"，避免了发生一次公开的、严重的政治事件。之所以会出现这样的"悖论"事件，其背后的原因才更值得深思。

来自全国各地的红卫兵，熙熙攘攘，几乎挤断了"列宁街"，都是为了一个共同的革命目标，不远千里万里走到一起来了。

他们在古镇街上慢慢地四下转着看，相互念诵着当年红军不仅仅在石牌坊上、也在一些房屋墙上刻下的振奋人心的红色标语；他们眼前很自然地浮现起红军战士们激情地书写标语的情形，耳边仿佛听见了远处山头上红军战士们与白匪军白刃搏斗时的呐喊，脑海里展现出红军战士们冒着枪林弹雨冲锋陷阵的场面。强烈的革命激情在他们心中澎湃，激荡起他们的青春活力，为他们点起一束巨大的革命火炬，让他们更加珍惜眼前这火红的年代，为此生能够迎接到这场革命暴风骤雨的洗礼而无比庆幸、无比自豪。

吃了午饭，下午稍晚些时，罗中立三人离开石桥古镇接着往平昌方向走。他们觉得胸中的革命信念变得更加坚定，激励着他们大步往前。

这天很早，天光还在一派朦胧中，他们来到了白衣古镇江边。著名的白衣古镇就坐落在巴河对岸。他们下到河边，找到一条摆渡的小木船。艄公划动桨，把赶早的他们三人向对岸的古镇划去。

江面有薄雾，但依稀可见两边江岸起伏着茂密的巴茅草。木桨随着艄公的摇动发出吱吱呀呀声，桨片拍破镜面似的江面，推着小木船在江中滑行向前。整个白衣古镇隐在更远处的雾中，只有几处房子的小部分轮廓，在几丝风吹动着的雾里若隐若现，生成一

幅飘飘渺渺的图画，透出一股很神秘的韵味，和由一种似是而非之下生出来的美。

白衣古镇始建于秦汉，是古柳州遗址。明崇祯甲申年（1644）初建大佛殿，供奉白衣观音慈像，始初白衣庵；清甲申年（1884）遭火焚后奉旨重建，取样皇宫，动用通巴两河十三年的河道税银，并各处募集十万银两，全国调集能工巧匠，历时十年，建成规模宏大、气象非凡的六庙三宫，庞大的吴氏宫邸、家祠，雄伟豪华的孝节牌坊，魁星点斗，形成别具一格的古建筑群，世所罕见。

罗中立说，从艺术感觉上来说，白衣古镇是他们这次步行串联中，给他们留下了非常美好印象的一个地方。

不过非常美好的印象并不等于完美。不完美来自于他们在白衣古镇江边沙滩那个简易的靠船处上岸后，慢行在尚未完全醒来的古镇街上，正品味宽宽的街道两旁那些古老民居上的精湛雕花时，突然就看见一大队人押着几个戴着纸糊高帽子的人，一边敲锣打鼓，一边喊着口号从前面走了过来。

在这样一个偏僻的古镇、在这样一个天光尚早的时刻，红卫兵组织居然已经开始了他们新一天的革命行动，这的确让罗中立他们感到很有些意外。

他们站到街沿边，让过了这队人，接着往前去。但还没走多远，那队人又喊着口号敲锣打鼓地转回来了。

罗中立他们不用猜就知道，这是当地的红卫兵在游街批斗（最大可能是）镇上的不是"走资派"就是"黑五类"分子。但这个场景和他们此时此刻的心情相对照，真觉得大大的扫兴。

白衣古镇透出的深厚的文化内涵，那种必须有悠久的历史沉淀才可能产生的大气场，那片青山绿水勾画出的迷人景色，让罗中立无法忘怀。进入21世纪后，他至少有过两次重返白衣古镇，在无法言表的遗憾中，想重续当年被红卫兵们"无意"中打断了的那一份浓浓的欣赏情怀。可惜的是，街上很多古建筑在又经过了几十年里各种原因的"洗礼"后，已经坍塌破败，不复当年了。

那天他们三人在白衣古镇停留了两三个小时，就继续往平昌县城走去。白衣古镇素被称为平昌的南大门，离县城只有五十来华里路。

出了白衣古镇，为了少走些路，他们一直沿着河边草丛中的小路走，深一脚浅一

到达驷马公社速写

驷马公社批斗走资派

脚地。天差不多黑尽了时，他们走进了平昌县城。

第二天，也就是在平昌县城的大串联接待站里，他们接到一个通知：由于全国各地太多红卫兵蜂拥而至延安，已远远超出了小小延安县的接待能力。因此，有关部门发出告全国红卫兵书，请务必不要再去延安，所有已经走在前往延安路上的，可就地住下，开展"就地闹革命"。由此，罗中立他们三人临时决定，到了双层生产队后就住下不走了。

这天，在历经一个来月的步行后，在新年即将到来前，罗中立三人终于扛着他们的"队旗"，走到了驷马公社。那天正好是个赶场天，刚过午，街上的人还不少。

很快他们几人就发觉，即使在如此偏僻的驷马公社这里，文革的风暴也早已刮到。外地来的红卫兵和本地的红卫兵组织一起，正热情高涨地批斗公社的"走资派"、当地的"黑五类"分子等等。街口还站着红卫兵，来来往往的人必须背诵一条毛主席语录才会被"放行"。

没法统计，但举国上下那时期因此被大家背诵得最多的一句语录，可能、也应该是"要斗私批修"。

罗中立他们知道一定有生产队的人来赶场，就想等着和他们一起回队里。年轻人的心态，更是想借此给社员们来一个突然惊喜。他们就坐到场口的一道土坎坎上，在那儿画速写。

到散场了，果然看见生产队的好些个社员陆续走出场口来，自然也都认识他们几人。突然看见他们，确实是又惊又喜，纷纷笑着招呼说你们又回来啦！最后聚起了十好几个人，一起走回生产队。

罗中立还是住进了邓大爷家，还和邓大爷同住。另两个同学分别住进了离着约五六十米远的两户农家。上次来，他们也是住那两户人家里的。人熟了，住着心里舒坦些。

按他们几个事先已商量好的，一走进社员家，放下行李，就赶紧去抓起扫把打扫院子，扫得干干净净后，又担起水桶去坡上井里挑水，直到把水缸挑满。他们对社员说这是要学习当年的红军。

当晚，听说他们几个人又回来了，晚饭后好多社员都先后来到邓大爷家，围着几个学生娃聊天，高兴了好久。

来之前，他们仨每人还专门去买了一瓶白酒，作为礼物送给自己住的这家社员。罗中立已记不起自己是买了瓶什么酒。他不喝酒，不知道哪种酒好。但他说觉得张兴堂应该是买的汾酒，因为他记得在买酒时听张兴堂说过一句：汾酒是名酒，就买这吧。

如果说年初第一次来这乡下是被动地"三同"，是因为负有宣传大寨精神的任务，是有带队老师管理着，所以大家心里还有些不那么自在感的话，那他们这第二次回来，就是完全的主动，是肩负了历史的重任，为了宣传文化大革命，宣传毛泽东思想，所以他们的身心是无比轻松自由的，真像鱼儿回到了水里。他们真真实实地体会到了以前只在书上读到的、当年红军战士与老百姓有的那种鱼水亲密关系。

每天，吃过早饭，他们一般会和社员一起上坡去劳动，劳动中不会忘了向社员们开展红色宣传。他们来之前复制了一些革命漫画，现在就拿去贴在社员们房子的墙上、门上。社员们见了都好欢喜，好多人来围着看闹热，还有人主动问他们要。在社员们心里，可能这更像是他们很熟悉的过年贴年画的意思。

罗中立他们学着当年的红军，爬到陡峭的山崖上去写革命标语。所有当年参加过步行串联活动的红卫兵，对这样的行为应该说都不会感到陌生。他们心中一直牢记着毛主席的教导，要把步行串联视为当代的革命长征，自己就是革命的播种机、宣传队，要一路走一路进行各种形式的革命宣传，要完成毛主席交给他们的继续长征的革命任务。

在一些峭壁上的这里那里，他们也看见了当年红军刻下、依然清晰的比如"赤化全川"、"红军万岁"等大幅标语。这让他们从骨子里感到意气风发，更觉得自己肩头责任重大。

今天去双层生产队，上了年纪些的社员会告诉你说，在邓家大院子后面的山坡上，留有不少当年罗中立几人写的红色标语。不过最被大家熟知的，是往驷马公社那边去、离着邓家大院约两公里远山坡侧的一堵石壁上，罗中立当年在那上面写的一条标语。

这堵石壁高十几米，兀立在一座山坡靠近坡顶的地方。石壁下，侧边有一条人工

■ 为邓大爷点烟

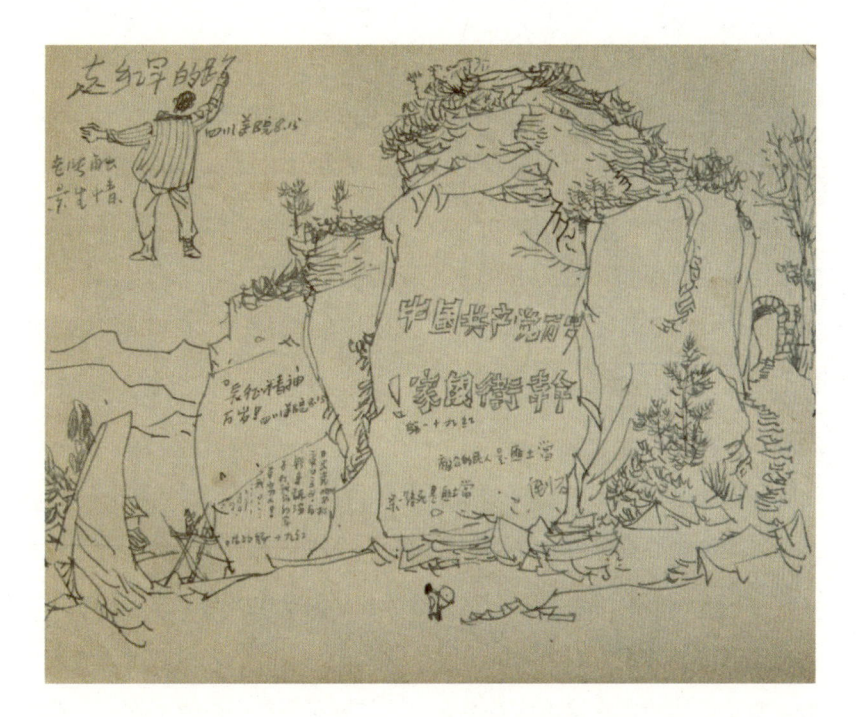

■ 双层生产队路上写标语速写

■ 双层生产队另一个大院子

凿出的陡峭的石头小路，是周边几个生产队的社员到公社赶场的必经之路。罗中立写的也不再是"打倒土豪"、"打倒白匪"之类的内容，他以无限的激情和崇敬，写下了当年全国人民都怀着同样的激情和崇敬一遍遍喊出的"毛主席万岁"。当有人从山坡下面踏着那条异常陡峭的小路往坡上走来时，写在石壁中部的这条标语与来人的位置关系，就会使来人完全像处在一种顶礼膜拜的姿势中。

罗中立当年并没有想到过这点。他想的只是学红军，想的只是要把标语尽量写在敞亮的、高高的地方，可以让人老远老远就看见。而这样，就能起到最好的宣传作用。

到罗中立写完后，单纯而虔诚的社员们安排了石匠对这条标语进行了细心的錾刻，并按当时最流行的方式，买来红色油漆认真地涂写出来。

这一次重回双层生产队，每天罗中立都勤奋地、毫无顾忌地画了大量速写，多角度地记录下了大巴山农家人的平凡生活：手举鞭子吆牛犁地的，在院坝上喂鸡的，在坡上割草砍柴的，在路边捡石头砸狗的，谁家办红白喜事的场面，等等。多年后，来自这一次的好多速写场景，被用作了他创作中的生动素材。

他们三人这次回双层生产队也待了三个多月，还和社员们一起过了个春节，罗中立收获了好些张山民们年关情景的速写。

三个多月里，罗中立常常跟着邓大军上山去捡狗粪，下地里挖土。该吃午饭了，有时他们走回家去喝两碗玉米糊，有时因为离家太远山路太难走，他们会将就着在坡上吃几个早上煮好随身带去的红薯或洋芋，再找一股山泉，喝几口冷水。

罗中立还跟着邓大爷学过编篾货比如编背篼、筲箕等，那些看似粗制的手工用品，在罗中立眼里总会透出很奇特的意味。

每晚躺床上，邓大爷睡前喜欢抽一口叶子烟。他披着外衣坐被子里，把自卷的叶子烟插进竹子烟杆的白铜烟嘴里，烟杆长长的，坐在床另一头的罗中立身子稍稍往前倾一下，就正好划着火柴给他点烟。

"邓大爷大口大口地吸着叶子烟，烟味很浓很浓，好像一直深入进了我的灵魂。我从不吸烟，但是因为天天都闻他抽的那烟味，后来好像都闻惯了"，罗中立回忆说。

邓大爷边抽烟，一边和罗中立聊天。聊着聊着，睡意袭来，两人倒头就睡下了。

邓大爷从没提起过自己老伴的事，对于他之前的家庭生活等情况，罗中立一直不大清楚，也没好意思问。

每晚沉入梦乡前，罗中立照例要听邓大爷聊一些大巴山里人一辈一辈口口相传下来的稀奇事，偶尔插一句，问一问自己不太了解的或是感兴趣的。常常有不少老鼠跑来，在他们头上方的老蓝粗布蚊帐顶上疯狂地追逐打闹。一般情况下邓大爷对老鼠们的喧闹都不予理睬，仿佛那是离他们很遥远的故事中的一个情节。但有时老鼠们闹得实在是太疯狂了，把蚊帐几乎都要"跳"垮了似的。那时邓大爷也会直起身子，举起手中那根长长的竹子烟杆，去把蚊帐顶用力地戳几下，让老鼠们回到现实，就都受惊地"轰"一下跑掉了。邓大爷就继续他的聊天，但也常常因此扯到了另外一个话题上。罗中立对此倒并不在乎，他只想邓大爷一直讲各种趣闻。邓大爷讲的那些趣事，数年后也有好多出现在了罗中立的画中。比较典型的，如90年代中期创作的那幅堪称此时期代表作之一的——《金钱豹》，素材就取自从邓大爷嘴里漫不经心地讲出来的"故事"。

还有一次邓大爷在聊天中，讲起他年轻时的一段经历，让罗中立惊奇不已。原来，邓大爷年轻时竟然参加过红四方面军，不过参加没多久，队伍与国民党军队发生了一次遭遇战，队伍打散了，邓大爷九死一生跑回家，选择继续当起了农民，因此失去了享受"老红军"的待遇。

邓大爷也说，听老辈人讲，以前这里大巴山上林木茂密遮天蔽日，飞禽走兽络绎不绝。后来不知咋整的，当然也包括大炼钢铁那阵砍掉了很多大树后，山坡上变得光秃秃的，飞禽走兽也几乎全部消失了。

一天天，从邓大爷没有逻辑的、朴实而简单的讲述中，点点滴滴地还原出大巴山农民的生存状态：世代居住穷乡僻壤，命运注定了他们像牛一样，一辈子面朝黄土背朝天，无论刮风下雨，无论春夏秋冬，都有各种做不完的农活儿。休息这个字眼儿对于他们，就等于抽一袋旱烟、喝几口井水。他们一生清贫，过着平凡得不能再平凡的日子。他们守着大山，可是连做饭的柴火都缺乏。进入冬天，大巴山深处一片冰天雪地，全家人只能聚在一起，围着唯一在堂屋里才生着火的那个地火塘取暖。他们的生活，连常年基本吃饱都是奢望，年年重复体验着流传了千百年的"神仙难过正二月"

的艰难。另一方面，却正是他们日复一日、年复一年地辛勤耕耘着土地，收获人们赖以生存的粮食，把大部分收获交给政府，去保证城市的建设发展，为国家的繁荣建设默默奉献着人生。

贫穷掩不住山民们淳朴、直率和善良的天性，他们待客的厚道和真诚时时处处都很自然地表现出来。就像现在，邓大爷一家人都生怕罗中立吃不了山里的苦，重活脏活决不让他干，一日三餐生怕他吃不"好"，总是自家人吃粗的，把精细点儿的粮食留给他吃。

贫穷也改变不了山民们的天性。而精神文化生活的极度缺乏，使得他们老爱把人性中的最本能的关于"性"的玩笑话赤裸裸地挂在口中，他们相互从这些玩笑里找到发泄无聊情绪的缺口，获得满足自己脑海中某些空白的乐趣，填补存在于他们精神中的一些空虚。他们那些太直白的玩笑，总让对男女间事还懵懵懂懂的罗中立脸红，但也让他因此走进了他们内心中的另一页，可以更好地读他们、理解他们，并在若干年后，他把那些理解很生动地、纯朴地叙述在他的画面上，让读者一眼就看到大巴山山民们的质朴、纯粹与单纯。

这一次与社员们的深入相处，让罗中立更直观地认识到，山民们的心灵就像从大巴山上流下来的清澈的泉水，永不浑浊，永远甘醇。他们的确贫穷，但他们有被大山滋养起的那一份城市人已很难得有的安宁、祥和、真诚，这些都深深地吸引了他，感动了他，滋润了他。毫无疑问，就是这些理解、打动与滋润，慢慢化成一片沃土，使他后来的艺术创作选择，得以在这片沃土上茁壮生长。

在这样三百六十度地随意与社员们深入接触的日子里，罗中立他们也了解到社员们"隐藏"在平时生活表象后面的一些东西，从那些东西后面渗透出来的无奈和苦衷。比如，在文革运动开始的前一两年，国家为减轻之前三年自然灾害造成的严重后果进行了很多的努力，采取了很多积极政策，但自然也包括了一些无奈下而为之的政策。那时，农村都执行一种很特殊的政策：农民家养的猪到出栏时，杀一只猪自家只能得一半，另一半必须以比市场价低得多的"收购价"卖给国营食品站。收购价是公家定的，代表国家，没有讨价还价的余地。对此，社员们肯定打心眼里不情愿，这可是一笔不小的损失哟。但他们不可能公开对抗。而为了保证自己的"私利"完整，于

— 174 —

是有不少社员动起脑筋，冒着风险和"政策"打擦边球。比如，猪将要出栏了，他们就去山上挖来一种对人无害的草药喂猪吃下，猪吃后就晕死了。然后这家社员去告诉大队上的兽医，说自家养的猪害猪瘟死了。兽医来到社员家做一番草草检查后，会给出一个猪已病死的证明。按公社兽医站规定，害猪瘟死掉的猪必须被深埋掉以免传染。所以这只猪就被当着大家伙的面挖个坑埋了。当晚夜深后，这家社员迫不及待地赶紧着手忙脚乱地去把白天埋下的猪挖出来。这样，一只猪就能被自家全部享用了。其实，兽医和队上其他人都知道这个套路，不过都心照不宣，甚至可以说实际就是"合谋"，因为事实上大家都能从中多少分得些好处的。区别只是有的社员敢这样做，有的不敢做，还是怕万一其他社员中谁和你曾有过矛盾，背地去告发了你。上面认起真来追查，你敢用这种行为欺骗政府，结果自然不好受。

过了春节不久，罗中立他们接到学校来信，要所有学生尽快返校，说接到上面通知要求开展复课闹革命。待在大巴山乡下这几个月里，他们一直都在和学校的临时管理部门通信保持联系，主要是汇报他们在乡下开展的全部革命宣传活动。到了这时，几个人觉得真的已经融入了社员们的生活，很有点儿乐不思蜀了。但他们必须得返校。

离开乡下前一晚做晚饭前，邓大爷从石头灶台背后取出一块被柴烟熏得黢黑的腊肉洗干净，邓大军的老婆下午在自留地里挖回来几个滚圆的大白萝卜，炖了一大锅热腾腾的腊肉萝卜汤。白天邓友仁还被安排着走了十多里路，到山下公社的街上打回来半斤白酒，全家为他钱行。

第二天一大早，邓大军送罗中立他们几个人下山。一行人来到山下，走过山脚下那条小河上的小石桥。站在桥头，大家对望着，罗中立内心里是真舍不得走。但是得分手了。罗中立紧紧握着邓大军的手说：大军哥，我一定还会来看你们的。

罗中立没有违约。十三年后他重回双层生产队，但让他没有想到的是，十三年前那一次和邓大军分手，成为了他们间的永别。

如果罗中立仅有第一次去驷马公社双层生产队的经历，尽管这段记忆肯定不会被从他心中抹去，但后来当他为参加第二届全国青年美展选择题材并也决定了画农民时，在关键时候，很难说他是不是也会主动地马上就想到了邓大爷。毕竟，这时离他第一次学农已时隔十四年多，重点是在这之间，人们经历了一个天翻地覆的时代，从

前的很多记忆可能已在其中被大幅度地冲淡；毕竟第一次去，他的收获不能算大，与山民们的交流也不能说很透很深，而且其间还给他留下过一些不大愉快的印象；毕竟在十四年后，社会背景中的主流也不是农民——这个虽早已被人们熟悉但却也已让人麻木的群体。而且，就算他最终的选择是农民，谁又敢说，他不会是就近走向父母的老家获得素材呢？所以，如果细细推敲一番的话，会得到这样一种感觉，促成罗中立毅然决定了用邓大爷作为他创作的原型的最重要原因，是有第二次去驷马的经历。当然还可以说，因为有两次走进大山，收获就远不再是一加一等于二。特别是第二次去，因为他的行动完全无拘无束，情绪得到任意张扬，心灵恣意的自由和解放，和社员们有更加交心的深入接触，从而使他能细细地、积极地对大巴山这片古老的土地，这片土地上的人和他们的人生意义进行全面的探索、反思，对农民们的了解更直接也更透彻，这就把他第一次学农时获得的印象也大大加强了。大山和社员们从内到外的方方面面，在他年轻的脑海里刻下的烙印更深刻，更强烈，并在他的潜意识中，种下一颗生命力极为旺盛的种子，无论历经多久都保持着勃勃生机，一遇雨露，便立即蓬勃生发。

11

1967年初，上面来的文件要求学生回校开展复课闹革命。在此精神下，罗中立和附中的其他大多数同学先后返回了学校。但遗憾的是，复课并没有跟着他们一起，踏着春天的脚步返回。反之，文革的风暴却越刮越猛。

仿佛只是一眨眼间，好多新的、被统称为"造反派"的组织，就像无数颗野草籽，被一阵狂野的风迅速刮遍全国960万平方公里土地，"轰"地一下就冒出来了。

本来，一个单位里多出了一个或者几个造反派组织，好像也不该是什么大问题。反正都是干革命。然而问题恰恰是，新出来的这些个组织里的很多人员，都是从之前的红卫兵组织分裂出去的，他们和留在原来那个红卫兵组织的人，本来是"一个战壕里的战友"。现在突然，从前的"战友"变成了相互用矛头指向的"敌人"。简而言之就是，之前只有一个阵营，现在出来了截然对立、水火不容的两个阵营，当时俗称为"两派"。最要命的是，这两派都坚称咱这一派才是革命的，是紧跟毛主席革命路线、捍卫无产阶级革命司令部的，而对方那一派是反革命的，是需要被打翻在地再踏上一只脚并予以坚决彻底消灭之的。更多的问题还有，现在出来组织和参加造反派组织的人员已经不再只有学生，大量工人和农民也出来了，还成立有专门的"工纠队"。群情激奋的人，主要依据着自己的认识观，选择并加入这一派或那一派的造反派组织。很多造反派组织的主导者，已经不再是从前的单纯学生，而是社会经验生活经验都要丰富复杂得多的社会其他成员，这也使得文革运动以一种更为复杂的形式，迅速向着更不易掌控的方向发展而去。

至于两派孰对孰错，当时已没有任何法定的"法官"或国家法律可以对这种新生事物充任裁判。在此情况下，结果可想而知。没过多久，两派从初期还遵循着上面指示的"要文斗不要武斗"，演变成一言不合就争吵抓扯、大打出手。再往后，开始学着从电影上看来的当年的红色赤卫队的举动，相互挥舞起了大刀梭镖，演绎起冷兵器搏斗。在最后，两派组织竟然通过多种途径获得了真枪真炮，于是一场在全国范围内、不是你死就是我活的名副其实的武斗粉墨登场。

既然从文革一开始罗中立就被排斥在红卫兵组织大门外，那现在他也无心介入那种要命的玩枪玩炮的游戏。附中绝大部分学生也还待在学校里。总的来看，黄桷坪地区算处于一种比较平静的状态中。当然，平静是相对的，只是说这里没像城里有些地方那样发生过大规模的"激烈"战斗。比如与黄桷坪近在咫尺的杨家坪，就曾经发生过一派动用坦克进攻另一派扼守着的"据点"的战斗，造成不少人员流血伤亡的残酷事实。

有一天，在川美正大门斜对面的501仓库入口那里，突然出现了一大队荷枪实弹的人马。仔细看，有人认出原来是美院旁边不远处电技校造反派组织的学生。他们看中了501仓库这里是一个交通咽喉要道，看中了那些修建得十分坚固的库房易守难攻，看中了库房这里可以居高临下放眼远眺的绝对高度。于是，他们把本来设在不太远处那个偏僻小山坡上的学校里的大本营，搬进了501仓库。反正那时这些仓库都空着；再说就算没空着，要征用也就是一句话的事儿。咱有枪有炮在手，看谁嘴里胆敢蹦出个"不"字！

他们大都是稚气未脱尽的男孩子。一个个精神抖擞，意气风发。绝大多数人都戴了一顶新旧程度不同的军帽，打赤膊，下穿短至膝盖以上、被重庆人称的"火腰裤"。他们手中的武器很杂乱：有个人手提着一挺捷克式轻机枪，好几个人胸前挎着苏式五零冲锋枪，就是表现抗美援朝电影里最常见到的志愿军战士用的那种枪，还有人居然扛着汉阳造，等等。但几乎，每个人都很夸张地把两条子弹袋左右交叉挎在自己的前胸后背。

之后没几天，重庆一家兵工厂和这些学生同一派的造反派武装人员，把当时厂里生产的水陆运兵车开过来一辆，停在仓库的大门前，像是为了帮着学生们助威。运兵车停在那里，车上很夸张地里里外外都站满了神气活现、也是全副武装的年轻工人。其中有一个看着年纪稍大些的男人，靠在运兵车洞开的门边，腰里别着一支二十响的德国大镜面盒子炮，手里还牵着一条异常壮硕的川东猎犬。

凭着记忆，后来罗中立对这个画面画了一张自认为还算精彩的草图，但至今没找到想把它搬到画布上去的那份冲动。

武斗开始后，附中有很多老师因为种种原因离开了学校，特别是单身老师，他们原来住的集体宿舍空了很多出来，也没有专人管理了。留在学校的有些学生就自个搬了进去，觉得那儿更宽敞些，也凉快些。

罗中立照旧住在自己以前住的学生寝室里。

有一天晚上，罗中立来到原来单身老师们住的那栋楼，和搬去那儿住的几个同学拖了几条长板凳到屋顶天台，几个人坐那儿拉开了小提琴、二胡等，自我陶醉起来。音体美活动在文革时并没有被禁止，只是被提倡和允许表现的内容以及功能作用和从前几乎完全不同了。有不少小年轻人，特别是同学之间或邻居的孩子间，还老喜欢三个一群五个一伙地聚在一起自学、自娱。

罗中立他们那晚拉的居然还是小夜曲、小步舞等在那时是被批判和绝对禁止的。幸好能听懂这种音乐的人少之又少。

罗中立和同学们正在自我快乐着，突然听见楼梯上响起一阵很杂乱的脚步声。还没来得及反应过来，就见一群小年轻从楼梯间那道门里冲了出来，一边把手中枪的栓拉得哗哗响，嘴里大叫着"都不准动"。把罗中立和几个同学吓得够呛。

来人中有人很大声、很凶地喝问道，你们是哪一派的？

罗中立小心地回答说我们没参加哪一派，就是留校的学生。

来人又道，我们听到报告，说你们学校里来了外面的武斗人员，我们过来查看。你们看见了吗？

罗中立等几人赶紧回答说没有没有，一直都只有我们几个在这里。

那群人就开始去四下搜找，当然是啥也找不到。这时有一个人放低了些语气，说，既然你们是附中的学生，看来是误会，那算了吧。然后，那伙人相互吵吵着什么，离开了。

他们走后好一阵，罗中立惊魂稍定，才突然发现自己刚才拉的小提琴没了踪影。不用想，肯定是被那伙人中的哪一个偷偷地"顺"走了。

一把提琴那时可是一笔不小的财产。

第二天一早，罗中立就赶回家把这事告诉了大哥。大哥急忙去找了在某个造反派组织里有些地位的一个同学，东转西转的关系，最后找到了电技校造反派的一个头头，一问，才知道那晚来盘问罗中立和同学的，就是电技校在501仓库的造反派的学生。提琴也的确是被他们中的某人给"顺"走了。第二天，有人把小提琴给罗中立送了回来。

从1967年初到1968年8月约一年半的时间里，罗中立多数时间都待在学校，或是回沙坪坝父母家里，偶尔也去哪里走走转转。其间他画了一些记事性的速写，包括军代表进校，还有在石桥铺那里，持枪的士兵遵照中央规定设卡收缴造反派的武器等，也画了不多的几张水彩、水粉，临摹了几张在文革前出版的苏联《艺术家》杂志

■ 临摹苏联《艺术》杂志中的人物画

■ 川美红砖房浴室

上见到的俄罗斯人物画，尺寸都不大。

值得一提的是1967年罗中立临摹的苏联《艺术家》杂志上发表的这一幅人物画。要提出两点。第一，鉴于曾经的苏联老大哥在中国人民口中那时已经变成了差不多是与美帝国主义画等号的"苏修"，当时苏联与中国的关系正处于剑拔弩张、大战一触即发的状态，文革运动则更把这种敌对意识推到了一个极致；第二，他临摹的可不是一幅普通的人物画。画面上，一群在水边洗澡的苏联女孩，而且就在画面的视线中心位置，站着一个面向观众、基本上是全裸的年轻女孩。别忘了，这是在文化大革命中，他居然临摹了表现苏修的裸体女孩的画！

我们绝对不会把罗中立所以临摹这幅画归于他是有意且敢与文革唱反调。不过他此时竟然真的临摹了这样一幅画，其出发点实在有些匪夷所思，甚至到了四十余年后的今天，当我们去回想当时的情形时，都还为他捏着一把冷汗。设想，假如当时有个谁谁谁不管基于什么原因去"揭发"了他的如此行为，结果如何，我们真的无法断定。但至少有一点可以猜测，大概率上，不会再有后来的《父亲》。

还有意思的是，这本《艺术家》杂志是学校红卫兵组织对图书馆采取"破四旧"行动时"抄"出来后，其中一个同学偷偷藏下来的。

1968年春夏，出于多种原因，国家对正在进行的文革运动采取了一些调整。国家需要正常的经济建设，工人需要生产，农民需要种地，学生需要学习，社会需要有序发展。在这样的大背景下，国家开始对文革之前进入大学、中专的学生分配工作，大致上是按照学生们的所学专业，把他们分批地分配出去。

1968年夏末，附中也接到了通知，开始为全体在册学生分配工作。

接到学校通知，不管是待在学校的、家里的，或是还在外面闹革命的学生，都先后赶回校来参加分配。毕竟，一份工作意味着改变一个人甚至是全家多个人的命运呵！

虽处多事之秋，虽然学校的管理机构仍在不健全状态，附中这一年的学生分配工作总的说进行得还算平顺。只有少数几个同学，因为都想争取到一个离重庆较近的名额，出现过一些吵闹。

罗中立完全没有去动过心思想要在离重庆近些的不多的那几个名额里去争得一杯

羹。反之，在他的积极要求下，他被"顺利"地分配到了达县地区。

　　干吗会积极争取去达县？一是之前已在潜意识中生成的与大巴山农民的深厚情感线的牵扯，二是大巴山老区红色革命斗争史还在发出强烈的召唤。罗中立想得最多的还是，可以有机会深入曾经的红区，挖掘当年红军的革命斗争题材。他希望可借以激发出很多灵感，多画出一些反映当年红色革命斗争的好画。说不定，哪天真能从红色题材上走出来呢，他暗暗地对自己说。换句话也可以说，是因为一腔年轻热血的激励，一种革命精神的感召，把罗中立从重庆"迁徙"到了达县。

当理想与现实冲突时，能坚持理想到最后，能把勾画在理想蓝图中的追求实现了的人，一定可以笑到最后。

第五章

1

　　1968年9月末，罗中立站在了达县地区人事局安置办公室里。他手里拿着川美附中发的工作分配派遣单：达县地区文工团。

　　站在地区人事局安置办公室里，罗中立真心实意地告诉负责接待、落实、安排学生工作的人员，说不想去地区文工团，愿意去哪家工厂当一名产业工人，那样既可以接受工人阶级的再教育，又可以用自己所学专业更好地反映工人阶级的力量、表现他们的地位、扩大他们的影响。

　　工作人员听了非常高兴，忍不住激动地连连表扬他，口里直说：很好很好，那你明天来听消息吧。

　　罗中立揣着满腔高兴，离开了人事局。

　　他要求去下面基层工厂，确是出自他真心的想法。之所以会这样，有一个很重要的原因。他觉得，文工团是文化团体，总体上看，属于当时"靠边站"的"知识分子阶层"。而社会大背景是工人阶级领导一切。他现在的身份是学生，他希望不要到了工作单位上后，会被背上"臭老九"的皮。他想成为一个工人，成为最革命的工人阶级一分子。这样的话，今后对子女也应该有好处。就算是一份私心吧。

　　第二天早早地，很期待中的罗中立赶去了人事局，想尽早知道自己重新分配到了哪个厂里。

　　告诉了，给你重新分配了，一家大型钢铁厂，叫做万福钢铁厂，也是地区很重视的最大的工厂之一。人事局刚已通知了厂里,希望罗中立尽快前去报到。

大型钢铁厂?罗中立一下就激动了。他想起在附中参加学工劳动时去过的重庆钢铁厂,想起高炉前工人们那一张张被铁流映照得通红通红的脸,想起学生们在翻腾着熔岩般滚滚铁流的高炉前上过的写生课。他更记得工人们当时的威武雄姿:一个个工人手里紧握着长而粗的钢钎,像古代威猛的武士,前进前进前进!

现在我也可以成为真正的炼钢工人了!罗中立高兴得想大喊出来。

那天晚上他揣着满腔兴奋去了达县一个朋友家中,却被朋友和正在朋友家中的另一帮朋友们兜头泼下一瓢冷水。朋友的朋友们是一帮喜爱艺术的"票友",听说今年从川美附中分来一个学生,正聚在朋友的家中等着认识他。

听了他的话后所有人都很认真很严肃地对他说:你千万不能去那个厂,说是国营,其实它就是解放前的一个私营铁作坊演变过来的。从达县去那个厂要先到万源县城,路途有140多公里。一路翻山越岭,山高沟深,道路艰难,顺利的话车在路上也要走老大半天。还有,从达县去万源,买汽车票就得等几天。而且那厂还不在万源县城边。到了万源你得再在城里住一晚,因为每天只有早上有一趟车从万源城去厂部所在地沙滩。第二天一早,花上一两个小时继续往大山深处走三四十公里,进到一条狭窄的、绵延十几公里的"夹皮沟",万福钢铁厂就七零八落地散布在那道山沟里。那真是一个鸟都不下蛋的地方。

朋友们又接着说:如果你真想当钢铁工人,这里就有一家大型钢铁厂,叫"达县钢铁厂",它就在城边上,不是太远,你可以先去看看。厂里有一个掌权的造反派头头,姓罗,外号"罗疤儿",和你是家门。我们和他也还熟,可以帮你去找他问问、试试。

听了朋友们的话,罗中立犹豫了,决定先去达钢厂看看再说。

从达县城去达钢厂,要走十多华里路,路上还要渡过一条大河,靠木船摆渡过河。过河后一路问路,越走越荒凉,越走越失落。老半天,终于走拢了,定睛一看,与当年重钢学工时见到的、感受到的、留下的印象完全对不上号,半点儿也不是想象中的气势恢宏的钢铁工厂。

毫不夸张,达钢厂给罗中立的印象真不咋地。那时的达钢厂厂房低矮破旧,到处

弥漫着灰尘，厂区周围长满荒草，一条小河从旁边流过，几弯几曲，仿佛是刻意要为这片荒凉之地再添写几笔荒凉。

但朋友和朋友的朋友们再次不厌其烦地给他认真地分析，达县钢铁厂也是地区的一个大厂，关键是，它虽然不在城里面，但离城不太远；它虽然也说不上多好，不过拿各方面去与万福钢铁厂相比，选这个还是选那个，结论绝对再清楚不过了。

达县的这个朋友是经别人介绍给罗中立的，也是文革前从川美毕业后分来的达县地区，在地区文教局工作，身边常聚着一帮钟情艺术的朋友。正是他们，后来让身处异乡的罗中立，得到很多真诚的友谊和温暖。

俗话说"听人劝得一半"。罗中立思考良久，采纳了他们的意见，选择去达钢厂。

第二天一早罗中立又来到地区人事局，希望把自己分去达钢厂。

不过他真的是把人事分配这事想得太简单了。或许在他脑子里，就是除了艺术以外，其他事情都简单。

人事局的工作人员也根本没想到，两天前这个年轻人还主动放弃了地区文工团那个几乎人人都会羡慕的"好工作"，今天却来要求改变昨天的分配。可是从任何一个角度说，人事局都不可能改变已经由他们决定了的分配结果。

天知道，不谋而合似的，这天找到人事局来要求重新分配的，居然不止罗中立一个人，还有十来个前些日子被分配到下面区县去的，因为都对被分去的单位不满意，也跑回地区来要求重新分配。他们中有几人还是远从北京、上海那边分来四川的，都是非常优秀的大学生。

在由计划经济模式决定一切的"铁饭碗"时代，一个人希望按照自己的愿望分配工作，只能是一个单相思般的美好愿望。虽然几年文革的变动使得这时社会大秩序的确呈现为比较混乱的状态，但总的来看，大多数人的思维方式以及各级机构的主要办事原则，依然是惯性地行走在计划经济主导一切时定下的那种墨守成规的框架中。尤其是类似人事局这种几十年里制度和规则从来就如铁板一块的部门，它的工作方式更可以说是近乎于"僵化"的状态。你想让它改变已经作出的人事分配决定，基本上等同于痴人说梦。

当然，之前几年的文革运动的确让人们、也包括从前政府部门工作人员的思想、习惯和处理事情的方法改变了很多，至少，工作人员还会在这里听你讲自己的想法，还会压住他心中的烦躁给你解释一番。这事要放在文革前，想都不要想。在计划经济决定一切的时代，一份工作对于一个人意味着一切，甚至还可以连同着包含了你的政治生命。你不接受组织分配给你的工作？开玩笑！你整个人都是属于组织的，你还要向组织提出这样那样的条件希图满足个人私心吗！天方夜谭！组织上分配你什么工作就是什么工作，除了接受还是接受。你绝不要指望组织上会为了你的私心而改变组织决定、给你分配你个人满意的工作。当然，面对组织的分配你还是有一个选择权的，那就是选择放弃这份工作，只要你愿意做一个无业游民，愿意不考虑家庭，愿意因为哪里都没有把你纳入"计划"，所以每月你都得不到粮票得不到物资号票因而挨饿受冻，还可能要时时接受来自街道（居委会）人员一只眼睛的暗中监督。你也决不要很傲骨地对自己说我可以去自谋生路，可以养活自己和我今后的家人。这样的想法也是不折不扣的痴心妄想，比天方夜谭还要天方夜谭。现在呢，给了你机会提出自己的想法了，工作人员也比较耐心地给你解释了，但结果仍然是：改变分配，绝不可能！

僵持。一群刚走出校门的学生站在达县地区人事局的一个办公室里僵持，为了得到一个工作环境和生活条件都更好些的工作，为了实现他们心中涌动着的某些愿望，他们极力为自己争取着权利。无从考证这是不是达县地区人事局存在以来碰到的第一起大中专学生不服从分配的情况，虽然估计这应该不是最后一起。但它至少从侧面道出了一个这样的事实：人们，已不再像文革前那样，只会、只敢、只能完完全全地接受和服从了。

这时冒出来的一个小插曲，"轻易"解决了这道本来看似非常棘手、而且都无法估计最后结果会如何的难题。

达钢厂那时和全国其他厂矿企业一样，文革前的厂领导基本上都被打成"走资派"靠了边，工人造反组织夺了"走资派"的权成为厂里的实际掌权人。决定厂里大事小事的，不是从前那些一定会严格按规章制度办事的领导，而是决不会按常规出牌的造反组织的核心人员，典型的所谓"一切由造反派说了算"的体现。

朋友们曾提到过的那个罗疤儿，万源人，达钢厂造反派组织的主要头头之一，不知道是谁去告诉了他关于这批"拒不服从分配"的学生的事，也不知道真实的原因是

什么，反正听说是他发了一句话：好啊，我们厂就需要这样的人才。结果，包括罗中立在内的其他十来个当年不愿服从人事局分配的学生，就被达钢厂一股脑儿收了进去。

从此，罗中立的命运就和达钢厂联系在了一起。

2

罗中立进了达钢厂，被分配在厂里动力车间做一个特殊工种——锅炉检修工。很快他领到了工作服，劳保皮鞋，线织白手套。所有做这工作的工人每人每月还给单独发半斤白糖，发一块肥皂。说穿了，这是份很累很吃苦的工作。

罗中立倒没太在乎自己要做什么工作。穿上全套工作服的第一天，他心情激动无比，充满荣耀，脑子里想着的都是：从今天起，我就脱胎换骨，从一个"臭老九"转变成工人阶级队伍的一分子了。用老百姓平时喜欢用来形容一个人非常得意时说的一句话就是，他现在真的是"跩得很！"

地区人事局对这次集体"叛逆"行为导致的最终结果当然不甘心，多次派人来厂里规劝这批学生回到原来分配的单位去。

人事局也有苦衷：一边有原来接收这些学生的单位不断来找他们要人，另一边是这批"叛逆"学生的如此行为显然起了一个很不好的带头作用，在小小的达县城里、在群众中造成了恶劣影响，如果在他们之后分来的学生都学着这样，那我们的人事分配工作还咋搞？所以地区人事局只能坚持，隔三差五地来催这批学生，要求他们尽快回原单位报到。学生们想的是，反正现在达钢厂已经给咱安排了工作，每月领工资，生活有着落了，谁还去管其他的。

天性做事比较稳重又喜好走动的罗中立，看见人事局不断来施加"强大压力"，为防万一，在进了达钢厂一个多月后，他决定去万福钢铁厂实地看看。

经一个朋友帮忙，这天一大早，罗中立在城里搭上了一辆前往万福钢铁厂送货的老式木架子车厢卡车。因为天已比较冷了，罗中立蜷缩在一路上不停地"吱嘎"乱响的木货箱后面，把一件厚实的衣服蒙住头，抵御一刮而过的寒风。

车越往前开，山越见高耸陡峭，天空中飘起小雨来。罗中立没心思欣赏沿途的风景，闭目养神，只在猜想自己本有可能去工作的地方会是什么模样。

经过六个多小时的颠簸，车终于停下了。驾驶员从车窗那儿探出半个头，对蹲在车厢上，还拿衣服蒙着头的罗中立大喊了一声：喂，到万福了。

一路过来，罗中立早被簸得昏昏沉沉的，还被冷风凄雨整得浑身不停地打冷战，试了两下才困难地站起身来。他站在车厢上，一手抓着木栏杆，一手撩开蒙在头上的衣服朝外面看。

先前下过细雨的天空，还阴沉着一张脸。也仅仅才一看，罗中立就被突然袭上来的一种什么感觉给震慑住了。

撞入他眼里的，首先是近处地上漆黑的煤末和褐色泥浆混合成的仿佛永远也不会干涸的浆状物。空气中更清晰可见雨雾般的煤尘，随着气流缓慢地飘浮游移。稍远些，公路往外不到两米处，一道有十余米高的石头堡坎陡然往下方垂去，堡坎下是一条骏黑如墨汁般、约五六十米宽的河，河面正卷起一连串黑色的漩涡，急速朝下游奔腾而去，流淌中还发出让人感到有几分恐怖的涛声。河对岸，石头堡坎上方朝里面去，上翘下翻着许多呈黑色或土黄色或铁锈色的钢铁管道，因为透视的关系，它们就像是前后左右乱七八糟地纠缠着，仿佛真是一团永远也理不清的乱麻。在管道之间，有几座混杂着铁锈色和灰黑色的大高炉怪兀地直立着，有大团大团白色混淆着黄色的烟雾不知是从哪里冲出来的，翻搅在管道和高炉之间，愤怒地腾入空中，渐渐弥漫开去，最后消失在虚空里。在它们的后面，移动视线往上方看去，看见的是陡峭的山坡、山坡、山坡，坚定不移地朝上方刺去，与那团阴沉沉的天空融为一体。

眼前这一派情景，把他原来在重钢学工时对钢铁厂仅存的美好画面彻底击碎！

这时有一个声音在他耳边反复念叨说：先不说其他的，只看这么远这么艰难的路，如果我在这里工作，如果父母亲要来看我，该多么困难！他们千辛万苦到了这儿，却看见一副这么糟糕的模样，会怎么想呢？

罗中立连车也没有下。等那车下完了货，跟着车再次颠簸若干小时，连夜回了达县。

无论万福钢铁厂还是达县钢铁厂，真实都无法和记忆中的重钢厂相比。但两相比较，至少达钢厂离城近，这点比起万福厂来好了多少倍。假如父母要来看自己，也不至于要天远地远颠簸两天才能走到。

罗中立于是决定死心塌地"赖"在达钢厂了。

过了不到一年，国家好多事情开始重新发生变化，按当时说法，叫做"逐步转回正轨"。

在新政策下，厂里造反派头子之一的罗疤儿，另外还有几人，这天被不久前派驻进厂的军代表带人抓了起来，胸前挂块牌子站台上接受批斗。往后罗疤儿应该是被判了刑，再后来就不知去向了。批斗罗疤儿那天，厂里所有人都被要求去参加批斗会，事关你的态度和立场问题。

罗中立又是习惯性地待在了会场最后面的边边上，还是习惯使然，悄悄画了几幅罗疤儿被批斗场面的速写。后来他说，幸好当时没被军代表发现，不然真不知该怎样解释，也许还会被处理呢！从这方面去看，也真应了俗话所说的，"江山易改本性难移"。罗中立真的是一直都没能好好吸取当年在双层生产队开会时、站边边上画了富农而给自己惹来了麻烦的教训。他老是喜欢"隐"在会场边边上，自己画自己的，好像他本就不是来参加这个会的人，而是一个与它完全无关的局外人。

厂里的造反派组织解散了，罗疤儿等造反派头头被抓了。没过多久，人事局又来厂里催促那批没服从分配的学生回原单位。这一次，下了最后通牒：不回去者，一律终止分配工作，回家当你的闲人去吧。

达钢厂新组建的领导班子成员里，有军代表，还包括了好几名刚被"解放"出来恢复了工作的、文革前的厂领导。新的领导班子自然不可能会因为这十多个学生的

"非正常行为"和地区人事局对立，再说服从分配的思想本来就扎根在从前的领导们脑子里。最后，面对新的形势，这一批曾试图与命运抗争的学生自认无法拗下去，只好先后回到了他们第一次被分配去的单位。

唯有一个人留了下来：罗中立。

罗中立那时已经成了达钢厂开展革命大批判宣传的绝对主力。说句夸张点儿的话，他走了，当时达钢厂在地区里正处于一片大好形势中的革命大批判宣传工作，就得被迫偃旗息鼓。

那时文革的极左运动在全国各地还进行得如火如荼。一个单位的革命大批判宣传工作搞得好不好，会直接地、极大地影响到这个单位的诸多方面。达钢厂那时拥有2000多名工人，好歹也算地区里为数不多、举足轻重的几个绝对大厂之一。这一年来，达钢厂的革命大批判宣传，之所以能够在地区开展的大批判优劣评比栏目上从籍籍无名到突然出人头地，然后就始终"占领"着头版位置，正是因为他们的大批判宣传从形式到内容都非常出彩，刊头画什么的都让人称赞不已。罗中立也因此成了达县城里一个小有名气之人。如果现在达钢厂不留他，先别说万福钢铁厂会伸出几只手来抢，就是地区里另外那几个大厂，肯定也会想方设法把他"挖"过去。

出于自身利益考虑，达钢厂不能犯傻，把这块"香饽饽"和"香饽饽"产生的利益拱手丢出去。于是厂里主动出面，找了地区人事局，非常坚决地要求把罗中立留下。破例吧，咱只留他一人。

达钢厂在地区里总还是能够说得上话的，再说如果达钢厂的革命大批判宣传很出彩的话，地区自然也会出彩。于是命运再一次向罗中立倾斜，把他留在了生活、工作都已经熟悉了的达钢厂。

说不清罗中立是不是该对罗疤儿的"歪打正着"行为道一声谢！因为当时如果不是有罗疤儿这种不按规矩出牌的行为，他想不出自己后来会是如何！当然，这也就是一句无关紧要的题外话。但这件事情的确可以引出来另一个思考：那一批不服从分配的学生，真不知道他们这种敢站出来与命运抗争的根源何在、底气何来？

另外，站在今天来看，有一点可以肯定：罗中立留在达钢厂，对他后来的人生际遇所产生的影响，要比在万福厂大得多。首先，离城近一些，由于大环境中的文化水

平、经济水平等方面的不同，必然会导致一个人的见识、眼光、思想认识、行事方法等的不同，总体上说，会比一个蹲在大山沟深处的人强得多。这毋庸置疑。其次，如果罗中立不是留在达钢厂，而是去了万福厂，应该有百分之九十九的可能性，他不会与后来成为他妻子的陈柏锦在达县城里惊鸿相遇。那样的话，他后来的际遇，就更可能与今天完全彻底的不同。

3

自打进厂开始，每天一大早，罗中立穿着一身工作服去参加厂里统一组织的、向毛主席表忠心的跳"忠"字舞，心里的那份自豪感有多大就别提了。尤其，想着自己是一名年轻健硕强壮的"钢铁工人"，那股兴奋加骄傲劲儿真可以说是要多膨胀就有多膨胀。受这种情绪支配，在车间里干活儿，他总是特别卖力，遇到最吃苦最笨重的活儿他都一定会抢着去干。

罗中立做锅炉检修工，一直到1977年参加高考考上川美后离开。这期间，他也曾在车间里"客串"过好多不同工作。那都不是出自领导的安排，是他自己用心去争取来的。原因很简单，当时罗中立是单身工人，按国家政策，每年有十二天带薪假回家探父母，即所谓的"探亲假"。一般情况下，他会把这个假期放在过年时回家享受。受当时的交通工具条件限制，达县重庆来回的路上要扣掉两天，这样一来，一年里最多只能有十天在家。除了陪父母兄弟，还要分出时间拜访朋友，逛逛解放碑，去买些大城市里才买得到的东西，等等。所以总觉得十天太不够用了。俗话说的，连地皮子都还没有踩热，又要离开了。

你当然可以请假在家多耍些日子。但一来，没有特殊情况去请假是请不到的；二来，请事假要被扣工资。那年月，钱本来就不宽裕，不到万不得已，谁愿意只为了想多耍几天被扣工资？你还吃不吃饭？真是开玩笑！因此，为了回家休假时可以多待些日子，罗中立就选择了平时帮其他临时有事的工友顶班，半天一天地积攒，存下来作为自己的休假。反正平时也是一个人，没其他事。如此下来，到春节前打算回家看父母时，加上"探亲假"，他一般都有了一个月左右的时间。这种"假期"，才有一点基本上能玩得够的感觉。他说，为了多存假，他竟然有过三天三夜没睡觉为工友顶班的纪录。

达钢厂是20世纪50年代末期那场大炼钢铁运动中的产物，换句话说，它是在大炼钢铁运动时修建的土高炉基础上慢慢发展起来的。到了60年代末期，厂里的机器仍然很原始，生产条件落后，管理也差。因此，厂里时常发生人身伤亡事故，男女老少都有。罗中立进厂后，就曾经有好多次为在事故中死去的工友画遗像。谈起这，他唏嘘声中带着些许黑色幽默似的说，一段时间里他几乎成了厂里画遗像的专业户。他说，其实每次为死去的工友特别是为那些还很年轻很健壮的死去工友画遗像时，心里都非常地难过。

达钢厂那时的工人百分之八十左右来自周围县区的农民，百分之十以上是复员退伍军人，差不多也都是从农村出去当兵的。知识分子在厂里占的比例很小。出于不同的认识观，工人们对眼中的"知识分子"，还有着很多乡下人特有的思维。比如有一次，罗中立正吃饭，一眼看见宿舍门外有工人家属喂的几只鸡在游荡，童心大发，丢过去几团饭，嘴里一边学着"咯咯咯"地唤鸡。结果被旁边一干工人和家属听见了，笑得前仰后翻，纷纷奔走相告说：你晓不晓得，那个罗眼镜还会喂鸡哟！

罗中立进达钢厂后，工友们都称呼他"罗眼镜"。这首先是没有人告诉工友们该叫他"罗二"，其次是因为他们第一次见到他时，就看见他戴着一副眼镜。戴眼镜的人在那时还算得上"稀少"，所以也特别容易进入人们的视线。那时候人们大多有一个习惯，喜欢把在新来人身上第一次发现的某个特征作为他的绰号来称呼，基本上是从此不再予以"纠正"。人们这样的行为倒不一定包含着什么恶意或刻薄的戏谑，确是当时"放之四海而皆准"的模式。因此,今天你只要听见有人叫罗中立"罗眼镜",就知道此人一定是达钢厂出来的。八九不离十。

进厂不久,天气骤然冷下来,越来越冷。从大巴山里吹来的刺骨的山风,呼啸着穿过单薄的达县城。除了那些有事必须赶着去做不可的人外,其他人谁都不会停留在街上,全待在屋子里守着地炉子烤火喝茶聊天。这也是大巴山区这一方天冷时的一道风景。无论是在城镇居民家中,还是在大巴山深处的农民家里,都看得见这道风景,只不过城里人和农村人聊的内容肯定不同。

但即使是在这种天气的日子,罗中立和工友们还得干活儿。因为活儿是按照生产进度来安排的,不能轻易调整,也有临时出了故障需要加班什么的。碰到要在露天里干活儿,干一阵就会冷得受不了了。这时罗中立会和工友们钻进锅炉房里面去休息一阵。锅炉房里面很暖和。他们待在里面也没事做,罗中立就给工友们讲故事。他讲当时在重庆大城市里社会上很流行的故事,比如"一双绣花鞋"、"十二个高潮"等什么的。

罗中立其实是个编故事、讲故事的高手。很多年后时不时还有这样的情形,他和朋友们坐一起聊天,他很投入地讲着一件什么事,精彩的情节让朋友们都听得十分认真,都认为他讲的就是真实有过的。直到他突然主动挑明,告诉大家刚才他讲的其中有大部分都是他自编的"故事",朋友们才恍然大悟,接着爆发出一阵快乐的大笑。他这个"本领"与他小时候"编排"小朋友们看他制作的"水电影"好像是一脉相承,有异曲同工之感。他这个"本领"在他的创作中或许也有自觉不自觉的"渗透",你如果有心,去细读他创作的画面,就可以体会到后面有很丰富的故事情节。

那些年,蜷缩在达钢厂动力车间的锅炉里,罗中立把自己来达钢厂之前听过的很多故事,一段一段、一个一个地讲给工友们听。

当然锅炉房里并不是他讲故事的唯一地方。

为了能听到罗中立讲故事,吃过晚饭后,只要没其他事,工友们就会把自己每月因为特殊工种发的那份劳保用品——半斤很珍贵的白糖,轮流奉献出来一部分。他们拿吃饭的大号搪瓷缸子,给罗中立泡好一缸子甜甜的糖开水,然后迫不及待的工友们就会大声地喊:罗眼镜,糖开水泡好了,等你了哟!

天气好、不冷时，他们在单工宿舍门外的敞坝子上摆起小凳子扯开场子。遇到天气不好，"故事会"就在单工宿舍里面进行。

罗中立打内心里不想占用工友们珍贵的白糖，推托过好多次，但工友们还是要坚持按照自己的理解和方法来"诱惑"他，因为他们希望他一直把故事讲下去，因为那些故事对他们太有诱惑力了。

开初，脑子里装了不少原来的现成故事，罗中立基本上还按照故事的本来线索给工友们讲故事，偶尔按自己的想象加进去一点儿"辅料"，好让情节更精彩。讲故事的日子多了，他觉得有点儿"山穷水尽"了。这时，他就开始真正地、全面地发挥起自编故事的本领来。他把以前看过的很多中外故事书，名著也罢，一般的书也罢，再结合一些从这里那里听来的民间故事中的情节，东南西北揉一堆，进行一番"艺术"加工，讲给工友们听。这些中外混杂的故事，因其天方夜谭般的大"跨度"、实质上的大"杂烩"，情节本不真实却似乎反而更吸引人，在那样一个文化空白的年代，让工友们何等着迷，不难想象。

就这样，罗中立借着为工友们讲故事，既打发掉了好多无聊的时间，也和工友们建立起来很好的关系。

4

厂里安排罗中立住进的单工宿舍，是一排陈旧的平房，里面住了同一个车间的好几十个单身工友，绝大多数是没结婚的，也有结了婚但家属不在厂里工作的。

所有单位的单工宿舍条件可以说都非常简陋。这一方面是受经济的制约，第二是无论住在里面的人还是单位的管理人员，谁都没有真正把这里定义为"家"，概念中它就只是自己暂且栖身的一个场所而已。

在一个大的室内空间里，厂后勤科安排人把一些木方木条固定在地上、墙上，构成若干小一些的木框架，再用一些粗篾席钉在木框架上，就成了若干个小空间。每个小空间住四五个或七八个人不等，基本上是同一个班组的。每个工人分一张木头单人床，床与床之间留出一两米的距离，可以放一个自己的小木柜子，装点儿生活用品。换洗衣服等则塞在每个人的木箱子里，堆在床下面。床上先丢一张竹条子粗编的人们喊作"篾笆篓"的竹垫，往竹垫上面甩一捆稻草，铺开，放上个人的布毯子、被子。最后，自己还往这床上挂一张粗布蚊帐，算是把其他人隔在了外面那一个世界，蚊帐里面就是属于他自己的小世界了。

罗中立他们这个单工宿舍外，紧靠着是一个压轧车间，每天大多数时候都是机器轰鸣，声音嘈杂，灰尘也大。

罗中立说，那时人年轻，瞌睡大，所以从压轧车间里传来的机器轰鸣声再大都睡得着。

不过也有大家都睡不着的时候。

那是单工宿舍里住某个小空间的哪个工友的家属（老婆）来探亲了的时候。

晚上，睡在单工宿舍里同一个屋檐下的众多工友们，就被迫听着那个工友和他家属在用蚊帐隔成的"自我"小世界里面翻腾，被迫或主动地听着从那个小世界里持续迸发出来的、由两个本来各自为阵但目前正在某种运动之下竭力往一体去合成时发出来的强烈而刺激人神经的诡异声音。起先工友们还是默默地听着，慢慢地，就有那么几个人开始捣蛋，故意和着那夫妻俩闹出的没有节奏的节奏，帮着鼓劲儿，嘴里大声地干吼着"嗨哟！嗨哟！"

那是一个真正无法用语言来精确描述的时代。那是一个有着太多苦涩的、幽默的时代。

罗中立进厂后一个月，领到了工资，27元5毛钱。照当时的国家政策，中专生或大学生毕业后，参加工作的第一年都算实习，第二年叫做"转正"，每月工资也会相应增加几元到十元左右。当然，大城市与小城市，这工资有一些差别。那时叫做"地区差"。

罗中立每月伙食费的开支是 7~8 元钱，其他生活开支比如买牙膏牙刷写信等等花 3~4 元钱。剩下的钱他就存起来。

那时几乎每一个厂矿企业的工人们中，都自发地流行一种资金互助的方式，称为"打汇"。字面理解，就是汇集之意。一般是以一个车间或一个工组为一个"打汇"群，工友们自愿加入"打汇"。当然，这个车间或班组并非所有工友都会参加。应该说不少人基于各种想法或各种原因不会（或不愿）加入这个无息的"打汇"群中。大多数情况下，参加"打汇"的工友一般占到本车间（班组）总人数的最多一半左右。"打汇"的好处是可以帮人解"燃眉之需"。比如某个工友想给自己或老婆买一只手表，但手头没有积蓄，他就会借着"打汇"来实现愿望。

"打汇"的具体操作方法是，如果这个"打汇"群共有三十个人，原则上由参加"打汇"的全体工友抽签定出一个顺序，确定谁先谁后领用这笔通过"打汇"方式累积起来的"巨款"。每月领到工资后，参加"打汇"的工友就从自己的工资里，拿出大家先约定好的 2 元或 3 元或 5 元钱。一般由车间工会的负责人或班组长牵头，从工友们那里收齐全部"打汇"款，然后按照已确定的顺序，把钱交给该月接受"打汇"的这个工友。其他某个工友如碰上家里有特殊情况急需用钱，也可以先行与当月该接受"打汇"的工友商量好，再找到管理"打汇"款的负责人说明情况，负责人经告知全部参与"打汇"的工友知晓且得到多数人同意后，就可以破例，把本月的"打汇"款先给这位临时有特殊情况的工友救急。这种以"打汇"款互助的方法，至少一直延续到八十年代中后期，主要是在中低收入劳动者中间流行。

罗中立也参加了一段时间"打汇"。他倒不是想哪个月得到一笔"巨额"的"打汇"款去为自己买件什么"奢侈品"，他主要觉得，反正自己省下的钱暂时也没有考虑其他用处，能帮到工友们也是好事。

那些日子里达钢厂工人的生活也很差。不过既然全国人民都是缺这少那的，达钢厂是这样也正常。到冬天，食品站杀猪比平时多很多，厂里伙食团就会想法找关系去低价买回来一些猪骨头。骨头上有些肉没被剔干净，四川人称为"巴骨肉"，意思是直接与骨头紧紧粘连着的肉。伙食团买回这些骨头后拿来熬萝卜汤,卖给工人,也算多沾一些油腥。

有过这样的故事。

工友们仔细地把骨头上的肉吃干净了,一个工友把骨头收起来一些,走到宿舍外面稍远处挖个坑,把骨头倒进坑里,又找来一根绳子,在坑口做个活"套"。如果大家运气好的话,那晚可能会有一条这一辈子都没有吃到过肉的狗,闻到骨头发出的香味,循香而来,贪婪地把脑袋伸入坑中去咬骨头,很不幸就会被那活绳套套住。狗越想挣脱,活套反而会拉得越紧。这根绳子的另一头先前已被工友牢牢地固定在旁边某个高处,所以这条被套住了的狗无论如何也逃不掉。一直躲在旁边兴奋又迫切地等候着的一干工友们,这时就会蜂拥而上,棍棒交加,将这只上了"套"的狗打死后,剥皮洗净,躲在宿舍里烹而食之,算作他们一顿丰盛的伙食改善。

罗中立进达钢厂的第一年,全国各地还处在文革两派武斗的后期阶段。守在达钢厂里的这一个造反派组织,和先前从厂里撤出去的另一个造反派组织之间,也发生过一些大小"战斗"。

罗中立记忆中,是进厂有一个多月后,本厂的两派之间发生过一次大打出手的"战斗",过程令人非常后怕。那时,虽然中央已经发出了好多次命令和"布告",要全国范围内的造反派组织停止武斗、上交枪支,恢复生产,但在四川,由于种种原因,武斗却一直持续到1970年初才停止,成为全国交枪之最后。

成都武侯祠里有一副古对联这样写道:天下未乱蜀先乱,天下已治蜀未治。看来,古人也早就对这一方水土的人有着很精辟的认识和见解。

达钢厂的那次大"战斗"发生在一个深夜,天上下着瓢泼大雨。早先撤到厂外去了的那个造反派组织,那晚聚起很多武装人员,突然发难,前来攻打占在厂里的这一派。目的很明确,就像他们喊出的口号一样:"打败反动派","收复失地"。

那晚,两派的武斗人员都是真玩了命,不仅激烈对射,进攻的一派中,还有人抱了一个大大的炸药包,冒着枪林弹雨冲过来准备把一座楼房炸掉。这楼上当时有几十上百号占厂的造反派武斗人员,正拼命射击,以阻挡住对方的进攻。幸好大雨把炸药包淋湿了,没炸响,避免了一次造成重大人员伤亡的惨剧。

两派的攻防战一直打到天快亮了，进攻一派见短时间内达不到目的，于是在很多地方用红色油漆写下了他们不怕流血牺牲，将再次前来攻打，不达目的誓不罢休等"豪言壮语"后，抬着伤亡人员撤退了。

这一场血仗之后，为了避免在厂外的那一派真的会来一次更大的进攻，造成己方人员伤亡，留厂的一派主动撤退进了城，和城里的本派组织会合一起。

那晚的战斗激烈进行时，罗中立和工友们睡在单工宿舍里，宿舍外离着不远处，就是那幢差点儿被进攻一方炸掉的楼房。

那晚的战斗激烈进行时，单工宿舍里的所有人都紧张、或者说是恐惧到了极点，谁也不敢吭一声，在无奈中，听着就在耳边连续射击的机枪发出的震耳欲聋般的"哒哒哒哒"声，听着密集的子弹"啾啾啾"地撕裂空气的声音，听着倾盆而下的雨点裹着风击打在屋瓦上像要把屋顶瞬间炸开的轰鸣声，听着钉在木架子上用来分隔小空间遮挡灰尘的篾席，被不知从哪里吹进屋里来的风粗暴而胡乱地撕开后，在空中随风起舞下发出的"垮啦垮啦"声。

也处在恐惧心情中的罗中立居然也很冷静，但又老是转着一个挥之不去的念头：大概今晚会交待在这里了。

进了达钢厂后，开初的绝大部分时间罗中立都是在车间上班，偶尔会被厂里叫去协助做一些与革命大批判宣传有关的事儿。越到后来，协助的机会多了，彼此很熟悉了，另外他画画的水平也充分展现出来了，他就经常性地被要么是厂宣传科要么就是厂工会借去，为厂里举办的革命大批判宣传栏画刊头，为厂工会举办的各车间文艺演出活动画一些相关的舞台背景之类的。

罗中立很乐于参加这些活动，一是日子可以因此过得轻松些，再则这好歹与自己的专业沾边，与自己的爱好沾边！他也希望努力发挥好所学的专业，让达钢厂在这一个领域能走在地区所有单位的前面，让这成为达钢厂可以在人前拿得出手的一个样板。而那，自然包含了他的一份功劳，同时也可以向人们显出来他画画的水平。

"那时候人的精神都绷得紧紧的，不管是工厂还是学校，基本上都是以画大批判的方式来广泛地、普及型地宣传从中央传下来的精神。我在达县钢铁厂负责画大批判专栏。画这些东西时我从来不会有想法，只是为了完成任务。我记得是1976年上半

年吧，地区里为了开展所谓的反击右倾翻案风，要批判邓小平，我们厂的大批判宣传栏里就画了一只工人阶级的大拳头，把那时被批斗的对象邓小平紧紧地捏在拳头里。画完还没多久，'四人帮'倒台了，我们又按照上面的布置做新的宣传，为了省事，直接就把原来画在这只工人阶级大拳头里捏着的邓小平形象改成了'四人帮'的形象。"罗中立边讲、边笑、边摇头。

5

　　罗中立在达钢厂还做过一件雕塑。

　　大概是在1971年或者1972年，正是达县地区搞厂史教育、狠抓阶级斗争展览非常火的时候，厂里的革命大批判专栏那时在地区里已经很有些名气了。罗中立说他很想借着这机会向人们展示一下，艺术在达钢厂是很有地位的。他就主动去厂部提出，要为厂里做一件雕塑，他说这既是为了宣传，也可展示本厂的良好形象。基于适应当时形势的需要，厂领导很爽快地答应了。因为自己对雕塑翻模等细节不太清楚，罗中立专门回过一次川美附中，找到一些老师作了仔细的咨询。

　　最后完成的雕塑是用水泥翻模做成的，连座全高约四米，宽约两米。做的雕塑考虑了要满足正反两个方向看，考虑了在大统一中要有变化。因此，观者站在雕塑的一个方向看去，右上方的主体是三面飘扬的红旗，旗帜上有一个毛泽东头像，旗帜下方一前一后有两个穿工作服的炼钢工人，尺寸比真人稍小一些。靠后些那一个工人稍作后倾蹲下的姿势，双手握着一柄长长的钢勺在取钢样；前面那一个工人站立的姿势十分抢眼，他右手冲正前方伸出，像是在指引方向，又大有正在放卫星的架势；他左手弯在胸前，紧紧捧着一本红宝书。在雕塑的另一边看，主体也是三面飘扬的红旗，旗帜上也有一个毛泽东头像，旗帜下方，一个工人摆出当时非常流行的类似于冲锋的那一种姿势，右手弯曲当胸，也紧抱着一本红宝书。

雕塑立在达钢厂办公大楼对面的大批判专栏那里，曾经让达钢厂工人们心底真正激起过若许骄傲。

80年代后期，达钢厂搞扩建时，把这座雕塑炸掉了。而今，这座曾经"风光"过的雕塑只活在罗中立保留的一张照片里。

罗中立在为厂里做的宣传工作中，也画过几幅很大的宣传画。有一幅题为"我们一定要解放台湾"。画是在一幢平房挡头的墙上，有七八米宽，三米多高。另外一幅，是临摹的"毛主席去安源"，足足两层楼高。画这幅画时，罗中立还带了厂里安排来学画的两个小年轻人一起。厂里安排人搭好一架高高的木架子，罗中立三人就站在架子上画。为了方便他们一心画画，到吃饭时，还专门安排了工人，拿着铝饭盒从伙食团给他们打来饭菜。送饭来的工人站架子下面一喊，罗中立就放一根绳子下去。工人用这根绳子系好饭盒，再一喊，罗中立就把饭盒拉上去。他们几个人坐在高高的架子上吃饭，同时也休息一下。

那时画的最大一幅画是毛主席像，和悬挂在天安门城楼上那幅很像。画在达钢厂部办公楼的正面墙上。厂部办公楼是一幢老房子，好几层高，木楼板，里面的办公室都一小间一小间的，非常简陋。画之前，先把这一面墙上原来的窗户拿砖头给全部封上，再和好石灰把墙壁平整地新抹一遍。接着搭脚手架，搭好后就开始画。这幅画与之前他完成的那座雕塑，位置上正好形成呼应。

进入80年代后，随着发展和扩张的需要，达钢厂从前的旧建筑逐渐被拆掉或重建，罗中立当年画的这些巨幅宣传画也就碎入了破砖烂瓦之中。

进达钢厂大概三年后，罗中立又去过一次万福铁厂。

那一年万福铁厂向地区汇报，要开展一次大型厂史宣传活动，希望地区能派人支援，帮着做前期的资料搜集、绘制宣传内容、布置宣传场地等工作。地区就临时抽调了罗中立和另外七八个人，大多来自地区的其他工业单位，派去了万福铁厂。

他们去时是深秋，大巴山深处此时天已很冷。晚上，他们两个人挤在一张床上，盖着老厚的被子，还觉得不暖和。时不时地在窗外呼啸而过的山风，不折不扣地营造出与电影《林海雪原》中原始森林的相同气势。

他们这次在万福铁厂待了一个多月。

同去的其他人负责为万福的厂史宣传栏画一些小插图，包括文字介绍等。罗中立也画了几幅插图，但他的任务主要是画一张厂区全景图，用以体现万福铁厂今日的崭新风貌。为了很好地完成这个工作，罗中立在厂宣传科人员的陪同下，花了半个多月时间，攀爬奔走在万福厂区域两边的高山上，完整地看清楚了自己当年没有看清的、在长长的山沟底下蛇行般分布十余公里的厂区。当然，心情不同了，感受也就不同了。

他先以鸟瞰的方式画了几十张草图，定稿后，在厂里给他准备的工作地方，完成了一幅约2米高、3.5米宽的横幅式工厂全景图。画是用水粉和他称为"假国画"的方法综合画成的。他还记得，他让厂里安排人先拿木条钉成架子，再用了很多张层板钉在架子上，拼接好画幅需要的尺寸，最后，把白磅纸平整地糊在层板上，他就在白磅纸上画。

完成这幅画他也用了十多天时间。他说，受说不出的、似乎是为了一种"弥补"的心情支配，画这幅画时，他真的是很上心。他还说它可能是文革十年间自己真正创作的最重要的一幅画，虽有为了宣传而诞生的意思，但也是他少之又少的超大尺寸的纯风景画。

这幅画亮相于万福铁厂的厂史宣传活动中，受到了前来观看、接受厂史教育的领导和工人们的好多称赞。不过，在一个艺术并不真正被重视的年代，严格说它就只是作为一种"花边装饰"的角色出现的，当它完成了需要它诞生的使命后，它也就失去了继续存在的价值。它最后的命运令人甚为唏嘘：20世纪80年代头几年，有人最后见到当年为万福铁厂厂史宣传带来了无数光辉的它，被"扔"在万福钢铁厂部一楼，在那一条黑黢黢的、几乎见不到一丝天光的、长长的过道上，覆满灰尘，孤零零地靠着墙，就像被人们漫不经心地丢在那儿的垃圾。再往后，就渺无踪迹。应该是在不知哪一天，被作为真的垃圾、而且很可能还是被"粉身碎骨"之后，扔进了垃圾堆，被踢进历史的尘封中。

80年代初，一个在万福钢铁厂子弟校任美术课的老师回忆说：我一直知道这张画是很多年前罗中立画的万福厂区全貌图。罗中立他们一行人来厂里为厂史宣传画这张画，我们都知道。我还跟着去混过几天。

好多年后有人再次问到这位美术老师是否知道画的下落，他睁大眼睛呆了半天才说，不晓得，但是多年前就看见它破破烂烂地丢在厂部那里，后来肯定是当垃圾丢出去了。

其实这幅画得到这样的结果也没什么可大惊小怪的，罗中立在达钢厂画的那些大幅宣传画，还有那件唯一的雕塑，不是都得到了同样的结果吗？有意义的是当所有这些实例合在一起后共同来说明的一个问题：艺术，至少在80年代以前，都基本上是为适应社会其他需要而存在的一种工具，是无关紧要的"陪衬"，是可有可无的"花边"。

在达钢厂期间，罗中立临摹过一些小幅的、当时很流行的毛主席像，油画的、或水粉画的，后来送给了朋友。他也创作过两张真正的油画，其中一张约四五十公分大小，取名叫《赤化全川》，发表在《四川文艺》杂志上。另一张约110厘米×80厘米，名为《师傅送我上大学》。

罗中立你那时候为什么没有画更多的油画呢？是因为油画颜料太贵吗？

不是。是因为那时候更主要的兴趣都放到画连环画上去了。是因为从小以来一直就对连环画有种特殊的兴趣。连环画陪伴着我们一起长大。早在50年代初期开始，因为对国家政策、文化、美术等的普及性需要，已有很多著名画家从事连环画创作。连环画带给我们的印象是：了不起！它给我们留下了很多丰富而甜美的记忆，一种难以割舍的情结。

那个时期没有其他创作了。严格说起来，这个时期的罗中立，内心里已经有些淡漠了曾经的要做大艺术家的强烈梦想，至少也是已在自觉不自觉中被深藏心底了。平常除了在车间上班，除了为厂里办大批判宣传专栏，业余时间也会去打篮球。他甚至成了厂篮球队的主力之一，后来还被抽调去参加过地区篮球队，代表地区队到大竹、渠县等地参加过不少比赛。

罗中立进达钢厂一年后，轰轰烈烈的知识青年上山下乡运动在全国展开。之前因

■ 罗中立在达钢厂做的雕塑

■赤化全川

学习成绩好，在重庆外语学校读书的四弟，刚好赶上了这波浪潮。因为二哥在这里，四弟就以跨校下乡的方式，选择了下到达县。

那天四弟他们这批知青来到达县城时，天完全黑尽了。帮助送知青下乡来的一长溜搭着草绿色帆布篷的军车，过了达县通川桥不远后，按安排停在了达县一处公园的公路边。

罗中立挨着路边的军车去一辆一辆地找，心里很着急，嘴里大声喊叫着四弟的名字。夜色中，路上又挤满了地区组织来欢迎上山下乡知青的人，敲锣打鼓，场面显得热闹但也一片混乱。记不得找过了好多辆车，罗中立终于在人声鼎沸中听见了四弟显得很微弱的应答声。他循声望去，看见四弟就站在他身侧边一辆车的车厢里，抬一只手撩起半边篷布，夜幕中清楚见到四弟的两只亮晶晶的眼睛骨碌碌地转，那幅情景在他记忆中也刻下一个永远抹不去的印象。

四弟先把提在手上的小提琴盒递给二哥，然后递下背包、装在一个网兜里的洗脸盆等，最后在二哥的帮助下慢慢翻出车厢下了车。

第二天，罗中立请了假，搭上送四弟他们下乡的军车，又颠簸了五六个小时，来到四弟被安排去的开江县讲治区。区团委一名管知青的干部，大声地宣布谁谁分配到哪个公社后，就有区里事先安排好的人来领着这个或是几个知青前往落户的地方。

四弟一个人被分到了讲治区讲治公社，听着似乎离区中心地不远。

讲治公社安排来了一个人，带着罗中立和四弟下生产队去。那人客气地背上四弟的背包，带他俩在弯弯拐拐的山路上往前走，一个多小时了，半点儿没有停下来的意思，只顾朝前。

罗中立心里有些着急，几次忍不住追问，还有多远？那人嘴里回答说"不远了不远了"。等到又翻过了一座大山，眼前见到的还是数不清的大山，那人照旧朝前，感觉是脚下的路永无尽头。这时罗中立真急了，也火了。他二话不说，大步冲上前去，一把从那人肩头上拖过四弟的背包，抓起四弟一只手，转身就往回走。那人慌慌忙忙跟着追过来，嘴里一边咿哩哇啦地嚷，不知想解释什么。

罗中立不理会那人了，和四弟顺着原路大步往回走。实话说，那时候知青下乡对于所有人都还算个新鲜事物，谁都没有认真地想过，也谁都不知道，以后是不是还有机会可以回城去，至少是不知道哪一天有这个机会。所以，谁都希望能被安排在一个各方面条件都相对好一些的地方。罗中立还有更多一分心思：四弟去到那么远的大山深处，假如年迈多病的父母亲要来看他，怎么走得到呢！

他们急匆匆地往回走，到了离公社街上不到十华里路的地方，这里的田野土地看上去平坦了许多。这时突然听见旁边有人叫四弟的名字。他们站住一看，居然是四弟外语学校的一个同学、一周前才下乡来的，他已经在地里干活儿了。那同学见到四弟很兴奋，几句寒暄，得知四弟的情况后说，干脆留下吧，这里就我一个人，本来先前另外分了一个知青，不知怎么没有来。现在房子还空着呢。

罗中立觉得这里还算不错，离街上也不是特别远，就同意了。之后他们赶到公社，找到负责知青工作的干部，提出要求改变落户地点。幸好，那时知青上山下乡工作刚开始，地方上还没有理出一套完整的头绪，还没有制定出必须执行的强硬规定。感觉是，只要你已经下乡来了，只要下面有个地方愿意接收你，就罢了。

四弟于是留在了这里。

那以后，罗中立只要有空，都会想法去四弟那里，帮着他种自留地，或是帮他收拾、打扫一下屋子等。因为四弟身体一直较弱。罗中立每次去，一般会待个两三天，但也都是只帮四弟干活儿，没画过画。再后来，已办了病休的母亲，也到四弟那里住了几个月。

罗中立谈起母亲很心酸。他说母亲很多年前就患有支气管炎，严重时会吐血。在小龙坎厂里家属区住时，每碰到这种情况，总会有很多邻居赶来热心帮忙，帮着把家里的木门板拆下来当担架，几个男人抬着，几个妇女跟着，紧赶慢赶地把母亲送到就近的医院去。

罗母有一番话让罗中立一想起来就总是很感慨，也很受益。她说：人的健康要自己学会调养，尤其是身体不好的人。人一生就像一盏油灯，灯芯长短是固定了的，如果你把灯芯挑出来太长，亮肯定会亮一些，但亮的时间就短。所以这灯芯你得将息着用。

虽然长期有病但心态一直很好的罗母，于2012年逝世，享寿88岁。

四弟原来也跟着父亲学拉小提琴，后来还跟着重庆印染厂的一个人专门学习过，

加上自己很刻苦，所以小提琴拉得不错。下乡后，常常被召到公社宣传队、县宣传队参加当时流行的各种宣传演出。大约一年后，地区文工团要成立专业的毛泽东思想宣传队，长期在各县作巡回汇演，四弟应邀加入。地区文工团觉得他提琴拉得好，就让他干脆先在文工团干着，答应随后就办手续把他招进文工团。正在办手续时，重庆弹簧厂到达县地区招工，分在讲治公社招。生产队赶紧派人去把这个消息告诉了还在地区文工团排练的四弟，四弟就赶回公社招工现场报了名。重庆弹簧厂得知四弟因为小提琴拉得好、地区文工团正打算招进去，毫不犹豫地来了个先下手为强。招工小组的负责人当即拍板招他进厂，给了他一个定心汤圆。但地区文工团也不愿意丢掉看着就要到手的"香饽饽"，设置了一些障碍。后来罗中立还帮着去与地区文工团有一番不算太小的来回折腾，文工团才放弃了。四弟终于回了重庆，不过最后他并没有去弹簧厂。刚回重庆，他就被弹簧厂的上级主管部门机械局调去了局里的宣传队。

罗中立为四弟被招工回城高兴了好久。

在那个特殊时期里，学乐器、学画画、学体育，是普通大众家庭的很多孩子借以让自己减少一些很苦很累的劳动、得到较好些的生活条件、甚至是改变人生命运的很重要的一条路。因为，那时各条战线的各个系统，都需要有这类特长的人，进入本单位的宣传队或运动队。因为，那是一个时代的需要。

6

在达县生活了一年多后的这一天，无事而四下闲逛着的丘比特，搭着它那支人见人爱的神箭，"嗖"地一下射进了罗中立的心窝。

那是1969年接近年终的一个冬日。

达县地区要搞一个规模很大的"毛泽东思想宣传展览"，展览地点设在城区里从前的一座天主教堂那里，这座教堂原来办有一所教会学校，在1949年后的某个时候，整个教堂应运变成一所学校——达县第五完小，但也有人依旧沿袭着称其为教会学校。

罗中立和地区其他单位一些平时专职搞宣传的人员被集中起来，负责筹办这个大型展览。

这一天，罗中立吃完午饭后走出这座教堂改成的公立学校回厂去。走到当时地区第二招待所外面有一家药房那个地方，隔着几米远，一个年轻女孩朝着他迎面走过来。惊鸿一瞥之下，如有一股强大的电流袭遍他全身，那一瞬间，他整个人和思想都被定格了，不知所以地呆在了那里，只有目光跟得上那女孩，定定地看着她从自己旁边"擦身而过"。他无法克制自己，本能地转回身去，凝望着那个渐行渐远的靓丽背影，终于在拐角消失。这时他心里竟压抑不住地爆发起一个响亮的声音：这辈子，非她不娶了！

他与这女孩人生第一次相见的地方，地名叫做"凤凰台"。他不知道是不是在很久很久以前，当此地被赋予这个地名时，就被人悄悄嵌入了一种与凤求凰相应的暗示，而当若干年后自己在这一天走到此地时，就有幸被这暗示所"俘虏"。

这样罗中立很快发觉自己的心被那女孩俘虏、被带走了。

接下来的日子罗中立变得魂不守舍，他身上出现的这太明显的变化很快被他那三两个平时最要好的朋友觉察到了。刚一问，罗中立自己就已按捺不住，竹筒倒豆子，爽快地吐了实话。

好朋友自然得相互分忧。于是那几个好朋友迅速地、主动地行动起来，按罗中立对那女孩的描述、遇见的时间地点等，多方面打听。幸好罗中立是画画的，可以很准确地描绘出女孩的模样；幸好达县城那时比较"袖珍"，人口也不太多，彼此大都认识。也算应了俗话说的：皇天不负有心人。总之是没过多久，其中一个好朋友就"侦察"到了准确的"情报"，带着极大的骄傲来回话了：那是达高中白校长家的千金，

是我们达县城的美人哟！她老爸也是咱们体育界著名的排球裁判哟！

女孩名叫陈柏锦，那年十六岁。罗中立被丘比特的箭牵着带到她面前时，她刚从贵州回到达县。去贵州不是为了旅行，是为了"躲难"。

躲什么"难"？

初中毕业的陈柏锦，同样面临了上山下乡当知青的命运。她唯一的一个哥哥已下乡当了知青，父母自然千方百计地希望家里这个小女儿能够有什么办法幸免下乡。毕竟，对一个城里长大的十六岁女孩，一个可以说从小被父母"娇生惯养"的女孩，乡下的那种日子，想一想就够受。于是陈柏锦走出初中的校门就进了贵阳亲戚家的门，想的是这就能够不面对达县知青办的人员天天上门来施加压力，催促下乡；想的是或许可以用时间换空间，最后会躲过下乡。但没有想到的是，全力推进知识青年上山下乡的工作并不仅仅在某一个地方开展，其态度之坚决力度之大，岂是一般人能想得到的。

在贵阳亲戚家，陈柏锦很快遇到了逐家逐户上门调查的当地知青办工作人员，他们负责详细了解、认真登记每家符合上山下乡条件的人员情况，不管你是本地人，还是外来者，都必须过"被调查"这一关，绝无"漏网"之可能。他们把自己的工作做得很细很细，他们非常的尽职尽责，持之不懈，反复上门，也包括"突然袭击"。

贵阳"躲"不下去了，陈柏锦只好返回达县。但也许这正是命运的着意安排。她回来没几天，就在县城街头一个叫"凤凰台"的地方被罗中立意外"撞"见。

十六岁的女孩正青春焕发；十六岁的女孩长得白里透红。白校长家的千金、达县城的美人陈柏锦，让青年罗中立开始真正明白了什么叫做单相思。

自从有了这"命运注定"的街头一瞥以后，罗中立进城的次数不由自主增加了。每次进城他都揣着一个火热的希望：能在哪里的街头与这女孩再次偶遇！哪怕只是再看见她一眼！不知真是"命运"的青睐，还是故意的"引诱"，真有那么一两次，他在城里的大街上看见了女孩，但她和父母走在一起。兴奋又激动的罗中立，只敢远远地跟着，跟着一直走出好远。罗中立回忆说，这完全就是我们那个时代人恋爱故事中的一个真实写照。

借着朋友的帮助，他知道了女孩住家的大概地方，就常常有意无意地走进女孩住家所在的那条不太宽、但比较长的巷子，走到离她家不远处从前那所天主教堂的外面去转悠。那期间他画了好些张天主教堂建筑物的速写，一方面是因为教堂特有的建筑风格与城里其他的房屋大相径庭，吸引了他的眼球，更重要的一方面，则是他现在深深地爱着——单相思着——的女孩，就是从这所教会学校走出来的，她家也就在附近。爱屋及乌的意思吧。

20世纪八九十年代的全国城市大改造浪潮中，达县这所随历史而诞生的天主教堂后来演变成的学校，连着周围的其他民房一起化为废墟，回归历史。然后在原来的地基上，冒起来好多幢钢筋混凝土的高楼。从前天主教堂的特色建筑，因为一次特殊的"偶然"，就全方位地永远留在了罗中立的速写中，留在了他深心中，为他收藏住一段年轻的、甜蜜的经历，润浸着他一股浓浓的甜蜜情怀，为他沁发出永远朝气蓬勃的芳香。

有一天罗中立的朋友告诉他，说陈柏锦还是下乡去了，就下在达县城西外出去离得不很远的一个公社，但那时走路去，也要两三个小时。

罗中立就好多次自个儿从厂里一路走去了那个公社。

每次他去，都会先在心里自言自语说，我是下乡去写生的，我是下乡去钓鱼的，可不是为了找谁谁谁的。不过每次，与此同时，他也总能听见心里响起另一个声音，对他的这个说法断然地否定。

不管怎么说，因为不知道女孩具体下乡在哪个队，罗中立只好一个人在这公社街上"游荡"。他并不在乎走这几个小时的路，也不在乎在公社街上会"游荡"多久，他在乎的是能在哪个拐角，或者公社街外哪片乡间地头与女孩再次突然"偶遇"。每当他走到场口外，站在那里，看见不远处的坡上、地里有社员在干活儿时，他都会赶紧悄悄地凑近些，去看看那些人中有没有自己心爱的姑娘。

但命运却没有把"偶遇"的机会再给予他，无论是在她住家所在的那道小巷子里，在公社街上，或者在街外的乡村田间地头。

罗中立像夸父逐日般追逐着自己心中的深爱。虽然他现在看不见真实的她，但他在脑海中可以清楚地看见她，心里真切地感觉得到她。他很坚持，也很执着，他一贯行事本就这性格，何况现在是追求自己的真心所爱。不过让他也完全没有想到的是，

■ 达县天主教堂

■ 达县东风桥

这幕单相思剧竟然"毫不留情"地让他一演就演了四年！他热切期待中与女孩的第一次正式约会，竟然一等就等了四年！这四年是怎么过来的？他无法用语言表述，因为要说的话，那就太多太多了。但他可以让你看看这期间他画的好多张自画像，看出现在每张画面上的那同一副充满憔悴、充满惆怅的脸，看它透出的失魂落魄的神态，看它那整个儿一种"病中吟"的小资样，你就明白了。那些都是他独自穿行在达县城的大街小巷里、踟蹰在乡间的小路上，满怀着能够与自己单相思中的女孩再度"偶遇"的强烈渴望却不果之后画的。

终于，在1973年的一天，遵循着当时男女青年"交朋友"最传统也最流行的一种方法，经过一个好朋友的朋友的朋友——当时叫做"介绍人"——的穿针引线，罗中立把自己的爱慕"曲折地"向心仪的女孩表达了。

表达是表达了，但女孩并没有一口答应。谁知道谁呢？我不认识你。我的爸爸妈妈也不认识你。

再经过了好一段日子，还是通过朋友的朋友介绍、帮助，在终于总体上了解了罗中立的情况后，女孩才通过自己的朋友转告了为罗中立热心奔走的"介绍人"，现在咱知道你啦，可以进一步接触。

罗中立从"介绍人"那里得到这个跨越了一千多个日日夜夜才辗转而来的喜讯，赶紧的，给陈柏锦写了一封信，托朋友转交去。信里他详细地介绍了自己的主要情况，借着机会倾诉了一番心中的激情感受，更主要的，是希望她能够同意双方见面，可以与他正式建立恋爱关系。激动中的他并没忘记主动提出希望见面的地方。

好多年后罗中立笑着这样总结说，他和陈柏锦的恋爱故事，完全就是从前文学小说中读到的那种很典型的小城恋人的浪漫爱情故事。

罗中立从川美附中分配到达县时，从达县老城区原来的纺织厂那里出去，来到达县人口中说的州河边，就看见一座桥。这座桥修建于抗战时期，站在凤凰山下，长三百余米，飞跨州河，是当时四川公路建设史上最早的一座用钢筋混凝土修建的大桥，官方沿用着它修建时的名字"通川桥"，但本地人习惯上也把它叫做"铁桥"。

罗中立从附中分配到达县时，"通川桥"是州河上唯一的一座桥。不过因为已不能满足当时交通发展的需要，所以另外一座桥正在修建之中。1969年，新的大桥建

成,为了迎合文革中的政治需要,顺应革命潮流,这座桥被取名为"东风桥"。顾名思义,是应和"东风压倒西风"之意。

罗中立从厂里进城,都要从东风桥上走过。

罗中立每次走过东风桥,都会很自然地联想起很流行的一句话:"不是东风压倒西风,就是西风压倒东风";或者,还会不由自主地在心里哼起一首流行歌:"东风吹,战鼓擂,现在世界上究竟谁怕谁。"

罗中立走过多少次东风桥肯定已经记不清了,但他永远能记得最清楚的就是这一次:他走上东风桥,与自己苦苦单相思了四年的漂亮女孩第一次正式约会。"东风桥",就是罗中立写信给女孩约好第一次见面的地方。

约在这里有什么特殊意义吗?肯定没有。可能只是一种无意识下的惯性思维使然,因为那时候东风桥建成还不算久,人们有事没事都喜欢往这个"新鲜事物"那里去走走看看。

这次罗中立走上东风桥时脑海里没有想起那句很流行的话,嘴里也没有哼着那首流行歌,他整个心已经被爱的热流充盈。

不过也许,在走上东风桥头之前,他心里还是条件反射地哼起过那首流行歌的。不过也很可能,他心下已经偷笑着对歌中那句疑问句的歌词给出了另外一个回答是:现在世界上,罗眼镜要怕"老婆"了。

为什么不呢?如果是为真爱而"怕",这"怕"是值得和应该的。

罗中立就这样走上了东风桥。

达县东风桥从此成了罗中立心中的人生路上一个最重要地标。1975年6月中的一天,他专门去画了一张东风桥小水粉画,用笔在下面专门写了一行字注明:与柏锦第一次约会的地方。注明的目的倒不是怕会遗忘会混淆,因为这个图像早已变成了他心的一部分。注明的目的是强调,为了让自己每次一看到这行字,都可以重新收获当年第一次约会带给他的那份永远浓醇芳香的甜蜜。

罗中立和陈柏锦确定了恋人关系后大约两年,陈柏锦招工进了达县地区纺织厂,做了一名检验工。自此,两人间的距离更近了一步。

命运之神把陈柏锦带到罗中立身边,也许不仅仅是为了让她和他一起演绎一段浪漫的爱情故事,不仅是为了带给他一个聪明贤惠漂亮的妻子,不仅是为了让他们组建起一个为人称道且羡慕的充满爱的家庭,而似乎更是为了要让这女孩在某一个必需的时候站出来,给他以鞭策,"助"他一臂之力,让他走上那条他本应该走、却几乎失之交臂的人生路——参加1977年的高考。因此从某种意义上说,陈柏锦的出现,保证了一个完整的"罗中立",保证了中国当代艺术史上这一块"里程碑"得以被顺利地竖起。套用一句比较老套的说法,叫做"每一个成功男人的背后,都站着一个贤良的妻子"。

1978年,已成为川美学生的罗中立回到达县,和自己一开始就决定了愿意"怕"一辈子的女孩——陈柏锦——结为伉俪,并一直恩恩爱爱,践行着他当初悄悄给自己立下的"怕"的约定。

这场婚礼是在达县当时世人皆知的红旗旅馆进行的。与今天大多青年人举办的婚礼仪式相比较,用"进行"这个词儿明显太夸张,因为他们也就是邀请了几桌人——双方主要的亲朋好友,坐在一起吃了顿和平时相比多了几个荤菜的饭,热闹了一番,仅此而已。

当然,在那个年代,谁谁的婚礼,差不多都这个样子的。

1977年的秋天本来和1978年的秋天也许并不会有太多不同,但全国恢复高考的消息,却把1977年的秋天在中国历史上记下了浓墨重彩的一笔。而四川美术学院将在达县地区设点招生的消息,则更是有如一声惊雷,震动了这个坐落在群山下盆地间的小城,也让达县地区里众多文艺爱好者为之激动,辗转反侧。

历史后来才向我们揭示说,当时达县地区至少有一个人最应该激动并行动起来。但事实却是,他当时却没有激动更没有行动起来。

他就是罗中立。

此时的罗中立全副身心都沉浸在将要和自己已相爱数年的女孩结婚的兴奋中。工作之余稍有闲暇,他就往山里跑,去采买合适的木料,去八方寻找巧手的木匠。他用心地计划着要为自己未来的小家庭打造一套非常满意的家具。

罗中立这样解说自己当时的情况:1977年国家恢复高考的消息刚传来时,我真的没怎么激动,那时我正在准备着成家。白天有空我去山里买木料,晚上做家具,也随

便画几页连环画。

没怎么激动的罗中立，不知真是因为从前曾经的想做艺术家的彩色梦，已被这些年日子里透出的明显的苍白单调给冲淡了，还是因为已把所有的激情都转向了另一个彩色梦：结婚安家。

不过同时又有一个很有趣的插曲是，没有因高考消息怎么激动起来的罗中立，却非常积极地去鼓励自己身边的朋友，包括原来从附中毕业的，还有几个喜欢画画、平时常围着他转的小年青人去报名参加高考。他就像是一个十足的旁观者，正在发生的、让多少人热血沸腾的高考报名，似乎真与他毫不相关。

但是有一天，罗中立满脑子的结婚成家美梦被一个突然而至的电话打断。电话正是女孩打来的。在电话中她对他说：罗二哥，爸爸妈妈说，现在机会已经送到门口了，你的学生都报名了，你也应该去报个名呀！

罗中立从女孩话中听出了殷切的期望和热忱的鼓励，更为重要的是，饱含着的极大爱意。冲这，他毫不犹豫地回答：好，我去报名。

这就是爱的力量。或者，也真有几许"怕"的成分在其中？

那天罗中立上完班后，回到宿舍，找出好几张自认为还满意的素描和速写，赶往城里的高考报名点。

从达钢厂进城，沿着州河先走十几里路，在塔坨渡口那里坐小木船过河，继续往前走一段，过东风桥，进城。

罗中立走到塔坨渡口那儿时，天已黑尽了。他站在河边，没有见到摆渡船，融入满眼的是渐次渐浓的夜色，融合着依稀的雾霭，和一江静静流动的江水，有些像他此时心里的感觉，无波无浪，却蕴含着汹涌。他像所有想要过河的人那样，扯开嗓子大吼了一声：过——河！

这一声大吼换来了雾霭深处一声响亮的、拖长的回应，"来——了！"然后，先有一盏昏黄的马灯的些微之光撕开薄雾撕开夜帘，接着，一条小木船的轮廓滑进罗中立眼里。

这一声"过——河"和"来——了"，像是生活中某一个节点的一句暗语。也就是这句"暗语"，帮助罗中立得以从州河的此岸渡到了河的彼岸，得以从人生的此岸渡到了人生的彼岸。

把罗中立渡过河去的那个艄公今天还能找到吗？

艄公肯定找不到了。但好多年后，罗中立的画中一直有一个分量很重的"过河"系列。虽然画面上出现的照例是他一贯表现的大巴山乡下人物：农民农妇，或带着他们的孩子，牵着他们的水牛，背夹里背着他们的猪，或是上街去赶场或是赶场归来，或下地去干活儿或是干完农活儿归家，等等。谁知道呢，罗中立如此热衷于从多角度、多情景地表现"过河"这个题材，除了它是他在乡下发现的农民生活中的一个常见场景外，是不是与他潜意识中的这一次"过河"也有极大关联呢？还有，罗中立有没有这样地问过自己，假如那天傍晚他没有能够在塔坨那里渡过河去，后来的人生篇章又该如何书写呢？

夜已晚，罗中立才走进了达县地区招待所，敲开了高考招生办工作人员住的房门。几个工作人员那时都已经洗了脸脚，准备睡下了。

满心激动也是满头满脸热汗长淌的罗中立，被招生办工作人员的回答给兜头泼了一瓢冷水。

招生办里负责的那名军代表，看着眼前这个被汗水洗涤着一脸尘土的年轻人，不无遗憾地叹了口气，说：你来晚了，今年的报名今天下午已经截止。明年再来吧。

罗中立不愿就此放弃。自觉不自觉之中又是他一贯的行事风格占了上风，认定了的事，他会坚持，坚持到最后一刻。

他很诚恳地对几个工作人员说：明年就真的晚了，明年我的年龄就超过报考条件了。

接着他又赶紧解释，自己是达钢厂的工人，白天要上班，只能下班后才赶来报名；因为厂里到这儿不近，要走很远的河滩路；因为路上要过河，得等摆渡船，所以，来晚了一些，但希望能够破例给一个机会。

在场几个工作人员听了他的话都动了恻隐之心。是啊，一个工人，一生中只有这一次机会了，多不容易啊！

其中一个工作人员是从达县一个单位抽调来协助招生的，认出了在达县已小有名气的罗中立，就在旁边帮着说了几句好话。

然后招生办的几个工作人员又看了他带去的画，知道了他是从川美附中毕业分来达县的，更心动了，互相看看，有人小声说，破个例吧，毕竟这也不算太违反原则的事。

罗中立的名字，于是被补在了1977年达县地区所有报名参加高考的考生最后一名。

处于文革结束后不太久的人们，那时心理上大多表现为一种既珍惜人才、同情弱者，在一般原则的事情上也可以放宽些尺度的状态。

那年达县地区高考招生办这几位工作人员这个简单的破例，三年后，在中国当代艺术之路上，留下深深的痕迹。

他们可能至今都不知道，今天的"罗中立"，就是那晚被他们补在了报名参考生最后一名的那个年轻的钢铁工人。

但我们应该在这里对当年那几个为罗中立参加高考报名破例的工作人员真心地道一声：谢谢你们！

罗中立后来开玩笑说，我那年高考报名，就像是跑着去追赶一趟深夜的末班车，在它关门的最后一瞬间，被人从屁股上一脚给踹了进去。

好多年后在一次采访中罗中立更这样说：大家都说是《父亲》这幅画改变了我的命运，但我觉得，实际上是我参加高考报上了名改变了我的命运，更归根结底，是我的夫人改变了我的命运。

罗中立用这样的言语，反复地强调着他当年在心底暗暗许下的对自己热恋中的那个女孩的"怕"和爱。

好多年后的有一次，罗中立也透露了当年最后决定去参加高考报名的另一个次要原因：大学毕业后，进厂第一年就可以得到四十多元人民币，第二年就增加到五十多。而作为中专毕业生进厂的他，当时工资还不到三十元。

不过这个原因真的只能算"次要"，尤其拿它和自己心爱的女孩打来的那通电话相比较的话。

1977年的中国高考，考生的考试内容包括语文、数学、物理、化学、史地（按当时中学生的课程，历史地理合二为一）、政治等几门课程，分文科和理科两大类考试。

—218—

报考外语专业或美术类专业（非专业美术院校）的，则需要加试外语或美术内容。而报考专业美术院校的考生，文化课则参加语文、史地、政治考试，另外要参加单独举行的美术专业考试。

达县地区这一年的高考，文化课考场设在达县第一中学里。

罗中立说也许他和达县第一中学有些渊源，文革中他和附中两个同学步行串联回达县，就是在这所学校里住了几晚。

几场文化课考下来，罗中立如在云里雾里，感觉很不好，没把握。好歹是硬着头皮考试完了。但他对自己说，假如考"栽"了（四川俗话，失败之意），那一定是"栽"在作文上，因为作文分多，恰恰他觉得考试中自己的作文写得最差。

美术专业考试，在达县地区师专校园内的篮球场大坝子上进行。

达县地区虽然是大巴山深处一个贫困老区，但这好像并没影响到有很多人热爱美术。至少，1977年美术专业院校的高考现场出现的事实很能证明这一点。那么冷的冬天，偌大的一个坝子上，黑压压地坐了好几百号考生。

考试内容呢？罗中立记不太清了。常规性的吧。

美术专业考完，罗中立感觉到回来了很多底气。有了比较就有了鉴别。这时他有充分的信心，自己一定是所有参加美术专业考试考生中画得最好的。

年历轻轻翻过一页来到了1978年。具体是什么时候不太记得起了，只记得当时天气已在转暖。初春，大巴山上冬天积下的雪已在融化。

那一天，罗中立照旧在锅炉房上班，突然工友转来厂宣传科的电话，让他马上去一趟。赶过去的这一路上他老在想，这次又是什么宣传任务？这次要画什么画？

这次，罗中立要给自己画一幅背着背包回四川美术学院的画：《师傅送我上大学》的翻版。他是不是真的有点儿"先见"之明，早早就画了一幅《师傅送我上大学》？

厂宣传科的干部一见到他就笑逐颜开地大声嚷了起来：罗眼镜，这回你要请客哟！

从那天开始，达钢厂的"罗眼镜"成了好多人挂在嘴边上谈论的话题。特别是和他同车间同班组同睡单工宿舍的那些工友，几乎是逢人就说，口气中还透着压不住的骄傲：晓得吗，罗眼镜，我们宿舍的，要上大学了！

多年后，逐步公开的消息让大家知道了1977年恢复高考时一个这样的真实，也所以让1977年的秋天更增添了一抹光辉的色彩。

1977年8月初，邓小平在北京人民大会堂江西厅召开"科学与教育工作座谈会"。会议讨论到当年恢复高考是否来得及时，邓小平听完其他人的意见后，当即态度坚决地说：既然大家要求，那就改过来，今年就恢复高考。

与会中有的同志解释，今年的工农兵招生方案已经发下去了。

邓小平最后表态：发下去了可以收回来，顶多今年推迟几个月招生。

所有参会人员、甚至包括人民大会堂里为参加会议人员端水送茶的年轻女服务员听到了这个决定，都情不自禁地跟着站起来，鼓掌达五分钟之久。

于是1977年12月，全国近五百八十万考生，走进了各地的高考考场。若干人的命运由此改变，国家后来的全面发展也由此揭开崭新的、创纪录的一页！

"罗眼镜"就是全国五百八十万考生之一。

"罗眼镜"更是达县地区1977年参加美术院校专业高考而考进四川美术学院的唯一一人。

■ 打倒"四人帮"后的漫画，1976年

当历史开启创造新纪录的帷幕时,所有人都是站在同一条起跑线上的。作为裁判的历史,不会给予任何人一丝"抢跑"的机会,但是会给予所有参与者提前做好准备的机会。最后的成功,只给予做好了准备的人。

第六章

1

  1978年春天，四川美术学院迎来了文化大革命后第一批经过正式高考入学的各专业共56名注册本科新生，另有五十多名进修生。

  按川美当时一脉相承下来的办学招生数惯例，一个年级招了五十多名新生，也没多少太异乎寻常之处。但是，如果知道这五十多人是从接近六千名报考生里面脱颖而出的，它就显出些特殊意义来了。

  或许数字本身也并不寓意着什么特殊意义，但所有在这一年进入全国各大高校的学生，后来都被冠之以一个在中国广为流传、广受欢迎、广为自豪的名称：七七级。

  1977年的高考不仅在中国历史上空前绝后，在世界高等教育史上也绝无仅有。

  七七级的考生喊着"一颗红心，两种准备"的口号走进考场，又在最后填报学校的志愿表中写下了"接受祖国的挑选"。尽管如此，七七级的录取率还是创下了中国高考史上的最低。

  有人用这样的几句话来对七七级作了一个概括：一个在中国高等教育史上十分特殊的群体，一个历经艰辛终得到改变自己命运的机会的幸运群体，一个真正体现了大浪淘沙始见金的群体，一个饱经沧桑、却靠自己坚持不懈的努力脱颖而出的群体。

  七七级的学生年龄最大的超过三十岁，最小的刚满十五岁。整整差着一代人。因此，有的学生已是牵着自己孩子的家长，有的则还连恋爱是什么也完全懵懂。所以，有的学生待人处世干练"油滑"，有的则干脆就像一张白纸。

极少数七七级学生是当年的应届高中毕业生,也是七七级同学中年龄最小的。大多数七七级学生都有过在社会底层艰苦打拼的经历,包括上山下乡的知青、留城镇的社青、支边兵团的支青、带薪学习的工人、解放军战士等;他们不怕吃苦,个性趋于坚定,思考独立,不轻易附和,有抱负有理想,面对任何困难都敢于用自己的努力迎头而上,或许,这也是因为在他们的成长期都背诵过无数遍"一不怕苦、二不怕死"的语录?

最主要的一点是,七七级绝大多数学生都亲身经历过、至少是见过文革十年中包括那些一日三变似的变化和"变故"。他们对那些曾经被奉为"神谕"一般的教条厌恶并痛恨。绝大多数学生都是在文革大力宣扬"读书无用论"的日子里依然坚持读书学习的人,刚刚经历过的一切都让他们深感机会得来不易。所以,当时社会上的人们见到的七七级学生,一个个都像是患上了"知识饥渴症",差不多是以一种自虐般的方式、近乎于疯狂的程度在学习。而同学间相互"攀比"成绩,不甘落在他人之后的"快马加鞭"的奔跑或追赶,更是家常便饭。他们因为自身曾经的不放弃和努力争取,终于作为"天之骄子"走进了关闭十一年后重新打开的高校的大门,心中自然而然地会沸腾着那种"天下英雄舍我其谁"的傲气。这些,也注定了七七级学生必然会出人才。

多年后罗中立这样总结说,学院教育对我之后在艺术上能真正取得大的成就功不可没。如果没有大学这四年专业化、系统化、综合性的学习,我难以想象,留在达钢厂的自己会怎么样。虽然,学院教育绝不是成才的唯一道路,但却肯定是成才之路中最主要的一条。比如说,当年我读附中时也有几个画得很不错、很优秀的同学,后来因为没进大学继续学习,留在了社会上。一二十年后,实事求是说,他们在艺术上都没有建树,没能出头,拿他们和考进了专业学院学习的同学相比,真不可同日而语,真的很可惜。所以从这一点上,我也看到、认识到了学院教育对于培养人才、发掘人才、并使一个人能成为优秀人才的重要性。因此,在我后来被推任川美院长后,我也就非常清楚,对于学院的教学这一步,我该怎样走。

罗中立的一个同学何多苓,有一次在接受采访时,也谈到了和罗中立这样相同的认识。何多苓说,"美院的气场很重要。我们当时那么多一起画画的,没有去读美院

的后来都淡出绘画了，都不画了，所以必须要在那里去经历才行"。

罗中立以七七级新生身份重回川美校园之时，当然并没有达到这样的认识高度。但至少，今天从这一个角度来评估，并考虑到罗中立后来对中国当代艺术做出的贡献，考虑到无数七七级学生为后来中国的改革开放大发展做出的巨大贡献，我们更有理由，对让恢复高考在1977年那个金秋站上了中国历史大舞台的所有人，也对那些破例让罗中立报上名参加了高考的所有人，发自深心地说一声：感谢！

相信在罗中立自己心中，也无数次地这样说过：感谢！

重新走进川美校园的罗中立心情是欣喜若狂的。

重新走进川美校园的罗中立心情是奔放不羁的。

重新走进川美校园的罗中立心情也是充满了矛盾的。

重新走进川美校园的罗中立更是处在一种紧迫感和必须拼搏前行的双重压力下的。

身份变了。

从前你是川美附中的中专生，现在是四川美术学院的大学生。

身份变了当然并不意味着后者的专业水平与前者相比也发生了变化，比如说是变得更高了。就像你从一间屋子里一步迈到了门外，此刻的你还是刚才站在屋子里的你。不同的是你刚才站在屋内的"阴影"中，现在你迈过了一道门槛站在了屋外的"一片阳光"下。这时你的眼睛反而可能是啥也看不清。无论你有多激动多兴奋，无论你知道屋外这大千世界有无穷无尽的宝藏，它也改变不了你还是从前的你这个事实。你需要相当的时间去适应置身的新空间，一步一步努力去探寻，才可能在某一个时候发现宝藏，带着宝藏，穿过无数迷津小路，最后走进属于自己的那一片也洒满阳光的广阔天地。所以身份变了，只意味着你获得了走进大千世界的机会，拥有了可以去寻找、发现、得到宝藏的机会。说到底就是你得到了实现自我的可能。

有基本没变的。

宿舍还是在读附中时的同一栋楼里，不过已从附中住的一楼搬到了楼上的寝室；另外，一个寝室从附中时住六人减到住四人。同寝室住了他，张晓刚，朱毅勇，秦明。十来平方大的寝室里摆了三张上下铺床，六个床位，住了四个人，空出来两个床位，几个人就可以放些简单的日常用品。寝室中间放了一张长桌子，供生活学习使用。

上课的老师大都还是读附中时就熟悉的，也有一些原来在附中教书的老师现在也"变"成在学院教书了。

有完全没变的。

寝室的床还是附中时的上下铺木床，还是铺着粗糙的草编垫子，还是过上一段时间就必须得把草垫子丢到重庆的大太阳下面去暴晒，好把藏在草里面正活得有滋有味的臭虫、跳蚤等小动物晒死，好让自己晚上能睡个安稳觉。幸好在"三大火炉"之一的重庆城，并不缺少灼人的烈日，除了冬天。冬天也有办法，烧一大壶开水往草垫子上浇就行。

有变得很多很多，变到三百六十度完全翻了个转那种感觉的。

入学还不久，罗中立就已明显感到，校园生活的各方面与自己记忆里的附中生活，都发生了一种可以说是根本性的变化。比如，读附中时如果要一门心思努力画画就会受到"压制"，还可能被戴上"白专"帽子；比如，读附中时隔三差五地老是会有一次接一次的"运动"，说的都是为了落实"狠抓阶级斗争一根弦"、为了把学生培养成为合格的为无产阶级服务的人才，却完全不顾是不是因此会把人的神经绷紧到马上就要断掉、会因此使学生不能正常学习教师不能正常教学。但如果学生到毕业时都只长于喊口号，那又凭什么说他们已经成为专业人才了呢？而这样的情况现在明显已经被搁到很不明显的地方去了。现在，改革开放的大道在人们眼前展开，通过自己把握命运走进了大学校园的学生们，生活在一个崭新的天地里，每个人的行为举止与从前相比都是一派脱胎换骨，精神自由、思想上空前解放。你想画吗？那你就尽情画吧，想画多少由得你高兴，只要你有时间有精力有经济。

人人都有一种似乎是随时可以飞起来的感觉。

举一些最明显的例子：同学们平时说话都喜欢专门拣用最野性、最粗俗的言词，仿佛觉得这样才够表达出心里感觉到的恣意和率性。同学之间讲话，几乎任何时候都把嗓门放得高高的。走着路，会不时地几跳几蹦；如果正好走在木地板上，还会高高地提起一只脚去把楼板跺得"梆梆梆"地响，就像是不把楼板跺穿决不罢休一样。进教室或是回宿舍，也基本上都不会用手去推门，更别说什么要轻手轻脚地、有礼貌地推，而是抬起一条粗腿去，猛一脚把门踹开。

晚上，图书馆、学生寝室按学校的熄灯规定，到点就熄灯了。灯刚一熄，许多同学就骂开了粗话，边骂边敲桌子还砸玻璃，发泄心里其实并非具有真正抗议意义的抗议。一阵任性的骚动和"抗议"过后，他们会"无奈"地去"整"亮早就准备好的各种稀奇古怪的灯，包括墨水瓶做的油灯、自制电石灯、商店里买的马灯、吊在上铺床厅木板上的手电筒等。于是，摇晃闪烁的、昏昏黄黄的灯火，就会星星点点地映照出这里那里的学生寝室的窗户，好多灯都会一直亮到天明。

学生们用如此这般的行为，传达着在心里激荡的解放和自由感。

学校对学生们的这些行为不管不问。

因为校方与学生之间的关系也改变了太多。

学校表现出来的情况总体是，学校的管理者、重新回到各个管理岗位上的行政人员、教师，他们很多人在文革中被迫扮演了被批斗、被挤压、被靠边、被"打"成坏分子甚至现行反革命的角色，到现在相当一部分人还未平反、未摘帽，所以，大家都还未回到文革前那样严格有序的、有过之而无不及似的强势管理状态中，反之，做任何事都特别的小心翼翼，表现为一种刻意的磨合。有时候和学生说话，他们甚至表现得有些低声下气。大感觉是，谁都不清楚未来的走向，不太把得住未来的脉搏的意思。

不过有很明白的一个事实是，很大程度上，学校的管理者包括了老师，与学生之间还呈现着文革中那种师生对立、相互防范的状态。只有少数平时与学生们关系比较好的老师例外。

对于学生时不时提出的各种要求，学校多是尽可能地有求必应。比如有一次，学生们觉得学校伙食团的饭菜太差，搞了个罢吃行动。学校除了让伙食团马上想法改善伙食以外，叶毓山院长还特别出面，动员、劝说学生们"恢复"吃饭，等等。

或者也可以这样理解，学生们这时候的表达意愿的方式，相当程度上还在受到文革中习惯了的一些方式的影响，总的看就是，表现得有些肆无忌惮、为所欲为，爱怎么表达就怎么表达。

所有这些，与罗中立读附中时所经历到的，两相对比，处在同一个校园，同样的学校管理者和老师，却是截然不同的两重天感觉。一言以蔽之，文革前普遍奉行的

"师道尊严"，似乎随着渐渐远去的文革也荡然无存了。一个本应该有的、完善的校园秩序或者说管理规则，也还没有走进重新打开的高校大门。

也许还有一个原因是，通过高考走进大学校门的这批学生里，确实有相当部分人的专业水平很高，甚至高于一些老师。

这自然也会让学生们骄傲地享受到一种真是"变了天"的感觉。

罗中立后来回忆大学生活时说：这是我打从娘胎里出来后，人生中所经历过的最自由的四年，是我的生性、禀性被宣泄、表现得最彻底、最无遮拦的四年。

真心而论，罗中立对于学校的老师和领导们还是持非常尊敬的态度的，特别是像杜泳樵、马一平、夏培耀老师等。同学们并不真是为了要"叛逆"而表现出"叛逆"，根本上，就是人突然得到了天性中追求的某种实现后所表现出来的极度兴奋，是一种被压抑太久突然被完全放开了后的张扬，一种在之前的日子中被一只看不见的手大力推动后的惯性使然。其实此时在同学们内心中最强烈的，还是对夺回被失去的时间、对努力学习、对实现人生追求的渴望。同样是在这些日子里，人们都看见，同学们的学习热情发挥到了空前。而后来从七七、七八级里产生出那么多艺术大腕级人物的事实，更证明了这一点。

同是川美七七级的另一位同学这样回忆当时说：入学后，我们学习十分努力，因为都觉得这机会来之不易，必须得珍惜。我们把艺术看得非常神圣，当成了一种信仰似的。可以这样说，当时我们几乎是不惜一切代价地在学习。从来没有谁会迟到、旷课；上完课以外的其他时间也几乎都不出校门，课余时间都在教室里画画。同学们之间相互影响很大，相互交流学习的频繁程度也绝不亚于和老师间的沟通，而且每个人心里都充斥着很强烈的竞争感，生怕画得不如别人。正是大家这种对艺术的执着追求，才造就了七七、七八级那么多的艺术大家。

在文化艺术领域，这个时期里由于表现出来很多与之前相比堪称天翻地覆的变化，所以也有人称这个时期为"中国文艺复兴"时期。

在这个"文艺复兴"时期里，同学们逐步经历了"实践是检验真理的唯一标准"的大讨论，邓丽君歌曲的婀娜到来，还有提着录音机戴着蛤蟆镜穿着喇叭裤在街上"摇滚"的浪潮……后来开始"全民"吃火锅了，几个人吃一顿要花好几块钱，不记

得散装山城啤酒是卖五分钱还是一毛钱一碗,再如果是喝瓶装山城啤酒的话,就会显得有点儿"奢侈"。再就有了彩色电视机,几十集的电视连续剧也出来了。当时很流行的有一部美国惊险电视连续剧,叫《加里森敢死队》,好像是每晚演两集,在中央电视台七点钟的新闻联播之后演,每天让人看得心潮澎湃,牵肠挂肚的,引得好多人吃了晚饭早早地就跑到电视机前去候着。也依稀记得,当时同学们在一起真正谈到画的内容并不多,聊无关的事情反而还多一些。比如那时出来的很多外来文化冲击,如日本电影《追捕》等,里面有很多蒙太奇手法,节奏快,把人都看晕了一样。有关于意识形态方面的讨论,比如《望乡》,在中国上映时,官方出于从中国观众当时的思想接受力考虑,放映前把一些有可能引起争议话题的场面先给剪掉了。尽管如此,影片演出后,仍被不少人痛斥为这是一部"黄色电影",并强烈要求禁映。这一切,特别对于学习文学、艺术的学生,影响之大可以想象。

今天我们如果去做一番探究当不难发现,70年代末期,虽然社会上很多事情依然表现得有些"混乱",但一个真实却是,人性、良知、对"真善美"的追求,也在快速复苏。而这些,必然在有意无意中,极大地左右了作为先锋人物积极活跃在意识形态领域中的文化艺术人。

2

川美七七级油画专业招了二十名新生,四个女同学,十六个男同学,也是本专业招生最多的一年。之前,每年最多招过十名新生。不过考虑到因为文革停止了十一年招生，这多出来一倍的学生数，自然是很说得过去的。平均算下来就是，一年只招了不到两名学生。

但有一个让人比较费解的思考是，为什么老有一种破纪录的"记录"跟着罗中立的脚步？小学毕业时与峨影厂正常的招工在非正常原因的影响下擦肩而过；初中毕业时一直停招的附中恰好恢复招生，招生人数创下附中历年招生纪录；又差点儿与全国恢复中断十一年的高考分道扬镳，最后是顺利走进川美油画专业，而川美这年的招生数又创下纪录，等等。或者我们干脆把这些都一股脑儿归之于巧合，一了百了！

进校初期，生活依旧艰苦。但饭已经可以吃饱，不再吃罐罐饭，不再八个人一桌吃桌饭，是每个人自己去买饭票菜票单独吃了。这种变化，仅仅是因为人们的生活条件都好一些了吗，还是说，有更多一些内容隐藏在深层次中？比如，是因为这时人的个性化得到了更好的尊重？或者说，是因为从前那种集体化意识就此已被悄然解构？

进校最初大概一年多些的日子里，副食品供应仍然比较匮乏、紧张，伙食团一直还是每周只卖"荤菜"一次，同学们算开荤。大概一年以后吧，好像一周就可以开两次荤了。

到卖"荤菜"那一天，上午的课基本上没人能坚持上到最后的。差不多的学生都早早就来到了伙食团门外，排起长队。主要是男同学，一边敲着手里的搪瓷饭碗搪瓷缸子发出乱糟糟的、不和谐的杂音，一边粗声地反复哼唱着流行歌曲。其实呢，你就是去晚一点儿，"荤菜"也会在伙食团里等着你。每个学生手里都拿着学校按定量发给的、并印有日期的"肉票"，一次一张，而学校要求伙食团每次准备的"荤菜"数量，也本来就是把全校师生人数都考虑进去了的。只会多不会少。不过同学们像都习惯了这样的方式，又或者它也是他们宣泄情绪的另一个途径。

终于听见伙食团屋里面传来了动静，有人来开门了。外面本来就很杂乱地站着的学生们，马上随着这动静"恐怖"地骚动起来。都纷纷往前挤，越挤越紧，到最后是就要把伙房的大门轰然挤破的感觉。

来开门的那个伙房师傅之前吃过亏，所以吃一堑长一智的他会伸出双手，动作快到令人难以想象，一把抽掉横在门后的那条闩门的长长的木杠子，赶紧着敏捷如飞地跳到一边，否则，他就可能再次被学生们猛力推开的两扇木门撞伤，甚至被如洪流般

■ 临摹的《世界美术全集》作品

汹涌而入的学生们给"冲"倒在地，再踏上无数只脚。

想画多少画这时是可以随你高兴了，但老师的教学内容，学生可以画什么的问题，比如画人体模特当然主要是画女人体模特的可能，在相当的一个时间里，仍然被"关在笼子里"，直到1980年，才有官方文件出来，讲明在什么什么条件下，艺术学生可以上女人体模特课。

想画多少画是可以随你高兴了，但可供参考、学习的资料却少之又少。一次，学院图书馆好不容易购进了一本《世界美术全集》，为了保证平衡，能够满足到所有想翻阅学习的同学，图书馆被迫采取了一个不是办法的办法：每个班的学生由专业老师带队，排队观看。轮到上手观看的这个同学被要求先把手洗得干干净净，再戴上白手套才能翻看，而且每人每次观看的时间还有限制。但即使这样，还是引来很多同学不满。最后，图书馆整出来一个最绝的"绝招"：为了方便想要观摩学习的同学，图书馆把这本《世界美术全集》每天翻开新的一页，平放在一个大玻璃柜子里面，可以同时让好些同学既能"围观"，又能临摹，当然，也能对画册起到最好的保护作用。

素常手头活儿来得快的罗中立，也抓住这个机会快速临摹了好多幅小画。

3

附中毕业时，罗中立也和很多同学一样有过同一个念头：从今以后，大概就与做艺术无缘了。虽然那时他也还在想着以后要在表现红色艺术的路上走得更远，但那应该就是年轻人常会有的、一个和梦差不多的想法而已，这与最终成为大艺术家，两个

目标相去甚远了。联想到当时社会的大背景，有这样的念头也正常。

分配了工作离开附中时，男同学们都半开玩笑半认真地说："今后屙尿都不再朝这一方了。"

那时谁都没想到后来"四人帮"会被粉碎，文革会结束，失去的机会还会再次降临。恢复高考，机遇之门又在你面前打开，命运再次发出召唤。少年时就生起的、想成为艺术家的那个梦，本来已经因故破灭或者说被藏于深心底不知哪个角落去了，而命运之手又一下子就把它拽了出来，帮你把中断了的梦境重新续上，让它重新来蛊惑你、兴奋你。走进川美校园之初，罗中立就想着，既然机会回来了，那就继续为成为艺术家去努力吧。

1977年高考报名时，罗中立本来想的是报考国画专业，偏偏那年国画专业不招生。面对油画、版画、雕塑几个专业他想了想，最后选报了油画专业。说"鬼使神差"也罢，说是出于无奈也罢，总之心里想的是，油画也是绘画，算是一家吧。

罗中立想报国画专业，倒不是说他不喜欢油画。选择国画专业有几个原因：一、文革中尤其是在文革后期和文革结束、高考报名前的日子里，罗中立一直都在画连环画。他认为连环画里的场景表现与国画的表现很相似。他觉得自己已算轻车熟路，可以在国画这个领域里很好地发挥一番。二、文革结束后，报纸杂志和出版社已经开始给作者寄一些"稿酬"，不是给钱，而是寄一些素描本速写本等。三、过去几十年里，连环画曾是人们文化生活的一个重要内容，也是"艺术"走近大众的一种重要方式。国内好多著名艺术家都画过不少连环画。虽然文革中出版的连环画册大都不署作者名，但到文革结束后，连环画册里都要署上作者名字了。因此，这一条专门面向大众传播文化的路，是一条让人们比较容易"知道"你的非常重要的"捷径"。你画的连环画出版了，你的水平就被广泛认知，就出名了。有着虽然很另类的"稿酬"，还有能出名的"诱惑"，又可以画画，何乐而不为呢？

但命运没有满足他的如此追求。不过也因为心底有这一份爱好，所以即使走进川美后，罗中立仍然在惯性地画连环画，还可说是越画越上瘾，一直都在想着哪一天可以"回归"国画专业去。还有，到这时，时间的流逝也带来了更多的喜讯：从众多投稿者中被选中的这个"艺术家"画的一页连环画，现在出版社要付一元钱的报酬了。

仅以稿酬计,假如平均下来你每个月都能够有那么十好几页连环画出版,收入则是很可观的。换句话说,你虽然还是个学生,就已经在自己养活自己,在为自己挣学费了。更何况你做的这事还是自己喜欢的呢。不是都说人要做自己喜欢的事儿吗!所以,画连环画的诱惑真的很大。

罗中立后来多次说自己一直喜欢画连环画,说它也为他描绘人物打下了很好的基础。在一个小小的方块里你得努力表达出人物的喜怒哀乐、七情六欲,大量的如此训练使他后来在构思油画内容时总能信手拈来。记得陈逸飞、陈丹青、高小华等都出过连环画本。在川美读书时,有的同学即使有草稿,但是画不出来,他为此还悄悄得意过。毕竟,在竞争激烈的环境里,有与众不同,才有底气。他当时自认为连环画就是他的"底气"。

入学不到两年的时间里,罗中立竟创作了两三百幅连环画。认真说起来画连环画也不是一件易如反掌的事。

罗中立先用铅笔在一张火柴盒般大小的纸上,把按情节需要的几个人物的大动作安排好,大致画出轮廓,接着开始一步一步补充细节。这样的草稿一般要画四五张至十张不等。草稿完成,拷贝到最后的定稿页,一般为十六开纸大小,用毛笔填墨勾线,勾完线后用橡皮擦擦干净铅笔线,就可以交稿了。

自1973年他开始画连环画起,先后由人民美术出版社、四川出版社、几种画报等总共出版发行达十一本之多。

1973年5月,罗中立参加达县地区文教局组织的、绘制一本叫做《战洪凯歌》的连环画,由四川人民出版社出版。这是他最早介入的一本正式出版的连环画,与当时达县地区的三个人一起合作完成,包括了他读附中的一个同学张二立。但正式出版的连环画上并没有他们几人的名字,署名是"达县地区文教局战洪凯歌连环画创作组"。

《战洪凯歌》讲的故事是,在修建铁路的过程中,有一条隧道因为山里下大暴雨被淹了,铁道部队和周围的群众都赶来抢救被埋在洞里的人。但是去救人的人事先要大声背诵毛主席语录,被救的人也要背诵毛主席语录。真实中是否如此大家并不在乎,也没有谁会去追问,但画的时候大家都照着这个模板去做。他说画这些东西时,大家都把这当作自己必须完成的任务。仅此而已。

■ 连环画《战洪凯歌》

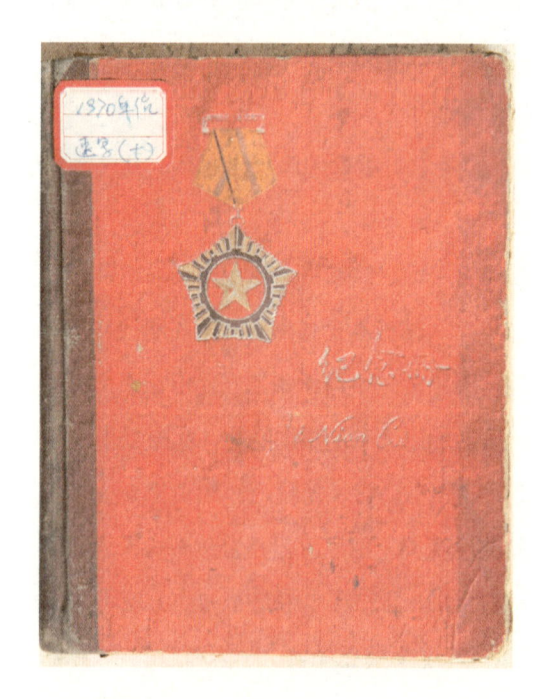

■ 在达钢厂画连环画后得到的奖品

■《四条红领巾》

1973年12月，还是由达县地革委文教局文化组组稿、罗中立一个人画的第一本连环画《四十二根导火绳》，由四川人民出版社出版。这也是他看见印有自己名字的第一本连环画。这个荣耀让他生起高兴得差点儿没跳到天上去的感觉。当然，也使得他画连环画的兴趣空前高涨。

1974年6月，四川人民出版社出版了他画的另一本连环画，《四条红领巾》。由此看出，他的连环画创作进入了一个非常活跃的时期。

在罗中立画的连环画中，《四十二根导火绳》用水粉画成，而《四条红领巾》是唯一的一本被他自己称之为用"假国画"画法画在宣纸上的连环画本。其他的连环画则基本都是采用类似于传统国画白描手法画成的。

1979年7月四川人民出版社出版他的连环画《二月风暴》，1980年3月四川人民出版社再次出版他的连环画《曹操的故事》。同年8月，由人民美术出版社出版的中国古典名著《水浒传》连环画，罗中立在其中单独画了《拳打镇关西》一册，这也是一个合订本。

的确，对于20世纪50年代、60年代出生的绝大多数人而言，连环画在他们的文化生活中可以说是不可或缺的一页。随便找一个这些年出生的人，问他小时候有没有看过连环画，答案基本上都是肯定的。而且，连环画中所讲的那些故事，对他们后来的生活都起到了非常重要的指导作用。如果考虑到每年连环画的印销量达到好几千万册这个事实，说它的作用与后来的电视、手机给人们产生的意义等同也绝不过分。

还有一个不容忽视的事实是，包括全国性美展，连环画也和其他美术门类一样，是参展的内容之一。比如1980年2月举办的"第五届全国美展"（庆祝国庆三十周年展）上，由刘宇廉、陈宜明、李斌创作的连环画作品《枫》，就赫然跻身于一等奖之列，而著名连环画家贺友直的连环画作品，也获得铜奖。

由此种种，进入川美的罗中立何以会坚持画连环画不辍，也就不难理解。而且，他对画连环画的热爱，甚至在《父亲》获奖之后，也没有完全放弃，于1981年12月，他还参与了人民美术出版社再次出版的单行本《水浒传》，在其中画了一册《智取生辰纲》。

能够参与到这一次人民美术出版社出版的连环画《水浒传》中，罗中立感到特别骄傲，他认为这是自己参与的最重要的一本连环画，不仅因为它是国内家喻户晓的著名古典小说，也因为这本连环画的创作者包括了当时众多著名艺术家如施大畏、韩硕、陈慧冠、黄全昌等人。能够与那些当时名气很大的连环画创作者"同台表演"，罗中立觉得自己的努力得到了真实的认可（该本连环画于1984年12月再版）。

在对连环画的情结中罗中立也有一个遗憾。遗憾起于在达县时他画的一本连环画，名叫《西楚霸王》，那是他在参加一个连环画训练班上时画的。他自己对它非常满意。但结果是这本连环画没有出版。

为什么没有出版？

因为没画完。

为什么没画完呢？

记不得了。所以就有了一个永远的遗憾。

因为有着多年画连环画的经历，因为多年画连环画的训练，养成了一个习惯，带来一个最直观的效果就是，他后来做每幅油画创作时，尤其是他觉得特别能打动他内心因而很重视的创作，他都要在正式创作前，画出很多幅画面有变化的草稿，直到他认为应该完全满意了，才会定稿。他这个创作特点在很大程度上，可能正好满足了中国观众对画面的要求：可读性、情节性、背后隐含有意味深长的故事。

事实上，因为受到画连环画的影响，可读性、情节性和叙事性，一直都贯穿在罗中立的绝大部分作品画面中。至少到90年代末期乃至新世纪初期都是这样。如作品《出生纪事》《晌午》（1982）、《午餐》（1986）、《农忙时节》（1990）、《急诊》（1994）、《草垛》（1997）、《磨豆腐》（1999）、《蒲公英》（2000）等。

有此连环画的渊源和情结，所以在他入学后的第二年也就是1979年，当川美开始首招研究生，同时破例对在读本科生也亮起绿灯时，一直对连环画"痴心未改"的罗中立，毫不犹豫地就去报考了国画专业的研究生。

国画专业研究生的文化课考试中有古典文学内容，要求把一篇古文翻译成白话文。罗中立回忆起这次考试时带着几分孩子般的羞涩说，很不好意思，自己的古文一直就差，但既然遇上了这道坎，别无他法，好歹也总要"翻"一下。万一"翻"过去了呢？考场上，他就把考卷里的那篇古文按照自己的想象编了一个故事，然后去交

了卷。

川美国画专业的白德松教授那一年是改卷老师，他改了罗中立的卷子，后来他碰到罗中立时对他说，罗中立你编的那个故事真的让我看得很感动，但是它与考卷中古文的原意完全不符呀。

虽然罗中立编的故事与考卷上古文的原意完全不符，但能够换得画国画的白德松教授为之感动，其编故事的水平，也可说管中窥豹，足见一斑了。

当时川美国画专业的几个老师如冯建吴、李文信、白德松等，都很希望能够有画人物的学生考上国画专业的研究生，因为那时他们都是画山水、花鸟。

但罗中立因为古典文学考试不合格，与成为国画专业的研究生擦肩而过。

不到一年后，罗中立的油画《父亲》亮相，国画专业的几位老师碰见他时都笑，说幸好你没有考上国画专业的研究生，否则你画的就是一个国画的"父亲"了。

一位川美老教授也说：一次阴差阳错让川美国画专业少了一位好老师，但却让中国多了一位优秀的油画艺术家。

那年川美最后只招了一名国画研究生，却招了两名油画研究生。假如那年罗中立去报考了油画研究生，他后来的际遇会发生改变吗？

罗中立考进川美时，杜泳樵老师也已在学院教书了，而且是同学们非常喜爱和尊敬的一位老师。有一次杜老师看了他画的油画，一边摇头一边说：罗中立你的连环画画得很好，但是你画油画肯定是画不出来了。以后，你还是去画连环画算了吧。

罗中立听后回答：其实我也是这么想的，但问题是学校没有连环画这个专业呀！

后来罗中立画出了《父亲》，杜老师碰到他说：我看你还是不要画连环画了，我看了你的创作，你画得出来，以后你就画创作好了。

走进了川美的罗中立也和同学们一样，每天的绝大多数时间，都埋头于专业学习，也更坚守着自己一贯的勤奋，他始终相信随自己一路而来的那一个道理，"勤能补拙"。

俗话说功夫不负有心人。

罗中立入学后做第一次构图课作业，画在一张十六开的纸上，不是一幅命题画课堂作业，但顺应着当时的社会潮流，罗中立自己惯性思维地给它取了个名：《颂歌献

■ 《颂歌献给华主席》

■ 《巴山独松》，1978年

给华主席》。任课的张方震老师为他的这幅作业打了最高分五分,拿到班上来讲评、示范,说它"主题突出,歌颂了伟大领袖华主席"。

这颂歌肯定不是献给华主席一个人的,华主席只是一个"代表";它应该也是当时好不容易走进了大学之门的七七级学生的心声,他们经历过了充满痛苦、艰难、彷徨的岁月后,如今置身于一个崭新时代,对正在向着他们大步走来的改革开放充满了美好的希望。

罗中立进入川美后当年,画了第一张创作油画,题材取自彭德怀,取名《故乡情》。为什么会选择画彭德怀呢?人所皆知,彭德怀作为国家领导人之一,其人生遭遇和最后的结局,令人唏嘘不已。此时正好是文革结束后称之为"伤痕文学"流行的时期,出现在银幕上、文学杂志里、绘画中的,大都与"伤痕"相关,整个社会都沉浸在一种对文革的普遍反思中。彭德怀的遭遇无疑也属于"伤痕"的典型。我们应该注意到的是,罗中立的笔下所指,不是关于一个普通人命运的"伤痕"。由此可见,对"大题材"的自然关注,其实一直扎根在罗中立心里。

虽然此时的罗中立心底还缠绕着去画连环画的情结,很大程度上还在想着哪天可以转向国画里去,从而能圆了连环画梦。因此,他在上油画基础训练课时表现得可以说是很不认真,甚至还发生过因为上油画基础训练课不认真,被系主任"扭"至办公室批评的事。但同时他也有一个优点,就是上油画创作课时,特别有兴趣,特别活跃。他说究其原因,还是和连环画有关。因为他画连环画,每一幅的画面都必须得很丰富,而这个"丰富",大都要靠自己去凭空想象出来。创作课就正好满足了他这点。

似乎也已经成为了罗中立习惯之一的"搞怪"动作,在他做《故乡情》这幅创作时也表现了出来。创作中他突然灵机一动,想做尝试想有所突破。他就把上素描课时做道具用的馒头收起来,掰碎,染上颜色,粘到画布上,做出画面上出现的土石等的肌理。他自己说之所以会这样去做,应该最主要还不是为了把馒头当成一种材料来运用,其中更包含了他想到的一个深层次的意思:从三年自然灾荒一路饿着肚子成长过来的这一代人,粮食在他们心中拥有的重要意义可想而知。他在这里用上了馒头,心里想着的就是把这一个意义也放进去。再说,可不是吗,彭德怀不就正是从粮食开始,才导致了后来的遭遇?罗中立就沿着他的这个逻辑思路,在这幅创作里安排了这样的"搞怪"。而这个"尝试",后来居然被他再次用到创作中,虽然第二次使用时,它就是被作为一种材料、已不再带有他在这里为之注入的"粮食"意义。

4

1979年,在庆祝新中国成立三十周年国庆节的活动上,中国美协正式宣布,决定在北京举办"庆祝中华人民共和国成立三十周年美展",展览时间为1980年2月。最后此次展览的正式开展时间是1980年2月10日至3月10日。后来,依着之前举办全国美展的顺序,将其定为"第五届全国美展"。

全国美展本来原则定为每五年举办一次,但此时,距离1964年9月举办的第四届全国美展已经过去了十五年,也就是说,有跨度达整整十五年之久的时间被因故"荒废"。

接到有关通知后,川美按正常程序把将要在北京举办全国性美展的消息,向学生们做了传达,也进行了动员,并鼓励同学们下去后要尽量努力做好创作。

1980年3月展览结束。川美送展的师生作品中,油画《雨过天晴》《1968年×月×日雪》《我爱油田》《为什么》《春》获得大展二等奖,另外有作品获得三等奖。

学生程丛林的油画《1968年×月×日雪》,刊登在《美术》杂志1980年第一期。画完成于1979年。它拥有一个比较新颖的日记式的标题,通过布置了众多人物的一个大场面,刻画了文革中在两派对立的群众组织之间发生了一场激烈武斗后的场面。双方都认定自己是在为真理而战、为光荣而战!

学生高小华的油画《为什么》，刊登在《美术》杂志1980年第5期。该幅作品以特写手法，集中刻画了四个不同个性的年轻人在一次武斗遭到失败后所表现出来的痛苦、失望和觉醒。他们正发出无声的呐喊：我们做的这一切，是为什么？

学生王亥的油画《春》，刊登在《美术》杂志1980年第1期。还在四川举办的建国三十周年美展作品评选会上，与会专家对此画就曾有过激烈的争论。焦点在于，该不该选出这幅画送北京参展。反对的人认为，它与当时还在执行的国家知青政策相左。但后来它还是入选了，并在展览中引起人们的极大关注和喜爱。

这些在北京展出并获奖的作品，大都在四川省举办的建国三十周年美展上就已经引起了比较大的轰动。尤其是《春》和《1968年×月×日雪》两幅画，受到最多观众喜欢，四川的一些报刊也做了专门的介绍。

后来有人提出了另一个很有意思的"为什么"：在本届全国美展上，除了不多的几个同学和老师的画作获得了较好奖项外，川美其他参加本次全国美展的大部分同学并没有崭露头角，或者换一种说法，本届全国美展上为什么没有刮起一股"川美风"呢？而仅仅过去短短的大半年多后，一股"川美风"兀地就刮了起来，还不仅只是当时在全国范围内引起了巨大轰动，并且自那以后，顶着"四川画派"的光环，一直在中国当代艺术（油画）中占据着至为重要的、独领风骚的地位，并成为众多艺评家孜孜不倦地深入研究的课题。这真的让人有些匪夷所思。可以给出的一个理所当然的解释是，出现这种情况肯定包含了诸多原因，就如俗话所说，"天时地利人和"三者，之前是不是都已具备？

罗中立也有四幅油画入选本届全国美展，分别是《彭德怀》《热血》《忠魂曲》《孤儿》。除《彭德怀》外，其他三幅的主题都是反映1976年春天，人们在北京天安门广场上为纪念周恩来总理而发生的与"四人帮"斗争的事件。同样可以让我们看到，它们关注的，还是"大题材"。

罗中立没一件作品获奖，甚至连那种卷不起涟漪的鼓励奖也没有。

《孤儿》和《热血》，是罗中立和雷虹、杨谦、陈虹等几个同学合作完成的。为什么要合作？理由很简单：罗中立觉得自己有太多的题材可以画，因此构思了好几幅画。但既然自己一个人也完不成，那就与同学合作吧，特别是有的年龄比较小的同学，因为经历较少，一时半会儿他们也想不出来合适的题材。大家合作画出来，也算为自己多出一个争取获奖的机会。

但是能够有四幅油画入选这样的全国性美展，这个"意想不到"的结果也从另一个方面，一下子把罗中立画油画的热情激发出来了。他忽然有些如梦初醒：原来自己不是不热爱画油画，不是不能够画油画，也不是不能借着画油画来实现自我呀！

参加一次美展得到了这样飞跃式的认识，罗中立不再完全醉心于连环画，开始有意地把自己绘画的分量向油画转移。

5

时光的脚步迈进了1980年。

年初，又有一个大好消息传到川美：由文化部、团中央、中国美协三个单位联合，预定于1981年元旦在北京举办《第二届全国青年美术作品展览》，参展人员年龄为十四岁至三十五岁。展览要进行评奖，并颁发奖状、奖金。展览目的，是繁荣社会主义美术创作，反映一代新人的新面貌新风尚，发现和培养青年美术人才，为实现四化宏伟目标做出贡献。

也由于众所周知的原因，第一届全国青年美展在1957年举办，感觉的确可以用"时间久远"来形容！

有了刚过去不久的那次全国性美展的"刺激"，更有了那些日子在思想认识上日新月异般的飞跃，这个消息对于每一个艺术学子、每一个符合参展条件的艺术人和艺术爱

好者，就是一剂足以让他们彻夜不眠的兴奋剂。为了一个可以展示自己理想的时刻，他们中的许多人都已经等待了太久。现在机会到来了，人人都摩拳擦掌、跃跃欲试。

那些日子，川美的学生参加美展特别是像这种全国性美展，心里都已有了很针对性的、很明确的目标，也就是同学们老爱挂在嘴边的说法：要"得逞"。尤其因为大多数同学错过了在具有巨大诱惑力的前一次全国美展上"得逞"的机会，当同学们知道了很快将要举办第二届全国青年美展后，都迅速行动起来，投入到了为参展的创作中，一门心思构思着，自己要以什么样的创作去参加这一届全国青年美展，才能够"得逞"。

"得逞"，是摆在每个同学面前的大问题。但怎样才能"得逞"呢？

到了这个时期，每个人的心里都清楚，要"得逞"，决不能再画从前那种"高大全"模式的作品。但与此同时，又像是谁都不知道应该怎样画才能真的把"得逞"的钥匙捏在手中。所以当同学们相互看画时，都总会不着边际地开玩笑说，你这样画，肯定不能"得逞"……

那要怎样画才能真的"得逞"呢？

不知道。

即将举办第二届全国青年美展的消息，在罗中立心中擂起空前激越的鼓点。在他眼里，这届跨过时间长河姗姗来迟的全国青年美展，无异于天空中兀然射下的一派散发着金色希望的光芒。在翻腾的思绪中他清楚地看见那个一度仿佛离得很"久远"了的梦想，他那个"要做艺术家"的美丽梦想，正随着这金色的希望之光在他脑海里振翅飞跃、翻腾翱翔，在他脑海中用它鲜活有力的翅膀拍打、刺激他的神经和意识。他忍不住一遍遍地问自己：机会真的来了吗？我能抓住这机会吗？

他听见心底有一个声音在大声地、一遍遍地回答：机会来了！必须全力抓住它！

他决定要放手一搏，为了那个好似已久远但又新鲜的梦，为了人生中来之不易的机会，为了这焕然一新、空前大好的岁月，为了至少可以释放出在他心底积压了太久太久的一声呐喊。

看见了机会，决定要尽全力去抓住这机会，可以看成是一个人努力的开始，是他去把想法付诸实现而迈出的第一步。

良好的开始可以是成功的一半。但真正的困难，无疑更来自于你后面能怎样尽全力，怎样把你跨出的一小步一小步连接成一条通向成功的完整道路，不至于半途而废、全盘皆输。

同学们都积极地为参加这次全国性美展寻找起自己的创作题材。罗中立也拉开架势，行动起来。

1980年初春，川美学子们都全身心地投入了为参加全国第二届青年美展做创作的行动中。

有了不久前那次全国美展收获的鼓励和启发，学院管理层这次也一改原来那种止步于按部就班的方法，积极主动地从诸多方面对学生们开展创作提供机会，包括取消了以前晚上一到规定点就熄灯的做法，于是学生宿舍现在几乎是彻夜灯火通明。为了让同学们能有更好的条件创作，叶毓山院长还安排后勤部门把所有空余寝室全部腾出来分给同学们，好让他们有做创作的临时工作室。因为寝室不够多，所以根据具体情况，大多数学生还是三人共用一间，创作作品尺幅大些的同学，则是两个人共用一间。

罗中立和杨谦，分到了在顶楼的一间寝室。

之前的每个寝室里都放着三张上下铺木床，现在被同学们全部"请"出了房间，顺手丢在过道上。结果是，本来就不宽的过道，被大家扔出去的木床给塞得满满的，搞得大家走路也不顺畅了，必须非常小心地在床之间穿来绕去，才不会一个不小心撞到床上去伤了哪里。另外有好些个房间，更是连房门也被丢出来的床堵住了。要进这间屋子去时，你得先弯下腰或蹲下来，从下铺的空间那里很慢地挪动，才能钻进屋去。

罗中立和杨谦的这间寝室现在不幸就处于这样一种状态中。他记不得每天至少是好多次，自己必须要这样弯着腰钻过去进屋或者是从屋里钻出来。

好些天后，学院后勤部门安排人来搬走了堆在过道上的那些床，同学们又才可以甩脚甩手地走路，可以正常地从门那儿进屋去做创作了。

也许，正因为这创作之路从一开始就表现出来如此的艰难曲折，注定了后来《父亲》的诞生之路也必然会充满艰难曲折。

6

在讲述油画《父亲》的"诞生"过程之前,有必要对另外两件事做一个概括性介绍,因为它们对《父亲》的"诞生"有着非常直接而且重要的影响,起过非常好的铺垫和催化作用,它们更可以作为阅读作品《父亲》时,帮助读者增加理解的背景材料。

一、"野草"展览

时值1979年。

文革已结束几年了,步入新时期的社会意识形态和此时的政治形势,也为艺术人进行艺术创作提供了极大的空间。与文革中相比,这份自由的空间已足够让人满足。但是,由于前些年遗留下来的诸多影响,官方艺术机构在新时期中的表现总体是明显滞后,僵化、教条的运作机制并没得到显著改变。而同时,受随新时期而来、一浪高过一浪的改革开放思想极大刺激的艺术人,则渴望能有更大自由、更加开放的艺术创作表现形式和展览方式,希望获得更多可以满足艺术人个性表达和艺术实验的途径。

1979年秋,重庆几位民间艺术人萌生了自己筹备一次画展的想法。他们为尚在构想中的画展取了一个符合他们此时心态的名字:"野草"。他们肯定是希望这个展览产生的影响会像原上野草一样,在春风拂煦中茁壮生长、岁岁茂盛。最初他们想的是,画展参加人数不要太多并且只是彼此信任的艺术人。但是,当他们为画展正式展开筹备时，才发觉原来他们疏忽了一个很重要的问题：如何组织具有不同语言、风格、思想等的足够作品参展？总不见得大家辛辛苦苦筹办了一个展览，就只展出咱们这几个筹办人的几幅作品吧？最后他们确定，得去邀请四川美院的师生参加展览。

接下来，他们开始通过朋友托朋友的方法，联系四川美院的师生。结果真让他们喜出望外。发出的参展邀请竟很快得到了川美不少在读学生包括程丛林、龙泉、王亥、杨谦、何多苓、罗中立、刘威等人的响应。虽然他们还是美院的本科学生，但他们的作品当时在圈内已经有了一定影响。

1980年1月11日，"野草"——同人画展，如期在重庆沙坪公园一处房子里开展。开幕当天凌晨四点，好多参展人便兴奋地来到了展场，激动中的他们要对已经检查过多次的作品做最后的检查。

为了强调本次"野草"画展的独特性和开放性，所有参展作品在展示空间中的摆放，完全不按照在正式美术馆展览中那种有规有距、疏密适度的原则，却是被布展人员随心所欲地挂得七上八下、密密匝匝的。同时，为了强调"野草"画展的民主性和平民性，所有参展作品均不按作者的知名度大小确定位置，也不按画种分类，而根据画面所传达的气氛来决定位置和悬挂。

总体看，此次的参展作品都具有很强的形式感。这样的所谓不主要考虑内容但追求形式感的方式，在这之前的很多年里一直是受到严厉批判的。被批判的人中还包括艺术大师吴冠中，因为他素来非常强调形式美，为此受到过极大的挤压和批判。就在1979年5月，他还在《美术》杂志上发表文章《绘画的形式美》，并引发了关于艺术形式的大探讨。

因为罗中立从来都是"手上来得快"，所以由他负责为这次"野草"展画了很大的两幅水粉宣传画，尺寸高约两米五到三米，宽约两米，是用好几张纸拼接起来画的。宣传画上写有大大的"野草"两个字，用以点题，画面上有几个很大很突出的色块，应该主要是为了用来强调并突出这是一个艺术展览的属性，当然还写明了展览的时间和地点。宣传画完成后，一幅被木架子支在从前沙坪坝中心那个大转盘的路边，另一幅就挂在沙坪公园里举办"野草"展览所在地。

开展那天，门一打开，有公安局的几个人先进里面转了一圈，也没说什么就

走了。

应该说，改革开放之初，各行各业都真还是那种"摸着石头过河"的心思，对一些新生事物，都拿不准。

罗中立参加本次"野草"展的画，形式上采用了表现手法，包括了两个内容，都没有沿用文革中的绘画那种恢弘场景和"高大全"式的表现手法，而是借用了连环画式的叙事。其中一个内容主要涉及"伤痕"，沉重而苦涩，多角度地揭开刚过去不久的那段难忘岁月铭刻在人们心头的记忆。比如关于知青题材的《算命》；有一幅是人体画《夜》；又如《救护车》，本来是去救治伤病人的车，却开上了人行道，把一位男青年撞倒，血流满地；那是一个很刺激的、有些血淋淋的场面，当然也包含了一种嘲笑式的悲哀，一种挖苦式的黑色幽默，一种逆反式的发泄。另外还有一幅他本已经完成并为之取名《十年》的画，画面上画了十个单独的圆形，分别为不同的颜色，类似今人喜欢玩儿的"涂鸦"，不过真的在今天去看，它可能更像是一件观念性作品。他说当时画这幅画是受了《红星照耀中国》的作者斯诺说过的一句话启发，那句话的大概意思是，十亿中国人就像一个很大的转轮，毛泽东凭着他的个人魅力就把这转轮发动起来。但不知为什么，最后罗中立并没把这件作品拿去展览。也许，是觉得画面表达出来的与他想象的意思达不到最良好的结合？他参展的另一个内容是风景画，纯粹玩形式感的。本次"野草"展，他参展的都是小尺寸油画。

"野草"展出的画在当时，显出强烈的叛逆意味；有一些画的题材内容等也已走得有些极端，就连参展者们自己，都多少为之有一些担心。

无论如何，展览顺利开展、顺利进行、顺利完成了。平生第一次自由地"举办"了一个画展，所有参加者心里别提有多兴奋了。

"野草"展的作品在创作题材内容、表达形式、语言选择等方面表现出来的自由与大胆，创作者们表现出来的思想解放等，都是空前的，都突破了当时中国美术界的底线或者说标准。这对于正在朝气蓬勃中的艺术学子们而言，其提振意义不言而喻。展览产生的这份巨大的突破性，给艺术学子们带来的心灵释放，更是前所未有。参展人都觉得心灵像得到了一次洗涤，精神面貌焕然一新，身心处在彻底的放松中。这样的精神面貌，无疑在他们随后为参加全国第二届青年美展创作作品时，提供了敢于去突破、敢于求创新的巨大动力。

"野草"展的一个重要意义，就在于此。

静心再细想一想，全国恢复高考招生后，理论上，所有美术院校都站在同一条起跑线上，都拥有很多的优秀艺术学子，但为什么在接下来几次全国性美展上，会有那么大一批特别优秀的作品集中在四川美院涌现出来？可以说，"野草"展在很大程度上影响、鼓励了川美在校学习的同学，使他们获得了为创作具有个性的、能够"得逞"的作品而敢于放开、敢于争取的胆量，对于后来诞生的"四川画派"，应该说功不可没。

那是不是也可以说，如果没有"野草"展在前的铺垫，很可能就会少了许多川美学子可以留在中国美术史上、产生出极大影响的作品？

假设自然无法给出肯定的回答。是与不是，有一种内在的逻辑会给出结论。

二、"守粪人"

《父亲》亮相于大众并摘得桂冠后，围绕《父亲》的诞生，有很多故事。而罗中立本人谈的，则是真实的"守粪人"的故事。

"守粪人"是为创作《父亲》而出现在草稿第一稿上的人物。

1980年底，罗中立专门给《美术》杂志写了一封信讲述《父亲》的创作过程，信被刊登在1981年第2期《美术》杂志上。信中，罗中立对"守粪人"有较大篇幅的描述。

"守粪人"最后无缘跻身于中国当代艺术正史，但它所构成的故事，却道出了罗中立为何选择农民作为自己作品中的主体的重要原因，那就是：粮食——农民——人。而《父亲》，则正是沿着这条逻辑线索，最后站上了中国当代艺术史的大舞台。

"守粪人"，是重庆（肯定也包括中国其他一些城市）在20世纪后几十年里特定条件下出现并较长时期存在的一个特殊"产物"。

顾名思义，"守粪人"一定与粪直接相关，因"守粪"的需要而诞生而存在。

从前，小学生的课本中这样告诉大家：庄稼一枝花，全靠肥当家。肥料，意味着粮食，粮食意味着什么，不须赘言。

粪肥与粮食的关系，说到底，最后的焦点落在生命能否存在、能否延续这个点上。从一般人眼中所谓"肮脏"的粪,连接到美丽如花的生命,听上去好像有些把美丽与肮脏说成是一回事的意思。但事实上,何为肮脏何为美丽,何为崇高何为丑陋,本就是一线之隔,是认识上的差异或认识的角度不同而已。往透了说,每个人都会承认这个事实,只是平时有很多人是把自我摆在高高在上的位置对此嗤之以鼻的。

"守粪人"出现并存在的几十年里,中国处在一个经济水平非常低下的时期。广袤的、总体上很贫瘠的中国农村土地,要为十亿人口提供口粮,但在耕种条件差、缺少机械化工具、缺少足够的肥料等恶劣状况下,其难度之大无须赘言。

那时,重庆城区周边的一些人民公社,为了有更多的肥料种地,经过与有关地方政府协商——具体经过了哪些程序我们今天肯定已很难了解,但城里人看到的是:城里每一个"段"或"街道"管辖的范围,其范围内的公厕,依照协商确定的某些原则,划分给某县某人民公社的某一个或某几个生产队。

获得了某一处或某几处公厕产出的人粪所有权的农村生产队,会派出本队社员,每天从早到晚地守着分配给本队的公厕,确保公厕"产出"的人粪不会在一天天地积少成多后被别的生产队派人来偷走。

这就是"守粪人"诞生的背景。

每过些日子,当属于本队的公厕里的粪积到足够多时,那些位于城郊边上的生产队接到本队的"守粪人"辗转传来的报告后,就集中派出社员尽快来把粪挑回去。

隔主城远些的、尤其在远郊县的人民公社生产队,不可能直接把粪从城里挑回去,他们得借助另外的方法。

长江和嘉陵江包合着重庆主城,在当时陆上交通工具比较紧张且使用费用也较贵的情况下,重庆的两条大江为船运提供了更方便、更节约的机会。那些离城区远的生产队,多会根据实际情况,租一条大木船来停在江边,同时派出队里的所有青壮社员,把不太远处的公厕的粪一挑挑担来倒进船舱里,装满船后,一次性运回去。社员们在陆续把粪挑来倒进船舱的过程中,因为平时在地里干活儿随便惯了,所谓习惯成自然吧,到了城里干活儿也是漫不经心的,不仅是走来船上这一路都让粪从他们挑着的桶里泼洒出去给搞得臭烘烘的,还把一整条船也搞得脏兮兮的。这样的结果肯定让沿途的居民很不高兴,然后更对他们这种"腌脏"行为很看不顺眼。但幸好,挑粪的社员们和居民们还从来没因为这个问题发生过大的冲突。一般居民们会抱怨几句，碰上个厉害的"角儿"，最多也是泼妇骂街似的大声吵几句。还有人也拿这来开玩笑，比如重庆那时候流行的一个俗语，要形容某人很"邋遢"时，一般会说，那个人"像条粪船一样"。这种说法，实际上就是包含了对社员们挑粪行为的大不满。

"守粪人"责任重大。他要守住的"粪"，实质意义是本队社员们的口粮，是好些人的命！因此，"守粪人"大都为青壮社员。为了最好地完成这个使命，夸张点儿说，"守粪人"基本上是眼睛都不敢眨一眨地盯着他负责看守的公厕。

也有的"守粪人"家离着他守的公厕不那么远，比如这公厕本来就是在郊区，那就会看见"守粪人"的婆娘或是他的孩子每天给他送午饭来。"守粪人"往往就蹲在公厕边上，并不在意四下里成群飞舞的苍蝇，很快地狼吞虎咽下送来的"饭"。像这种离家近的"守粪人"，多会在天黑了一阵子后，感觉此时不太会发生粪被偷的危险了，就离开公厕回家去，第二天一大早天还没亮，又急着赶回来。因此在周围居民们的眼中，"守粪人"与公厕是合二为一的。

那些不能每天回家的"守粪人"都会在离公厕不远处、自然也是不能让公厕离开自己视线的地方，搭一个简易的小棚子，待在里面，躲避一些日晒雨淋，白天也在那儿给自己煮饭、晚上用来睡觉。

幸好那时候城里的公厕数并不多，每个公厕都承担着为相当大一片区域的城里人提供"方便"的重任。绝大多数情况下，一个"守粪人"都只负责守一个公厕。

不过就算你一个人只守一个厕所，但俗话说，老虎也有打盹的时候。守粪与偷粪，就像一对孪生兄弟，如影随形地存在；就像是矛与盾，有了此就一定会有彼。因而发生在偷粪与反偷粪之间的冲突、甚至大打出手，也是时不时就发生。

无论现场抓住了偷粪人，或者是更严重些的双方打斗，最后，往往都需要派出所的警察就是那时人们叫做的"户籍"，和这一个街道、"段"上的干部出面，与公社或生产队、大队派来的"干部"们坐在一起，经过若干的争吵后，最终达成调解。但因偷粪而致的各类事件，从未真正停息过。不是今天就是明天，不在这里就在那里。

这就是"守粪人"及其后面包含着的一些真实而辛酸的故事，故事的逻辑指向是：粪——粮食——生命——人性。

7

  罗中立几乎是从一开始思考、挑选素材时，就已经为自己确定了一个目标：画农民。不错，那时他并不绝对清楚其他同学会画什么，但他绝对清楚自己必须得画什么：一个与任何同学都能够、都可以、都必须区别开的而且得是重大的题材。

  理由说出来也简单。

  一、想"得逞"

  想"得逞"，是每一个追求上进渴望成功的年轻人都有的正常心理。而怎样才能"得逞"，那时摆在罗中立面前的，首先就必须是不能还在选题阶段就与同学"撞车"。如不能与众不同，何谈后面"得逞"！即使还剩下几分"得逞"的可能，因此要付出的努力不知会多出多少倍！所以，什么样的题材才不会与同学"撞车"？不会"撞车"的依据何来？自信何来？在与同学们交谈中，在对自己的认识进行了深入的挖掘和认真深思后，有心的罗中立得到了依据。他下意识地认定，同学们谁都不会选择画农民这个对象本身。最大可能、最多可能是，有人会画与农村、与生活经历有过很大联系的类似于知青题材那种内容，比如之前何多苓画的《春风》，王亥画的《春》等。直接画农民的，不可能有。

  二、还是想"得逞"

  要"得逞"，就必须得表现重大题材，至少得与之紧密关联。

  农民是"重大题材"吗？

罗中立认为是。他脑海里长期都萦绕着一个很朴素的、很直观的、也很让他深思的思考：中国是一个十亿人口的大国，更是一个农业大国，农民是这个大国里人口最多的群体，他们是国家的脊梁，他们的命运就是国家的命运。从这点看，难道农民不正是代表着一个重大题材吗！那就是：农民——国家命运。所以，为什么不应该对这样的人——农民们以浓墨重彩表现呢？为什么不应该对他们以及他们的生活进行解剖、大张旗鼓地宣扬呢？无论是从人的角度，还是从农民和他们所背负的意义的角度，都是应该的吧！

罗中立对自己有一份自信：打小以来对农村生活，对农民，对由农民与城里人对比下诠释出来的"人"的认识、感悟，积累了很深的、很丰富的感受和理解。所有与农村和农民有关的记忆，一直让他深深地感到，这里面，有很多很多东西值得自己去画、自己应该去画。他认为恰恰是在这一点上，自己掌握了比其他同学有利得多的条件。

不"撞车"——重大题材——"得逞"，构成罗中立最初选材时的逻辑线索。

在这里可清楚地看到，"重大题材"，同样成为罗中立选材时的核心考虑。从"重大题材"土壤上生长出来的创作去参加全国性美展，才有"得逞"的可能，这就是罗中立最质朴的初衷，也符合他一贯的思路。很大程度上他就是这样简单地认为的：没有重大题材，就没有在全国性美展中"得逞"的可能。而依据这个逻辑，沿着这个逻辑去寻找、挖掘，他就自然地借着自己熟悉的认识走向了"重大题材"——农民。在之后一笔一笔精心描绘的创作过程中，当他因此与自己心中的"农民"联系得越来越紧密、几乎就融为一体时；当他对从前的"农民"认识也越来越深入时；当他对"农民"——命运——人这个逻辑关系的理解越来越有了自己的见解时，他就升华了，他发出了要为"农民"的呐喊！为"人"的呐喊！为那片洒满了金色阳光的充满希望的田野而呐喊！

今天去看，罗中立选材时的思路是清楚的，眼光也很独到，他准确地得出同学们都不会把农民本身作为创作对象这个判断，而大胆地把这个选材交给了自己。当然，实事求是说，他的这个判断对于他的最终选择而言，也只能算一个"表象"，依据平日和同学们的交流、细心观察中得到的信息，用点儿心加以分析后就能得出的。这，

可以看成是艺术里讨论的属于"技术"的这一个层面吗？从更深层次去认识他的最终选择，才是最精髓的部分，甚至可能罗中立自己当时也没有真正意识到，却在他潜意识里辅助、支配着他果断做出了最终的选择，从而让"农民"成为了他为创作决定的"重大题材"。这蕴含在深层次里的最精髓部分，就是他长期对"农民"——人——的质朴而真心的认识，长期对"农民"——人——这个观念的点点积累、升华后得到的"悟"。这可以等同于艺术里讨论的"艺"的层次吗？但正是有了这种应该归于"艺"的升华，才有了罗中立选材时的自然而然和自信。因此，是不是又可以这样说，即使罗中立那时突然发现有另外的同学也打算以"农民"作为创作选材，而他，照样会踏上创作《父亲》之路。

此外我们还可以试着来分析看看，为什么其他同学不会选择画农民本身。

不是因为他们瞧不起农民。

说不定同学中就有农民出身的。

那年参加第二届全国青年美展的艺术人中，或许就有不少是农民出身的艺术人。

那么主要的问题何在？

主要的问题应该是，因为对农民的认识不够，因为没有把寻找创作表现对象的目光放到农民这个国家最大的群体上去。但这"失误"，不该归咎于同学们。

同学们的人生经历中，看见了在社会上出现的太多太多与"农民"相关的负面。而这些，恰好就是在他们无意识中完全左右了他们思维的决定因素，使他们自觉不自觉地走进一个认识的"误区"。这个"误区"，就是对农民的不客观、不公正的认识，不准确的结论。

大致看看一些发生在人们不经意间的事实。

多年来，我们在课堂上讲给学生听的，在社会中大力宣传着的、一直高喊的都是我国是一个农业大国，说没有农民在土地上洒下辛勤的汗水，就没有我们活命的粮食，就没有国家的繁荣昌盛等等。听着很激励人心，似乎很在乎农民，似乎农民的重要地位得到了真正的体现。然而事实却是，在现实中广泛表现出来的农民的状况，却与之大相径庭：农民普遍受教育程度非常差，生活水平严重低下，生活环境恶劣肮脏等；在所有社会阶层中，农民处在最下层，最被其他阶层的人瞧不起。这样的状况，可以说从未有过明显改变。当然，这种状况存在也和中国历史上太多遗留原因有关联。但无论如何，简而言之就是，农民的真实状况与宣传中绝对不是一回事儿。

"农民"这个词儿在城里人口中，长期来就是一个被泛用的贬义词。人们间开玩笑或者吵架，时不时就会冒出一句来："你个——农民！"意思自然很明白：你没文化、没教养、没地位，瞧不起你！

20世纪50年代起，城市或城郊的一些中小学班级中，偶会出现几个附近农村来的农民子女学生。但他们在班上，基本上是被排斥在同学主流圈子之外的。绝大多数同学不会与他们友好来往，因为在城里同学心目中，他们是——"农民"。虽然这些未涉世事的城镇学生们根本理不清这个认识的理由，但来自父母长辈等有意无意的说教，却使他们心底下懵懂地、直觉地知道，"农民"就是贫穷、愚昧、落后、贪婪的代名词。而如果哪个城里同学要想公然打破这个大家都心照不宣的"界限"去和农村同学交往的话，那得先好好想一想，自己是否愿意冒被其他城里同学边缘化的风险，是否心甘情愿被"划"入"农民学生"这一群中去，被其他同学鄙视、耻笑！而每当哪个农村同学与城里同学发生了矛盾或冲突时，往往会有一大帮与之毫不相干的人涌上去稀里糊涂地帮城里同学的干忙，末了会很得意地向对方甩出一个鄙视的词来发泄道："你一个——农民！"特别在20世纪70年代，偶有某个农村同学忍不住表示一些"反抗"时，城里同学群就会抛出他们的"杀手锏"，大声地背诵：毛主席教导我们，严重的问题是教育农民。然后，就会以绝对胜利者的姿态，居高临下地看着农村同学张口结舌、"落荒而逃"。

70年代初中期，文革使得工农业大量停工停产，带来恶劣后果，国家处于物资极度匮乏状态，严重的影响不仅首当其冲波及农民，自然会包括了由国家负责提供粮食和其他物资供应的城里人。而因为国家之前一直给城里人提供的主粮如水稻严重短缺，所以，国家被迫在给城里人供应粮食时，采取主粮搭配一些辅粮的办法。比如，本来要给你十斤主粮，现在只给你八斤，另外两斤的定量就用辅粮大多是红薯或玉米等来替代。作为弥补，一斤主粮可以换成两斤至五斤不等的辅粮。城里人面对这样的"搭配"方法，第一是只能接受，第二是没有可能追究深层次的原因，更不可能反对。当时的现状明摆在那儿，还有供应给你没让你饿肚子就不错了。但打心底里不甘心的城里人就本能地、简单地、惯性地找到了一个发泄缺口，把这种搭配方式总结性地戏谑为"八搭二"，表达他们真实的不满。然后很快，城里人创造的这个"戏谑"，基于很好理解的原因，在大家的心照不宣之下，演变成了指称农民的代名词。这个"戏谑"虽然看似并没有在责怪农民，其实深层次里应该还是沿袭了对农民的那种轻蔑意味儿。逐渐地，城里人相互间开玩笑，或是发生了矛盾开骂时，都会互指着对方道，你个"八搭二"——"你个农民！"由这一些点上我们也能看到，其实，人们心中对农民的认识还是深刻的：只要一接触到粮食，就让人自然地联想到农民。但因为农民的重要性并没有被客观地、真正地认识和表现，才会出现社会上那样的"本末倒置"状况。

知青下乡时，与人争吵，会说：老子都在修地球了，你还要咋地？难不成你还敢开除老子的球籍！这话一听就更明白：现在我都已经落难到社会最底层了，你再要难为我，就只有把我从地球上踢出去了。

农民的社会地位，从知青这一句简单的话中淋漓尽致地反映出来。

一个不容争辩的事实是，至少到20世纪90年代初，中国的农民与城里人从来就没有处在一个真正平等、甚至相对平等的地位上。就算那些上山下乡到农村去艰苦生活了若干年的知青，他们绝大多数人内心深处，也都没有主动愿意把自己与农民摆在社会同一阶层上。不错，经过了几年的农村生活，知青们的确对农民、农村的真实一面有了更多的了解，对农民这个最大但同时也是最弱势的群体，生起了很多真心同情，在某些时候也会向他们伸出援助之手。但在知青们心底深处，从来没有、也不可能、甚至也不会，真正把农民与自己画上平等的等号。

既然社会大潮流展示的就是这样一种状况，既然城里的孩子在这样一种社会"意识形态"里长大，既然真实中的农民就是"无足轻重"的，那你认为一般人会主动地、呕心沥血地、洋溢着浓浓真情地，用他的笔着意去表现一个农民"傻儿"吗？假如他这样做，是不是也会因此成了众人眼里和嘴里的"傻儿"？这样的创作有意义吗、能"得逞"吗？

结论是，一般人肯定不会！

但是，肯定有不多的人会！

这不多的人，把农民和人、把自己和农民早已完全地、紧紧地连在了一起。既然是表现人，为什么不可以、不应该表现"农民"？

罗中立就是这不多的人之一。

有心的人肯定也会！

这个有心，来自于他长期对农民真实的了解、全面的理解、深刻的认识，并由此形成的真心热爱。知道人世间何为公平公正以后，就有了精神上的升华，就有了一颗愿意去彰显公平公正的"心"。

罗中立就是这样的有心人之一。

翻开罗中立的人生日历可以清楚看到，早自儿时，就有了与农村和农民的渊源，那是写在他心中对乡间和农民最朴实、真诚的喜爱。随时光推移，随着他与乡村和农民的更多结缘，这份喜爱在他潜意识中发酵，慢慢结成对农村和农民的一颗"赤子之心"。

有在三年自然灾害影响下度过的歌乐山中学的刻骨铭心的日子，有多次远赴大巴山深处与农民共同生活中得到的最实在的体验，有与农民相关的其他点点滴滴比如与"守粪人"发生的"碰撞"，那些有欢乐也有痛苦、包含着许多欲说还休的无言和无奈，共同促成了一个事实：他的潜意识中，长期涌动着对农民这个群体的强烈的人文关怀，他那颗"赤子之心"也更一直在渴望着，可以对农民做出一份真诚的奉献。

在这之前罗中立也许并没有很清楚地意识到这点，没有意识到他的心其实一直都在一种自己也不能完全说清道明的状态中默默地等待着一个机会，或者说是一声呼唤。今天这个机会终于降临了，今天这一声呼唤终于轰鸣在他耳边、轰鸣在他心里。他知道，可以把自己的"赤子之心"展现给大家，应该让心底那一个目标发光了！

农村、农民、农民的生活和希望，农民的昨天、今天和明天，农民与其他人的联系，所有人的命运，应该发掘的、应该展现给世人的、应该画出的，有太多太多。

罗中立就这样毫不犹豫地选择了农民这个"重大题材"，作为自己的创作选材去参展！因此可以说是，在罗中立思想深层次下激荡良久的真情，帮助他做出了一个正确的时代选择。

罗中立后来写的一封信中曾这样写道："……农民是我感受最深的题材。我国是一个农民的国家，但为农民说话的很少，老实话就更少，他们是我们的衣食父母，是这个国家的真正主人。"

历史的浪潮在那一天卷来时，很自然地推出了罗中立这个有心人站立潮头，让他敢于袒开心扉，把自己这一种人的一颗"赤心"，淋漓尽致地表白于世人的目光下。

需要在这里解释一句，罗中立一天也没有当过知青。

需要解释是因为不少人后来写到罗中立之所以画出了这样一个农民"父亲"时，都结论为要么他出生于农家，要么就是有过很漫长的当知青经历。说：罗中立之所以能画出了《父亲》，重要原因就是，他有在大巴山当知青十年的经历。

《父亲》出现的年代，知青还是与人们的思维联系很紧密的一个社会符号，凡可以与知青沾边的人们都会很自然地"靠"上去，这也正常。但是，说因为是十年知青生活的影响而让罗中立画出了《父亲》，也显得太"轻"了一些，太"短"了一些。如在上面提出的所有种种可知，罗中立能够画出《父亲》，是因为用了自己的全副身心。

对此或许我们还该做的至少有一点，就是从《父亲》是一个"农民"这个认识里跳出来，直观地把"他"看作一个普通的中国人。这样，我们的思路应该就会豁然打开。我们不会再去深究罗中立与农民的"这样"一种关系，去"拷问"罗中立为什么要画一个农民。因为，此时的这个"农民"，不过就是他借用的符号，用来传达他内心的诉求，解释自己的观念，表达自己希望的一个典型符号，就是一个身上背负了中国几千年历史积压下来的沉重负担的一个具有代表性的"人"。仅此而已。

尽心而为，何事不成？

8

第一步解决了画什么，罗中立思索的闸门就打开了。他开始往更深处去寻找，解决接下来的"怎样画"。他在脑海里一遍遍地过滤与自己生活经历中曾有过交集的农民，但都觉得有些似是而非，好像都不够概括性，不是在他最需要的某个点上，不够最好地迎合在他心里涌动着的那份炽热的激情。与此同时，他又分明觉在内心深处的某一个地方，有一颗旺盛的火星在跳跃，在引着他孜孜不倦地去寻找，只是一时也把握不住那颗火星的指向。

一天天冥思苦想，他常常进入忘我的状态。不少夜晚，在一种似睡似梦似醒中，都会有好几个不同的构图鲜活地蹦进脑海来，但一细究，都并非那种至少是首先能够很到位地打动自己的。

一天天寝食不安，思绪纠缠。"怎样画"这个问题，如同熔岩般翻滚在他心中，烧灼他的大脑，使他沸腾起太多的焦虑。参展能不能"得逞"？"赤心"能否为人所识？明明白白知道有一个"苹果"挂在树上，但问题是怎样才能找到它，才能摘下它？

过去了几十年后的今天，我们回头去看看，《父亲》当年是怎样一步一步地向人们走来的吧。

第一稿："守粪人"。

《父亲》引起轰动后，80年代初期，北京一家主流媒体到重庆采访罗中立，专门

—259—

去沙坪坝一处公厕外拍摄过当时还能见到的"守粪人"。

罗中立当年给《美术》杂志写的那封信中,只简单地描写了1975年那个年三十晚他与"守粪人"的"偶遇"。他说当时留下的印象极为深刻,所以一直想画这个"守粪人",所以后来在为参加第二届全国青年美展做创作时,就把"守粪人"用作了素材。

但"守粪人"究竟是怎样历经了"万水千山"成了罗中立创作《父亲》的第一稿,今天这里已无法轻松地写几句就可以解释清楚。那个过程已无法细究,因为就连罗中立本人,也回忆不起当时的细节。所以我们只能这样说,从罗中立记忆无比深刻的、当时在为了解决"怎样画"这个问题时表现出的心情和思绪状态可以大致知道,"守粪人"的应运而出,一定经历了一个"漫长"而"艰难"的过程,一定是当思绪行走到某一个节点上,突然点燃了罗中立思索的火星,开始燃烧起激情的大火来。

"守粪人"怎样走进了《父亲》的第一稿,背后还交织过哪些纠葛等等,都没出现在罗中立写的信中。猜测当年他写信时,应该主要是受到写信的篇幅限制,也更是天性的不喜辞令,再者也觉得没必要花费那么多笔墨;当年的人们可不像今天的人这样乐于自我宣传。所以尽管罗中立很善于讲故事,却并没有把一个完整的、当然也不会很短的故事讲给编辑和读者听。

依据罗中立写的信,我们来简单地回顾、顺带更细节些还原一下"守粪人"当年走近罗中立的情况。

时间:1975年春节大年三十晚(阳历1975年2月10日晚)。

地点:重庆沙坪坝小龙坎京华院罗中立父母住家旁的公厕边。

隐在信的后面、没有被写出来的细节是这样的:年前好几天,罗中立就从达钢厂请了探亲假回到重庆父母家中。

中国人千百年文化传统里流传下来的规矩,无论平时的日子有多艰难,到了年三十晚这一顿年夜饭,却是无论如何不能马虎的。家家户户都会举全家人之力,倾全家之所能,筹出一顿相对"完美"的年夜饭。即使在那样一个物资短缺、绝大多数人还都得勒紧裤腰带过日子的时期也不例外。包括在外地工作的家人,远在乡下的知青,都会把自己平时想方设法积攒下来的一点儿肉啊酒啊黄豆啊糯米啊等等当时的稀缺物资，大包小包地背着，不在乎各自分散在五湖四海哪个地方，不怕舟车劳顿，不惧翻山越岭，一路风尘仆仆，要争分夺秒地及时赶回家来，就为了用一个合家团圆，来组成这顿年夜饭的真正"完美"。

经历过那个年代的人，都回忆得起文革中的样板戏之一芭蕾舞剧《白毛女》，在里面人们看到，连长期在外躲地主债的杨白劳，也要在年三十前偷偷溜回家来与女儿见上一面，也要倾其所有给女儿"喜儿"买上哪怕只是二尺红头绳。虽说那是文艺作品文学夸张，但也足见年三十在中国人心中的分量之重。

1975年重庆的这个大年三十夜，天空中下着霏霏细雨，非常阴冷，重庆人习惯管这种阴雨叫"水雪"，而且这"水雪"已经绵绵地下了好几天，因此使得它所透出的阴冷程度更加重了好多。

罗中立吃完年夜饭不久，来到京华院边上那个公厕解手。就在那里，在一个对中国人而言重要到似乎其他任何都不可替代的大年三十晚，他与这一个"守粪人"偶然相遇了。

说"偶然"，是因为时间恰逢大年三十夜晚。

几年后，罗中立在给《美术》杂志的信中这样地描述闯进了他的眼里，并在他脑海里刻下了深深烙印的这一个农民人物：

"……那是1975年的除夕之夜，雨夹着雪粒不断地向人们扑来，冷极了，在我家附近的厕所旁边，守候着一位中年的农民。早晨我就注意到他在雪水中僵直的动态，他用农民特有的姿势，将扁担竖在粪池坑边的墙上，身体靠在上面，双手放在袖里，麻木、呆滞，默默无声地叼着一支旱烟。一直到晚上，他都呆在那儿，不同的只是变换着各种姿势。除夕欢乐的夜晚降临了，周围的高楼平房一起放出温暖的灯火，欢笑、音乐、鞭炮夹杂着猜拳行令的叫喊……响成了一片。但这位离家守粪的农民像是一个被遗忘的人，他呆滞、麻木的神态与周围的环境形成了一种强烈而又鲜明的对比，他也有家，儿女还在盼着他回家团聚呢。此时，他想些什么？也许只有一个想法，盼望着粪池快满，可以多挣工分，可以变粮食，养活家人，也养活……

"夜深了，除夕欢闹的声浪逐渐安静下来，我最后一次去厕所，只见昏灯之下他仍在那儿,夜来的寒冷将他'挤'到粪池边的一个墙角里,身体缩成了一个团,而眼睛,一双牛羊般的眼睛却死死地盯着粪池,如同一个被迫到一个死角里,除了保护自己之外,绝不准备作任何反抗的人一样。这时,我心里一阵猛烈的震动,同情,怜悯,感慨……一齐狂乱地向我袭来,杨白劳、祥林嫂、闰土、阿Q……生活中的,作品中的、外国的,乱糟糟地挤到了我的眼前。我不曾知道他今天吃了些什么度过的,我回家取了两块月饼给他送去,好久他说不出一句话,真是个老实巴交的农民……"

那注定了是一个巧合与必然共存,一个若干年后要为中国当代艺术史竖立起一块里程碑而先充当一片基脚石的、既普通又不平凡的夜晚。

震撼之下的罗中立当时生起的最朴实、最强烈的感受是:老实的农民总是吃亏……我要为他们喊叫!

还有另一个"偶然"。

早些日子,那个"守粪人"在离公厕二十来米远的地方,用自己在四下捡来的布片竹片木块什么的废料,搭了一个两平方大小、勉强可以遮风避雨的棚子。平日很多时候,他都是待在那个小棚子里,蜷缩在自己那床很旧的、缀满补丁的被子里。从棚子那儿他可以清楚地看见公厕这边的人来人往,所以他不担心有人会在他眼皮子底下把粪偷走。

那一晚,就在罗中立去上厕所时,"守粪人"应该是借着自己反正闲着也是闲着的时间,刚刚来公厕把清洁打扫了。按照生产队与街道签的协议,这个公厕的粪归哪一个生产队,这个公厕平时的清洁,就也由生产队派来的"守粪人"负责打扫。算作获益与付出相抵消吧。那晚"守粪人"做完了清洁,不知为什么并没有马上回到小棚子里去,却蹲在公厕门外一个避风的墙角暗处抽烟。就仿佛是命运在冥冥之中安排了他要等着与罗中立"偶然"相遇。

罗中立走近公厕时,就着悬在公厕门上方的那盏略显昏暗的路灯光,看见了蹲在墙角稍暗处的"守粪人"。他衣服褴褛,蓬头垢面,因为寒冷,把双手笼在衣袖里,嘴边叼着一只卷烟,那烟头时明时暗地发出的一点儿亮"火",特写般地照出他那张瘦骨嶙峋的脸上的憔悴。他身边放着他那根随时都能拿到手的扁担,还有不知从哪个垃圾堆捡来的一把破烂的扫把。

之前，罗中立在这一个或城里其他哪个公厕，与作为"守粪人"的农民也有过多次相遇。但那些时候"守粪人"在他眼里，应该也和在任何人眼里一样，就是一个司空见惯的"符号"：一个守粪的农民。因为太熟悉了，反而不会去注意与他关联的细节，自然也没去把他与自己的什么思想相联系，虽然有时，出于内心深处的某种感受，会和这"守粪人"打个招呼唠上几句，顺便习惯性地问一句你吃过饭了没有，等等。

但是，在这样一个特殊的年三十之夜，与"守粪人"如此"偶然"相遇，心情自然大不一样了。因此，对"守粪人"的思考和由此带来的冲击力，就比平时加倍深刻、强烈，加倍打动人。

强烈归强烈，深刻归深刻，打动归打动，当处于此情此景时，它也的确具有很强的感染力。但另外一个不争的事实是，置身于那些年总体看很平淡、枯燥、单调日子里的人，好像更容易健忘。因而那晚之后，流逝的岁月似乎很快就把罗中立在1975年的年三十夜与那个"守粪人""偶遇"得到的印象冲刷模糊了，或者换一种说法，它渐渐被淹进了他的脑海深处，但它依然活着，尤其，是活在一个"有心人"的脑海里。

几年后，当罗中立确定了要以农民作为自己参展的题材，同时又为该"怎样画"而焦虑，为找不到一个具有概括性的农民而浮沉在极度的困惑中时，他天天都"煎熬"在一种冥思苦想而不得的极端焦灼状态里，在反复的希望与失望情绪交织中，仿佛已被逼进了死胡同，每天晚上都会有幻想的梦飞来扰乱睡眠，而梦中想着的也都是怎样才能画出有分量的作品参加非同小可的全国性美展，才可以"得逞"，就在这些日子里，也许古话总结的"踏破铁鞋无觅处，得来全不费工夫"这话就是为与他陷入此时此刻同样境遇的人而存在的，脑海深处的那个"守粪人"，鲜活了！

命运再次显出了它的"本事"。它让罗中立在看似死胡同的思绪的尽头转了一个弯，柳暗花明地，事先把一个"守粪人"给"安排"着站在思绪的拐角处，与罗中立上演了又一出与"守粪人"的"偶遇"，虽然这次在脑海中与"守粪人"的"偶遇"和几年前在现实中的那次"偶遇"，情景并不相同，却大有异曲同工之妙。

就是在脑海中一眼瞥见那个"守粪人"的一瞬间，罗中立如同遭到了强大的电击，思绪中仿佛有好多道洪流随之汹涌呼啸着冲了进来，有响亮的钟声在他耳边连续鸣响，不断撞击他的记忆，他甚至感到应接不暇，有些无法控制自己。回忆中的一个清晰感觉是，那时分明好似有一点不知从哪里飞来的火星，点燃了暗夜中一束灿烂的火炬，猛地照亮了天和地，把隐在他脑海深处的那个曾经强刺激了他的画面清清楚楚地彻底映照了出来，一个几乎完整无瑕的画面跳进了他脑海中：1975年大年三十夜那个"守粪人"，那个衣服褴褛、蓬头垢面、双手笼在衣袖里、嘴边叼着一只卷烟、满脸满眼都是疲惫色的"守粪人"，鲜活地走来。

天时、地利、人和，似乎一下子又全部降临。

罗中立脑海里抑制不住地飞快浮起来一连串激热的词语和好多好多的联想：守粪、粮食、养活人民，富强国家，中华民族几千年的历史，人的命运……

罗中立不由自主地冲口大叫：就是他，我要找的、我要画的农民就是他，这个撑起了国家脊梁的农民！太好了！

记忆深处的罗中立补充说：其实，应该是就在1975年三十夜的昏黄灯光下，在我那次看见那个"守粪人"的那一刻，我就看见了中国农民的脸庞，看见了写在从那张脸庞后面的深沉的苦难，它烙印在我心里，在我的潜意识里刺激着我、烧灼着我。它就是我之前一直都感觉得到、却一直没有能够抓住的那一个点！

这就是在罗中立心底长期燃烧着的对中国农民的真情。正是这一份真情的作用，使他在为参加全国青年美展做创作准备时，就选定了农民，就有了要为农民"喊叫"的冲动！只是那时，这份冲动还如灼热的熔岩般运行在悄没声息之下。

一个普通得不能再普通的"守粪人"与罗中立偶然相遇，却因此成为中国当代艺术上一块里程碑下的奠基石。很重要的一个原因，是因为这个"偶遇"发生在中国有上千年传统的年三十之夜。发生在这一个巧合之夜的"偶遇"，在罗中立他脑海里留下的是这样一个深刻的结论：大年三十夜，城里人都在尽情快乐，在敞开肚子大吃大喝，这个"守粪人"——农民，还在抓革命促生产，为了国家的粮食而忠实于自己的职责。问一问，如果一个国家只有政府机关，只有学校工厂，没有农民，则国家何在？人民何在？我们何在？又何从侈谈丰盛的年夜饭，侈谈吃饱吃好享受快乐了！

就是几年前在罗中立心田里种下的这颗种子，几年后当再遇一次及时雨般的浇灌，就顺理成章地健康发芽、生长，最后结成中国当代艺术史上的里程碑果实。

罗中立很肯定地说，正是这次与"守粪人"在思想中的"偶遇"，完成了自己思维和认识上的整合、飞跃，心里激发起来压抑不住的创作激情，让他因此对何为灵感，有了一个更真实的顿悟。他说：你在许多生活中苦苦寻找那一个似隐似现的点，你因此会被无数的困惑与痛苦纠缠着，在这种状态下踽踽往前，然后，当你处在了某种状态中时，突然，一个什么"它"飘来，就像是一只手，把你原来全部的断断续续的想法一下子串在一起，让你猛然之间就清清楚楚地看见了脚下的路。这就是我理解的灵感。

其实从多方面认真探究，"守粪人"之所以能够走进罗中立的第一稿，除了一些"偶然"外，也是一个必然：必然于罗中立心里长期对农民的感知感悟。

再次"偶遇""守粪人"的罗中立早已迫不及待，抓起笔和本子，疾速地画起来，仿佛生怕慢了一秒，那些翻绕在脑海里的线索就会消失在虚空中而不可再得。

接下来几天，罗中立就"守粪人"这个题材先后画了好多稿，分别从"守粪人"的正面、左侧面、右侧面，还有光线从不同角度照进画面来的效果等，都进行了尝试。不过好像他最青睐的还是从正面表现，画了好几幅稿子。

今天从那些"守粪人"稿子可以看出，虽然它们起到了强刺激罗中立"奋笔疾书"的启发性作用，但也清楚地透出罗中立当时的犹豫、尝试和不明确。概括起来看，稿子表现出以下特点：1.人物在画面中的占比很小，形象不突出。2.画面中表现出的，与其说是在展示这一个人，不如说更像是在讲述这一个人做的事；画面的杂乱内容冲淡了中心，把本想要表现一个人，变成了讲故事。3.为了充分说明画面中的这个人就是点题的"守粪人"，画面上这个人的身边，被画上了诸如粪桶、扁担、粪勺、甚至还有粪坑等，作为协助负起解说词责任的道具。但是很遗憾，如果你不在这些道具上用文字注明什么是什么的话，谁能猜出什么是什么呢？4.拿"守粪人"第一张草稿和他写给《美术》杂志的信中所描述的进行一番比较，不难发现，在这幅草稿上出现的，基本上就是他与"守粪人"第一次"偶遇"时的真实场景回放。因此说明，罗中立到此时还没有能够真正进入到"创作"状态中，进入真正的人物刻画中，他还在模拟，还在拼凑，还在照搬。当然他希望自己能从反复的摸索中，走出需要的那一条路。5.最初画的有几幅"守粪人"稿子,画面大都更像是重庆老屋的风景画速写。比如提到的第一幅草稿,与其说画面里的"守粪人"是被主要想表现的对象,不如说他只是这幅风景画中的一个点缀更贴切。毫无疑问,这样的画面在缺少大篇幅文字解说的前提下,相信谁都不会对这个"守粪人"生起任何感觉;如果再抹去写在旁边很简陋的、被作为"厕所"的那堵墙上的那个"女"字,相信更没有人会把这个画面与厕所、与粪肥、与农民扯上半点儿关系。

罗中立还刻意在作为厕所的墙上写了很多民间"俗文化"中常出现的字眼,比如"打倒×××"的诅咒、或"×××我儿"的发泄,乃至于"我×你妈"这样的国骂,包括了通常都被百姓称之为"下流"的"涂鸦"等。这些当然不是罗中立别出心裁地"编造"出来的。事实上,从前那个时期,这种"俗文化",可以说在每一个公厕里都能见到。他这里当然不是为了迎合这种俗文化,而是为了借着它们,向观众点出这儿就是厕所。透过这样的交代,罗中立或许也有一个想法,让观众看见,处于一个特定时期里的人们精神文化的一个侧面。或者,也应该是为满足他讲故事的需要?因为在它们后面,的的确确包含着不能言传但可以意会的故事。

从罗中立最初画这些草稿时的取向、画面的表达方式,我们不难想象到,连环画或者说中国文化的影响对罗中立有多深!也就不难理解到,他最终走到成功把《父亲》展现在大众眼前那一步,中间会经历多大的跨越!

对草稿"守粪人"的思考,每一稿罗中立都是在画面上进行调整,画面里的角色始终是定位于"守粪人"。

有两张草稿的画面几乎一致,只有些微小调整,比如把摆放在粪坑里的粪勺做了一个左右方向的变化等;在一幅的厕所墙上写的是"公厕三号",另外一幅里,则写着"公厕5号",以示区别。

在有张草稿里,他甚至为厕所里人们如厕时称为"蹲位"的那个坑画出来一个全景。

那时候的公厕拿到今天来看,都堪称简陋无比。

大多公厕是这样建成的。人们先在地下挖一个大大的深坑,然后在坑上方搁一些木板,木板上已经先依次锯出了一排洞。拼接木板时,洞与洞之间会形成事先留下

— 266 —

的、足够两只脚掌可以游刃有余地站下的位置。"蹲位"就这样形成了，如厕之人就能蹲在这简易的洞上方便。今天在一些简易的公厕里还可以看见类似的"蹲位"。当然，也要盖一间大致上可以遮风避雨的房子，中间要修一道隔墙分出男女厕，不过无论是在男厕还是在女厕所里面，作"蹲位"用的洞与洞之间却并没有今天公厕里会有的那道起分隔作用、或称"文明分界线"的隔墙。所以，在那时的公厕里就能看见这样一道"风景"：老老少少，都光着屁股一排地蹲在那儿。反正厕所就是用来排泄脏物的地方，都不那么在乎自己以及别人是否光着屁股了。何况，你想在乎也没有用，因为你如果不愿意在这样的厕所里、在其他人眼前亮出你的屁股，你能去哪儿方便？走遍全市，你可能也找不到想要的那种真正与"文明"画等号的公厕如厕。再说那时候在人们的认识中，也并不像今人这样会太多地考虑到什么羞耻心、考虑到个人隐私的呢！当然也不是不想考虑，是无法考虑。

约定俗成。存在即合理。当一个社会严重缺乏物质文明时，追求精神文明就实在是一种几不可得的奢侈。

受到"守粪人"带来的冲击，激情下的罗中立不停地画，直到自己觉得已经是非常上心地画了数遍"守粪人"稿之后，左看右看，左想右想，却还是找不到满意感，而且越思考，就越意识到这个稿子存在着极大的先天不足，局限性太大。他认识到，在这里，可能只有他罗中立自己，才清楚牵连在画面后面的大量内容，它太隐晦了，太模糊了，也太文学了，非常的文学。站在这样一幅画前，你说它是"守粪人"也行，说它是"休息中的农民"也行，或者说成其他什么反正只要能与农民搭上关系的好像都行。事实上，罗中立画这幅草稿时，也一边为它构想过好些名字，包括"年关"，最后定为"守粪的农民"。

总之，这样的一幅画肯定需要你花费很多很多语言，穿插进很多很多故事，去解释包含在它背后的那些很多，说清它后面的那一条文学逻辑线索，才有可能让人们明白它的指向是怎么一回事。

显然他不能这样来做创作。他知道那意味着它一定不会是可以"得逞"的作品。罗中立自己就给它下了结论。

终于，罗中立不得不忍着几乎无法割舍的痛苦，但也是很坚决地，否定了让"守

粪人"走进自己的创作画面。

不过准确地说，被否定的也只是"守粪人"所牵涉的画面，而由最初着眼于"守粪人"，并由它生出的对农民和与农民相关联的大量思考，仍在罗中立脑海里进一步发酵。沿着这个思路，他画出了第二稿。

新的草稿上，在"守粪人"中暗喻似的存在、需要特别的解说词才能让大家明白的"粮食"概念，摇身一变成为了具体的"粮食"，从粮食的角度讲述着明明白白的"收获"，以及与收获关联的诸多方面。

第二稿画面上，出现了一个头上包着白帕子的老人，也有的稿子上是戴着草帽，蹲在地上，一手拿把小扫帚一手拿一只撮箕，正埋头把掉进地上石头缝里的稻粒艰难地一颗一颗地"弄"出来。

第二稿被取名为"粒粒皆辛苦"。

第二稿也有多幅稿子，分别选取了从左右两个方向表现。

第二稿里，画面中的人物已占据了主导地位。

第二稿对比"守粪人"，出现了很大转折：指向清晰，内涵增加，包容更大，内容浅显易懂，更易把观众的思想引向粮食和"农民"——这个他一心一意想要淋漓表现的题材。

但经过数番认真思考后，罗中立又不满意了。他觉得第二稿这个画面，总体思路依然有很大局限性。可以说，内涵基本上是被局限在了"粮食"这一个概念上。顶多，还可以让人们在看见这幅画时，产生出一些联想，比如唤起人们要珍惜农民付出辛勤劳动才换来的成果的意识。但最重要的一点，对农民本身，往更深层次去的认知，差不多就此打住了。但这一点，恰恰是罗中立极力要表现、极力要展示给人们的。

虽然做了否定，生性坚持的罗中立并没轻易放弃它，他继续反复地观看第二稿，也就在这个反复观看、思考的过程中，一个真正的转折诞生了：罗中立突然把手里拿着的草稿换了一个角度，他让画面中老人本来是低着的头部转到了正立的位置，同时他心里一边自言自语着说：我为什么不可以就画一个肖像呢，那样，不是能把画面中的附带情节削弱，就能更加明确地突出我想要表现的"这一个"吗?！

严格说起来，这种表现方法在传统中国画里早已存在，那就是中国画创作中选材和构图上惯用的局部剪裁和"夸张"表现手法，是一种浪漫主义、抽象意识和大胆想象的结合。不知道罗中立这时突然得到这个"灵感"，是因了不同艺术的异曲同工之妙呢，还是因为他之前长期画连环画、受到中国画创作思想的潜移默化所致。但无论如何，这个想法现在真的带来了一个巨大的飞跃，一个至为关键的突破。走到这里，我们似已可以感觉到，罗中立距离他最后的《父亲》，只有咫尺之遥了。

但是这个距离在理论上哪怕只剩下极小的一步，只要你的脚步还没有丈量完这最后一步的真实距离，该来的，就还会被掩盖在那一层薄薄的雾霭后面。而你在最终撩开那一层薄雾织成的帷幔之前，很可能还得要走上好多弯路呢。

罗中立就在这种"似是而非"的状态下，画出了第三稿。

真让人有些匪夷所思的是，第三稿似乎真的就是为了要证明上面所提到的那个"最后一步距离"的说法。第三稿并没有沿着他由第二稿的思考后得到的新想法前行，虽然，非常重要的一点，第三稿的确大致是以肖像图式出现的。但关键的问题还在于，乍一看去，第三稿真就不像是画得地地道道的农民，即使罗中立自己想着的这就是一个农民。

第三稿的若干稿画面上，出现的都是一个壮年汉子齐胸以上的半身像：他头戴一顶洗得发白的军帽，手拿一个摔出凹凸的军用水壶。凭什么说它是军用水壶呢？因为壶身上印有一个军人专属的红五角星，在水壶上的哪里罗中立本来还想写上一溜字："抗美援朝，保家卫国"。这些借代，显然就是为了用来说明这个人的身份——曾经的军人。罗中立安排这个曾经的军人转业后回到农村，继续发扬革命的战斗精神，带领社员们在土地上挥洒汗水耕种粮食；现在，他站在晒坝上和社员们一起为国家为人民准备公粮；他身后的远处，也是一大片农田，与后来定稿的《父亲》画面的背景，倒是相似。

第三稿画面上的人有右手拿水壶的，还有双手捧着水壶的。

罗中立最后倒是为第三稿定了个很容易被理解，也应该专属于农民的题目："生产队长"，虽然他也为它取过其他名字，就像我们在几幅草稿里可以看见的，如"江山保卫者"、"粒粒皆辛苦"、"队长"、"衣食父母"，甚至还包括了"我的父亲"。

但为什么第三稿会画了这样一个"似是而非"般的人物呢？似乎观众完全可以把第三稿画面中的人物不看成农民，而看成——比如说，一个野外工作的地质勘探队员？

罗中立在构思第三稿时，突然浮起来一个念头，他想起了大巴山深处邓大伯的儿子邓大军。邓大军当过兵，参加过抗美援朝，转业后回农村，当上了生产队长。

罗中立想到这里冒出来一个新想法：为什么不画一个从部队转业回乡务农的农民呢？他依稀觉得好像毛主席语录中有这样一句话，"中国的军队是农民的军队"。既然中国的军队是农民的军队，逻辑上就可以这样来理解：农民的军队不但不惜抛头颅洒热血打下了江山，退伍后又回农村做农民，继续用辛勤的汗水浇灌土地，收获粮食，养活人民。所以，画面中新的逻辑就是这样的：农民——军人——江山保卫者、农民、粮食、国家与人民。

罗中立就想，如果从这个角度去表现，不是可以让农民作为国家的脊梁这个内涵变得更清晰、更饱满、更有说服力吗！而"农民"的形象也会变得更强壮。

他甚至一度为自己这个新想法激动不已。

第三稿就在这个思路下诞生了。

不幸的是，初画第三稿时给罗中立带来的大激动，仍然没能跟着他笑到最后。

事实上第三稿还没画完，罗中立就已经不满意了。他已经意识到这一稿中的人物所扮演的角色太具体了，太"小"，尤其是还借着它的题目给出的定义——把人物的经历，身份，职务等，纤毫毕现地写在明处，却又不能有助于表达罗中立心底对农民满怀着的那种宽广、深厚、真诚、讴歌的感受，表达出他真正想要告诉大家的农民。相反，在这个"他"的身上所拥有并明确表现出来的那些具体特性，反而把观者的想象力和思维大大地局限了。

罗中立毫不犹豫地否定了第三稿，陷入更加煎熬的思索中。

9

这一天，还没跳出无奈所编织成的痛苦与焦虑中的罗中立，又坐下来，一点一点地清理起前面三稿走过来的逻辑思路，细细对比它们的优点和不足，重点清理了第二稿和第三稿完成后自己得到的很多想法。突然间，他脑海一激灵，有一个声音对他道，既然已经明确了画肖像，现在的问题主要是觉得画面中人物扮演的角色太具体了，那为什么不把具体变模糊后来试试看呢？

罗中立又激动起来，情不自禁地抓起搁在身边的本子和笔，也尽力控制着情绪，按着新出来的思路画下去，尝试着一个一个地抛开前面几稿中那些显得很具体的框框，一点一点地放弃、模糊、回归、再模糊……再模糊，再试，渐渐地，他看见一片新大陆向眼前漂来，有好感觉出来了：画面上出现了一个普普通通的农民，没有特设的前置，比如生产队长呀转业军人呀等等，也不需要太多的文学故事情节和太多解释，比如要借助"粒粒皆辛苦"后面隐含的内涵去唤醒存在于人们潜意识中的特定认识等。现在画面上出现的，是任谁都可以一眼看明白的：一个农民，中国今天亿万个普通农民的一个代表！中国历史长河中普通农民的一个代表！

当然还是要有粮食，还得要是丰收的场景，因为它们是与农民最直接、最紧密的关联，是罗中立讲的故事的开场白、是引子，是构成这幅作品完整的至关重要的内容，是与画中人物的生存息息相关的强烈的"说明"。但这时粮食在画面上的确退到了相对次要的位置，隐到了"这一个普通农民"身后，它不再喧宾夺主，而在静悄悄

中为"这一个"农民的高调现身，扮演必不可少的配角。

这一稿也画过手里拿着水壶的稿子，后来被否定了。既然已经不再需要一个退伍军人，之前有着特殊指向的军用水壶也就失去了意义。不过还是得有水，那就让他的手里端一碗水吧。

为什么一定要水呢？

因为，现在"这一个普通农民"是站在丰收粮食的晒坝上，现在他是在辛勤劳动的中间休息一下，那他当然就会需要喝水。他手里有一碗水，符合真实、符合逻辑。也得亏了第三稿中为曾经的军人的"生产队长"手里准备了那一只军用水壶，才得到了水这个理念，并把它延续、演变下来，因而让现在的画面变得更通俗、更有亲和力、更真实感人。

也可以再问一问，为什么这个"农民"手里一定是端一碗水，而不可以是手拿一根长长的、油红油黄的竹子旱烟杆，做出一个抽烟的动作呢？就像我们到乡下去，经常都可以见到的抽旱烟老农的形象？

如上所述，现在画面要表现的，是在丰收粮食的辛勤劳动中间小休息的一个老农民。常理是，任何一个人，当他有过长时间的劳动后，感到最明显的，肯定首先是累、是渴。他停下来休息，缓解身体的累，同时他最需要的，毫无疑问会是一碗水，而不是一袋烟。维持生命需要的最本源是水，所以"他"应该是要先喝水，缓过气来了，接下去才可能会抽烟。这碗水可以作为一件最佳的道具，最直观地向人们明白无误地传递出一种暗示：老农现在的身心正处于何种状态。还可以有其他暗喻，比方说，一个付出如此辛勤劳动的农民，他所需要的、得到的，只是如此一碗清水，由此引申向更远更深更广的思考。反之，抽烟带给人的感觉，通常是倾向于悠闲、享受、潇洒。因此无论是从人此刻客观上需要的角度，还是从文学的角度上去诠释，在这里，一碗水带给人们的联想、感受、所包含的内涵，都比抽烟更深沉，丰富了不知多少倍。

还有解释吗？

当然还有！

老农满头满脸淋漓的汗水，与他手捧着的碗里的水，本质一致但以两种不同的方式出现,却正好于悄悄然中形成一种强烈的呼应,让这碗水的味道在人们眼中变得更加清甜、更加苦涩,意义更突出、更鲜明、更饱满也更沉重。

这不就是连环画的思维吗!也是讲故事的思维?!

是的,这些暗示、这样的画面,与罗中立从前画连环画的思维有极大的关系,他的确也在不知不觉中讲述着自己的心所感觉到的故事。连环画肯定也是故事,需要情节,需要场景,需要道具。于是当罗中立现在来画"这一个"普通农民的肖像时,自觉不自觉地也依循了那种他已经非常习惯的思路和方式:老农民的"肖像",双手捧着一只大碗喝水,有一个粮食丰收的背景。然后呢,每个观众都可以围绕着这个画面,去剖析它们相互的联系,讲出很多自己看到的、能理解的故事。

比如,我们就可以先简单地拿"粮食丰收"这个话题说上几句。

无论是在文革前的三年自然灾害时期,还是在文革中,我们身边的人,包括我们自己,很多人口里老说出的一句话就是:从来没吃饱过。

不是年年都宣传粮食大丰收吗?丰收的粮食去哪里了?

粮食,粮食,"狗日的粮食"!听说过这本书吗?有读过它吗?

只依稀记得好像有这样一本书。但不管有没有这本书,仅仅就是这样的一句话,你去把它认真地咀嚼一番,认真地感受感受,看看从你嘴里把它一字一字地迸出来时,你心里会是一种什么感觉?

这个书名(假如真有这本书的话)肯定也太符合正在构思创作的罗中立的想法了,它表达的那种意境与他亲身有过的经历、与他内心的体会真的是一呼即应。从它简单的几个字里所迸射出来的那种爱恨交集,所带给人的那种说不清道不明的情绪,把粮食与生命、与我们人生的种种经历产生的交织,让我们对粮食,真的,无言以述。

"狗日的粮食"!

回想起在歌中读书时,同学们为了得到一口吃的所发生的那一幕幕情景;永远清楚记得三年自然灾害时期听到的、看到的、感受到的一切,真是一言难尽,一切都与"狗日的粮食"有关!

所以,粮食丰收的场景是必须有的,因为它是一种希望,是一种可以没有止境的希望！正是基于对粮食这样一种深沉的感受和认知，罗中立选择画"一个"农民时，才有心地、很自然地，始终攥紧了一条与粮食或曰粮食丰收关联的线索。

现在出现在草稿上的这个画面以及连带的方方面面的想法，让罗中立真的很兴奋、激动起来。他强压着情绪，一遍遍地告诉自己冷静，反复追问自己：再想想，还能有更好的吗？

最后，他很肯定地回答自己道：没有了，真没有了！如果画农民，我再也想不出比这更好的了。

既然画什么、怎样画都已经确定，接下来，罗中立就考虑起如何为自己的人物安排"舞台"大小了：这一个"农民"，代表的是亿万中国农民，形象是高大的，品格是崇高的，所以，一定要给"他"一个合适的表演舞台。但是给多大才最好呢？

罗中立到今天也说不清真正的原因是什么，但当时一定应该是出于自然而然，就在他围绕着自己的画稿进行全方位思索的某一个时刻，一个非常关键的词儿突地蹦进了他脑海里：巨幅领袖肖像画。

当这个词儿定格在他脑海中时，罗中立觉得有一股强大的热流紧跟着轰地冲进了他脑门儿，心里也"咯噔"一下，整个人都被这突然冒出来的词儿震住了。

把从前只是画领袖人物肖像时才"可以"用的巨幅正面肖像画方式，借过来表现一个普普通通的农民！可以吗？真的可以吗？罗中立不停追问自己。终于，他坚决地回答自己：可以！必须的！就这样了！

但是巨幅到画多大呢？罗中立没有明确的概念。思来想去，最后他对自己说：越大越好，那样才有最大的震撼力！

这也是罗中立选用超大幅尺寸创作《父亲》的初衷之一。

然而很不幸的是，罗中立的这个初衷却"遭遇"了客观现实的挫折，客观条件限制了他思维的飞翔。

客观条件是：第一，用来做创作工作室的寝室不够大，容不得他放进随心所欲之下产生的大尺寸画幅；第二，当时他能够买到的最大画布的尺幅，也就那么回事儿。所以到最后，无奈之下的罗中立想，既然全国的美术馆举办展览时对画幅尺寸都有一个原则上不超两米的规定，那么，我就为这个中国农民的代表打破原则，定一个两米二十的尺寸吧。至少，也算是一个突破。

不仅如此，很多人们到今天也还不知道的是，今天大家看见的《父亲》，是"站"在罗中立当时在市场上能买到的最大尺幅的两张画布上的。他按照寝室——工作室的空间可容许的最大画幅尺寸买回来了两块画布后，是当时系里的秘书，川美赖深如教授的妻子周泽荣，帮着他一针一针地把两幅画布缀在了一起。为什么不用缝纫机呢？没法，当时的普通缝纫机也"奈何"不了这样的缝纫工作，无法把几块画布天衣无缝地缝在一起。手工缝完后，罗中立还用白色颜料在两幅画布的连接处做了一道"填平"工序。所以，如果有机会从《父亲》的背面去看，就可以清楚地看见当年的这个"真相"。

从前只是画领袖人物肖像时才"可以"用的巨幅正面肖像画图式，就这样被转借过来表现一个普普通通的农民，一个观念也就这样产生了，一个大突破的纪录就这样产生了。

虽然罗中立当时没有可能将之归为观念艺术作品，但是到今天，我们正可以名正言顺地将之归为新中国以来最有典型意义的一件观念艺术作品。

到了这里，罗中立的意识里有一个声音大喊着说：这画，出来了！他仿佛看见通往"得逞"的大门已向他敞开！他明白现在自己终于为"这一个普通的农民"找到了一个最合适的位置。用当时同学们中流行的说法是：这画，"凶险了"——有闪光点了！

是因为当年在西南医院做文书的父亲第一次画的那幅领袖肖像画，在孩童的罗中立心中烙下了刻骨铭心的烙印，经几十年潜意识的发酵到今天而升华出来的结果吗？是历经十年文革的所见所闻，在他心中留下了无法磨灭的印象，在今天释放出来的必然结果吗？是因为人生的经历到了某一个时候，就会自然地把无数小点汇聚在一起如洪流般汹涌出来的结果吗？

无论出于什么原因，一个大胆突破的纪录已经成为事实。

此时罗中立也多少有些意识到，在文革结束并不是太久的这时，这个大胆决定的后面有可能会隐伏着什么。他突然感到了同学们平时开玩笑所说的"凶险"的含义。他忐忑，这幅画，在孕育着可能"得逞"的同时，也可能会给自己带来某种并不希望

■ 守粪人

■ 粒粒皆辛苦

■ 生产队长

■ 我的父亲

的后果。但到了这时，他也更确信，只能往前走！那个少年时的梦，那个闪光的理想，都在前面召唤着他，告诉他应该去蹚这份"凶险"。这是值得的！他想起了希腊神话中的一个故事，好似真听见了海岛上"女妖"唱起的歌声。

这时他也突然发觉，早先自己对画这幅画能不能"得逞"的念头，不知已于何时被抛到了一边。此刻充斥在他心里并不停翻腾着的，是他在构想这幅画一路走来的过程中所生发出的那些思绪：粮食、农民、国家脊梁、国家命运、人民……

这时他已非常清楚，这画出来后，一定会惊动大家了，这个大家会包括他的同学、朋友、老师们，也有他的亲人们。不过当时，他应该还没可能生起更远一些的想法，想到"这一个普通农民"将会在中国美术史上得到一个超乎寻常的舞台，但是他却的的确确已经知道，所有人一定都会对这幅画另眼相看，那自然，也会对他另眼相看了！

终于解决了怎样画的最后一步，薄雾的帷幔自动地缓缓撩起了！

最后一个小秘密是，由于当时条件有限，物资匮乏，最后那幅《父亲》草稿的定稿，罗中立都没有用足够大的一张整纸来画出，稿纸的上半段，居然是用海报在背面拼接起来的。以巨幅尺寸打破了纪录的一幅作品，其定稿却是站在一张拼接起来的纸上的，这也真可以让人有些啼笑皆非。

10

有之前两次零距离接触下的深入了解，和对大巴山农民的一份特殊感情，使得罗中立在为自己的创作确定"主角"时，一下子就爽快地想到了大巴山深处的邓开选邓大爷，就是人们今天见到的、站在油画《父亲》画面上的老农，或者更准确地说，是主要的原型。

1980年春，绷紧了全身每一根神经的罗中立，抓紧时间赶往平昌县，第三次走进双层生产队，走进了邓大爷的老屋。他要为创作这幅此刻就像一盏明灯一样闪亮在自己心中的画，去现实中继续挖掘、收集更多更好的素材。也就是在四处转悠的过程中，罗中立觉得，画面上的形象只用邓大爷一个人还不够全面，于是他又画了其他几个老人，还对在不同老人脸上、额头上出现的很有特点的皱纹等，作了专门收集。他想让从自己笔下诞生出来的这个人物，集中起诸多特点，最后成为最具有代表性的"这一个"。

半个月后罗中立满载而归，回到学校。

现在到了真正的最后了。用什么语言来画"这一个农民"的问题，摆在了罗中立面前。他考虑了一些日子，临了决定，采用在中国美术教育中一直很有地位的俄罗斯古典主义写实风格，比如克拉姆思科伊那样的风格，来完成这幅画。

这里要提出一个至为关键的问题：罗中立为什么会决定用写实的语言来画这幅承载了他沉甸甸希望的油画？

之所以会提出这个问题，是因为事实上我们回溯可知，在1980年当《父亲》即将诞生之时，对于绝大多数国人而言非常陌生、非常新鲜的，来自西方国家甚至是被我们长期称为的"美帝国主义"的大量五彩纷纭的艺术流派，已经汹涌流进了中国，包括印象主义、立方主义、波普艺术、极少主义、错觉主义、概念美术等，也包括罗中立创作《父亲》之前一直喜欢的、在他参加"野草"展览时被他近于狂热地运用、而且那时他已经认定，在自己今后的艺术发展之路上会采用的"表现主义"。既然如此，为什么他最后没有采用其他任何一种风格或者直接就用表现主义，偏偏会决定要用写实主义风格来画《父亲》呢？

至少有两个原因。

第一个、也是最重要的一个原因。

由于与西方国家在意识形态上的分歧，新中国后的艺术教育长期为（苏联）俄罗

斯古典写实主义所占领，成为我国艺术教育中的绝对主流。导致那些年整个中国美术界的审美，包括美术专业界的审美批评，基本上都是以唯美、以写实作为唯一的或最重要的标准，而把追求外光、色彩、个人情感宣泄、个人个性表现等，均看作是代表和反映资产阶级思想的东西，是不属于革命现实主义的糟粕。由此，凡欲在美术圈出头者，参加展览尤其是全国性的展览，作品如果不是以写实主义语言形式出现，则多会被嗤之以鼻，可能被认为是不务正业之流，或者是因为本身没有功底而做出的瞎搞。长期处在这种教育思想下的罗中立，骨子深处自然也不可避免地受其影响甚至被其左右。这是时代的一个局限。正是因为这样的局限，使得罗中立在确定了自己非常满意的题材，决定拼搏一番以求"得逞"时，潜在于深心中的影响就自动浮了上来，促成了他的决定，尽管他骨子里可能并不真的那样追求、崇尚写实风格，但是为了能顺利参展，为了能"得逞"，他告诉自己必须得用写实语言来完成这件"大作"。由此可知，他的选择，与写实主义，应该是在一种有意无意的状态中的"不谋而合"，一种无奈之下的"被迫"。这样说自然并非空穴来风，因为，当到了最后他选择"携手"照相写实主义时，或许同时有几分幽默的是，他心里的真实想法是，用照相写实语言来画这幅等同于自己当时无限希望的画，也就是"一锤子的买卖"！即使它真的"得逞"，但在以后，自己一定还是要去玩表现主义的。

第二个原因其实也可以不被看成真正的原因，而只是一个小插曲，或称为"街头戏谈"。

罗中立热衷于画连环画时，班上有个画得很好的同学戏谑说，罗哥儿是因为画不出写实油画来，所以才故意搞怪乱画，才只顾埋头去画连环画，挣几个钱。

对同学的这样说法，罗中立不置可否，也不解释。他说一是当时班上同学们之间的关系都比较好，大家平时都相互调侃、戏谑成了习惯。再是，他内心里对这或者多多少少竟有几分认可。因为毕竟自己确实是在热衷于画连环画，毕竟自己的确是没有把重心放在画写实油画上面，毕竟班上的确有好些个同学比如何多苓、高晓华、程丛林等，他们入校之初所画的写实油画，水平已经非常高，远远地把好多同学甩在了身后。不得不说，在强调和重视写实艺术教育的时代，他们的确是班上的佼佼者，是让很多同学都要另眼相看的。

不过也得承认，这种教育风气在一边很鼓励写实功底强的同学的同时，也让另一些写实功力差些的同学灰心丧气。比如张晓刚，曾经一边非常努力地画了一张很写实的自画像，希望以此来证明自己其实还是有写实功底的，一边也郁闷到差点儿就去向学校递交退学申请。

当然从不服输的罗中立也并没有心甘情愿地认可同学的戏谑。至少，他常在心下给自己、也是对同学说：瞧着吧，总有一天，我会画一张真正的写实油画出来，让你们好好看看，罗二哥是不是画不出来写实油画。所以，当他来选择用什么语言画《父亲》时，心中那一份小小的争强好胜心就溜出来作怪了，就像他小时候画画一定要在几兄弟中争得第一那样。他悄悄地说现在我就要来画一幅写实油画，还一定要"得逞"。这种情绪蔓延到后来，在他创作《父亲》期间，每每画到得意处，他都会像个调皮的孩子，忍不住捂着嘴偷笑，悄悄说，看着吧，罗二哥是不是只会装怪，只会画连环画。现在，我的超级写实油画就要出来了！

我们是不是可以这样说，有这好几个原因的综合作用，加上他内心中长期都有的渴望表现、渴望成功，争强好胜的小作怪思想，才使得当照相写实主义一经与他"不期而遇"，立刻被他毫不犹豫地决定"借用"——哪怕只是一次性的。

认真看去，在《父亲》之前，罗中立也并不是没有画过写实油画。比如《忠魂曲·记1976年天安门事件》（1978年）、《彭德怀》（1978年），等。当然，画得出或画不出写实油画，要看用什么标准衡量。也或者可以说，这就是用写实语言画出的，但它不见得是优秀的写实作品，没有影响力，自然就波澜不惊。如从这个角度去理解，也可以说是"没有画出来"。

罗中立自己说，他其实一直也在很努力地想画得"像"，但同时也觉得画得比较吃力，与那些画得好的同学相比，差距的确不小。等到《父亲》诞生后，他才带着几分得意地对自己说，这一张，真的画得有点儿"像"了。

不管怎么说吧，来自同学的一个笑话似的"说法"，也变成了罗中立创作中的一分动力。好事！

农民题材、超大"舞台"、领袖人物肖像与普通人物肖像的转换、古典写实语言，万事俱备，只待东风，选个好日子，动笔。

— 281 —

东风是什么呢?

就像又是冥冥之中的什么什么"偶然"地起了作用,或者是命运的再次"表现"。谁知道呢?就在此关键又关键的时刻,这一天,罗中立来到学校图书馆,不经意地翻开了一本看上去非常普通的、呈长方形的综合性杂志。在这本杂志里面,他读到了一篇文章,是一个日本评论家写的、介绍西方照相写实主义绘画的文章——严格说杂志里只是选登了这篇文章的一小段文字。就是这有限的一小段文字,介绍了美国照相写实主义(有称为超级写实主义)画家查克·克洛斯(Chuck Close),和照相写实主义的最核心内容。那位日本评论家在文中这样描述照相写实主义:克洛斯喜欢在四英尺高以上的画布上作画,在那些肖像画像里,人们可以看见画里人物肌肉的细微颤抖,看见他灼灼逼人的目光,甚至感觉到他生理上的痛苦……

小小的一段文字,足够让心有灵犀的罗中立在逐字逐字地反复读它时,产生了一种电击般的震撼感。他按捺不住地在心里大喊道:这就是我要的风格呀!我就是要这样画!就是它了!

好多年后罗中立在回忆时说,当时自己一下感到"这种语言形式最利于强有力地传达我的全部感情和思想"。他说即使在后来听到很多不同的声音时,他也并不认为这就是一种表面的机械模仿,因为,"东西方艺术从来就是互相吸收、借鉴的。形式、技巧等不过是帮着传达我的情感、思想等的一种语言,如果借着这种语言我能够把最想说的话说出来,那为什么不借助呢!"

历史当然无法假设。

但不妨假设一下。

当年,如果罗中立没有及时地、偶然地读到这一篇介绍照相写实主义的文章,后来的《父亲》会是什么模样?

历史当然无法假设,但也不妨假设一下。当年,如果罗中立用古典写实主义语言画出了《父亲》,结果可能会怎样呢?应该也会引起轰动,但会是多大的轰动,则是两说了。而它在中国当代艺术史上产生的意义,大概也应该两说了。

历史当然无法假设,但更不妨假设一下。当年,如果罗中立用表现主义画出了《父亲》,还会有今天的罗中立、会有今天中国当代艺术史上的这一座里程碑吗?

而当年《美术》杂志的编辑栗宪庭在他写的一篇文章中给出了这样的结论。他说：有时生活中使作者感动的某一现象"迫使"画家非用某种手法不可，如《美术》（1981年）1月号发表的《我的父亲》，所以采用了类似"照相写实主义"的方法，因为生活中打动作者的那些农民形象，就是那样的具体，以至于使作者不得不仔细地刻画那每一条皱纹，否则就使作者感到不能表达自己的感受。

11

形式与内容，从来是决定一件作品能否成功的、不可分割的两个孪生兄弟。而照相写实主义，就这样不期而至地，扮演了罗中立此时正需要的"东风"。

1980年大约五月下旬，罗中立握起了笔，开始了《父亲》创作的正式冲刺。这个创作期间，尤其是在中后期，恰逢"火炉"重庆最热的日子，那天儿是真热，大部分温度都在36摄氏度以上，最热时气温飙升至40摄氏度以上。

罗中立和杨谦的工作室因为在顶楼（五楼）一间阁楼似的小屋子里，所以更热。说热得汗如雨下已经没有意义了，说热得人心慌气短，热得人想跳楼也不为过。但是为了抢时间，为了最快最好地完成创作，都已顾不得许多。只要还可以勉强忍受，同学们都待在屋子里做创作。幸好还都是些身强体壮、耐受力比较强的青年。

杨谦画的是以大足石刻为创作背景的《手》（又称《千手观音》）。

创作期间，同学们多有相互串门，顺便也看其他同学画的什么、画得如何。来看罗中立画的，多数就是看看了，没多说什么，时不时地也有个别同学漫不经心似的

搭一句，"你这画凶险哟！"不过这并不是想表示对这幅画的肯定或否定，也不见得是真就意识到了它有些"凶险"，更多的意思，是一句纯粹的顺口调侃而已。

不过还是有人出来说话了，而且说得很认真。他们说的大概意思是：你这画，有点儿另类哟！要小心哟！

他们也很真诚地劝罗中立：这画，最好是不要送去参展。

这样说话的恰恰不是同学，是社会上一些朋友，还有几个老师。他们看到了这画，凭着他们人生阅历下的理解，出自真关心地道出了他们第一感觉下的担心。

同学们那时都在埋头于自己的创作，而且，好像那时同学们对于谁想表现什么样的题材这类问题，都显得比较大胆比较开放比较包容。比如和罗中立共用一间工作室做创作的杨谦，他俩从不对对方的画作任何评论或提什么建议。是的，他俩的确时常"口角"，但"口角"的内容却总是，杨谦说自己的画会"得逞"，罗中立说我的画会"得逞"，不信咱们就打赌。

两人有没有真的打赌不得而知，结果却是他二人的画都"得逞"了。杨谦的画，在这届全国青年美展上斩获了二等奖。

对这些关心和担心，罗中立虽然嘴上一直说不在乎，说我不担心这画会有麻烦，但他心里也多次打起小鼓，也常去细细咀嚼人们说的那些担心。甚至好几次，他真有了小小的犹豫，问自己，究竟是不是该把这画亮出去？

罗中立就在激动与犹豫、否定与肯定的矛盾心情中继续自己的创作。因为他始终感觉到，有一种来自内外的力量在下意识中激励着他，推着他往前，让他对自己说：豁出去了！

因为天太热，罗中立和杨谦还有其他好多同学差不多都是打着"光巴胴"，只穿一条重庆人戏称的"火腰裤"在屋里坚持创作。

"光巴胴"和"火腰裤"都是重庆土话，是说一个人上半身赤裸，下半身穿一条只能待在家里但不能穿着上街的短裤衩。

偶有女同学或是哪个同学的女朋友想要上楼来看画、访友，会先在楼下大声喊：我们要上来了！

楼上的一帮子小伙子就都忙不迭地丢掉画笔，一边大喊着"等一下等一下"，一边抓起被他们像一团乱布似的扔在旁边的背心呀衬衣呀什么的胡乱往身上套。

正是这些有趣且难堪的经历，结成了罗中立后来浓厚的"工作室"情结。他好早好早就为自己编织了一个梦：将来一旦有条件，要给自己整一个大大的工作室。

据说，在为参展做创作期间，还有同学在晚上很晚以后，把工作室里用的黑色衬布扯下来裹在身上，把平时用作临摹的人头骨托于头顶，一个个挨着去敲开同学们的寝室门，玩吓唬人的开心把戏。而这，恰恰从一个角度反映出同学们当时轻松、开放、尽情宣泄的心态。

按照自己认识的需要，罗中立要在《父亲》画面上某些地方表现一种较厚的肌理效果。他采用惯常的颜料堆砌法，觉得不能满足想象中的那种需要，于是又借鉴之前画《彭德怀》时的"创造"，再次把馒头掰碎，干后捏成碎末，撒一些在画布上，和油画颜料一起构成厚厚的肌理。有同学见到他这样做，有时会把吃剩下的一小点馒头来丢进他的颜料盘里，开玩笑说，罗二哥，给你增加材料来了。

"当时为了表现皮肤的粗糙，我还在油画颜料里加了些馒头渣，你要仔细看现在还能看出来。"罗中立后来与朋友聊天时这样说，脸上露出孩子般的调皮笑容。

嫌平时画画用的刮刀太小，出不来他想要的效果，又仿佛真的是为了创造更多"搞怪"纪录似的，罗中立居然从家里带了一把大菜刀到学校，按自己想象的需要把它磨尖，代替刮刀用。

因为工作室太小而画幅很大，距离近了看不出画面的整体关系，罗中立又想出一个另类的办法。他到商店里买回一架望远镜，把它反过来看，就把画幅"放"在了一个远得多的位置上。他这样来增加空间的纵深感、找准画面的关系。

这些，虽然说出来听上去都只是很"平常"的举动，然而都从一个侧面，反映出罗中立天性中具有的不安分和创造性。

根据对创作中人物的理解，罗中立还在"父亲"的脸上加了一颗苦命痣，按照民间戏称的样子，把"父亲"的耳朵画成了所谓怕老婆的"耙耳朵"。

对这些附加的"特征"，在1981年《美术》第一期刊登的罗中立的那封信中，他这样写道："我尽量搜集各种特征，如鼻子旁的痣，老百姓都叫'苦命痣'，他们的确认为命中注定一辈子受苦。'卷耳朵'，老百姓说是怕老婆，我用来表现农民的天性善

良，驯服，不会反抗。画干裂的嘴唇，手指上的倒刺，锔过的粗碗，以及脸上的每一条皱纹，都是精心推敲过的。"

由于借用了照相写实主义的肖像画图式，因此，罗中立之前画面中很习惯的场景叙事表现被压缩到了很小的程度。

有必要在此重点谈一下关于"父亲"的眼睛。

罗中立回忆说：曾经有一个批评家在看了《父亲》一画后，对画面上"父亲"的眼睛很有感慨，他专门来和我交流他对"父亲"眼神的体会。我心里说这是一个有共鸣的人，是一个知音，之前还几乎没有人和我正面深入探讨过这一点，看来他是真的从画面上走进我心里去了。他拿"父亲"的眼神与"蒙娜丽莎"的神秘微笑作对比，说只有这样的眼神，才能表达出深层次的人性。我很认可他的说法。这是真的，因为当我画这幅画时，我的确把"父亲"的眼睛画上又刮掉，反复了好几次。之所以会这样，其实就是想把控一个关键点："父亲"不能是木讷憨厚愚昧到麻木，到完全"捡"不起来的地步。他应该是在忍辱负重中有一种对未来的强烈期盼。所以，如果把眼睛画具体了，它可能就只能表达在那种具体下所承载的内涵，却无论如何也表达不出我想要的这种错综复杂的内容。

后来还有不少人也说道："父亲"的眼睛，有一种与"蒙娜丽莎"的微笑所透露出的、异曲同工般的朦胧美，一种像中国传统画追求的似与不似之下所产生的美，像中国古代诗歌中吟唱的"欲说还休"般的无奈之后产生的那种张扬美。

说不清付出了多少心血、洒下了多少汗水，反正是，在山城酷暑进入尾声阶段的1980年8月中的这一天，罗中立如释重负地画完了最后一笔。

站在这幅刚完成的画作前，罗中立真有些不敢相信自己的眼睛。这幅画，让自己每次看见时心灵都会震撼的画，真的出自于自己之手吗？虽然这一路走来已经说过好多遍"豁出去了"，但就算到了这时，他的心里还是忍不住又一次翻涌起疑问：这画真到了画展上后，会是什么样的结局？

12

时间终于一分一秒地流逝，到了一个最关键的时刻。一如民间俗话所说的，"丑媳妇免不了见公婆"。川美几个年级的同学们，也有老师们，为了参加全国青年美展付出巨大心血而完成的创作，奏响了"亮出来"的前奏。

为选送参加本届全国青年美展的作品，由四川省美术家协会主席李少言带队，有其他一些著名老资格艺术家如李焕民、牛文等参加，当时四川美术界堪称专业最强的一行人马，在四川美术学院叶毓山院长及院系主任陪同下，来到了川美同学们做创作的临时工作室，观看并挑选意向性可送第二届全国青年美展的作品。他们要负责为最后选送参加全国青年美展的作品做一次全面的，包括艺术水平和政治思想的审查。选出来的作品将先参加在成都举办的全国青年美展四川省展。

这一行人在其他同学的工作室逐一观看作品时，以他们训练有素的眼睛，都能从专业的角度迅速看到问题和不足，并从多方面向同学们提出宝贵的意见和调整的建议，或者是给予很满意的肯定。直到最后，当他们来到了罗中立和杨谦在顶楼上的这间工作室，看见了罗中立的巨幅油画。所有人，面对着这幅超大农民肖像画，竟然陷入沉默中。小小的工作室里鸦雀无声。

老半天后，叶毓山院长出来打破了这沉默，他语速很慢地向在场的人介绍罗中立的这幅作品。

叶毓山院长是第二次看见这幅作品。此前，学院出于对同学们创作的关心，已几次组织过一些专业老师和系主任看过大家的作品。所以，罗中立已给叶院长大致讲过创作这幅作品的主要想法，包括他采用的照相写实主义等。

叶院长在讲解中，顺带着简单解释了一下什么是照相写实主义，尽管他说也是从罗中立那里第一次听说这个名词。叶院长讲完后，让罗中立自己再谈一下他创作这幅画的想法。

叶院长在做简单介绍时，罗中立一边非常认真地听着，一边注意观察着领导一行人的反应。他感觉到，当他们听到叶院长介绍照相写实主义时，对当时来自西方的这种完全陌生的"主义"，反应几乎都表现为明显的不屑和冷淡，露出或多或少的排斥。

但现在罗中立已顾及不到太多了。他已经没有退路，只能向前，不管是像一个可以自由飞翔的"车"，还是像一个只能一步一步地"拱"的小卒，但是要向前。

他大致理了一下自己其实早已"烂熟"的那一条思路，为领导们讲起来。

他说：中国是一个农业大国，农民是国家的脊梁，是我们的衣食父母，因此从一开始他就选择了要画农民，画一个普普通通的、真真实实的农民。他说选择画农民是想通过反映中国农民的命运，来歌颂他们的无私奉献。他认为农民是一个重大题材，关乎国家的命运，用来作为自己的创作主题，就是要把这个重大题材表现出来，把关乎国家命运的人亮出来。他说他认为关注农民，就是对国家的关注，对人民的关注。

他也大概地叙述了一下自己画的前几幅草稿，说最后才决定了画这样一幅画，当然，它不是一幅简单意义上的、纯粹的肖像画，也是一幅可以讲出很多故事来的肖像画。

罗中立对自己的创作从正面、从积极意义方面做了一番解释。他没有主动提及这幅画"没按常规出牌"的几个主要方面：超大的画幅尺寸；从前约定俗成的、领袖地位的人物才能拥有的正面巨幅肖像画规则——此前还没有过任何普通人这样正面地、以占据画面绝对空间的肖像形式，出现在巨大的画幅中——在中国，只有马恩列斯毛等人物有过。

他也没有提到自己很大程度上就是从巨幅领袖肖像画带给人的那种震撼人心的感受上得到的启发，他甚至也没有主动地去再讲一次自己这幅画采用的照相写实主义手法是怎么得来的、为什么要决定选择它。

反正就是，一个普通农民借着巨幅领袖肖像画的观念转换、照相写实主义语言等几个关键点，都被他压在了心里。

即使在听完了罗中立对自己的创作所做的一番讲解后，领导等一行来人依旧无人吭声。

罗中立从他们相互交流的眼神和微小的举动中读出，或者说感觉出，他们一定还是因为对这画真拿不准，不知道发表什么意见才可能正确、才不会显得是"剑走偏锋"，因而犹豫着。还有呢，一般情况下，其他人都会听带队领导先发言，至少是先作引导性的发言。

罗中立自然不习惯这个，他心里忐忑着，不知道会出现什么结果。

来这里看画、审画的人谁都拥有一双"火眼金睛"，应该都看得懂这个体量庞大、满脸沧桑的老农民正在讲述什么。还有，从前只有领袖级的人才能以这样的正面肖像形式站在这大尺寸"舞台"上，如今突然换成一个普通农民！这种表现形式，在中国美术界，之前从没有过一个评判标准说"行"或者"不行"。毕竟文革才刚过去不那么久远，毕竟文革在大家心里造成的伤害很深、阴影很重，毕竟从前遗留了太多太多让人们根本无法一下子厘清的"纠缠"。所以，主观上、客观上看都是，谁都说不好，谁都拿不准。

又过了一阵，终于，还是带队的美协主席李少言先说话了。他语速很慢地对罗中立轻轻说道：给他加一支圆珠笔吧。不然，他可能会被误认为是旧社会的农民。加了圆珠笔，反映出他是今天新社会的农民，他有文化，可以记账记工分。

那之后好长一个时期里，不少评论家针对李少言老师当时说的这番话，针对那支后来被罗中立加进了画面、加在"父亲"左耳朵上方、插在白色头帕下的圆珠笔发表了好多见解。归纳起来看，主要不外以下内容：这是抹不去的时代特征的记号，是长官意志，是"左"倾政治干涉、干预艺术的最好证明，是不伦不类、画蛇添足，是把一切艺术品都贴上政治标签，佐证了文革后中国艺术在思想解放的道路上走得很艰辛，等等。

罗中立本人不太认可这样的说法。

他说，我那时作为学生，对李少言老师肯定是尊敬的，还可以说敬佩。我知道他是从延安来的，是一名文艺先锋战士，曾经有过很多优秀的艺术作品，在全国很多美术展览中获过奖。虽然，在这次选送参展作品之前我和他并没有过接触，在这之后，当我进一步了解了他的人品、他的责任心、他的正派作风、他时时表现出的正义感等，我对他当时所以提出了那样一个建议，又有了更深更完整的理解，还有真诚的感谢！李少言老师那时是省美协主席，即省美术界的主管官员，作为带队来川美选送参加第二届全国青年美展作品的负责人，以他一贯的行事作风，他一定是发自内心地希望，为自己的省多选出一件赴京参展的作品，他就是为了给每一个年轻人都创造一个能够展示自己的机会。不能说那时李少言老师觉得我这件作品有可能摘大奖。也许最多说他也在潜意识中希望过。但他一定是秉持着像对其他任何一件候选参展作品一视同仁的态度，出自他深心底的本能愿望，想尽力保证让每一件觉得还不错的作品都能够通过多方面的审查，顺利赴京参展，而不至于因为某个潜在的、可能引起本不应该引起的"问题"，被排除在大展之外。因此，李老师才凭着自己熟练的艺术眼光，提出了他真诚的建议。

也许今天我们可以假设，李少言老师以自己专业的眼睛，和长期作为官员的历练而拥有的职业敏感，当时真的从画面上嗅出了一些说不定会引起什么风波或至少是引起争议的东西。但是，他没有简单地否定、拒绝，却是对画及作者采取了主动保护、积极引导、热心建议等正面手段。回顾昨天，我们很有理由相信，采用后者，极大可能会让他也担上责任，而用前者，却至少一定能使他逍遥。

李少言老师自然而然地选择了后者。

今天所以在这里为李少言老师当时的行为写这几句，并非刻意要说一些好听的话，只是为了还原事实！把话说得再简单一点儿，假如当时李少言老师没有用这样积极引导和正面建议的态度来对待《父亲》，那么这幅画很大可能选不出来，很可能没等走出川美大门就被"枪毙"了。以李少言老师当时的身份，他可以简单地对这幅画就说一个字：不！处在那个时代，他这一个"不"字，拥有百分之百的否决权。

无论在当时还是在以后的任何场合，李少言老师都从来没对罗中立或者其他人说过类似这样的话：你不加上这支圆珠笔，这画就不能被选送去参加本届全国青年美展。

罗中立当时也的确是一下就听懂了李少言老师的话。他接受了李少言老师的建议，真心地，很积极地。

但需要做些解释的是，罗中立之所以接受李少言老师的建议，理由却与李少言老师那些还没有说出来的话的走向不同。更准确些说，罗中立所以接受，其理由可能恰好是从李少言老师说话所指的反方向走过来的。或者是不是也可以说，他是在李少言老师说话的基础上，来了一个经自己理解后的延伸。

加上一支新社会才有的圆珠笔，就反映出他是新社会的农民，他有文化，可以记账记工分。

加上一支新社会才有的圆珠笔，老农民当然就成为了一个有文化的新型农民。因此，老农民的所有辛苦，辛苦劳作后面的意义，都可以带领着观众往正方向去充分联想和尽量发挥。这，应该就是李少言老师没有说出来的一些话，它包含了李老师的好意、善意、美意！

加上一支新社会才有的圆珠笔，老农民就百分之百地成为了一个有文化的新型农民。反之，在没有这支圆珠笔的前提下，人们来看这幅画的时候，第一眼就很可能会把这个老农民看成一个旧社会的农民，或者是，从受尽磨难的旧社会走过来，现在正在这里忆苦思甜，对"万恶的旧社会进行血泪控诉"的贫苦老农民！

若如此，与罗中立创作这画的初衷就大相径庭了。

罗中立创作这幅画的定位是：画面上的"他"，肯定是一个在生活中受过无数磨难的农民，但他也是一个生活在今天时代的农民，他必须是生活在"今天"，他是今天农民们的代表。这样，在80年代初期的这个时候，这样的一个"他"的出现，对于我们整个民族经历过的所有艰难曲折才具有现实的反思意义，才具有值得去表现的意义。如果就只想画一个"忆苦思甜"式的农民，那用在他身上的超大尺寸画幅，为之借用的领袖正面肖像图示的表现方式，依据这两者展开的观念转换——把表现领袖肖像画的巨幅尺寸和图式用来表现一个普通的农民——这一切还有多大意义呢？

这就是罗中立真心接受了李少言老师的建议的理由。而且，平心而论，李少言老师的建议实在是太及时了。尽管后来有人认为这支圆珠笔放在这里显得很不协调，但缺少了这支圆珠笔的《父亲》，在后来带给人们震撼的内容中，就会少了太多太多，更多的人会只看见用超级写实语言表现的一个人物，真正是一幅画，如果他们没有把"他"看作是一个正在忆苦思甜的老农民，那就太万幸了。但是在很大程度上，那会丢失了观众本应该有的、更是创作者希望人们有的、对昨天走过来的路的深度反思。

此外，"圆珠笔"的出现，还说明了另一个问题。它客观地记载了一段历史，就是我们当时的展览制度，政治（政策）和艺术的责任关系，以及艺术家个人在这种制度下的状态和处境。也许不要对此说该还是不该、对还是不对，但它的确是应运而生、非常客观地记载了一段历史。

确定了画圆珠笔后，为了缩小加上去的这支圆珠笔给人视觉上产生的强度，罗中立基本上采用正面透视，画了一支用竹竿套着笔芯的圆珠笔，那是20世纪六七十年代里国内使用得非常普遍的一种简易圆珠笔。如果没有听过它会出现的"前世今生"，如果不在"父亲"的额头上去仔细看，这支后加上去的圆珠笔真还不易被注意到。

不过在这里，我们却想从另一个角度切入，来谈一下这支圆珠笔与《父亲》这幅画所生起的"风波"。

从另一个角度切入的观点看，这场"风波"本来是完全可以避免的。

或许是由于罗中立的一个"疏忽"，或许是基于某个今天已说不清的原因，反正是罗中立自己的一个行为，让这一场"风波"成为了事实。暂且再将之归于一个"偶然"吧。

李少言老师提出添加一支圆珠笔的原因，应该是因为在画面中没有看见说明了这个老农民是今天的新型农民的媒介。

罗中立自己始终认定这个老农民就是今天的农民，而且必须是。

产生"冲突"的症结在哪里？

回到"父亲"草稿去看看，一切都可以解释清楚了。

第一稿，"守粪人"，这个角色，显然不是1949年以前出现的；第二稿，"粒粒皆辛苦"，时代可以归于模糊；第三稿，"生产队长"也罢、"江山保卫者"也罢，也都不可能是1949年前的角色。这里更要请特别注意最能说明问题的第三稿之一，在这幅草稿里，罗中立为"生产队长"烙下了一个鲜明的"时代烙印"——他身后那一片农田上，清楚地写着一行字："农业学大寨。"

还需要我们指出罗中立当时写这一行字的目的是什么吗？

又是假设。

假设罗中立完成《父亲》一画时，在背景那片农田上也写下了这一行字的话，李少言老师还会提出让他给老农民添加一支具有特殊意义的圆珠笔吗？

由草稿所提供的例子已经清楚说明，罗中立思路中安排的这一个"农民"，从头开始就是在"今天"这个时代的。他一直这样认为着，也是这样具体地去表现。可不知为什么，到了最后，他却把一直在突出的、有时代特征的"符号"没有"写"进画面里？是忽略了吗？被他最后在尽量地进行那个"模糊"的过程中无意识地被模糊了吗？

于是，在最初完成的《父亲》画面里，没看见任何具有时代特征的符号。

于是，就有了李少言老师的建议，和由此生起的议论。

于是，正因为罗中立心里一直就是把这个老农民安排在今天这个时代的，所以他很干脆地接受了李少言老师的建议：要表现一个生活在新时代的、有文化的新农民。

进一步分析似乎还可以认为，添加的这支圆珠笔，其拥有的内涵要大大优于"农业学大寨"那样的标语。前者显得更贴切，更有指向性，更强调对"这一个人"的针对性，能体现出"他"所具有的特点——有文化，因而可以有更多的联想，而且显得更含蓄、更符合艺术创作的需要，所代表的时间跨度也相对更大些。而后者，最重要的差别在于，它作用于"这一个"的指向性不那么明确，它当然可以很好地揭示"他"所处的特定时代，但不能更好地说明这个人物本身具有的内涵，虽然，这"内涵"在这里对于这一个人物，不一定显得那么重要。

李少言一行评委看画、定画后，不久，罗中立按学校的安排，把《父亲》搬出工作室，放进了学校所有被选中、准备运往成都参加全国青年美展四川省预展的空间。

另一个鲜为人知的事实是，就算已经到了这个时候，这幅画的题目都还处于"待定"状态中。准确说，它是还背着罗中立暂定的名字："粒粒皆辛苦"。之前评委们看画时虽然没对题目有太多的讨论，但也善意地提出过，"画的题目要好好斟酌斟酌"。所以现在，罗中立又为了给它取一个合适的题目而生起几丝苦恼。

这一天，罗中立一个也画油画的朋友古月来川美看画，他先前是川美的老师，后来调西南师范大学去了。

站在这幅巨大的农民肖像画前，两个人一起看了半天，聊了半天，对罗中立之前画草稿时想到的所有那些个题目也讨论了半天。到最后，古月提议说，干脆就用"我的父亲"吧，觉得还是这个题目好些。你前面也提出了这个名字，看来对它还是有想法的。

罗中立稍微思考了一下，认可了。

《我的父亲》，就从四川美术学院走到成都，在四川省青年美展上，与之一同参展的《忠魂曲》，都获得了优秀作品奖。然后，《我的父亲》被顺利选送北京参加展览。全国青年美展开始，一如众所周知的，被再次改名为《父亲》，展后，它留在了中国美术馆。直到2015年6月"父亲节"到来之际，在时隔35年后，《父亲》首次重回它诞生的家乡重庆，在重庆美术馆举办的"走向西部——中国美术馆经典藏品西部巡展"上，与重庆的父老乡亲再次相见。

自从《父亲》在成都的青年美展预展上亮相于大众后，至今，已有数不清的认识与不认识的人在与罗中立交流时，都会情不自禁地、滔滔不绝地谈起他们当年见到这幅画时的感受。主要包括不外乎这样几种情况：

一、见到这幅画时，都忍不住潸然泪下。

二、它能够和每一个人交流、产生互动。这当然首先是基于《父亲》代表的平民身份，因此，让每一个人都可以无障碍地走近他，阅读他，拥抱他。

三、它避开了假大空，让人们看到了一个真实的、类似于似曾相识的或是他的父辈，或是他身边曾经的一个熟人，他们可以把《父亲》用作参照，进行对比，在自己心中找到共同的语言。

四、它的细节刻画，让人们觉得它"太真实了"。

五、有人特别指出，在《父亲》这种真切打动人们的"太真实了"的后面，折射出的更是它真实地具有的一种内在的实质。一如西方野兽派大师马蒂斯曾经说过的那样：每一种事物都有一种和它的外表区分开的内在的真实，一种可以脱离客观对象的外表的本质的真实，这正是唯一起决定作用的真实，也是决定一幅素描或油画成功与否的本质的真实。它唤起了潜伏于大家心灵深处的综合情感，并与之共鸣。

罗中立正是因为在心底深处有着对农民——人的那一份真实，才能在他的创作中植入能够真切地打动人们的真实。

应该说，在当时，即使在罗中立已决定了用超大尺寸、正面肖像画图式来画一个普通农民后，认真说他心底还是有些忐忑的。但为什么最后他也义无反顾地画了呢？总的来看，应该有两个主要原因起作用。

一、当时社会已经在发生的天翻地覆的变化。

这个变化引向的源头是文革时期，一个焦点：国家领袖被某些人别有用心地推在神坛上，把"造神"运动推到了极致。自文革伊始，人们就被一种极端主义思想煽动着，狂热地表现对领袖的无限忠诚，每天早晚跳两次"忠"字舞向领袖表忠心，向领袖早请示晚汇报，领袖的话被任意放大为一句顶一万句。无论在热闹的大城市，还是偏僻如斯的大巴山深处，做生意的买卖双方都必须先背诵一段领袖语录。后来又有一段时期，在这个那个城市，常见到浩荡的游行队伍，队伍最前面，有人双手捧着据说是领袖送来的芒果。游行队伍激情昂扬，一路敲锣打鼓，不停振臂高呼革命口号。因为正处在两派武斗时期，据说游行过程中还发生过捧芒果人中了流弹的事，但马上就有人毫不犹豫地站出来，接过芒果虔诚地捧在胸前。决不能让芒果掉下地，否则就是玷污和亵渎，是不忠，是背叛。整个游行队伍则像任何事都没发生过一样继续前进。这种由数量庞大到惊人的人群生发出来的狂热，事实上已到了用理性语言难以表述的程度。

终于有一天，"四人帮"倒台，文革炮制的"神"的虚幻轰然消散。历史向所有人撕心裂肺地大喊着说：错了，这一切都错了！该还其本来面目了！

于是改革开放的脚步和着春雷的节奏大步向人们走来。改革开放的大旗之所以能被人民热爱被人民高举，正是因为饱受过痛苦磨难的人民才最渴望、最懂得幸福和安宁。

正是这样的社会大背景给了罗中立勇气，使他能丢下包袱、敢于把惯常只用给领袖的巨幅肖像画图式"借用"给一个普通农民。事实上，"借用"本身，也是这幅作品中所包含的重要内容之一。这个"借用"的内涵就是：一个被扭曲的时代终结了，一个被无限神化的时代终结了，历史当还以本来面目；人或者可以叫做"伟人"，但绝不是、也不应该是"神"，从此以后，再无神坛，而从"人"这个角度去理解，人与人是平等的。所以，曾经被扭曲、颠倒的观念，由此回归自然。而用画领袖标准像的大尺寸画一个普通的农民，它的意思、暗示、观念就是，现在从一个时代走向了另一个时代。

他想借着自己这个本质上是讲述出苦难的画面，释放人们内心中累积着的沉重，来呼喊出所有人对幸福安宁的深切渴望。这想法的确是经过了好多日子的深沉反思后才生成的。最初它或许只是一点儿偶然的拨动，当星星点点地聚集起来后，最终化为巨大的动力，对他的选择予以强大的支持。

实事求是，罗中立画《父亲》时想的、即从前只被领袖级人物拥有的舞台现在也可以站上普通人去这种观念，真就只是一个观念而已，一个希望生活中的一切都走上自然而然的观念。它完全不针对某个特定领袖级人物，也没有为了让一个普通人站上去从而否定从前站在这个舞台上的人的刻意。他和同时代成长的几乎所有人一样，新中国的领袖，在他们心中是伟人，曾经也是"神"。

文革结束后出现的一个普遍事实是，大量文学、美术作品逐渐开始从原来的表现理想主义、英雄主义，转向描述悲情现实主义与平民主义；从原来只是表现"高大全"式的英雄典型，转为对普通人命运的描绘。人们再次把目光转向对普通社会人文生态的关注。这所有迹象都标志出一个"神"时代的结束，与一个"人"时代的开始。

当春天的阳光洒满祖国大地、万物复苏向荣之际，当国人都重新焕发出青春活力、一心一意甩开膀子大干一场之际，他们真的需要一场没有拘束的宣泄和释放，就像突然见到了久别的亲人那样，旁若无人地放开喉咙大哭一场。而走向明天的动力，才会在大哭后诞生。

有着同样感受、也痛苦地深思过后的罗中立，真切地"感受"到了自己心声的呼唤、感受到了同时代很多人心声的呼唤。于是他敞开心扉，打开自己情感的闸门，让《父亲》走来，打开人们情感的闸门。

二、为希望中的明天呐喊。

当文革的泡沫和幻影散去后，当国人重新站到历史进程的本来轨道上后，在过去的日子里被压抑了太久的太多情怀汹涌澎湃着，渴望尽情宣泄，像汹涌的火山熔岩那样在最短的时间内轰然喷发而出，非这样不可！罗中立的感受也不外如此。那些感受重重地敲击着他的心扉，他无法也不愿将它们永远囚禁于深心。终于他水到渠成地选择了一种较之从前堪称非常大胆的突破、乃至创造纪录的方式，或者也可称为相对"迂回"的方式，他决定借在这样的方式下诞生的画中人物，为所有被压抑得太久的人们的心声呐喊！宣告昨天已经过去，期盼更美好的明天到来。因而，尽管在创作路上他的确有过些小顾虑，最终也未能挡住他"豁出去了"的脚步大胆迈出。他真心地想借着这个讲述着苦难但也透着对美好明天无限希望的画面，发出一声长长的呼唤：愿自今日起，风调雨顺，国泰民安。

《父亲》得以诞生，肯定还得益于另一个至为重要的、民间习惯说的"天时"。《父亲》问世时的大背景：较早前，1978年12月18日，中共中央第十一届三中全会召开，会上决定把全党工作的重点"从1979年起，转移到社会主义现代化建设上来"，大会并号召全党都要解放思想，注重实事求是。由此，"以阶级斗争为纲"的文化大革命彻底告终；过去总用意识形态标准来控制文学艺术的力度渐渐减弱；人们慢慢习惯：经济建设比阶级斗争更重要。这个看似仅限于经济领域的大改革，也使人们的思想得到普遍解放，并因此对美学观念、艺术风格等等的认识和接受都产生了极大的影响力。事实上，当国家政治的基本目标发生改变时，相应的变化就是整体性的变革。

而在此大背景下出现的《父亲》，自然会在人们心理上引起巨大的震荡。之前人们习惯于只看到巨幅领袖肖像的"标准"，在文革中和"三突出"艺术思想下达到登峰造极，不仅给广大普通人一个根深蒂固的印象，也普遍影响并决定着艺术家的艺术创作，事关对一个艺术家艺术水准高低的评判，甚至对艺术家是否能够获得政治上的基本信赖和创作艺术的权利都具有绝对的话语权。比如，1973年，画家杨力舟夫妇完成的一件作品《挖山不止》，本来很受到评委们肯定。但是，因为在这幅尺寸较大的画中出现的陈永贵头像，尺寸超过了展览上其他作品中的毛主席头像，在当时的社会政治气氛下这显然是不能存在的。最后，《挖山不止》落选。现在，罗中立大胆借用

描绘领袖肖像的大尺幅，把一个普通农民的脸放大到如此尺寸，虽让熟悉文革艺术的人们大为吃惊，它却终于得以在北京的中国美术馆顺利展出，而且获得最高奖项一等奖。这个事实，更从一个方面最好地证明了这个时代已经全面出现的改革、开放与包容。恰恰就是这个"天时"，成为《父亲》得以诞生的沃土。

林风眠曾经这样说过：你必须真正生活着，能体验中国几万万人的生活，身上才有真正的人味，作品才有真正的生命活力。

罗中立之所以能创作出《父亲》，《父亲》之所以能为大众所爱，正很好地体现了这个道理。

《父亲》出现以后，人们几乎都不例外地将其归于伤痕艺术作品，且称其为伤痕艺术的领军作品。罗中立自己后来也曾这样说：三十多年过去，对《父亲》的解读也更多了，其实当时主要还是伤痕文化的代表作，是一个过来人对过去历史的反省，是呼唤人性的回归。

不过，对于把《父亲》归为伤痕作品这个认识，今天我们觉得有必要把"伤痕"的含义捋清楚。

在比较全面地对《父亲》进行了一番深入的梳理、分析后，觉得是不是也可以这样来考虑：《父亲》既是一件伤痕作品、即表现当时全社会都清楚界定的由文革等运动造成的"那一种"伤痕作品，但又不是简单意义上的"那一种"伤痕作品。

先看"伤痕"代表的含义。

当时社会大众纷纷聚焦、为之流泪的"那一种"表现伤痕的作品，大都选择这之前一个相对短的时间段内发生的、大众很关注的一个社会现象、曾对大众有足够影响的事件，或从某一个热点角度走进去，展开揭示、加以挞伐、引人思索等。在这个过程中，由作品内容构成的"反问"让人们在审视昨天的"伤痕"后，自己得出答案。比如油画作品《1968年×月×日雪》《为什么》《春》《大地已经苏醒》等等。

所以，《父亲》之所以被归于"那一种"伤痕作品，正是基于它的主要目标之一，的的确确也是在真实地揭示文革和文革造神运动在人们心中造成的一道深深的"伤痕"，恰好满足了人们心理的需要。

说它不是简单意义上的"那一种"伤痕作品，则因为它其实也是在更着力表现另一道深深的"伤痕"：中国几千年里农民那种让人无法不为之深感难过、悲伤的生存状况，农民用自己艰苦勤劳的一生为国家为社会为大众奉献，他们本应该与社会所有人至少是处于平等地位，但最后却被置于那样不堪的一种生存状况中。这道"伤痕"，正是罗中立提到的"一个过来人对过去历史的反省"的深层含义。当然，这里的"农民"，真实含义还可以扩展为每一个"人"。

由此，《父亲》似乎更应该算作广义上的"伤痕"作品。

在刚过去的那一个特殊时段里产生的"伤痕"，只是《父亲》要表现的整个"伤痕"内容中的一部分。而它全力要揭开的"伤痕"，涉及更久远、更具有普遍意义。《父亲》所体现的完整意义，是要获得一种创新、建立在根治所有"伤痕"后诞生的彻底创新，是社会从此不再有"伤痕"让人们哭泣的创新。

13

《父亲》在第二届全国青年美展上闪亮出场，其最后的收获不知是不是可以说超出了罗中立的预期，当然也可以说，是与他想要获得大奖的希望正好相合。不是都说，"不想当将军的士兵不是好兵"吗？而不想得大奖的艺术家当然也不是"好"艺术家。但之前的希望终归还是希望，没成为现实之前，理论上，"希望"就是"零"。这不是"一"和"一万"的比较，而是"零"和"一万"的较量。

罗中立也没有去北京的展览现场。

从达县返回学校后没几天，他收到了中国美术馆通过邮局寄来的一份通知，油印的纸条子，完全不像今天我们随时都见到的那种正规打印加精美装潢的样式。油印通知上只有简单的几句话，记得大意是：一、你的作品《父亲》获得了第二届全国青年美展一等奖；二、你是否同意中国美术馆收藏你的此件作品。

再无其他内容。

早已兴奋到极点的罗中立毫不犹豫地填上了"同意"，并以最快的速度来到黄桷坪街上的邮局，把这份沉甸甸的油印通知单寄回了中国美术馆。

又过了数天，中国美术馆寄来一张汇款单：人民币四百五十元。汇款单折角的汇款人留言处注明：其中五十元是材料费，四百元为作品《父亲》的收藏费。

罗中立邀约起全班同学，一群人兴奋地走出川美校园老大门，来到街对面不远处的"一品香"老牌餐馆，花掉人民币二十三元多，请大家美美地"搓"了一顿。考虑到那时绝大多数人的收入和人们普遍的生活水平，用出这笔钱，算是比较挥霍了。而在时隔三十多年后，他还记得当时请客花了多少钱，不难想象获奖带给他的喜悦有多大，乃至于连带发生的大量细节都记得清清楚楚。

按1977年恢复高考招生时的有关政策，罗中立在川美读书期间是带薪学习，就是说，他入学前在达钢厂工作时每月的工资现在还照发。

罗中立在达钢厂转正后的月工资接近三十元钱。川美读书期间，每月他领到工资后，会给自己留下十元作为生活费等，其余的全部寄给在达县的妻子作家用。

罗中立说，我一直非常节省，从不乱用一分钱，也不会管钱。因此不难想象，当时他拿出一"大"笔钱来请客，心里的激动和兴奋是可想而知的。不过也得说句实话，现实生活中的罗中立并不是吝啬之人，只是不会用钱不会管钱不想管钱而已。这当然也十分正常。否则，他就不是艺术家罗中立，而可能是经商的罗中立了。

多年后的今天我们再回头去看，就会清楚看见，《父亲》一画当时具有的三个大突破。

第一个突破：中国固有写实风格的突破。

如前已提到，至少到20世纪80年代，中国的美术教育事实上是俄罗斯古典写实风格独领风骚。罗中立也差点儿采用了俄罗斯古典写实风格来画《父亲》。

而关于写实主义风格在当时的中国根深蒂固到何种程度，这里有一个例子，或可让人窥见一斑。

在1979年11月21日的全国美协常务理事扩大会议上，时任中央美术学院院长、中国美术家协会主席的江丰在他的发言中这样说道：有位外国朋友对我说，现在抽象派艺术风行欧美和日本，亚洲也在发展，你们的美术学校教不教抽象画？我答不教。他说为什么？我说人民看不懂，也不爱看……

罗中立在为《父亲》选择艺术语言时，想过人民看不懂、人民不爱看这个问题吗？但至少他是想过这一点的：我的画要"得逞"，要"得逞"，就必须得用主流语言来画这幅画，而现在的主流语言就是：写实。

我们当然也可以说是由于一个"偶然"使罗中立读到了关于照相写实绘画的那段文字，为他所用，继而才有了今天"这样"的《父亲》。

如果我们一定要追究这个"偶然"何以能产生，毫无疑问我们应该把首功归于当时国家的改革开放。可不是吗？如果没有改革开放，介绍西方照相写实绘画等的文章怎么可能随着春风进入中国！

一个事实是，直到1979年6月《世界美术》在北京创刊，其第一、第二期上，才发表了邵大箴的《西方现代美术流派》文章，介绍了新印象派之后的西方现代主义诸流派，是为中国艺术杂志在文革后首次向国内读者介绍西方现代艺术。所以我们可以很肯定地说，正因为有改革开放，才能有介绍照相写实绘画的这篇文章出现，才能让罗中立在"偶然"中读到它，才能有今天的《父亲》。

罗中立说直到今天他几乎都还能背诵出对他影响巨大的那段文字。可见也正如他所说，在他阅读它时，那些文字已经一个字一个字地深深嵌进了他心底。

一个很有趣的关键点是，罗中立当时只"偶然"读到了这一小段内容极为有限的介绍照相写实绘画的文字，却连一幅真正的、哪怕是印刷品的照相写实绘画也没见过。然而这个关键的"偶然"带来的结果却恰恰是喜而非悲。恰恰因为他从没见过真正的照相写实绘画究竟是怎样一副"庐山面目"，他才没有受到当时在西方应该说已经很成熟的这种绘画风格的太多约束。

1985年，在比利时留学的罗中立利用学校放暑假之际来到了美国。在纽约惠特尼美术馆，他生平第一次与照相写实绘画谋面。他给出的结论是：幸好画《父亲》时没有见到真正的照相写实绘画，否则，一定画不出今天大家见到的《父亲》。

为什么这样说呢？

我们先来看看真正的照相写实主义及其绘画究竟是怎么一回事。

照相写实主义的概念发源于20世纪六七十年代的美国，最初出现的艺术形态即是绘画。它的产生，基于照相技术的进步以及对人们生活的大幅度影响，基于西方资本主义国家在第二次世界大战后超级都市和消费主义的诞生。其实照相写实主义的诞生恰恰反射出西方社会历史情境中城市生活的视觉经验和人与人之间产生起的疏离感，它利用了照相机辅助绘画创作到绘画模仿照相机拍照的效果，在西方绘画史中它是一种绝对写实、绝对理性的表现形式，它不需要艺术家本人对所描画对象的主观情感的判断，却只通过技术手段模仿照相机对客观对象进行直接的再现。所以，从这个角度说，此时的艺术家基本上可以算作是在扮演一个"搬运工"的角色，他要做的只是决定把这一个或者那一个现成的对象"搬"进画布中去，就像他已经通过照相机的镜头决定了自己现在要捕捉的对象，然后只需要按下快门一样。

进一步看。比如，照相写实主义绘画用的画布很薄，表面平洁，很光滑，有点儿像照相纸。所采用的技法是很慢很慢的细描、罩染，制作非常细腻、精致，完成后的画面很光洁。画面上，连人物头上的头发，前一组和后一组的距离都一目了然。当然作画时也是用的油画颜料，但画面没有起伏，没有人们平时在油画作品中见惯的油画肌理。效果可以说就等于一幅照片，不同之处在于，它是人用笔画出来的，不是用照相机拍出来的。另外，照相写实主义所要表现的，是对人物"复制"般的刻画，只强调人本身，不着笔人所处的场景，也没有背景。换句话说就是，画面上你根本见不到所谓的文学性，更没有像《父亲》画面上那种可以讲出一个基本完整的故事来似的背景。也可以这样说，罗中立其实是在读到了介绍照相写实主义绘画的基础上，沿着这段文字对这种超级写实风格的描述，按自己从这描述中得到的，对这种完全陌生的绘画方法的理解，加入了很多自身固有的丰富文化内容进里面，还把自己放进一种想象的状态下，动手画起了自认为是"照相写实"风格的油画，并成就了今天的《父亲》。因此可以说，《父亲》甚至含有早期的观念波普概念。

因为观念不一样，因为技法不一样，因为要表现对象的想法不一样，因为创作者发自主观上的创作思路不一样，所以现在我们见到的油画《父亲》体现出的，并不是照相写实绘画中那种最为细腻的如同照相般的写实效果，比如说像照相写实画作中会有的、表现出前后组头发间的明晰距离，这在《父亲》画面上就不存在。而通过一番仔细观察、分析更不难发现，事实上，在我们面前出现的《父亲》，很大程度上还是按照传统的写实技法画出的，它依旧体现出来强烈的绘画味道，和包含着的、绝对属于创作的成分，只是在构图的方式和细节的描绘性上，我们可以看到对照相写实绘画借鉴的影子。因其故，结论：不能简单地拿《父亲》与照相写实绘画画等号。

再者，创作《父亲》时罗中立的个人艺术风格还没有形成，也可以说对艺术的个人主观认识并没成熟。在这种情况下，他应该是相对比较容易受到别人的成熟风格的影响、约束的。所以，他当时如果"不幸"见到了真正的照相写实绘画，结果不外乎是，要么照搬（复制）画成别人的风格，要么可能因为某些原因而放弃——比如他从不喜欢照搬别人的风格，比如他不喜欢那种太过细腻、没有更多想象空间、不能任意"搞怪"的绘画风格，比如他更愿意按照自我认识和观念去表现等等，那样，也就不会有现在的《父亲》。再就是，他很可能回头去实现他最初的想法：用俄罗斯古典写实风格画一幅《父亲》。

由上可知，真正的照相写实绘画风格，与今天的《父亲》的差别非常大，它整个的概念、理念与罗中立对这种绘画风格的认识、理解，存在着非常大的不同，尤其在两者的绘画技法表现上，几乎就是迥然两异。

依据真正的照相写实绘画"标准"和现在的《父亲》之间的差异，我们可以说，局限于历史的原因，油画《父亲》采用的，其实是一种"类"照相写实语言。那么我们是不是可以提问，《父亲》还应该被归于"照相写实主义"绘画吗？是不是可以把它视为一种综合性的、艺术家自己创造的新写实主义风格？

罗中立考虑后很认真地回答，还是该把它算作"准照相写实"概念。他说因为他当时读到的那段文字介绍，已经把照相写实绘画的主要意思和基本特点都描述出来了，而他也是在被那段文字深深打动，加以理解、消化后，最大努力地在向着照相写实绘画靠拢的，虽然也可能是在向自己得出的那种理解靠拢，虽然他采用的技法与照相写实绘画要求的并不完全一样。

罗中立将之归为"准照相写实主义"的说法，很中肯、很客观，也很准确。回顾照相写实主义在中国最初的出现和后来的演进以及人们的认同过程我们可以看到，它其实是以中国社会上对现实主义艺术表现手法的认同作为基础的，它出现在艺术家和社会对写实都有着一个共同的欣赏价值观这样的历史大语境下，加上在前面提到的历史局限问题，由此可以得出很自然的结论，如果照相写实绘画在中国出现，最初时它就应该是、也必然会是以一种并不绝对写实的手法出现。实际上，是不是真的可以把它理解成为一种和中国传统观念中的写实主义、现实主义艺术结合后产生的新写实主义？

正因为《父亲》不是一成不变地按照照相写实绘画技法画出，而是同时具有西方照相写实绘画的内容和东方写实风格的部分内容（包括了俄罗斯古典写实及中国传统艺术中的写实），是一种符合时代的多元结合的艺术产物，才使得它以一种既全新、在国人眼中又异乎寻常地"像"的面貌，大力拨动了深藏于国人心底的审美神经，恰到好处地、完完全全地满足了国人心中对"真实美"的呼唤和需要。

而发源于西方的照相写实绘画，也借着一种偶然下的必然，经由《父亲》，以一种石破天惊的姿态兀然出现在国人眼前。完全让人有一种突然见到石头里蹦出个孙猴子来似的呆若木鸡的感觉，一下颠覆了当时中国美术界、中国人眼里固有的写实绘画概念。从此，国人知道了除我们熟悉的写实绘画之外，世界上还有写实大旗下的另一方天空：照相写实主义绘画。虽然同样由于历史的局限等原因，广大国人这时还不可能会去对这种新的什么"主义"做进一步的了解。但从这个意义上说，《父亲》也扮演了文化传播的角色。它以一种直观的方式，一种让人瞠目结舌的方式，一种迅雷不及掩耳般的方式，把一种全新的西方艺术流派"强行地塞给"了中国大众，而"照相写实主义"这个名字、这一种崭新的写实绘画风格，就此以一种"突破"的姿态，进入了国人眼中，打破了国人固有的对写实绘画的审美观念。从这个意义上说，它是《父亲》创作者在初衷里所没有设计的、意外收获的文化贡献。

如当时有人这样评论说，《父亲》和陈丹青创作的《西藏组画》，在艺术语言方面，对改变中国美术界的封闭状态和单调的俄苏画风主宰画坛的局面，起到了至为重要的作用。

但是，也正如马蒂斯所说：一个人物的刻画并不依赖于精确地复制自然或颇具耐心的细节的聚合，而是在于艺术家面对他选择的对象时的深刻的感情，他对对象的专注和对其精神状态的深入。

当我们深思以"准照相写实主义"风格出现的《父亲》成功时，才会真正地感悟到，其深层次中所隐含的，岂不正是此理！

第二个突破：中国当代艺术观念性的突破。

今天回过头去看，《父亲》这幅画，至少在两个方面具有观念转换的意义。

其一，表现普通人的肖像画尺寸的观念转换。

实事求是说，罗中立当时并没有"自觉"地认识到这是一种今天人们已很熟悉的观念转换。当然他也不可能会认识到。毕竟，"观念艺术"这个词语那时还没有流行于中国。他当时只是出于一种最质朴的想法、对最具有诱惑力目标所展开的追求，一心想在全国青年美展上"得逞"，于是他才和其他同学一样，苦苦寻找最能够出彩的绘画题材，力求从不同的角度去突破，并甘愿为之冒较大的风险。这样，在决定了画一个身负重大题材使命的农民后，他也才没有简单地、惯性地按平时的常规尺寸去画，而是继续全方位开动脑筋，努力为将在自己笔下诞生的人物选择、搭建一个最佳舞台。正是有这些大胆而深入的思考和胆识，才一步步地萌生了突破的想法，才有了为一个普通人的肖像画借用领袖级人物超大尺寸肖像画幅的尺寸的行为。因此创造了一个纪录：或许真的是中国当代艺术第一件观念艺术作品。

其二，画面中角色的观念转换。在一个从前只为表现领袖级人物肖像而存在的超常规尺寸画面上，突然"转换"出了一个可以说普通得掉渣的农民。从前只有领袖的肖像能带给人们的仰头敬仰和流泪的激动，现在突然——人们眼前一亮，不得不发自真心地惊叹、兴奋、激动，而这所有的一切，却都是为了——一个普通的农民。

这个突破，为中国艺术史开启了一扇新的大门；中国当代艺术就此诞生了一个崭新的人物表现平台。

第三个突破：开启了中国（当代）艺术史上一种全新的肖像画模式，也有人称其为"大头像画模式"。

事实是，继《父亲》之后，国内有不少人纷纷效仿过这种模式，来表达心中的某种特定情绪，诠释个人对艺术对象的特殊理解和见解。而且，对这种模式的效仿，并不局限于绘画领域，还影响了摄影、雕塑等。当然，到底有多少艺术人曾经效仿过，就无从得知了。另外，由这种肖像画模式引申出来的更有，站在美术史的角度上看，它显然丢开了之前长期在艺术作品中存在的那种只对集体意识、宏大主题的表现，而个人经验、平民化追求，却被完整地、自由地带入创作中。由此可以说，它也开启了创作和表现的一个新时代。

关于以"准照相写实主义"风格出现在人们眼前的《父亲》所以能取得超乎想象的成功，我们是不是可以得出这样两个理解。

一、如前所述，它是以当时国人从没见过的一种超级写实的风格出现的。

在1979年那个时候，能够看到克洛斯照相写实作品的人微乎其微，所以一般观众对如此细腻地描绘人物形象的方法不由得会赞叹不已，就像当时大众对此画的普遍认识是：逼真到了无以复加。当然，对普通大众而言，关注的重心肯定不是这个新的艺术流派的新颖技巧，而是画面表现出的结果带给他们的震撼。在他们心目中，《父亲》被画得"像"到了似已可以呼之欲出，因而一下就"吸引"了大众的眼球。就是说，它是以一种虽然全新的、但更是国人乐于接受的艺术表现形式进入人们视线的。这，正好从一个方面有力证实了艺术的表现形式对于受众的影响力能有多大。当然，人对表现形式的接受角度，是受长期的教育、理解和积累而成的。《父亲》的例子，也从一个角度为艺术界长期关于形式与内容的争论，画出一个很完美的句号。对此，说得更透一些就是，如果《父亲》不是以照相写实主义这种语言形式出现的，比如换成是以立方主义，或者表现主义等形式出现，其最后结果会如何真的就无从得知了。但依据来自于广大观众后来的反馈可以得出的大致结论是，基本上可以肯定，它不会取得大成功，甚至很可能根本就没有成功。

所以无论如何，我们都可以这样说，照相写实绘画语言的运用，正是成就了罗中立在中国当代艺术舞台上一个不可替代的地位的最重要因素之一。

二、《父亲》所代表的真真实实的平民化内容。

在新中国成立后到70年代末期前的一个时期，从新年画运动到文革期间，人们在画面上见惯了以"红、光、亮"和"高、大、全"式艺术形象出现的农民，都是一种十全十美的、无可挑剔的、但更是与现实相去甚远的农民。而《父亲》，则以一个活生生的最普通的平民身份，与大众进行无差距交流、互动。"农民"这个大多数人意识中的下层社会人身份，在此时此刻以这样的一种形式出现，怎么可能不震撼人、深深地打动人，唤醒人们潜意识中的同情、包容、反思和尊敬之心。

一言以蔽之，从某个层面上看，《父亲》的确是达到了形式与内容的最佳结合。

进一步探讨，《父亲》成功的背后，其实还与国人判断一件艺术品水平高低的标准问题相关。对此我们可做如下大致的解析。

由于多种原因，当时甚至直到今天，国人中非常大的群体，对一件艺术品（主要是对大众普及化程度更高的绘画及雕塑作品）艺术水平高低的评判，总体看，都会首先拿"像与不像"来说话，更会将其作为最重要的甚至是唯一的标准。一般而言，这看似也正常。对长期生活在一个真实世界中的人，面对一件离他的日常琐碎生活甚远的艺术品，他能做的，肯定会要先拿这件以艺术的名义出现的作品，与自己真实生活中的所知所识、与自己记忆和潜意识中存在的真实标准（客观对象）作直接而简单的对比，再按他固有的、朴素的审美观，得出好或者不好、换句话说就是像或者不像的结论。对于没受过艺术专业训练的人，你当然不能指望他面对一件艺术作品时，可以头头是道地讲出与艺术关联的一二三四来。

油画这种舶来品，在1949年以前，本已有相当的西方艺术流派被介绍进入中国，但1949年以后，由于东西方社会阵营在意识形态领域的长期对立，不仅后来在西方国家发展起来的新艺术流派不可能被顺利地介绍进入中国，就连在1949年之前已经进入中国的那些形式多样的西方艺术流派，也几乎一律被封杀在"高墙"的后面，或是一种让人知其名而不知其实的状态。与此同时，来自社会主义阵营的苏联的俄罗斯古典写实风格，就"一边倒"地在中国的艺术教育阵地上独占鳌头。国家的艺术教育大纲，对写实教学有着近于严苛般的要求。历经50年代、60年代的一些大的运动，从批判现实主义到社会主义现实主义，到文革中的革命浪漫现实主义，更基于多种有意或无意的引导，使得到最后，"写实"几乎成为了"现实"的代名词。这样导致的结果，是从又一个角度更极端地强化了国人由自身的认识局限而对一件艺术品好与坏作出的评判，即上面提到的几乎就是仅以"像与不像"来作为评判作品好与不好的标

准。于是，与人们认识中的固有物象越"像"的，按人们的认识越能对之理解的，人们可以很容易就发表出自己朴素的一二三四观点来的，那就越是"好作品"。同时，越"不像"的，越让他们无法直观理解的，从他们的简单认识上越不能说出子丑寅卯来的，基本就被定为不好的（差的）作品。

我们当然不能因此说大众没有欣赏水平没有评判能力。他们的这种评判方法，本来也可以从广义上得出结论，是人的认识方法、角度、水平高低的不同，受认识问题的局限性不同，所站的社会位置不同等因素所致。因此，我们正该看到，就是在人们这样地表现出他们最真实、最直接、最本能的审美标准和欣赏习惯的后面，展现的正是注定了"写实"作品在当时必然会获取成功的丰厚沃土。

正因为罗中立是在对"照相写实"风格的追求下采用了尽可能逼真、细腻的写实技法，用一种国人虽然对其实质完全陌生，但在他们眼里、心里却是异乎寻常地写实的语言，描画出一个异乎寻常的"像"的"平民"人物，恰到好处地契合了长期潜在于国人心底的对"真实"、对"像"的审美需求和评判标准，因而风光地摘下了成功的桂冠。从这个角度去理解我们好像也可以说，是"历史创造了英雄"。

翻开之前的中外美术史，其实以与"父亲"内容相关成画的并不少见且不乏大师之手笔。比如米勒及梵高都曾画过《人生第一步》。

梵高的画，也是以农村和农民作为表现的题材：画面上，有农村的耕地；农房旁，一位农妇扶着小女儿帮她学步，小女儿的农民父亲则蹲在她前面不远处，张开粗糙的双手鼓励她向前走，走向自己。小女儿人生的第一步，蹒跚着迈向了父亲的怀抱，让人真切感悟到从那平凡中充盈而出的父亲的大爱。

在伦勃朗画的《浪子回头》画面中，一位已风烛残年、老眼昏花的父亲，伸出他的双手去拥抱失而复得的儿子。他颤抖着的双手抚摸着回来的儿子，我们可以感到有强大的生命活力——父爱——正如潮水般涌入儿子身体中。

由丢勒笔下的《父亲的画像》一画，我们则可以看到一个儿子对于曾经对自己非常严厉、但却让自己实现了平生梦想——成为一名艺术家——的父亲满满地洋溢出的那种无限感激之情。

罗中立的同学何多苓，也在1979年画有一幅纸本油画《父亲》。画面上，一个戴着眼镜的中年知识分子，坐在简陋的书桌前埋头学习。这个场景，至少是对当时很流行的努力学习的风气和持有这样精神的人，唱出的一支赞歌。

大师们笔下的"父亲"，多是描写"他"与别人的关系；罗中立笔下的《父亲》，则讲述了"他自己"的故事。不同的角度进入，不同的故事讲述，却有着一个相同的着眼点：人性描写与人文关怀。

不过非常让人费解的是，照相写实绘画在突然闪亮地进入中国后，不知为什么并没有借着《父亲》刮起的这一股难得"东风"，"再接再厉"地活跃在中国当代艺术舞台上，灵光一现，就偃旗息鼓了。我们甚至也没有见到有其他艺术人拉起它的大旗，在这条曾"喧嚣"一时的路上朝前走。从任何一个角度来看，这种现象都是少见的。尤其在中国这块写实主义有着很丰富的营养、很深厚基础的土地上。就算不期望有"登高一呼应者如云"般的热闹，总可以期望它辉煌得久一些、应者多一些。这不算过分吧？

原因何在呢？也许，是因为《父亲》已站在了太高的高度，让人难以再望其项背？也许，是因为真正的照相写实绘画这种表现形式既费力且现在又不易再讨好？再也许，是人们自中国几千年文化的中庸内涵这个背景下生发出来的对艺术的追求，对于照相写实绘画这种形式在事实上很难给予观众更多文化联想空间的风格，打骨子里就不那么接受遑论融合？毫无疑问，它可以以"写实"的形式吸引国人的眼球、换来国人的大惊叹，但却无法让国人驰骋于更深层次的、更广泛的联想，经由夸张和想象得到国人内心喜爱的抽象美。中国文化，是赋比兴的文化。换句话说，地道的照相写实主义绘画风格，也许注定了在中国这种文化背景下会水土不服，会遭遇它的滑铁卢。不过，联想到它借着《父亲》那样璀璨了一回，哪怕就像一颗流星般划过去了，它也值。最少，它还可以借着《父亲》，永远被记录在中国当代艺术的史册中；最少，依据其在中国的受众面、影响度、认知度，它肯定已经创下了一个世界吉尼斯纪录。

当然，还是有愿意试水此领域的。就在《父亲》问世不久，一个东北画家也以照相写实主义创作了油画《钢水、汗水》。这位画家比罗中立画得更加细腻，应该说语言形式上更接近照相写实绘画，但它却没有激起《父亲》那样大范围的"风暴"、甚至哪怕是溅起几朵小小的浪花。一般的人应该从未耳闻。加以分析我们大致可以看

到，虽然《钢水、汗水》在语言表现上更接近照相写实，但其表现的题材内容，却没有符合广大国人当时的心理需要。就是说，作者只是借用了这一种超级写实语言，画了一幅内容几乎类似于宣传性题材的画，而在内容表现的深度和力度挖掘上都远远不够。这个事实也佐证了，即使是在当时，虽然在技法上借鉴陌生的外来样式有很大的助人成功的可能性，但却绝不是获得成功的唯一之途。

有意思的是在将近二十年后的1999年，照相写实主义绘画竟突然再次张扬地撞入了人们的视线。且更为有趣的是，它同样是出现在（第九届）全国美展上、同样是摘得了该次全国美展的大奖、同样出自一个生长在四川的艺术家之手：冷军，甚至连二人获大奖时的年龄，都相差无几。（罗中立获大奖时不到34岁，冷军获大奖时36岁）

对于诞生在西方的照相写实主义绘画而言，竟在"空降"东方中国后两获如此殊荣，不知该作何感想？有一个关键点是，除了这两次"闪亮"之外，它在中国好像并没有被更广泛地另眼相看或被置于非常重视的地位。开个玩笑，是不是因为它被中国传统中固有的写实"同化"了，只有在需要的时候，比如在展览上，它才"挣脱"出来，以它"照相写实"具有的惊人写实面貌示人？

艺术的力量，在于它能够最真实最真诚地反映客观世界，能够最直接打动人心。八十年代之初人们最为关注的，是对他们所处的现实的思考和对历史的反思。而《父亲》，则正是借助了照相写实具有的局部放大这种纤毫毕现式的表现手法，把一个普通农民形象呈现给观众，把积淀在这个普通人身上的内在含义清清楚楚地交代给观众，让它与人们的心灵发生碰撞、产生共鸣，从而唤醒了冬眠在人们深心中的感受。它的成功不仅仅在于高超的写实技法，更在于其具有超越了艺术抽象思维后返璞归真的绝对真实——从形式到内容的绝对真实，连同着从这真实中生发出来的、出自艺术家内心的人文关怀下所讲述的普通人的"故事"，以及包含了这种"逼真"式的写实在内的现实主义的催化。

最后，把在《父亲》创作到完成的全过程中表现出来的多种因素做一番简单的综合分析，有充分理由给出一个定义：《父亲》，事实上是一件具有先锋观念艺术的作品，是中国当代艺术史上第一件真正意义上的观念艺术作品，是一个里程碑；它以其划时代的意义，奠定了自己在中国当代艺术中的历史地位；它借着从众多"偶然"中凝练、升华出来的一个必然，当之无愧地站在了中国当代艺术史上最前沿、最重要的一个转折点上。正如当年它诞生时，大多国人就已经生出的共识那样：《父亲》不是哪一个人的"父亲"，它是全中国劳动人民的"父亲"，是中国人在时代前进的路上自然而然地选择的、为人们发出心声的呐喊的《父亲》；它是中国当代艺术发展之路上的一个骄傲，是中国艺术史行进到一个阶段必然出现的记录性产物，是中国艺术史这股湍流在向前奔腾的过程中对自身进行深刻的反思、凝练、升华后自然而然盛开起来的万万千千朵美丽浪花中的一朵小花。

■ 故乡行——彭德怀，1978年

都说在艺术家心中勾画着但却永远没有画出来的那一幅画,是他一生最美的一幅画。

第七章

1

若干年过去了，罗中立回忆当年创作《父亲》时，说：现在回过头去看，自己都觉得很惊讶，究竟是怎样把它创作出来的？真有些不可思议的感觉！有些像是不可能的事！但是认真地、仔细地想一想后还是明白，之所以能创作出那样一幅画，首先是有时代进步与社会改革发展的大氛围，再就是从个人的角度和当时所处的小范围来看，很关键的因素，是个人的潜能得到了最好的发挥：人年轻带来的充沛活力、已有过的经历产生的压力、一心一意想参加全国性美展的动力、同学们之间相互积极竞争带来的动力、时间紧迫产生的强大压力进而转换成的动力，等等，一切的一切都汇集在了一个点上：创作，而且是能够"得逞"的创作！人的创作欲望那时沸腾到了极致，为创作而生的精神和状态也发挥到了极致，一股合力把你推到了一个大潮的波峰上，于是就出现了在平时让别人甚至也包括你自己都不敢相信的"眼界奇迹"。

很有意思的是，与罗中立同班、同寝室、睡他上铺的张晓刚，毕业后有一次在接受媒体采访时曾这样说道：其实，我们班上第一个搞当代艺术作品的同学，应该是罗中立。

之所以会这样认为，应该主要还是基于罗中立参加"野草"展览时画的那些另类的作品。

罗中立从一些朋友那里听说了这个评价，很认同。他说，我当时在班上确实属于比较喜欢搞怪的人，真的很另类，在校园评价体系里应该不算那种约定俗成的"好学生"。身为油画专业的学生,成天不好好地埋头画油画,却老是念叨着要去画国画;时不时终于画了几张油画出来,却又基本不是受当时那种教育体制认可的、被视为最高模式的苏联古典写实风格的油画,而几乎都是些很表现的、形式感很强的、语言很狂放的、不属于理性叙事的东西,就比如在"野草"展览中出现过的那一类,它们与苏派写实风格完全风马牛不相及。对此,还在学校读书时张晓刚有一次就说过这样的话:罗哥儿画的什么,我们都看不懂。

看不懂什么?

罗中立回忆,进校第一年,老师带着他们班的同学去朝天门画风景写生,他画的画已很"表现",与同学们画的都不同,有很大的距离,当然更与老师在课堂上教学的要求迥然两异,就是说画得"很另类很装怪",与他后来参加"野草"展的画属于一脉,是那种想怎么画就怎么画,想"涂鸦"就一阵涂鸦的东西。因此,他很快就"完成"了老师布置的写生作业,开始表现他的"另类"行为。当其他同学都还散坐在朝天门码头那一大坡从河边延伸上来、已被数百年风雨磨蚀得斑斑驳驳的石台阶上,在认真按照老师讲的要求画风景时,罗中立却一个人斜倒在石梯上,拿速写本盖住脸,自个儿"梦周公"去了。

不过他这样的"另类和装怪",会不会也是罗中立后来在参加全国青年美展选择创作题材时之所以会别出蹊径的一个重要因素呢?很难说,但可能性很大。至少,他这种"另类和装怪"的行事方法始终都存在,甚至若干年后他做了四川美术学院院长,也会在不经意间淋漓尽致地"发挥"出来。对此有一件真实事例可以佐证。

有一次,川美的一个调皮学生半夜偷偷溜到学校的羊圈那儿,用袋子"装"了一只羊准备去好好地犒劳自己一顿,或者是可以背到哪个集市上去换回几个钱。但很不幸,住在羊圈旁边、学校雇来负责养羊的农民发现了"偷儿贼"。在一片追喊声中,这个学生扔下装着羊的袋子落荒而逃。更不幸的是,这个学生装羊的袋子,竟然是他家里给他寄快递来的袋子,残留的快递标签清清楚楚地写着详细的线索。学校不用顺藤摸瓜,易如反掌就找到了这个学生。这个学生在铁的事实面前,也是一副很"男子汉做事,一人做事一人当"的姿态,爽快地承认了自己"半夜牵羊"的行为。

也不幸的是,那只小羊或许是因为连惊带吓加上被学生"摧残",农民将之追回

时，已一命呜呼了。

怎样处理这个学生自然可以有很多种版本，最简单又顺理成章的不外乎是惯例的轻则记过重则开除等处分。

院长罗中立却提供了一个很"另类"的崭新办法：让这个学生去买回一只小羊，放进羊圈，每天下课后要去山坡上割草回来喂他买的这只小羊，在他整个读书期间要负责一直把小羊养着，直到毕业时移交给养羊的农民。

对这件事的处理办法，流行成了一个经典的"笑话"。但人们几乎都在一笑之后，的确也看到了另外一些东西：对我们已经习惯的事物，是不是都可以换一种不是我们惯用的办法去处理，哪怕会显得有些"另类"，但其结果，可能不知要好多少倍！

如同前面提到的，虽然不能说《父亲》开创了一种新写实风格，但至少可以理解为：它是融合了东西方写实语言后自成一体的"这样一件写实作品"。

说《父亲》是"这样一件写实作品"的主要依据是，在《父亲》之后，罗中立并没有在《父亲》"准照相写实"的基础上进行深入的探索和实验，至少形成哪怕只是一个小系列。

但罗中立自己说，《父亲》是有一个特定的命题和一个目标，而选作的一个主题性作品；《父亲》看似只是个例，其实它后面也延续了一个系列。只是人们都太被《父亲》的光芒吸引了，太去注意它的影响了，因而忽略了在它之后出现的应该属于它这一个系列的其他作品，比如他后来创作的《苍天》《祈》《岁月》《年终》《金秋》《春蚕》等。

自1980年下半年《父亲》出现后，至1983年底罗中立出国留学前这几年里，终于回归并专注于油画"正轨"的罗中立，勤奋地画了一大批油画。其中共有十多张，按他的初衷，是在主动地以自己之前创作《父亲》时对照相写实风格的认识和理解来画的。这应该是他出于惯性地，想对这种曾让自己和观众都为之震撼的写实风格所做的进一步实践。因此在画这些画时，他也更努力地进行了思考，尽可能地想从表现人物的具象上去深入刻画，也尽量在细腻和逼真上下功夫，比如画人物的头发时该如何弯曲，汗珠、皱纹等该如何去画。总之，也是一门心思想着要最大可能的逼真。他也理所当然地认为，这批画是该归于《父亲》同一个系列的。

这里我们可以先提出一个问题：在三年多的时间里，按罗中立的创作数量来看，这几年完成的创作应该以百幅数量计，可是才有区区的十来幅作品，是按罗中立自己认为的、与照相写实有一些藕断丝连般的联系，还不是全方位的联系。这是为什么呢？虽然在《父亲》之前他也有过这就是"一锤子买卖"的想法，但毕竟事情的结果是，照相写实为他带来了空前的成功，毕竟以他一贯的行事方法，是不该对新颖且有效的艺术语言轻言放弃的。哪怕是以他那种素常好奇心重的习惯，似乎他也不应该如此对待照相写实绘画的吧！

我们是不是可以这样来认为：照相写实毕竟不是从罗中立自己骨子里一点儿一点儿长出来的。它对罗中立创作《父亲》而言，真是因为他处在一种找出路的困境中、突然受到灵光乍现的刺激后产生的"临时抱佛脚"的"借"。无论它当时如何强烈地震撼了他，点燃了积在他内心底的一堆"柴薪"，燃起成功的烈焰，但归根结底，它只是一点儿外来的"火星"，不足以点燃堆积在他内心中的全部柴薪。

这样认为的理由是，一般而论，既是"借"，则在绝大多数情况下，借用者不太可能会"持之以恒"地一直采用"借"来的东西，而是一次性的或短期性的尝试。尝试过后，假如成功，人很大可能会有进一步尝试。但如果"借"来的"它"不足以刺激人进一步尝试的话，最大可能就是被放弃了。

罗中立因为"借"照相写实创作油画《父亲》获得了巨大成功，所以他没有如他自己之前想的"一锤子买卖"那样，断然丢开进一步尝试。但同时，由于它并不是他的真心追求，所以他也就只在后来一个相对长的几年时间里，断断续续做了一些明显偏小规模的尝试，没有朝着它去"全速"前进。因此，我们也可以清楚地看见，即使是在他自认为属于《父亲》同一系列的那一小批画里，在语言表现手法和图式等方面，它们事实上与《父亲》都体现出非常明显的不同。造成这不同的原因，除了罗中立当时对照相写实绘画语言没有真正地理解，所以无法形成"固定"的风格外，还应该与他自身内在的文化积淀、自身对艺术表现方式的追求，事实上与照相写实处于"冲突"状态下造成的。差异正是在他自觉不自觉中必然发生的。也因为这一小批作品事实上存在的与《父亲》的明显不同，大众也才没有自觉地把他这批画，去与照相写实绘画联系起来，并归入《父亲》同一个系列。

另一方面，我们当然也更能理解，绝大多数全身心投入艺术的艺术家，都不会一直沿用别人的风格。他一定会是学习别人，不断与原有的自我结合、碰撞，不断修正、总结，有意识地向着产生一个新的自我前行。在不同的阶段，这种对其他的借鉴学习，以一种你中有我、我强你弱的形式交替前行，直到最后走出一个新的自己。

来看一看罗中立认为可与《父亲》归入同一系列的这批画。

从图式上看，只有《金秋》采用了与《父亲》一致的（也可以说是照相写实绘画中惯用的）大头肖像画图式，它也是这一批所谓系列画中唯一一幅肖像画图式。其他的，则都是大半身或全身人物画。

语言表现上，在《金秋》《春蚕》《岁月》（1981年）等创作中，罗中立都较明显地运用了"准照相写实主义"那种细腻、逼真的刻画手法。特别是在《金秋》和《春蚕》中，因为也涉及细腻地画头发，画皮肤，所以画面上出来的效果与《父亲》很相似。由此也不难看出，在这个时期中，照相写实主义的确还在罗中立脑海里萦绕、发酵。

重点看一下最具代表意义的两幅画：《春蚕》和《金秋》。

出现的时间上，《春蚕》最早，出现在1980年，基本上是紧接《父亲》之后。《金秋》稍晚，创作于1982年。

这两幅画的尺寸比《父亲》稍小，风格大致上像是《父亲》的延续。

画面上，《金秋》也描画了一个饱经风霜的老农；他紧闭着双眼、全力鼓起双腮，吹奏着唢呐。从捧在他手里、正面朝向观众的古铜色唢呐喇叭口里，奔放出一派控制不住的喜庆。画面浅显易懂，题目明明白白——既然是《金秋》，与画面的联系就很好理解：老农正在歌颂丰收季节的到来；农民辛苦劳累一年现在有了回报，丰收了，可以过好日子了。他收获的，也不再是《父亲》捧着的那一碗白水。观众在这里一眼就可以读到老农对某种渴望的全身心投入，全身心的喜悦和满满的希望。

与《父亲》画面上有着丰富的背景和丰富的内涵不同的是，《金秋》画面里没有了背景，内容因此显得更单纯、更明了。这样的表现方式，从某种角度看，至少与真正的照相写实绘画离得更近。而采用这样的表现方式，不知道当时罗中立是受到了什么想法的支配。

由于两幅画面中出现的相类似的人物表现，所以，在第六届全国美展上（1984年12月），《金秋》甫一亮相于大众，有人就将其称为"父亲二号"。

应该说，出现在一个特定时期的《金秋》，其潜在的用意也不难理解，它特指那一年的金秋十月。它希望让人联想起"四人帮"被打倒，想起文革结束，看见新时代的新生活为人们开启了改革开放、幸福欢乐的大幕，人们收获了丰收。当然，它深层次里更包含着另一份希望：金秋已经来临，它也不只是一个金秋，而是永远金秋的代表，所以，曾经的苦难，也要一去不再复返！

《金秋》借着全国美展在大众眼前出现时，离人们熟知的那一年的"金秋十月"，已经过去了八年之久。不能说人会把一切都遗忘，但时间的流逝必然会、也应该把一切都冲淡。因其冲淡，或因作品的思想指向力度不到，或也因这样的绘画表现模式离前面给人们留下了太深刻印象的《父亲》才过去了短短几年，人们对《父亲》还记忆犹新，《父亲》产生的震撼，让人们的潜意识中一时还不愿意、也没有兴趣再把激越的情绪去与另一个和《父亲》几乎类似但并不新鲜的图像、不具备超越成分的思想进行分享，更或应该还有来自社会的一些客观原因吧，总之，包含在《金秋》画面后的那层用意，因此被大幅度掩盖。人们见到最多的，恰是画面直观释放出来的结果：《父亲》二号，以及唢呐声中唱出来的让人们觉得波澜不惊似的赞歌。

《金秋》没有迎来叫好却受到好些诟病，也就不足为奇了。当然，诟病主要来自于圈内。持诟病者们认为，罗中立因为以照相写实创作《父亲》尝到了大甜头，但不知道见好就收，继续画这种被人冠名为"大头像"的画。诟病的正确与否姑且不论，因为也可以把诟病的产生归于人们可能没有了解罗中立的真正用心，但至少有一个不争的事实是，《金秋》出现后，的的确确没引来轰动，甚至连媒体，也鲜有愿意费几多笔墨撰文对之加以圈点评说的。就似乎所有人对这样的题材和表现形式一下子都陷入了审美疲劳中，也似乎是被称为"照相写实主义"的这种艺术形式，真的应该结束它在中国艺术舞台上的表演了。

实事求是说，缺少了《父亲》所具有的深度批判性，缺少了那种可以唤醒隐藏在人们深心中的对苦难的申诉、对"弱者"给予真心同情的力量，缺少了对一个大目标的追求却只具有一种近乎于抽象的、淡淡的个人化思绪，在那一个时代，缺失了这些

内容的一件作品，必然会缺少了关注于社会现实的群体。因为事实上，那一个时代，可以说大众都是在对社会现实予以积极关注的。

《金秋》最初的原型本就是一位老农唢呐手。罗中立在达县地区宣汉县南坝公社采风时，在一户办丧事的农家里第一次见到了他。这位老农唢呐手生着一张长长的脸，那天他吹奏唢呐时的表现完全是忘我的投入，甚至于旁边的人看见他一边吹，一边有眼泪，顺着他握在手里的那只古铜色唢呐一滴滴地往下掉。这个情景深深打动了罗中立，于是迫不及待地在自己的速写本上画了好多张老农唢呐手的速写，还用相机对着他包在头上的白头巾拍了好多张照片。这个老农唢呐手毫无悬念地刻在了罗中立心中，因为没过去多久，罗中立就再次来到宣汉南坝，就为了画出心中想象着的这个"人物"。他请人帮着把一个生产大队里面相生得很典型的老人都找来了，想的是要为自己的画中人物尽量收集各种特征。最后，当一位姓王的老石匠站了出来，从他那满脸的皱纹、黢黑皮肤里透出来的一种难以言述的沉重，让罗中立心里猛地一震，他知道自己已经找到了想要的。最后，王石匠就摇身"变"成了唢呐手，站上了《金秋》的舞台。

亮相在第六届全国美展上的《金秋》，最后获得了一个优秀奖。明眼人都看得出，这其实就是为了维护著名艺术家的形象，而给予的一个安慰奖。作者自己怎么看待这幅作品已没有意义，作为"裁判"的观众，在此时此地凭借他们的认识给出来的裁定，才是"一锤定音"的。要说这裁定是否正确，是否公正，就只能留待岁月检验了。说不定若干年后，当人们再来审视它时，会因为有了对作者的更深入了解，有了对作品中包含的意义的更深入认识，而给出不同结果的裁定。

按罗中立的本意，《父亲》与《金秋》画中人物，身份当然都是"农民"。但此农民已非彼农民。《父亲》中的农民，是经由创作者发自深心的强烈感受而创造出来的一个特有的形象，加上作者准确的切入点和表现点，最佳地完成了"他"是"农民"又不是"农民"这个身份的出演；而《金秋》中的农民，从某种意义上看，除了作者自己"一厢情愿"的认定外，"他"已经可以不是一个农民，而可以是任何一个身份的"吹唢呐者"。"他"与农民可以没有丝毫牵连，可以不具备作为"农民"的任何一个方面，因为创作者在此画中的切入点和表现点事实上本来就可以是与农民无关。既

《春蚕》，1980年

■ 《春蚕》草稿

然失去了"农民"身份，把"他"看成一个单纯的吹唢呐者或者说是唱赞歌的吹唢呐者，有何不当呢！因此，《金秋》失去人们的广泛关注，似也当在情理之中。

著名艺评家邵大箴教授在一篇文章中这样写道：罗中立恰恰在人们强调自我时，一度使自我模糊，他在第六届美展上展出的《金秋》，曾引起过种种非议。从某种意义上说，罗中立如果放弃了作品的批判性，他也就失去了那些关注社会现实的欣赏者。

让人感到非常遗憾的是——假如可以这样说的话，这批画中的《春蚕》，则无论从哪一个方面去看，都该是上乘之作，它曾经也真的让人们眼前豁然一亮，生起过几许激动。推测其原因，一方面是因为照相写实绘画不久前在人们心中卷起的波浪在它出现的此时还余波未尽，更重要一个原因，则是这幅画面中出现的人物形象和它讲述的内容。

《春蚕》画面上，是一个满头银丝的老妇人，正在拿着桑叶喂蚕。有一种大爱，一种鞠躬尽瘁的精神，从她的满头银发间、从她青筋暴露的双手上迸射出来。

罗中立的创作初衷，同样是把她的身份定为一个老年农妇。这定位是否成功姑且不论，但罗中立的确是想借用中国千百年来农村家庭中这种常见的男耕女织的分工方式，表现出对农民妇女、对"母亲"的大歌颂、大赞美。歌颂"她"的一生勤劳，赞美她的一生奉献；她的满头银丝，与她手中的蚕、蚕丝，构成一种暗喻，一种必然的联系；她从一个满头青丝的少女，被无数的含辛茹苦煎熬（演绎）成一个风烛残年的老妇人；"她"的一生，就像自己手底下的那一只只春蚕，静悄悄地吃下几片清淡的桑叶，却为他人吐出最后一丝精华。她本来应该获得更多更多，事实上得到的却与应该得到的相去甚远。罗中立想通过这，来清楚地讲解中国农民——无论男女——是怎样的勤劳，怎样的奉献，也寓意中国人淳朴的传统美德，以及这个民族的忍辱负重。

罗中立画《春蚕》，很大程度上也的确包含了许多自己对"母亲"的感情在里面，或许也有自然之下产生的、想与不久前获得成功的《父亲》作为姊妹篇，形成一种呼应，借以收获另一次大丰收。

《春蚕》从来没有被取名过"母亲"，最后正式名为《春蚕》，却是受了李商隐的"春蚕到死丝方尽，蜡炬成灰泪始干"诗句所含的那种深沉而广大的内涵影响。但也

许正因为那一句"春蚕到死丝方尽"的古诗包含了太深厚的文学性,太脍炙人口,为人熟知,所以这幅以《春蚕》命名的画,一方面成为它能够迅速吸引人、打动人的重要原因,但另一方面,它也从一个角度极大地削弱了创作者本来想表达的、"农民"和农民妇女所承载的那份艰难和沉重的意义,"轻松"地在有意无意中把这个本来被设定为"农妇"的身份属性消解了太多。它没能再像《父亲》那样,一下就引发了人们心中对"农民"的诸多认识并引起火山喷发般强烈的连锁式共鸣,而是把人们的思绪重点,引向了对"母亲"感恩这个情怀上,事实上强调了对"母亲"的眷念,和人性化的同情。他本来着意想要渲染的"农民"的沉重人生,被大幅掩盖——除非,又去用"长篇大论"的语言来讲一遍在大巴山上、在中国许多农村乡下的农民们是如何养蚕的辛酸故事,以图把人们的思想拉进他的初衷去。但那样,像是又掉入了罗中立一直在刻意避开的不要太"文学性"的陷阱,又有点儿"画"之不为"画"的感觉了。

罗中立在赴大巴山为创作《父亲》收集素材时,就已有了创作《春蚕》的想法。为此,他当时还专门写信和叶毓山院长讨论过自己对画这幅画的一些想法。

平昌县的农民都养蚕,双层生产队也不例外。农村平时就多鼠,养蚕时期,鼠患尤甚。为了保护自家养的蚕不被鼠吃,农民们真的得用尽千方百计。所以,为了蚕——蚕茧——收获,每一个农妇、如同画面中的白发老妇,不知要付出多少心血。这里非常自然地、明白地引出一条强烈的人文关怀的线索。正因为饱含了这人文关怀,画面中那个老年妇女,才会迎合并唤醒了人们心底对"母亲"的眷情。这当然是罗中立本就着意要想渲染"母爱"的成功。事实上应该正是这个内容,促成了《春蚕》的某种大轰动。

也因为《春蚕》画面内容和题目都表现出来的很明确的"母亲"意义,难怪它一面世后,就被人们很自然地将之与《父亲》联系到一起。也因此就有人诟病说,罗中立画《春蚕》,就是为了要用这个满头银丝的老年妇人出演"母亲",让它与《父亲》形成呼应,是想借助《父亲》的影响再次摘取成功,是一种刻意出来的"产物",显得太做作、太牵强、太人为。

这种说法是否失之偏颇不予评论,但客观上看,如果不把《春蚕》拿去与《父亲》并列，只把它作为一件孤立的艺术作品来看，我们则可以毫不犹豫、趾高气扬地说，《春蚕》，不折不扣是一件非常优秀、非常成功的作品。

罗中立后来在一次接受采访时说："画《春蚕》，我也是想表达一种对母亲的感情。"

由此看，《春蚕》被大家很自然地视为与《父亲》对应的姊妹篇有一定的道理。但是，当《父亲》事实上并非为了表达一个真实的"父亲"而出现时，那《春蚕》也就可以并不是为了与《父亲》形成呼应而出现的了。既然《父亲》可以是一个"虚构"，《春蚕》取名"母亲"又为什么不可以呢?！

不管怎么说吧，由于种种原因的叠加，《春蚕》问世后，也仅仅是短暂地激起了几朵小浪花，就隐入罗中立的油画作品档案中了。

有一个事实可以让我们看见罗中立对《春蚕》这个题材的重视和喜爱。他先后于1980年、1982年、1983年创作了四幅尺寸几乎相同、画面内容则可以说完全相同的《春蚕》，这在他所有的创作中，至少到目前为止，是绝无仅有的。

虽然事实上《春蚕》的影响和知名度远不及《父亲》，不过的确也有不少人这样说过，假如《春蚕》先于《父亲》问世，并也有走进全国第二届青年美展这样一个机会，它的震撼和影响力，很可能不会输于《父亲》，它的收获，极大可能也会和《父亲》一样。

会吗？今天来假设已经没有意义。不过另外一个事实却似乎可以从一个方面聊以证明：2017年，在中国嘉德拍卖会上，《春蚕》以4945万元拍出，创下了罗中立至此所有创作拍品的最高价。而另外两幅《春蚕》，也于2013年在佳士得香港秋拍、2014年北京保利春拍中，分别以4940万港元和4370万元的价格拍出。这至少说明，不管上面的假设结果会不会出现，但《春蚕》的确具有某种足够深深地打动人心的力量，才会受到如此之多人的热爱。

一个有趣的题外话是，出现在《春蚕》画面中的人物原型，却并非取自大巴山的哪位或哪些农妇，而是川美一个教工的母亲。

除了是诞生于与《父亲》出现时具有的"天时"条件不同的"处境"下外，《春蚕》和《金秋》都没有能够获得相当于《父亲》那样的轰动效果，肯定也因为自身缺

少了《父亲》那样的冲击力,就不可能对观众产生出那样强烈的震撼力。它们绝对可以被视为优秀作品,但却绝不可能再成为如《父亲》那样的、具有纪念碑意义的作品。

2

再看看被罗中立定位与《父亲》同系列的其他一些画。

似乎可以这样认为,简单说,正因为《父亲》事实上表现出来的人物"虚构",它的指向"模糊",画面中的文学含义单纯,其涵盖的范围反而更宽泛,内容触及更多,也就可以唤起更多人心灵的共鸣。而纵观《父亲》之后出现的那批同一"系列"的作品,大致上看,它们的指向表现为更加特定,含义更深奥,更缥缈,因此反而使它们显得更复杂,更迷茫,范围更局限,反而丢失了更多观众的共鸣。当然,民间所论"天时、地利、人和"三者不可缺一,在此同样可以作为很好的注解。

系列之一的《岁月》(1981年)。这幅很让人喜欢的画,让人们在第一眼就看到了时光的流逝,想到时间的宝贵、感悟生命的价值。人非草木焉能无情。在《岁月》的后面,观众可以感觉到创作者对这个被岁月之手雕琢成如此面貌的老人满满洋溢出的真实情感。但时光流逝是人所不能改变的。那么,《岁月》只想用这样一幅画面来提醒人们珍惜岁月、向那位老人表达一份真心的关怀吗?还是在深处有一份人们感受不到的暗喻?

而《苍天》(1983年)和晚了好几年才画出的《祈》(1987年),与《岁月》相比,画面表现出的内容则显得更加晦涩了。它们都力图以一种"转述"式的文学方式，把隐在画面后的、饱含着作者的诉求的想法传导给观众。但这样的方式至少又显得太文学性，太"深沉"！事实上都需要作者给观众如此这般地作一大番讲述，人们才会说，哦，原来如此！但如果仅仅让观众站到画面前来"欣赏"，他们会有什么感想呢？毕竟我们应该看到，这批画出现的年代，不是在几十年后的今天，今天已经有一种艺术家的艺术可以只为绘画性而存在的说法。而当时，一件艺术作品具有的思想内容，是要占到它或许可以说二分之一分量的。

《苍天》一画中出现的，是一个人物的全身背影。作者本意是想表达对自由的渴望，对国家改革开放的渴望，画面中那干裂的黄土地，代表的是过去几十年留下来的不良后果，象征着中国当时的现状。刚下过的一场大雨，比喻给中国带来了希望的三中全会。作者真心希望有更多的春雨，来浇灌这片干裂的土地，让它从此成为只孕育丰收的良田。

《苍天》中那壮实的、仰天长啸般的汉子（背影），他是一个农民吗？抑或，是具有任何一个社会身份的人？

固然，一件作品带给不同观众的，可以是不同的认识；有人可以理解，有人可以不理解；有人可以喜欢，有人可以不喜欢。但是当一件作品的画面指向太缥缈、包含的文学性太重，思想性太深奥，太需要人"挖空心思"地去行走于迷津中以求出路时，则可能更多的人就会选择放弃。

综上可见，这一批与《父亲》并置的系列画，无论就主要的语言风格、创作图示等来看，都离得较远。如果把它们与《父亲》归为同一系列，不仅显得牵强，更还有乱点鸳鸯谱之感，都显出些刻意的牵强。

最后，我们又从这一批"系列画"的思想意识上去分析，才终于可以发现，它们与《父亲》的"距离"不但是近，更可以说如出一辙，也或者就说是属于"同一个系列"。它们都在反映一种共同的东西：包括了对三中全会精神和改革开放的讴歌，对"四人帮"被打倒因此结束了文革灾难而产生起的兴奋，对昨天的反思和对明天更美好的希望，对人文的关怀与和乡土的交流、融合等。它们的共有点就是：那两代人曾经有过的人生体验，成长路上的许多背景，经历过的太多风风雨雨，所有值得画出来的，在这些画面上都被作者激情地反映出来。

■《祈》，1987年

■ "祈"的草稿

—328—

需要强调的是,如果单独看这批作品,它们都非常棒,尤其是其中几幅,简直就是优异有加,比如《春蚕》《岁月》《祈》等。

罗中立那时本来还计划过画好多幅《祈》,最后是画了一幅较大的色稿和两幅尺寸不算小的作品。色稿那一幅被台湾一家基金会收藏,作品之一被一位美国藏家买走。剩下的一幅,罗中立说是以自己的亲生婆婆为原型画的,被他自己很好地收藏着。他另外也画了很多幅草稿,在那些草稿中可以看见,参与"祈"的人不仅只有妇女,还有男人、老幼。他想用这样不同性别的人物,这样一个画面,来全方位地反映、强调"祈"所包含的广泛内涵,他甚至还打算过把《祈》单独做成一个系列。《祈》的画面上,人物都采用了"准"肖像画图式。如从这个角度去看,应该说自《父亲》中出现、也因而深深地走进了他脑海中的那种巨幅肖像画概念,到了他从国外学习回来之初的这个时期,都依然在对他起着很强的刺激作用,促使他时不时地就会让自己的创作自然朝着那个方向去做反复的尝试。

另外有一幅被他取名为《长明灯》的,画面构思大概是一个饱经风霜的老太太,正在向一盏灯里添油,人物面貌的表现手法上与《父亲》很像,而且罗中立考虑的也是用单纯的肖像画图式——准照相写实语言来完成。

令人遗憾的是,不能准确说出是什么原因了,构想的好多幅《祈》也罢,《长明灯》也罢,那些草稿连同着他的想法,最后都没有变成画布上的真实。由此,让人们在多出来一些遗憾编织成的希望外,也多了几声真正的叹息。想象,如果这些画当年都被罗中立画出来了,或许,我们就可以连同着《父亲》之后已被他画出的、那一批他定为的"系列"画,重新给出一个定义。

《父亲》之后的那一批"系列"画何以没有引起人们的强烈关注,是不是还可以提出这样一个观点,那就是:每个人一生中,都会有、也只有一个属于他表演最佳的舞台。当然,什么时候才是他表演最佳的那一个舞台,是难于下结论的。也许今天他有一个非常出色的表演,但却并不见得就是他一生的最佳。这个"最佳"的结论,只会随着他人生脚步的前行逐渐揭示出来。而他在这个舞台上能够表演得有多好,取决于他之前付出的努力,他追求的目标,他的生活积累,和此时此刻能够"点燃"他那些积累的"悟性"。大概率说,当一个人有了一次"出色"表演后,紧随其后而来的,

多是"叫好不叫座"。这就像是人们常说的"阶梯理论":上了一个台阶后,接下来会是一段波澜不惊,直到第二个上升的台阶来临。

当年罗中立创作《父亲》时,举国上下都正处于一个大开放大改革大发展大渴望的背景里,这样的背景,会因着它出现时的条件的变化而延续或长或短的时期。类似的背景在人类历史长河中也会反复出现,但基本上不会在极短时间内反复出现。处在这种背景下,罗中立借着自己的种种人生经历,把来自外因的条件和内因的根本凝聚一起,进行了具有丰富想象力的着意锻打、提炼,实际上是生出了一种意识超前的观念性。这种超前,像是创作者在构思创作时,由于受到来自多方面的因素刺激而诞生出的一种激情四射的产物,犹如倏地划过漆黑夜空的闪电,当所有人都被它超亮的璀璨震惊时,它已经远去了。这种超前,事实上就在人们的眼前展现了一幅貌似"奇迹"般的图画。然而正因为如此,对于一个人而言,你不可能指望他会在极短的时间内,会有反复创造"奇迹"的可能。

因此可以说,在《父亲》之后出现的那一批"系列"作品里,似已注定了我们不可能再见到同样激荡人心的超前,不能再获得像《父亲》所得到的那种轰动,是为情理之中。

波折还不止于此。

历史行进的道路,从来就不会一帆风顺,注定了是曲曲折折的。

《父亲》轰动之后,伴随着大量的赞扬,也必然免不了有不同意见纷至沓来。有报刊发表了一些人的文章,主要对罗中立以大巴山农村为主题的画从其创作出发点、审美取向、所用的表现手法等都提出了异议。更甚者,称他这是在刻意宣扬中国的贫穷落后、夸大中国农民的愚昧。

无论这是不是属于见仁见智,无论这是不是无知无畏下的偏激,抑或是因为曲高和寡的结果,但总之,你得耐心听着别人发表看法,哪怕这些看法明显失之偏颇、甚或风马牛不相及,都得虚心听着。作为一个艺术家,无论从哪一个角度说,都得虚心听取来自观众的任何一种声音,只有这样,你才会走得更远更好。

也许是也许不是由于有这些声音,但出来一个真实的结果是,1981年,罗中立在《父亲》之后创作的一批虽然同样以大巴山人农村生活为题材的主题性绘画,也包括

《春蚕》《年终》《历史的一页》等，为参加一个全国性专题展，通过了学院的预选后，送往接下来的审查时，都没有通过审查而落选。

退回的理由是什么呢？

没有理由。反正人家说你这没选上，就退回来了。

有随之而来的小道消息说，退回的原因是，组织者认为他的画表现的调子太低了，冷沉沉的，不能产生庆祝的喜庆味儿。所以，请回吧。

无论我们怎样去认识历史进程中出现的这种那种"争论"或波折，至少有一点已经铁定：罗中立的画作在中国美术界已引起了广泛关注，得到了人们的高度重视。事实就是这样，当人们愿意来为你和你的作品煞费心思地大费口舌时，这个观点就已经成立了。

在那些并不太激烈的是与非的争论中，四川美术学院从领导到老师对自己的学生都给予了态度鲜明的支持。而这样的支持，对刚刚在艺术道路上取得了一点儿成绩、尚为学生的罗中立而言，意义堪称重大。

1982年3月，在川美召开的全国高等艺术院校创作教学座谈会上，中央美术学院的教授侯一民老师就曾感慨而言，"四川美术学院为什么会出现以罗中立为代表的一批很有作为的青年学生呢？其中一条重要原因就是有学校支持，有老师的关心，以及由此形成的宽松环境与融洽氛围"。

作为一幅恰到好处地出现在从文革结束到改革开放转折时期的作品，《父亲》事实上成为了一个文化符号，不断地被人们从各种层面阐释其重大意义。

用画领袖肖像的尺寸来画农民，就是想表达让神化的、扭曲的历史回归它本来的轨迹。在罗中立看来，这幅作品的个人艺术成就，还处于特定历史背景下重主题、重意识形态和政治表达的阶段。

今天我们可以说，《父亲》作为中国美术发展史上的里程碑，其意义已为艺术史认定。不过对于大众而言，当他们回顾时，更愿意谈论的是这件作品曾经产生的社会影响和人们对它生起的关注。因此，我们似乎也从中认识了一个道理：长存于人记忆中的艺术杰作，不仅要具有艺术上的精湛，还得与大众心灵相通。

3

川美七七级进入了大学四年级的1981年里,学生中还出现过一次"模特照片"事件。这个被归之于所谓的"事件",今天去看,的确既可说荒唐,也可以说很无奈,但却从一个侧面让我们看到历史前进路上一个时期的本来面目。

那个时期,社会大形势呈现为一个较之从前更开放、更包容、追求上进的状态。艺术方面,很多西方现当代艺术流派也被不同程度地介绍进国内,国内的美术院校也已经被允许可以安排学生在课堂里画人体(包括女人体)。但由于种种原因吧,对于画人体裸体画(包括人体雕塑)的争论,却似乎刚进入"白热化"。否定方主要来自于社会上,且意见纷纭、力量很大,有些意见甚至达到十分尖锐的程度。

举几个例子。

1980年4月,《美术》杂志刊载了一组人体美术名作,同时还刊登了《正确对待人体美》的专栏文章,文中有著名艺术家吴冠中和艺评家邵大箴的发言,都认为美术作品中可以出现裸体人物形象,因而在全国范围内引起了一场关于人体画的大讨论。艺术圈(《美术》杂志为主)于是组织了一大批艺术家和评论家,就"正确对待人体美术问题"展开讨论。吴冠中、邵大箴等代表正方发表了精辟的见解、对人体艺术进行了肯定。吴冠中提出,"在艺术教育中……人体这门课程是不可或缺的"。"在艺术中表现裸体,同社会风俗要发生矛盾,不仅在中国是如此,在西洋也是有这问题的,不过程度不同而已"。"人物画如不研究人体,必然越来越不行了。这与医生不解剖人体是一样的荒谬"。

邵大箴指出，"人体美术不仅是个美术创作和理论问题，而且是社会学的问题、美学问题"。"在我们的美术创作中可以描写人体，对这个原则不应该有怀疑。至于怎样表现，那是另外的问题……衡量一件作品优劣的标准，关键不是看它表现的是裸体还是穿衣服的，而是看它表现的感情健康与否"。

而主要来自社会上的意见，则让我们看到代表反方的对这个问题的认识。

"裸体作品败坏社会风气"；"我们对裸体像极为反感"；"贵刊是否承认社会主义文艺同资本主义文艺有区别？难道欣赏屁股、乳房……就是贵刊的'现代化'吗？"有的读者写信给《美术》杂志，明确提出，"希望《美术》杂志不要再登裸体画"；再稍往前去一些时候，有另一个例子。

1979年底，发生在北京首都机场的"壁画事件"，让人们记忆犹新，更被有关单位视为前车之鉴。

事件原委：新落成的首都机场里有一巨幅壁画，在《泼水节——生命的赞歌》这一部分中，壁画的创作者大胆画了三个沐浴的傣家少女，因而卷入了舆论风波的中心。大量海内外媒体也因为壁画上的这个场面而报道说，"中国在公共场所的墙壁上出现了女人体，预示了真正意义上的改革开放"。之后一个多月里，关于此壁画的讨论逐渐升级，直至引起高层注意。虽然邓小平等领导人也对此壁画给予了肯定，但最后的结果却还是出人意料，以在壁画前立起了一堵三合板做的假墙，来"封锁"住了人们的视线与浴女画面的接触而告终。

在1980年初，川美还有过另一"事件"。

川美院长叶毓山，受邀为即将在重庆城区建成的长江第一桥的桥头两端做四尊雕塑。叶毓山院长为之取名为"春、夏、秋、冬"。由于叶院长最初做的是裸体的两男两女雕塑，在把样稿交给公众评议时，虽然得到了很多人喜欢，同时也遭到了不少来自四方八面的"声讨"，最后不得不勉为其难地为这四尊雕塑各自披上了一层薄如蝉翼般的轻纱，才得以"过关"。这次"事件"成为中国改革开放初期人们对艺术领域出现人体的某种认识的缩影之一，也成为今天来到重庆长江大桥上、观望那四尊雕塑而回顾当年的人们，不由得会摇头而无语的一段历史。

而1981年发生在川美学生里的"模特照片"事件，虽然并非一次公开的争论，但其背后隐藏的意思，也与"人体"相关。

"事件"是：有几个同学凑了些粮票，悄悄拿给来班上为同学们上人体课做模特的女模，成功说服了她同意让几个同学在课后私下用照相机拍了她的一些裸体照。

按学校画模特课的纪律，是决不允许对来上模特课的无论男女模特拍照的。剖开了来看，校方有这样的规定，在当时的认识下，最主要的可能还不是着眼于保护模特的隐私，虽然它应该是原因之一，究其深处，戴着变色镜的社会主流意识，才是最根本的原因。一般情况下，这样的行为会被扣上"精神污染"的帽子，被视为涉"黄"、"封资修"一类的行为，再如果上纲上线，就可能被定为"流氓罪"。

几个同学拍照的本意，倒是因为觉得画女人体课的时间安排得太少，满足不了他们想多画的想法，所以就想拍下女模的照片后，可以随时想画就对着照片画，就更有利于自己的专业学习。

校方自然不会这样认为，也不敢这样认为。更由于当时社会意识形态的压力，由于有之前出现的很多"事件"的压力，使得校方面对诸如此类的事倍加谨慎。

那几个同学拍了女模特裸体照这种违纪行为，不知怎么传到了校方耳中。校方绷紧了神经，最后是只好把这事向上面报告了。

接到报告后，公安局派来警察进行了仔细全面的调查。结果：鉴于这是在校生出于学习为目的的行为，且照片没有流入社会造成恶劣后果，最后不了了之。

历史自然会总是以它的本来面目出现在人们眼前。而历史在每一个"此时此刻"的如此表现，正是社会自身在这一个特定时刻的反射，就像一个人站在镜子前看到镜中的自己。处在这一个时刻中的人，自然而然地会受到此时的社会状态的影响，所以他们表现出来的意识和行为，也都是这个时候的社会状态的反射。反过来，人们表现出来的意识和行为，又是对社会在此时正处于一种什么样的状态中的最好注解。它，可以帮助我们从这个社会大背景下去认识到，社会中的这一种现象之所以能产生，其实是因为有了让它得以产生的土壤。

4

第二届青年美展后没多久，川美七七级的同学们按照学校布置，开始准备毕业创作了。

以前读附中时，主要因为经济窘困，每到周末，罗中立和另外几个沙坪坝的同学都是从黄桷坪步行几小时回家。

读大学的罗中立带薪，现在周末回家他就可以坐公交车了。但那时候公交车非常少，一路车速慢不说，中间还得在杨家坪转一趟车。这样，花在路上的时间其实比步行也快不了很多，只是人会轻松很多。

筹划毕业创作阶段，依然沉浸在《父亲》成功的兴奋中的罗中立，很自然地也想着，一定要尽最大努力把毕业创作做到最好，想着要再丰收一颗可与《父亲》同等分量甚至分量更重的硕果。不过他同时也告诉自己，在语言风格上，毕业创作一定要与《父亲》拉开距离。他当然也想到过再画一幅大画来实现新的愿望。揣着这些想法，他第四次走进大巴山、走进双层生产队去搜集素材。这次他待了大半个月，画了近一百来张素描稿，大的十六开，小的只有烟盒大小。

在整理自己搜集回来的素材时，一遍遍面对数量众多的素材，一遍遍仔细思考中，似乎总有一种应接不暇、思路如泉水般汩汩涌出的感觉。到后来，这种感觉竟慢慢地否定了他之前想的为毕业创作再画一幅大画的初衷。他突然发觉，自己实在是有太多太多想画出来。既然眼前已经有了这么多美丽的素材，既然自己无法取舍，那何不就展开一个多角度、大范围的表现？这样的话，首先从创作的作品数量上，就已经可以创造一个纪录。然后，大数量的组画，正可以全面地展现出自己想要展现的效果。

罗中立做了最终决定。

于是，用四十来幅画诠释同一个内容——大巴山的农村和农民——的"故乡组画"就诞生了。它也因此创造了中国高校直到今天尚无人打破的、以如此多的单幅创作来构成一件毕业创作的纪录。需要强调一点的是，尽管"故乡组画"由很多幅画构成，但各自表现的场景和情节却互不相干、互不连贯，并不是像一本连环画那样讲述着同一个故事的"组画"。正如后来有人指出的那样：它们只是片段和散点式的叙事组画。四十多幅画组成的毕业作品，罗中立采用了表现主义语言完成。

罗中立喜爱表现主义，应该主要与他从小养成的无拘无束的天性相关，与他具备很强的个人意志、渴望不受约束、可以随心所欲地发挥个人感性的性格相关；表现主义带来的那种狂野恣肆、类似于中国传统绘画中的泼墨写意的酣畅，那种可以随心打破苏派美术教育桎梏后的个体解放的潜在意义，使他着迷。

不过严格来说，用多数量、小画幅来做毕业创作，在罗中立心中其实早先就已有一个轮廓想法。他在1980年12月写给《美术》的信中就写道，"明年毕业我打算画一组'农民'组画，现已构出一些草图……"由此可见，之前这个想法很可能只是被后来《父亲》发出的光环给暂时遮住了，但一遇思想的火星，就又闪亮出来。

正式做毕业创作时，太小的寝室实在已不够满足两个人共同的需要，但学校也没有更多地方给同学们了。罗父就在重纺厂借到了一间空着的、十余平方米大的库房，给罗中立做创作用。但画画用的内框，需要在黄桷坪那些个专给学生和老师做画框的木工小店做，因为人都熟悉了，知道你的要求、容易沟通，价格相对也便宜些。

正式做毕业创作前，罗中立去定做了四十多个内画框，随后再以"蚂蚁啃骨头"的精神，一次背几个，把它们弄回到重纺厂的小库房。

这样一件今天看非常简单的事，当时却可以被视为一次大动干戈的、令人非常唏嘘、留下刻骨铭心记忆的"大搬迁"。不夸张地说，可以算成一次需要精心策划的小规模战役。

对此先得说点儿也许并不算题外话的话。

那时的重庆人对在重庆坐公交车，口口相传着一个很风趣的戏谑。说，乘一次公交车，得途经几个国家才能完成。

首先，是要过越南——"越栏"。

当你在车站已经等得完全不耐烦了时，终于看见一辆公共汽车打不远处蜗牛般驶来。没等它进到站里完全停下，早有比你更不耐烦的一大群人已经你推我挤地拥上前去，完全不顾及危险，身子贴上还在缓缓前行的车身，紧紧慢慢地迈开碎步跟着滑行的车一路小跑，那情景就像一大群蜜蜂拥挤在蜂巢外。人们这样做只为了让自己可以不落在更多人的后面，为了可以顺利挤上车。但这时会有不少人，主要是青壮男子，更常见到的是恰好在此时才跑来车站的人，他们为了可以赶着挤上车去，从车站那形同虚设的一排铁栅栏后面纵身越栏而出，直奔车而去。这就是被戏称为的经过越南——"越栏"。

然后，要经过古巴——"估爬"。

"估"在重庆话里，有强行、硬性的意思；而"爬"，在重庆人这里发音为"巴"。当公交车大致上已停下，也有时还没有完全停下，已经有人——也主要是青壮男子——在开始扭着车窗下沿，全然不顾自己这种行为是否会伤害到其他人或自己，抬腿拼命地往车上爬去。这种情况在公交车的始发站最常见，因为想着早一点上车去，可以先占一个或者多个座位。

接下来就要经过非洲小国几内亚——"挤、累、压"。

"挤"的意思是，车门太小，乘客太多，得凭着自己的力气大小，得看你挤车的技巧够不够娴熟，决定你是不是能成功"挤"上这趟车。否则，你就得又气又恼地眼看着它拖着臃肿不堪般的身子慢慢驶离而去，你就得再花上不知多久的等待，等着再后面来的公交车。

"累"呢，一方面是说你先前可能在站台上已站了那么久才等到车来，然后又花去好大的力气才挤上了车，不用说这时你肯定已经累得够呛。如果你正好是在厂里干完了活儿或者是单位下了班赶回家，这"累"的意思就更好理解了。疲倦的身体和疲乏的大脑相互作用，但你的鼻子还得去呼吸着被弥漫在车厢里的无数种难闻气味混合的"空气"：想不累，也累了。

说"压",那就是,现在挤上了这趟车的乘客实在是已远远超过了核载乘客数,太多的人只能相互紧紧地"挤压"在一起,想转个身都不大现实。看过卓别林电影中表现的乘公交车场面的,更能很直观地知道这是一种什么情形。

说来,应该归于那时候人们的消息闭塞,重庆人可能大都不知道,世界上还有好些个国家的名字或许可被借来比喻乘公交车所带来的"尴尬",比如摩洛哥。重庆人把掏人钱包的小偷"摸包贼"称为"摸二哥"。摩洛哥——"摸二哥"。而拥挤不堪的公交车上正是"摸二哥"开展业务的最主要场所之一。常有青壮男乘客突然发现自己被摸了包,而与身边的"摸二哥"演起全武行的。既然都不能转身也不能躲避,那就你给我一耳光我打你一拳头地表演吧。但怎样在公交车上防着"摸二哥",也是那时重庆人乘公交车要学习的一门必修课。

了解了在重庆乘公交车的状况后,回头来看,罗中立要把他的四十多个画框从黄桷坪搬运回沙坪坝土湾,其艰难程度可想而知了。

每次他只能提三五个内框,来到黄桷坪校门外不远处的公共汽车站。老远看见车来了,赶紧地,提起画框,疾步跟上公交车往前移,眼睛要迅速瞄准哪个车窗开得够大。就在车停下的一刹那,双手高举起画框,迅速把框从洞开的车窗扔进车里去,嘴里当然也得不停地向车里窗边的乘客说着对不起。紧跟着,他就以分秒必争的精神插到车门边正往车上挤的乘客侧边,拼尽全力也要挤上车去。上车后,再费劲儿地一点一点地从人缝中穿插过去,最后来到画框这里。幸好黄桷坪属于偏僻地段,所以绝大多数情况下,赶公交车的乘客不算特别多。遇到等车人特别多时,罗中立就只好接着等。他说有一次居然等了一个多小时,双腿都站麻了。但已记不起那天是个什么日子,好像是个周末。

从黄桷坪上车,到杨家坪下车是终点站,可以等前面的乘客先下了,自己再提着画框下车。

从杨家坪转车到沙坪坝,虽然是公交车起点,但因为这是一条很主要的交通线,所以乘车的人多。多数时候,他都得又表演一次先把画框从窗户丢进车厢里,然后自己赶紧着挤上车去。有时,也因为不想在杨家坪车站等太久,所以挤上去的这一趟公交车终点不一定是沙坪坝,是继续往双碑或者北碚开。这车里,朝前后两边车门去的过道上都挤满了乘客,空手下车都不知要使出多大的力气,再要提着这几个画框从车门下车,基本上算没门儿。罗中立就在车快要到沙坪坝站时,一遍一遍地对旁边的乘客说好话,提着画框挤到车窗边。当车差不多就要停下时,赶紧的,抓起画框从窗户里往外扔。边扔还得边大声叫喊,声音真的要足够大,能勉强冲破车里车外人群发出的一片"鼎沸"的嘈杂声,好让下面一直在跟着车跑的人注意,别让我这画框给砸着了。当然,也不能让人把我这画框给踩烂了。

想下车的乘客还在车门那儿拼命往下挤,想上车的乘客已在拼命地朝车上挤来,窄窄的车门那儿常常处于一片胶着状态,混杂着人们不同心情下发出的吼叫声。遇到这种时候,万般无奈,罗中立只好学着其他人正在采用的不是办法的办法:翻出车窗跳下去。

真正见过重庆小伙子怎样"亡命"地翻上车、怎样"亡命"地"飞"下车这种"表演"的,才会感悟出重庆小伙子的身手——尤其是在这样长期的训练下练出来的身手——有多敏捷、多矫健!才可以想象到,那时在重庆乘一趟公交车有多艰难!

幸好罗中立为毕业创作做的画框并不大,多数就五六十公分;幸好那时重庆的公交车大多窗户上都没有了玻璃,甚至没有了窗框,东西丢进拿出的也够方便。四十多个画框,终于被罗中立像是重新表演了一次微型版的"敦刻尔克大撤退"一样,"转移"进了重纺厂的小库房。他可以开始自己的毕业创作了。

5

罗中立用了近三个月的时间,才完成了自己深感满意的毕业创作,给它取名为

《故乡组画》。从这个取名,可以清楚洞悉罗中立对大巴山和大巴山人的深厚感情,可以看到他对大巴山人的认识已经产生了主观上的飞跃,主导思想已经不再是如创作《春蚕》或者《大巴山人》时那样的,注目于他们的一些小"点"展开表现,感觉是他已经完成了自己与大巴山人的全身心融合,开始着力于把自己变成一个大巴山人,或者说已把中国广袤的农村视为故乡、把中国农民视为自己的亲人,进入了全面了解、讴歌再现大巴山人——人性与人文——人与艺术与世界观的升华,走进了一个意义更深远的层次里。而这个转变,对于他日后自然而然地、全副身心地把大巴山农村作为自己永不枯竭的艺术源泉,把中国农民和农村题材作为自己终生追求的艺术目标,对自己在艺术之路上走得更远,有着举足轻重的意义。

《故乡组画》作品描绘了大巴山人的日常生活场景,代表性的作品如《吹渣渣》《翻门槛》《屋檐水》等等。人们在这里可以清楚看到,组画作品中,罗中立一改之前细腻的写实刻画,转而采用主观变形的方式来处理画面中的对象。就是说,他画面中的人物形象从这里开始,经由表现主义语言,作为一种响亮的符号,来表述他自己从生活真实里所得到的内心体验。不仅如此,他还改变了原来对绘画题材具有什么意义要进行的思考、围绕主题去组织细节和道具做出的构思,现在,就借着表现农民的司空见惯的生活行为,表达他对农民的真心尊重和关心爱护。还让人明显看见,他已经在尝试着踏上着眼于艺术形式的创造之路。而画面中人物形象的变形,对线性表现的强化等,都为《故乡组画》注入了更多绘画性。所以有很多人说,《故乡组画》在向"生活流"靠近,它开启了罗中立艺术的新的发展方向。

因为有之前画《父亲》带来的影响,因为《故乡组画》以这种数十幅画"合一"的形式出现,又以当时对于大众而言并不算多见的表现主义语言出现,加上它们从多角度表现出的平民化乡村内容,因而,《故乡组画》毫无悬念地引起了人们的极大关注。

著名艺评家邵大箴教授这样评述《故乡组画》:这组农村风情画揭示了四川偏僻农村——大巴山穷困地区的真实面貌,在这些画幅面前,我们会因为至今还有这样落后的农村而感到触目惊心,也同时会对生活在这种环境中的男女老幼表示深切的同情。艺术,在罗中立心目中,不是供人赏心悦目的玩物,不是自我娱乐的工具,而是认识生活，理解生活从而改造生活不可或缺的手段。不同于其他手段的是，它用形象的语言来揭示生活的面貌与本质。罗中立的农村组画是包含着哲学思想的，是有鲜明主题的，这哲学思想和主题与《父亲》无异，但是，这组组画的表现手段有别于《父亲》；如果说《父亲》近于纪念碑或交响乐，这一幅幅小画则犹如散文小品。

著名艺评家易英教授则说，《故乡组画》是想象的再现，而非真实场景的描绘。被突出和夸张的特征隐含着画家所认定的意义。

罗中立的毕业创作，收获到一片叫好声，他也自认为已经和《父亲》完全"割裂"了。但多年后回头去看，他说，其实也还就是借用了西方比如像米勒等等自己喜爱的油画艺术家的语言和修辞，来讲了中国人的一个故事。不过在当时，这也算正常和自然。

的确，在该组画之一《吹渣渣》的画面里，人们可以清楚看出它受到了法国19世纪杰出的现实主义画家让·米勒的影响。

米勒出生于法国诺曼底一个农民家庭，作品以表现农村主题如农民的劳动和生活见长，具有十分浓郁的农村生活气息。

罗中立没有生于农村长于农村，但"农村"在他成长的人生路上，扮演了至关重要的角色。所以他也画农村，画农民，于是在他的笔下，就与米勒有了很多相似、相通。

不过罗中立也许并没有想过要刻意效仿米勒。他表现农民和他们的生活，与米勒描绘农民的劳动和生活，更像是某种因缘催化下、某些方面的"殊途同归"。因为事实上，在罗中立画中出现的农民所包含的内涵，和米勒画中农民所包含的内涵，完全不是一条线上的。

话虽如此说，1982年3月，时任中国美协主席江丰来川美参加"全国高等艺术院校美术创作教学座谈会"，在川美一间教室的墙壁上，看见了罗中立的这一组画作品时，忍不住连连赞叹道：中国的米勒！中国的米勒！再后来，还是因为罗中立一贯表现的农村与农民题材，另有不少人也主动地把他和米勒连在一起，也称他为"中国的米勒"。此说恰当与否、准确与否姑且不论，但至少说明一点，在把农村、农民作为自己的绘画题材这一点上，他确实是与米勒走在了一起。或许主要正是因为这个一眼

就可以看到的"特点",人们把他称为"中国的米勒"。

毕业组画中的《吹渣渣》一画,作为《故乡组画》的代表,被《美术》选上,出现在1982年第1期的《美术》封面上。

同一个艺术家以不同语言、不同理念、尺寸迥异而创作的两幅作品,连续两年,被中国唯一的权威美术杂志选用在开年刊封面上,这样的"幸运"和莫大的荣誉,不知道会不会"绝后"?但说"空前",像是没有异议的。这无疑是对罗中立在艺术上做的尝试、对他艺术上取得的成就的高度肯定。同时,以表现主义语言出现的《故乡组画》,也标志着长期潜藏于他内心深处的那种对艺术追求的"不安分"、不满足,终于被自己用事实给予了确认。就他个人而言,《故乡组画》的出现,基本结束了之前他主要是从思想性、意义性、主题性上去考虑绘画,转而开始主要以绘画性作为努力的方向、更多地回到了对绘画本体语言的追求上来。从这个角度理解,罗中立是真的没有躺在《父亲》"得逞"获奖的光环下睡大觉,相反,最先从获奖后的喜悦中解脱出来的,正是他自己。

《故乡组画》的表现主义与给他带来了巨大成功的《父亲》的照相写实主义,是在两条完全不同的道上跑的车。这让我们看到,罗中立是敢于断然地"强迫"自己"逃离"。为了"我心",他宁愿重新去寻找,虽然那可能会领着他走上一条蹒跚之路;为了"我心",他更愿意、也敢于大胆地、义无反顾地前行。

著名美籍艺评家巫鸿教授对《故乡组画》做过这样一段精彩评论。他说:"其相似的尺寸、景深、构图、风格和人物形象将其联系到一组之中,犹如点点星光构成一个天空。在绘画风格上,这批作品既不同于他在连环画中采用的线描和色块方式,也有别于《父亲》等大画中,对细节的超级写实,而是开始以一种生动简约的变形方式突显农村生活的稚拙和淳朴。"

后来有很多人、包括罗中立的很多朋友都真心感慨地说,《故乡组画》,才是真正的罗中立。

对这样的说法,罗中立认为,从某一个角度看它是很准确的。因为,应该是从那时开始,他个人的绘画语言才算初步正式确立,然后逐渐延伸、慢慢发展,一路走到今天。但他同时又像是开玩笑般说,觉得应该把从《父亲》开始,连同《故乡组画》，到后来自己笔下出现的所有农民题材画加在一起，才是最真实、最全面的罗中立。

不管怎么说，至少有一点，《故乡组画》与《父亲》是完全一致的：在精神层面上，《父亲》与《故乡组画》，都是关于人文、关于人性的，它们处于同一个层面。

6

一幅未画出的画。

1983年春节前夕，已留校任教的罗中立再一次，也是他第五次来到大巴山，从他第一次进山算起，已经过去整整17年了。这次进山，除了为自己搜集素材外，还有一个很大的夙愿，就是专门来为已去世多年的邓大军"挂青"（上坟）。

就在这一次，罗中立给叶毓山院长写了一封信。信中他说：我买来了鞭炮，扎了花圈，他（指邓大军。作者注）生时与我交好一场，此时九泉之下的他也好知道我的心意。他不过是最为普通的农民，当过志愿军，去过朝鲜战场，在这山里算是见过世面的，在农活上是个好把式，一场暴病夺去他年轻的生命。每当我一个人立在他的坟前，就会想起他曾说过他的最大愿望是到重庆玩一趟。他给我讲的最难忘的一句话就是，"到任何地方你都要与炊事员搞好关系"。这是他一生生活经历的总结。这是一句够人回味的最普通的话。

罗中立之所以会提起邓大军说的这一句最难忘的话，无疑是因为这句话其实是从另一个角度触动了他内心深处对于粮食的那种沉重的记忆和刻骨铭心的感受。从一个

当过兵的普通农民口中说出来的这句话,其内在的含义让人想起来会很心疼。而这种内在的含义,又恰好吻合了罗中立心里对粮食的那种记忆。

罗中立在这封信中给叶院长讲了一件事,他说,为了大军哥,要画一幅《回声》。他写道:"好多年来,我一直想着这幅叫我心跳的画,我要讴歌这些生得平凡、死得平凡的平凡人。因为正是他们才养育了我们这个国家、民族。让他短而平凡的一生像回声一样,永远响彻天地之间,永远留在我们的心里。"

好多年了,受到留在心中的邓大军的方方面面印象的刺激,罗中立一直想要为之画一幅画。而让罗中立现在耿耿于怀地想要表现的"回声",在他心目中究竟是一幅什么样的画呢?构思发自邓大军,但创作的灵感来自何处?

创作灵感来自罗中立在大巴山为毕业创作搜集素材时。

其间,因为心里始终在受《父亲》成功的影响,因为一直希望着再创作一幅能引起大轰动、获得大成功、可以意味着双重丰收——毕业加成功——的大尺寸作品作为自己的毕业创作,在这种情绪蛊惑下,有一天,一点小小的火星竟真的来点燃了他灵感的思路,让他为之激动、战栗不已。至少当时,他真的以为让他可以再获成功的机会降临了。

那是一天已近傍晚时分,还在四下转悠着搜集素材的罗中立,看见有一户农家因有人去世,请了当地的民间"戏班子"来自家小院坝子上为逝者吹奏演唱。那种"戏班子"和后来90年代从川戏折子戏发展出来的"打玩意儿"的戏班很相似。

一贯好奇心重的罗中立就在离那家农户不太远的田坎上站下了。

当最后一缕日光被收进了大山后的那一边,天色一下子就融化成几乎伸手不见五指般的黑夜。

站立在暗夜中的罗中立,凝望着从那户农家刚才点起、放在坝子里几张方桌上的几盏油灯散发出来的昏黄灯火,思绪被定格在一个遥远又近在咫尺的"点"上。

夜无声,大地无声,一个很空灵的世界。

突然间,仿佛受一只无形的手指挥,那戏班子的民乐忘我地炸响了,从那些有着上千年传统历史的民间乐器里发出来的低沉而悲怆、如歌如泣的"声音",合成一支撼人心魄的曲子,全力地重重敲打着听者的思绪和灵魂。

罗中立一动不动，全神贯注地听着，想象着这曲声正怎样从漆黑深邃的天幕上慢慢流淌而过，怎样让大巴山的空气里充溢起鲜活的生命。

他陷入了沉思，仿佛回到了自己孩提时在西南医院经历过的那个听戏的春节之夜。相同的民乐，不同的倾诉，相同的与不同的感受。他倾听着，思索着，突然，一幅活生生的画面慢慢浮进他的脑海：画面很大，展示出一个空灵的、深邃的空间。浩渺的高空上，正飞过一队潇洒的白鹤；几个乡民，分散站在郁郁葱葱的山坡野地里，有人手提一挂鞭炮，有人手里摇晃着竹竿上的白色招魂幡，还有人默默地跪在地上的小坟包前面。这是一个一目了然的、清明时生者祭奠逝者的画面。

画面的意思很清楚：中国农民世世代代一生勤劳，生死都在这片土地上，几不为外人所知。但他们却用自己的一切努力支撑起国家、养活人民。除了他们自己和亲人，甚至可以说没人太在乎他们的生死；他们就像原野上一棵小草，来了，走了，默默无闻。只有到了每年的这一天，清明这一天，逝者才会在亲人们炸响的鞭炮声中短暂复活，逝者的灵魂才会跟着青鸟回到这个世界停留片刻，逝者的眼睛才会回来看看，他们的子孙后代是不是已经过上了昨天他们没有过上的幸福日子，逝者的微弱声音才会跟着清风降临，拨动生者对他们浓浓的思念之弦。

毫无疑问，对邓大军的感情、对农民的认识和感受，是他想画这幅"回声"的初始原因。但深层次里，还引申出一个更重要的原因——有一个重大的意义。正如他在信中写到的："今天的农村政策确实深得人心，农民是从心底里拥护，但又充满疑虑，怕政策变，怕老邓死。这是长期以来政策的不连续性，像走马灯、万花筒的结果，是几十年的生活现实。农民整怕了，也穷怕了。如今农民都说，除了解放初期那几年从来也没有这样好过。

"这次进山，我体会最深的就是农民自信心的恢复，真正的主人翁感，因此释放出来的巨大能量使我吃惊，劳动自觉积极，对知识科技的迫切渴望，都叫我感到振奋和充满希望，使我看到了明天的中国。"

所以，"回声"其实更是人们的呼声，这呼声在那片空灵而深邃的空间轰鸣震荡，合成强烈的回声：让曾经发生的过去了就永不重来，让新生的幸福日子永远地蒸蒸日上。

这是响彻天地之间的"回声"。

这是在罗中立心底响着的"回声"的真正意义！

他愿它是这样的一种回声：一篇大爱的散文，一支歌颂金色十月的乐曲，一个包含了渴望的激情希望，一个发自他心底的、建立在浓浓人文关怀基础上的祈愿，更是一声真情饱满的呼唤。所以他为这幅画取名为《回声》，就是希望发出一声呼喊，像《父亲》当年于默默无言之中发出的有着同样意义的呼喊，像《祈》画面中那位华发老妇寄托在袅袅青烟中的呼喊，像《苍天》中那位壮年农民向着苍天发出的强烈呼喊，在所有那些或于沉默中发出的，或以震耳欲聋般的声音发出的呼喊之后，传来轰轰隆隆的"回声"。它告诉所有人，人们今天已经获得的，将是永远！

"回声"不是唱高调，是从最基本的、直接的、朴实的人性角度出发，生出来的人最根本的希望。

罗中立构想着这幅画时，很肯定地告诉自己要采用"照相写实"语言，不仅画面中的人，包括坡上的每一棵小草、人们脚边水田里的倒影、浮游在天空中的云朵、掠过的鸟儿，等等，他都要淋漓尽致地画到细致入微、栩栩如生。

为了创作这幅画，之后停留在双层生产队的日子里，只要听说哪一天有哪户农家要举办红白喜丧，他都会前往，一个人悄悄地站得远远的，用眼睛，用耳朵，用心，用想象力，去捕捉、去感受那些可以完善自己心中那幅画的哪怕只是一个极小的细节。

但很可惜，无论是在给叶毓山院长写信后的不久，抑或在已经过去了三十多年后的今天，这幅画还一直停留在罗中立思想深处，停留在这些年的不同时期里他画出的画面上大同小异、当然也有不同构思的若干幅草稿上，终于没能被付诸画布。一方面，也许这可以说明他对此画的认真和喜爱；另一方面，或者更体现出他心中的一些犹豫，他可能还没有找到能够真正打动他心的那一个最后的、最闪亮的"表现点"，他徘徊在缺少巨大冲击力的"灵感"之前。这与他当年为创作《父亲》而苦苦寻找进入点时的状态很有些相似。

如果这幅《回声》当年已被用"准"照相写实语言创作出来，其产生的意义和带来的结果会如何暂且搁置一边，但从他的那些想法去看，我们可以感觉到它与《父亲》一画的很多相似。它们的主题，虽都与农村、农民相关，但也都是已跳出了主题本身，来到了一个更高的、更广泛的层次。也许，这正是罗中立多年舍不得将其弃之的潜意识里的原因？它们都着眼于浓浓的人文关怀，但《回声》中，却更像带着一种有意识的、"主动的"动态表现。要证明这一点，我们可以看一下《父亲》在画面上的表现形式，包括它的题目，其实更倾向于罗中立在自己创作中选择的"静"那一条线；而《回声》，则更像他选择的"动"那一条线——虽然人物的动作不一定表现出来多明显的"动"，但却分明让人感觉到，有一份"动"，正随着那响亮的"回声"，从画面后强烈地透射出来，一如它的题目所诠释出的意义。

《回声》如果问世，好像它也应该属于一件半"观念性"的作品，一件把真实与希望结合、把现实与想象结合的"似是而非"下的作品。也许，它真的又可以是一幅跻身杰作之列的画，但肯定也是一幅充满故事性的画。

让人免不了还是要关心的是，如果当年它以照相写实语言被画出来了，真的会产生什么结果？如果在过去的几十年里它以表现主义语言被画出来了，又会是什么结果？如果明天它被罗中立以一种新的艺术语言画出来了，更会是什么结果？

罗中立有一天会把它画出来吗？

不知道。

如果今天来画，在又经过几十年对人生、对社会、对艺术的重新认识后，还会借着当年那种初衷来画它吗？

不知道。

既然有那么深刻的印象、那么强烈的希望、那么好的感觉，又为什么一直没把它画出来呢？

还是不知道。

罗中立说有个小理由也许可以作为现在的解释：他觉得，这样的画面，必须要用上很多文字来解释，才可以把画面后的内容说得明白。所以，说不定用今天很流行很方便的一种手段，把它拍成一个短片，效果会更好！

但另外看，既然已经为它诞生了那么些幅草稿，所以，极有可能在哪一天，说不定是在某种心血来潮之下，说不定是在哪种灵感的支配下，突然就把它创作出来了。

是哪个人曾经这样说过,在一个艺术家心中想象着但永远没有画出来的那一幅画,是他的最美的一幅画。

巴尔扎克的如椽之笔曾描写了一个不得志的艺术家,他穷其一生画着一幅被他自己称之为"不为人知的杰作"的画。这幅画生前他从未示人,直至其去世后,方得与世人见面:一幅在世人眼中还没有完成的、但足以令人疯狂的画——准确地说,是一大团纠缠不清的乱麻般的线条,以及一双刻画逼真、美到极致的足。

当年《回声》的"难产",与《故乡组画》的降生于世,这两者间有没有此消彼长的关系?假如当年《回声》被付诸实施,对于《故乡组画》会有什么影响?考虑到罗中立那时实际上已有了以表现主义作为自己今后艺术语言的决定,或许我们可以这样说,假如当时他面临二者只能取其一的话,最后出现在大家眼前的,应该还是《故乡组画》。

金秋,1982年

一个人有的，会得到更多；一个人没有的，反面会被夺去。这看似费解，放到一个拥有艺术天赋的人这里来认识，就会很好理解了。但也有另一种可以获得成功的法宝，那就是人们素常说的，"天才出自勤奋、聪明在于积累"。所以呢，条条道路通罗马，关键看你是不是愿意去找一条路，并践行之。

第八章

1

  1982年初春,文革后通过高考进入高等院校的第一批大学生,带着永远铭刻在中国高等院校历史上的一个特殊的称号,"七七级大学生",走出了校门。

  毕业分配,按照参加高考时给出的大政策,带薪学习的学生原则上都要回到原单位继续"服务",然而政策里的有一条规定,改变了罗中立回达钢厂的结果:个别特殊情况的人除外。

  罗中立毫无悬念、毫无争议地被归进了"个别特殊情况"的人之列,留在川美做了教师。能留校任教,是当时毕业生很理想的结果。学校里各方面条件较好,可以为你潜心艺术创作提供好的保障。

  罗中立就此开始了一边教学,一边在艺术创作路上探索前行。一年后,妻子陈柏锦带着儿子,从达县调入了川美。

  艺术创作上,此时期罗中立主要是沿着毕业创作《故乡组画》的思路和风格继续往前,主题性和典型性已被基本放弃,人物造型变得符号化。但是,他也并没有全盘转到表现主义上,而是用写实和表现两种语言交替进行尝试和发掘,感觉上是以表现主义为主。偶尔,也看到准照相写实的影子忽隐忽现。

  《父亲》给罗中立带来的收获当然不止一个全国性美展的一等奖,同时也"顺便"给他带来了"市场"。虽然那时候在经济意识上国人基本没有"觉醒",但他的画已经在受到一些"先知先觉"的人青睐。甚至还有人专程从外地找上门来向他求画。因为个人爱好而向艺术家求画却不是买画，在艺术并不为国人真正重视的时代，在从前那个文化精神很大程度上是被扭曲的时代，几乎是中国司空见惯、包括艺术家本人和求画者都习以为常的现象。可不吗？居然有人喜欢你的画，不错了呀！

川美校园里那时有一个"陈列馆"，作为一个窗口，主要对外展示学校历年收藏的一些师生的作品等。虽然川美地处偏僻的黄桷坪，但一是由于当时重庆市内旅游资源匮乏，二是旅游者对所到之地的文化艺术渴望有了解等客观因素，所以常有旅行社安排游客来川美参观，当然几乎都是大陆以外的游客，尤以对终于对外打开了国门而感兴趣的西方国家"老外"为主。参观之后，时有游客希望能买下他们看中的作品。

学校最初自然是一律予以拒绝。慢慢地，受市场经济大潮的冲击，受意识改变的影响，学校就在陈列馆里专门设了一个小卖部，组织了一些师生的作品进入陈列馆，既作为常年展，也可出售给游客。几年后，陈列馆改成了美术馆。

1983年，罗中立的作品《年终》，以七千多元兑换券的价格被一个法国游客买走，创下了陈列馆到当时卖出的所有作品的天价。按照学校代理出售作品的规定，罗中立得到了其中的百分之四十，三千元左右兑换券。考虑到当时大学生毕业当年每月的工资仅42.5元，第二年转正以后每月得到52.5元，这一笔收入的确算得上是一笔"大钱"。

罗中立笑着回忆说，这笔钱当时带给我的兴奋是，"今后的生活靠它吃利息都够了"。不过罗中立并没有把这笔钱存入银行去吃利息。他用其中一大部分去买了一部心仪已久的理光10型照相机，因为觉得照相机对自己会有很多用处。相机买回来后，他心里那份"很牛"的感觉都不知道持续了多久，还特意去找了一块红绸子，把相机包好，放在枕头下面，平时从不示人。

进入21世纪后，当年买下《年终》一画的那个法国人去世了，家里人不知道这幅画的创作者是谁，只知道是中国的，于是辗转托人打听，从台湾到香港到大陆，最后有人认出是罗中立的作品。罗中立看到发来的照片后，很肯定地回答，是的，这就是当年卖出的那幅《年终》，川美陈列室小卖部售卖物品贴的标签都还在画上面呢。

这幅作品后来再次以一千多万人民币拍卖出，成为这个去世的法国人家庭里分割遗产时经济价值最高的一件物品。

命运好像继续对罗中立以特别的青睐。当然，命运的这个青睐肯定与《父亲》和《故乡组画》所带来的成功有着紧密的关联。

1983年底，作为优秀艺术人才，罗中立被国家教育部、文化部挑选进中国与比利时合作开展的艺术人才互派项目，前往比利时安特卫普皇家艺术学院学习。

有个小道消息说，罗中立之所以能够出现在这批出国学习人员的名单中，也得益于此时已经去世的原文化部艺术顾问江丰同志生前的大力推荐。

江丰是来自延安的老革命，1982年去世，生前最后任职为中国美术家协会主席，中央美院院长。他思想解放，观念创新，乐于提携新人，总是为年轻人提供、创造机会。

罗中立说：我们是改革开放后，文化艺术类以公费派出国留学的第一批人。出去前文化部有一个很明确的安排，就是让我们出去后，在学习期间要临摹一批西方名画。据说这也是江丰同志生前建议的。他当时提出，我们应该尽快派出优秀艺术人才到国外学习，学习的方法之一就是去临摹别人的画。在临摹的过程中，留学生可以很好地做一番深入的学习研究。江丰说国家没有很多外汇可用去买原作，学生们临摹回来的画就是国家的一笔财富，可以用来建立我们的临摹馆，更可以为热爱艺术、学习艺术的人特别是我们的青年人，提供最直观的名画临摹作品以助他们学习。由这一点也证明了很多人说的，江丰真的是很有眼光。而那时中国领导高层也有强烈的愿望，非常急迫地想学习西方各方面的先进知识和先进方法，期望可以迅速地改变中国的现状。

以当时罗中立在国内艺术界的名声，结合当时国家极力希望多元地对外展示我国正面形象的大背景，这个"小道消息"是可能真实的。

罗中立后来常说，我们都是改革开放的受益者，赶上了一个好时代。

1983年12月下旬，罗中立和川美另一名同时被选进该出国学习项目的教师、雕塑系的余自强来到北京，和也被选派前往欧洲几国学习的其他十好几个人员会合。那天晚上，为了节约，他们住进了北京的一家澡堂子旅馆，也是为了方便同时在那里洗个澡，理个发。

第三天，这批留学生一起到了国家出国人员服务部，在那儿每人领了一身那时专为出国人员准备的服装。服装有深蓝色和灰蓝色两种，罗中立选了灰蓝色的。另外每人还发了一件白色的风衣，一顶很大的黄色的鸭舌帽，一口硬质合成革材料的箱子。费用都从国家为出国人员拨发的一笔专项经费中支付。

按照当时国家规定的，公派出国人员必须乘坐中国民航飞机。他们一行十几个人乘坐中国民航班机抵达比利时布鲁塞尔国际机场时，有中国大使馆的几批人员已在等着。出国学习的人员中有几个是转道去法国的，先离开了。留在比利时学习的有十个人。

罗中立和余自强都是被选派到安特卫普皇家艺术学院的。大使馆派来的车带着他们二人和行李，一起送往安特卫普。大使馆的工作人员领着他俩，先来到大使馆已为他们租好的房子里。大致安排好后，再把他俩送去皇家艺术学院，接洽好所有的相关事宜后才离开。

在一个人生地不熟，连"说话都开不了口"、无法与别人交流的地方，能得到大使馆这样的关怀和帮助，让罗中立一直很感动，心存感激。

2

安特卫普皇家艺术学院创建于1663年，是欧洲一所非常著名的艺术学院，也是世界一流的艺术设计学院，虽然规模并不大。

直到今天，对于绝大多数中国人，安特卫普皇家艺术学院肯定都还是一个不熟悉的名字。而罗中立自己，在被选上前往这里学习之前，对它也是半点都不了解。

但如果告诉你，世界著名画家梵高（Vincent Van Gogh），和著名的建筑大师亨利·范德威尔德（Henry Van de Velde）等都是从这所学院走出来的，那你肯定就会对它刮目相看了。

能到这样一所著名艺术学院学习，能有机会前往欧洲那些世界著名的美术馆、博物馆，仔细观看并学习曾经只能在一本小小的画册上见到，曾经只能在梦中渴望见到的大师们的名画原作，这让罗中立兴奋得无法形容。

他们在比利时学习期间，按照中比两国该项文化合作项目所签订的内容，由比利时政府每月向他们提供生活费。当时，在罗中立他们眼里，发给他们的那真是一笔了不起的"大钱"！以后才慢慢知道了，它只是比利时政府按国内普通人的最基本生活费标准发放的。基于当时一般中国人的经济水平，罗中立他们有这种感觉完全是在情理之中。

刚到国外，见到的、身边发生的几乎一切对他们都是那样新鲜。罗中立说，最初，先他们已到安特卫普的其他中国同学带他们去超市买东西时，他们被搞得完全眼花缭乱，真的像是刘姥姥走进了大观园，一时不知道该怎么买东西，更十分激动于这种全新的买卖形式。特别是联想起当时国内百货公司那样的经营方式，对比百货公司营业员面对顾客那种爱理不理人的态度，天差地别的感觉就更加强烈了。

他还讲起一个笑话，说有一次无意中走到郊外，到了高速公路边，看着在公路上几乎没有间隙地飞驰而过的车流，竟然为自己"笨"到居然找不到斑马线过公路那边去而猛烈地嘲笑自己。后来才明白，的确是真该嘲笑自己。

平时，罗中立都是自己在家做饭吃，这样也省钱些。

学校给留学生一人分了一间工作室，三十平米左右；每人安排了一个导师。平时学生都自己学习。每个月导师会来学生的工作室至少一次，指导学生的学习和作业。

罗中立的导师名叫赫尔曼，个子不算大，人很严谨，很认真，也很有水平。

现在罗中立利用一切可能的空余时间，尤其是学校放寒暑假的日子，到处去参观美术馆和博物馆。从1983年底到达安特卫普，至1986年春回国，其间，他专程去了荷兰、法国、德国甚至还到了美国，共计13个国家，足迹几乎走遍每个城市的重要博物馆和美术馆。费用主要是从平时发的生活费里省下来。他自己把这戏称为"周游列国"。

但那时候要在欧洲"周游列国"可不像今天这样容易，只要签下任何一个国家的申根签证就可以了。那时候得事先到自己本趟旅行想去的每一个国家的使领馆签证后，才能成行。

幸好安特卫普设有不少国家的领事馆，再到稍远点儿的布鲁塞尔，有另外很多国家的大使馆，所以签证不算太困难。难的是申请签证时涉及的语言。

幸好在安特卫普另一所大学里有一个重庆大学派去的留学生，名叫陈新雍，他比罗中立早去，学工科的，也是安特卫普中国留学生会的负责人。他为人热情，英语又好，更有着重庆老乡这层关系。因此，每次罗中立要去他国使领馆申请签证时，都是陈新雍帮着去代办。罗中立会跟着一道，当然也负责全部费用。罗中立非常感谢他，更欣喜自己运气好，少了好多麻烦。

说到陈新雍，罗中立摆起一件往事。他说那一年春节，安特卫普的中国留学生们应中国大使馆之邀，去布鲁塞尔参加春节联欢。在布鲁塞尔中国大使馆里吃了一顿热热闹闹的"聚餐"后，罗中立和陈新雍几人一起乘火车返回安特卫普。才走出火车站，突然不知从哪里冲出来几个警察，把稍走在前面几步远的陈新雍拽到了车站警务室里，在那里对他来了个全面搜身。也许是因为没发现什么他们以为可以找到的，后来在弄清楚他是留学生后，把他放了出来，但警察们对此行为没说任何理由，也没有任何道歉。不用说，这件事在他们心中投下了很深的阴影。

2013年，安特卫普皇家艺术学院庆祝建校500周年，罗中立作为杰出校友应邀参加校庆活动，一路受到当地政府及校方的热情欢迎、盛情接待。回想起多年前春节那次"不期而遇"的结局，罗中立很感慨地说，国家强大了，人家看你的眼光也改变了。

3

　　学校放寒暑假，罗中立去"周游列国"时也约着同校的两三个本地同学一起出去过。他们的出行很有些像今天的"驴友"，一人背一个装着日常用品的背包，一路上，凡能步行的就步行，当然也少不了在公路边搭"顺风车"的经历。想搭"顺风车"时，只要他们伸出手一招，几乎马上就会有车停下。他们上了车后，开车的人多会笑呵呵地说：咱年轻时也和你们一样趁着假期出来游逛，也搭"顺风车"。所以现在只要看见有学生想搭"顺风车"，只要可能我都会停下来带上他们。

　　这份经历让罗中立很感慨。他说后来还从很多人那里知道，这种经历在国外非常普遍。商界大老板也罢、政客也罢、普通人也罢，他们的学生时代，几乎都有过这样的出行经历。特别是欧洲学校的暑假，因为正值好天气季节，假期又长，绝大多数学生都会外出，以这样的方式去体验生活。而这种体验对于他们后来的人生，成为宝贵的实践、一笔巨大的生活"财富"。

　　荷兰海牙的梵高美术馆，是让罗中立最为激动的美术馆之一。

　　在国外世界级别的艺术家中，罗中立那时最喜欢、最崇拜的几位艺术家是毕加索、伦勃朗、梵高等。有趣的是，当年本来一直画宗教画和传说故事画的梵高，在走到艺术和人生的十字路口时，也正是在长时期地观看伦勃朗的画作后，终于放弃了既有风格，转而选择了走上从事真正的艺术创作的道路，最后成为一名世界一流画家。

　　罗中立也曾力图从米勒的画中，寻找到他自己的对农民生活表现出的田园诗般的期望。他也久久地思索，居住在两个完全不同的国家里、以完全不同的文化为生活背景的两个艺术家，当他们来表现同一种题材时，结果会是怎样的不同？应该会是怎样的不同？

按照出国前文化部要求要临摹作品的安排，1984年，罗中立通过中国驻法国大使馆联系了法国文化部，获得了可以在卢浮宫临摹画作的特许证明。罗中立拿着这证明去卢浮宫，在卢浮宫专设的临摹部换到一张胸卡，有点儿类似于卢浮宫工作人员的工作证。这样，每天他就可以不用和游客一起排队，而从专为工作人员进出的那道门进入卢浮宫，当然也不用买门票。

第一次去卢浮宫办手续的时候，罗中立还遭遇到一次非常惊险的经历，让他后来每每想起，都还有些心惊肉跳，而且很有些无可奈何。

事情的经过是：第一次真正站在了辉煌的卢浮宫前的罗中立，不用说心里有多激动。正当他独自很投入地欣赏着建筑物上那些精美的雕刻时，突然围上来一群小孩子，向他伸手比画着、嘴里还嘟囔着什么。

罗中立当然听不懂他们说的什么，但看他们的模样，猜他们是找他讨钱。他正有些不知所措，准备离开时，那群孩子突然一下从四面向他围过来，没等他想出该怎么反应时，突地发觉自己手里的包已被他们抢走了。紧接着，那群小孩子像"心有灵犀"般地扭头朝四下跑散开去。

罗中立很冷静地看清了抓着他的包的那个孩子，大步追上去。就在那个孩子伸出手准备把包递给前来接应他的另外一个孩子时，罗中立紧赶两大步扑上去，一下抓住了那个孩子，用力把包拽了回来。

罗中立可不敢丢了这个包，里面不仅装着他的护照、他在法国文化部开的证明，还有他所有的生活费等。包丢了，后果会很惨。

后来罗中立从巴黎的朋友那里得知，这是些吉普赛小孩，常年聚集在巴黎那些旅游点，专门偷或者抢游客，尤其是针对亚洲人。

罗中立开玩笑说这是我到国外留学后，给我上的很生动的"反面教材"第一课。但不管怎么说，从那以后，不管到哪里去参观也罢游览也罢，罗中立都记得要特别小心提防着这种事了。

有意思的是，后来罗中立因为要在卢浮宫临摹画，天天去，结果那帮孩子认识了他，居然每次还主动向他打招呼。而这"第一课"带给罗中立的"财富"是，不久后的有一次，他在一处火车站等车，又碰上另外几个孩子很"不怀好意"地慢慢向他靠近。因为有了"第一课"的教育，所以警惕性蛮高的罗中立立刻明白了他们的意图。感觉他们快要向他发起行动时，罗中立突然夸张地摆出一个中国功夫的动作，同时嘴里"嗨"地冲他们大吼了一声，把他们吓得转身就逃，跑到自认为很安全的地方了才停下来，一边冲他扮怪相，一边装模作样地模仿他刚才摆出的那个功夫动作。

罗中立总是每天一大清早就来到卢浮宫外，总是和展馆的工作人员一样，门一开就进去了。

卢浮宫的临摹部为来自世界各地临摹馆藏画作的艺术家提供了非常有序、有效和大力的帮助。艺术家们只要办完了相关手续，在第一次把自己临摹画作时所需要的各种材料和工具带进馆里，就可以开始潜心临摹了。到下午闭馆，大致上是下午五点半前，临摹部会有专门的工作人员推着手推车来，帮你把临摹画作所用的所有东西都收拾好，放到馆里一个专门地方存放，第二天一早又帮你推出来，放在你前一天临摹的地方。

每幅画每次只能有一个艺术家临摹。如果你想要临摹的那幅画已有其他艺术家在临摹，你就只能先选择临摹其他的画。还有一个规定是，在卢浮宫临摹的画不能与原作等大，可以大些或者小些。

为了节约时间，罗中立每天在卢浮宫里临画，基本上一站就一整天，都是到闭馆前工作人员来打招呼了，才会依依不舍地离开。什么时候该吃午饭已经忘了，反正是突然觉得肚子饿了，就来到展厅外面找个空处，啃两个自己带去的面包，走去边上找一个水龙头，低下头凑上去喝些水，又回去接着画。

对于临摹哪些作品，罗中立首先的想法，来自于他对西方油画古典风格的热爱和向往，他希望通过一步一步的临摹，使自己手中的笔结合着自己的思想，一起化作一把解剖刀，"剥"开大师们的那些画面，去窥探到它们的灵魂。

不仅是像米勒也曾在这里做过的那样，对大师们的作品进行认真的临摹，罗中立更利用这个千载难逢的机会带来的大量在馆时间，去仔细地读画、认真地思考，全身心地研究让他目不暇接的世界经典作品，并写下了许多心得笔记。他就这样在卢浮宫待了半年多，临摹了九幅包括伦勃朗、德拉克洛瓦等人在内的作品。临摹的画尺寸大都不到一米，最大的一幅也是他自己最喜欢的一幅，是伦勃朗的《戴红帽子的女人》。尺寸为一米二左右。在德国卡塞尔的冬宫里，也有一张同样的伦勃朗作品。

幸好那时每天到卢浮宫里的参观者不算太多，一般情况下展厅里都很安静，偶尔会走来一个人多些的旅游团，但很快就重归寂然。

与大师们站在同一个空间里，消除了时间的隔阂，进行艺术的交流对话，这种感觉让罗中立既彷徨、兴奋，又自豪、紧张——那种对时间飞逝而过的紧张。

通过半年多的苦心临摹和研究学习，罗中立觉得自己对那些大师有了非常明显的深入了解，视野大为开阔，心里更加充实。

这半年里，遇到有事他也回去过安特卫普，都坐火车。居然有好几次碰到法国铁路工人突然罢工，火车到半路上停下不开了。语言不通，不知道该咋办，他就随大流，跟着众多旅客走。他说那时自己心里也不太在乎眼前的问题，坚信自己可以面对、处理好任何问题。最后，也真的是被相关管理部门派来应急的公共汽车送回到了布鲁塞尔或者安特卫普。多年后也有人问过他，你一个人这样在国外生活，觉得最重要的是什么，要有钱还是有语言？他毫不犹豫地回答说，"有自信"。

自信来自哪里？那不就是从少年罗中立开始，一路追求、一路树立起来的吗？！

4

"我一生都在向小孩子学习"。毕加索说。他说这话的含义是，他一辈子都会在不

断的创新中走过。

"除了肖像,我不画任何东西"——伦勃朗说过这样一句唯一的名言,表示了他以一种"重复"的方式,来开创自己的艺术之路。

罗中立认定,这两位艺术巨匠将成为自己艺术路上一直努力学习的标杆,他们的精神,也就是毕加索那种不断刷新自我的精神,就是伦勃朗那种始终重复自我的精神,将反复地交叉影响他。

"周游列国"时罗中立来到意大利佛罗伦萨,连续去了三次美第奇博物馆看伦勃朗的作品。每次,他都会在伦勃朗的两幅画前流连忘返。同样是肖像画,同样的色调,几乎相同的尺寸,一幅创作于1834年,一幅创作于1864年,跨越时空整整30年。

一般的参观者大都会在这两幅画前一晃而过,罗中立却常常一站就是好几个小时。他总会苦苦地思索,伦勃朗这样反反复复地在肖像画上"锤炼",其良苦用心何在?他最后得出结论,伦勃朗正是凭着一种与中国古代诗人"异曲同工"的苦心"推敲"精神,凭着那种为了追求极致完美而情愿"两句三年得,一吟双泪流"的惨淡经营,不遗余力地反复"炒冷饭",反复用同一种形式来画,才能从看似简单、实则艰难的行为下走入与众不同的境界,并收获常人不可企及的成功。因此可以得到一个答案:三十年前伦勃朗画的那一幅肖像画,以其水平而论,在当时众多的欧洲肖像画画家中,并算不得出类拔萃。但何以在三十年后,当年的那么多肖像画家们默默无闻,却是伦勃朗在此领域跻身于世界美术史、成为一代巨匠。

从伦勃朗的成功上,罗中立被强化得到这样一个很宝贵的启示:重复也是一种学习方式,在重复中可以找到突破,可以引着自己走向完美。

罗中立是如此地欣赏、崇拜伦勃朗。他说每次看伦勃朗的画心灵都会有一次震动,有一种共鸣。他那样地沉迷于"读"伦勃朗的画,则是因为每次他都分明觉得自己与大师在隔着时空交流对话。其实还有一个原因是,这与罗中立自己在艺术上一贯的苦心孤诣追求完美的精神分不开。正是基于他对伦勃朗的崇拜,基于他对伦勃朗在艺术上的那种"推敲"、那种反复锤炼精神的认识和认可,从伦勃朗在艺术表现方式上所得到的启发,所以几年后,当罗中立来为自己选择最终的艺术方向时,才非常坚决地确定下来，把农民作为自己艺术表现的终身题材，不过又有所不同的是，他希望自己不是只用一种语言去寻找完美，而希望自己能够在对同一种题材的反复下，寻找到新的表现语言、从而寻找到完美。或者说，是坚持同一种题材，但并不在乎用哪一种语言来完成；是既要在同一种题材里寻求完美，也要通过反复的探索而得到属于自己的完美语言。应该正是在这种思想认识的支配下，在他后来的创作中，我们才会见到他结合了自己对古典写实的认识后衍生出来的古典——当代写实风格、表现主义风格，最后更凸显出来他独特的语言风格。不是一种语言存在于一个时期，而是多种语言出现在同一段时期里。

罗中立说过这样一句话：艺术需要展望未来，艺术也需要回顾历史。

或者，这就是他从两位世界级艺术巨匠那里得到的认识的总结？

著名艺术家陈丹青说：罗中立做创作与我刚好相反。我呢，是作品中的题材一直在变，但是叙述的语言方式从来没变。罗中立恰恰是题材从来没变，但创作使用的语言表达方式一直都在变。

如果往回看，还在罗中立出国学习之前，他就已开始了在反复"推敲"之下的"炒冷饭"行动了。比如，他在1982年、1983年间画的四组八幅画，分别为每两幅同一个题目，即《火车开过》《拾柴女》《野菊》《伴》，每个题目下的两幅画中出现的人物和场景基本相似，这是它们的共同点。但每两幅画又都是采用了不同的语言；一幅，倾向于写实，另一幅，则倾向于表现。

他现在这样的行为，显然不是只为了满足他确实存在的孩童式的"玩"心态，或素常有的"搞怪"心态，却正与他有目的地、用不同的语言去对相同的题材作重复探索以求突破、所作的努力有关。不否认他这样做是在体验，但同时也让人觉得，是不是也有点儿拿不太准孰为鱼孰为熊掌乎？

罗中立从国外留学归来后，"炒冷饭"的行为更为明显，后来并一直跟着他的创作之路延续。相同的或不完全相同的题目，以前画过的很多相同或类似的题材，采用相同的或不同的语言，都成为他"炒"的内容。比如之前画过两幅《拾柴女》，1986年他又画了第三幅。而1988年画的《银丝》，1989年画的《牛和老人》《微风》，1990年画的《晚归》等，四幅画的画面上那个慈祥老妇，原型正是罗中立的婆婆。猜测他

《拾柴女》两幅，1983年

■《伴》两幅，1983年

是为了最"忠实"地表现心中之所感所想，而采用了这样的"类似"古典写实语言。在这几幅画中，也可以非常清楚地看见他毫不掩饰的一种尝试，画面中的语言，既体现了他直到川美读书期间学习的苏派传统写实，包含了他留学国外对伦勃朗等古典写实的自我理解，更夹杂有几分照相写实的感觉在里面。特别是《晚归》和《银丝》，很可以看出，他既在学习伦勃朗的肖像表现，也在借鉴照相写实。《银丝》画中的白发老妇，让我们分明感觉到透出《春蚕》那样的人文意境，加上它没有背景、纯肖像画般的细腻表现，让我们感觉到罗中立在出国学习期间见到真正的照相写实肖像画之后，对其的某种下意识模仿。但有趣的是，在这位满头银丝的老妇头上，又被他画上了一片似乎是用来作为装饰或暗示在民间传说中具有某种实用功能的树叶，它的存在似乎又让我们可以看出，这既是作者为了某种情绪的解释，为了有意与什么在拉开距离，也更像是在传达出他内心中的某种情怀。因此我们是不是还可以认为，这也是那种已在他心底扎根、挥之不去的讲故事情节的产物，是他这一生中已被固定了的、不能摆脱的民族文化思维轨迹所致。

如果认为《银丝》里是真实反映了他对照相写实肖像画的一些模仿，能对这个观点给予进一步证明的，则似乎也包含了同样画于1988年的《凉山人》、《往事》、《布托汉子》（两幅）、《彝族姑娘》等。这些画，在流露出伦勃朗和安德鲁·怀斯的古典写实风格的同时，或多或少地也都可以在画面后看见有照相写实肖像画的影子。

罗中立的"炒冷饭"，更多是对同一个题材以不同语言反复创作。当然也有用相同语言对相同的题材反复创作的。到目前为止我们发觉，这种情况不多见，基本上是出现在他自己比较喜欢，也被大众认可、很被喜欢的画里。比如《春蚕》，比如《金钱豹》，比如《岁月》，再比如被称为"故乡组画"代表作的《吹渣渣》。不过就像《吹渣渣》这样的作品，到了后期，他也是用不同的语言将其开上了另一条轨道。

《吹渣渣》第一幅创作于1981年，第二幅创作于1983年。尺寸上有大小变化，画面中出现的道具也有少许改变。这也许还不够充分说明罗中立求变的想法，但两幅画面中的色彩的明显改变，却一语道破天机似的反映出他追求变化的刻意。不过，这似乎都还不是"变化"的真正点睛之笔。到今天为止，不知道有没有人已经注意到，在这两幅《吹渣渣》中，他为画中人物在眼睛处理上的刻意变化。第一幅画中的两个人

■《银丝》，1988年

■《晚归》，1990年

物，仔细看上去，他们的眼睛是轻轻闭着的。罗中立描绘他们的脸部时，像是有意借用了雷诺阿的绘画手法，在他们的脸上，那红润健康的皮肤下面现出来淡淡的青绿色的毛细血管。这种表现手法创造出一种朦胧美的效果，使他俩的脸完全置于一种梦幻感之中。因此，观众看到的这两人，与其说他们正在完成"吹渣渣"的动作，不如说他们正闭着眼睛、沉浸在某种情绪里。这样的描绘，突现出创作者真正的艺术用心。似吹非吹的情景与真实情况不符，但恰恰是这样的表现手法，把一对山乡农民夫妇之间的恩爱，表现到淋漓尽致。

再来看第二幅《吹渣渣》。这一对农民夫妇的眼睛就可以说是张开的，或者说男人的眼睛是张开的，女人的眼睛是半张半闭的。这样的描画符合真实。因此，这幅画似乎变成了一件就是在表现真实情况的作品。至少，在歌唱山乡农民夫妇间的恩爱程度上，它已经逊于第一幅。

罗中立在1996年和2005年又画了《吹渣渣》，在向我们证明他对"炒冷饭"持之以恒的热衷外，也让我们看见他"炒冷饭"已经"炒"出了新的想法，尤其创作于2005年的一幅，已经采用了另外一种语言，不再是之前的表现主义语言。

还要一提的是两幅《岁月》。

第一幅《岁月》创作于1981年，第二幅创作于1989年。在两幅画面上出现的，都是同一个老年农妇，站在大致上相同的一个场景里，都讲述着基本上相同的"故事"——岁月，生命。不同之处首先是，第一幅画面中色彩产生的"光"，更趋于自然但明显偏暗，与画中人物正代表的"生命岁月"形成呼应，于悄然中释放出题目的含意。而对于生命的歌颂和生生不息的揭示，作者借助了一大群在老妇头上"嗡嗡"飞过的蜜蜂、蜷在她双膝上假寐的小猫，和她面前木门槛外一群鲜活的觅食的鸡雏共同组成的一个暗喻。而在第二幅《岁月》画面上，由色彩所表现出来的"光"浑然全改，表现为一派灿烂，如果把这光彩的效果放入人思想中去推敲，则会得出结论：它非但不像是在转述一个生命的行将终止，反是在向你轩昂地宣告，这一个生命正处于最灿烂的辉煌中，并将更加辉煌。应该是为了心理上对色彩效果和画面变化的需要，罗中立才在第二幅《岁月》中对色彩和光作了特别的强调，追求的不是如同印象派所用的那种自然光，却是一种主观的、感性的、带有抽象画一般的灿烂。这无疑应归之

《吹渣渣》，1981年

《吹渣渣》，1983年

《吹渣渣》，2005年

于作者本人随着岁月流逝获得了新体验下出现的情感上的大转变。所以从绘画性上看，第二幅《岁月》肯定优于第一幅。

细心的观众会发现，两幅画中的老妇所站的位置出现了大变化。

第一幅中，老妇置身于那道饱经沧桑的柴门门槛后面；第二幅中，老妇人则站在了门槛外。之所以会这样，估计是他想用这样的改变，满足艺术创作中所需要的"变化"、求新。不过从另一方面看，正因为第二幅画里出现的这个改变，给人带来一个生起遗憾的感觉：关于人对生命追求的强烈性和直观性的诠释，第二幅不如第一幅。根本原因在于：第一幅画中老妇站在门槛后面的姿势，恰到好处地表现出了人经由对生命的强烈渴望所生起的那一种压抑不住的冲动；她虽已年老，但仍对生命有着强烈的追求，而这种追求，随时随地可以通过她抬起自己虽已年迈却仍充盈着希望的双腿、迈出那道高高的门槛表达出来。然而，这样的追求和这样的冲动，却在那个已经站在了门槛外面的老妇人身上消失了。反之，她的生命活力，被创作者抽象地转译在了画面上的极度灿烂的色彩中，就连那一群同样在老妇头顶上方嗡嗡飞过的蜜蜂、一只鸟儿以及依旧蜷在她双膝上的那只小猫，也几乎要被画面上的这份灿烂色彩给"隐"掉了，如果不仔细看，简直很难看清它们的存在，因此，由它们所代表的旺盛生命的暗喻，其力度也被大打折扣，虽然不至于完全消失。

由此带给我们的启示是，"炒冷饭"的结果，不见得后者就一定会优于前者。当然，这个评判是从综合性上来给出的。

罗中立后来在2010年的一幅画有男女人物的草图上写下了这样一句话："重复并不是基于对内容的选择，而是想深入其中，让人读到另外的东西。"他强调说：重复是在既有的题材和经验中去发掘更多的真理，但其中绝对没有产品复制一般的功利心态。他说自己是个喜欢在不断的重复中寻找不同感觉的人，有如科学家一样，在相同的容器中不断地重复、实验，而后才有新的发现。

他又说，有时候会隔上几年又来重画那一张画，但却不一定就是为了追求重复，可能就只是对这幅画割舍不下，想再画一次。到了这时，因为自己的认识和表现水平与以前都不同了，所以再画出来的风格和感觉与从前那幅肯定也有不同，但这并不是为了追求变化而得到的结果，是自然地画成了现在这种风格。

■ 《岁月》，1981年

■《岁月》，1989年

也有不少人认为，罗中立的农民乡土题材过于重复，罗中立却有着自己的坚持：出现在不同的画幅中的、哪怕一条看似相同的线条，如果细细体会，都有新的感动和启发。

他这种对重复的自觉性带出一个更本质的启示是，重复，极可能产生一种出乎人意料的结果。重复这个词的意思，看似是"不变"，然而重复这个行为本身，恰恰可能正是一种体现了"变化"的形式。而艺术创作中的"重复"，则更可能具有甚为巨大的力量，这个力量，会带着一个痴心不改的艺术家在艺术之路上走得很远很远。

在现实世界中，变化是绝对的，在人可以把握的范围里，变化却成为一门艺术；换言之，千变万化是一个人了不起的本领，能以不变应万变，也是一种了不起的本领。变与不变，则取决于一个人的需求。

罗中立的每一幅乡土题材作品都饱含着真诚的、动人的感染力，具有一种"情节张力"，它们不加掩饰地展现着农民的朴实与纯真，呈现着罗中立长期与农民"打交道"生成的真实情感。它告诉人们，他就是大巴山的儿子，是农民的儿子。这正是罗中立在多年努力的重复中生成并一直坚守着的"不变"。

5

留学欧洲期间，除临摹大师名作外，罗中立也有不少创作。

为应邀参加在美国哈佛大学举办的一个画展，他画了几十幅画。因受当时身在国外的条件限制，画幅尺寸都不大，基本上都小于七八十厘米。其中一幅最大的，也是罗中立自己很喜欢的，为120厘米×90厘米左右，取名为《天职》。画面上的主角是一只狗，陪衬是乡村房子木板门，大背景则还是农村，漫天大雪。

罗中立创作这幅画基于几点原始想法，最主要一点来自于他出国后，在欧洲各国游历时，处处都见到的与国内的巨大反差。一个声音不断地在他耳边重复，说别人已经跑在了我们前面很远很远，我们才刚刚从文革走出来，还在起步。这个事实刺痛了他，也激励了他。他想起中国民间素常评价狗时的一个结论，叫做"儿不嫌母丑，狗不嫌家贫"。他对自己说作为炎黄子孙，就应该像一只"不嫌家贫"的狗那样，与祖国不离不弃。处于这样的大情绪中，他创作了这幅画。所以选择了农村背景则是为了表示，自己回国后还是要以农民为创作题材，早已认定表现农民是自己的责任和寄托。

还有一个重要原因，则来自于另一种情绪：远离祖国、远离家乡、远离亲人、儿子年幼等等，这一切使得艺术家心中很自然地翻涌着深深的怀念情。

《天职》应该是罗中立唯一一幅不为表现人物而生、画面上也没有出现人物的油画作品。从其意义上说，更像一幅观念性作品。

《天职》更是指引他数年后走上一条创作新路的导火索。

《天职》后来曾在国内某杂志发表，并一直被罗中立精心地保存着。

在美国哈佛大学举办的罗中立个展，由著名当代艺评家巫鸿教授策展。当时正在纽约的一批大陆艺术家，包括陈丹青等，都去了展览现场观展。作为中国80年代改革开放之初站到了中国当代艺术风口浪尖上的一名艺术家，作为在中国当代艺术走向开放时代的风云人物之一，罗中立的这次个展引来了众多关注，获得相当的好评。

罗中立留学期间也抽空去拜访了很多海外华人艺术家，包括巴黎的彭万墀、陈英德，纽约的姚庆章、夏阳、韩湘宁等等。通过与他们交流，自认受益匪浅。

留学国外两年多，罗中立抓紧一切可能的时间学习、思考。这一方面因为他天性中对自己喜欢的艺术的刻苦追求，对这个来之不易的出国学习机会的珍惜，另一方面更因为受到当时一个想法的局限。他这样回忆说：那时出国对于每一个人都是一件天大的事，全校瞩目，大家都在谈论你。你走的时候、回家的时候，一大家子人都来给你送行、来迎接你。自己当时也以为，这一辈子就只有这一次出国机会。所以在国外

时，每一分钟、省下的每一分钱，都特别地珍惜，都用来参观博物馆、美术馆。那种对知识的渴望，自己都觉得前所未有。我也常常想，可能只有我们那一代人，因为曾经历过一些非常艰难的时代，才会有这样的想法和行动。今天出国，大家基本上就像是游山玩水、猎奇一番了。

留学国外两年多，罗中立对西方的古代和当代艺术有了空前深入的了解和认识。但喜欢我行我素的他，并没有惯性地、简单地、盲目地让自己纵向投入某个艺术流派的怀抱。反之，他一点一点地对自己的所见所思进行细细的收拾梳理，逐步消化吸收。同时，他以一种更严谨、更认真的态度，开始全面地思考起自己今后的艺术创作之路，反复地问自己，我，今后将如何去走？而这个想法，也正得自于诞生了作品《天职》的那些感想。

在如饥似渴地参观美术馆、博物馆时，在精心临摹西方大师们的名作时，他面对一个个西方艺术大师的诘问，直面着他们的目光，很小心翼翼地、甚至多少有些心惊胆战地回答着自己对油画艺术的理解和认识；他一边回答，一边也非常认真地、锱铢必较般地回顾着、剖析着陪伴自己一路走来的油画"艺术"。

他说从那时起他就开始反复思考一个问题：油画毕竟是一门植根于西方的艺术，是西方原创。中国当代艺术的系统也从西方过来。通过一个相对漫长的过程走到今天，别人已经"玩"出了若干"花样"，诸如古典写实、印象主义、表现主义、立方主义、照相写实主义，后什么主义等等。总之，一切都是人家的，我们就是在向别人学习，无论是在自己的学院学习还是在其他哪里学习，这个事实不能改变。

当然油画作为世界艺术大家庭中的一个小家庭，也属于世界任何一个民族，每个国家的每一个艺术人都可以进到这个小家庭里去，选择它包含有的、你喜欢的某一种语言来讲述任何故事，包括讲自己民族的独特文化的故事。这样诞生的创作，无疑也可以让你与这个家庭中其他成员的创作体现出不同。但是，同时也会存在一个最主要的问题，因为你是用的别人原创的油画语言做的创作，所以即使你把这语言学得再好，都只能说你可以很好地用别人的语言创作自己的作品，你当然也可以取得某种成功。不过归根结底一句话，绘画的主要核心——语言——是别人的，这就从本质上注定了，你的创作只能算是从属于别人的东西。如果你的创作达不到一种高度，让人们不能一眼就可以看出，你画面表现的内容与他们的"熟知"是拉开了极大距离的，是来自另外一个他们从前所不知、所不熟悉的国度和民族的东西，那他们会对之多以瞩目吗？再比如，他们在你的作品中根本感觉不出有什么特别意义，那别人还会有兴趣、愿意真心来与你深入交流吗？换句话说，你的作品很快就会湮灭在这个世界上浩如烟海般的艺术作品中。

从这个认识的反方向来看一个例子，或者更容易让人理解。那就是，时不时地我们会看见一个"老外"到中国来学习中国画，经过几年的努力后，从一个有悟性的"老外"笔下画出来的，在很多人眼里，无论笔墨功夫还是画面意境，也许都有那么几分像"中国画"。但咱们的国画大家见了那个，都只会说，这不就是把咱的老祖宗给胡乱涂抹了一张小花脸抬了出来吗，根本不是你的东西呀！说到底，就是一点儿照猫画虎的"功夫"，学了些皮毛，既算不得佳作，更无从谈可在中国已有上千年历史的传统艺术大平台上去占有一席之地。

罗中立按自己当时的理解、把这归结成他说也许不一定那么太恰当的一个比喻，叫做——怎么说呢，我们的确是一直在——最好的可能是，因为你的艺术创作水平和思想表现还过得去，所以可以被叫做——"用英语流利地讲中国人的一个好听的故事"。

他说这样他的脑子里渐渐开始得到一个明确的思路：向西方老师们学习后，摆到自己面前的有两个重点，第一，我的创作里能否具有独特意义（包括独特文化）的独立内容；第二，有没有自己原创的独立语言，可以用它来讲述我的、具有独特意义的独立内容的故事。说得更透一些就是，如果不能解决好这两个问题，无论已经多么努力，无论已经有多少艰苦的付出，但在别人的眼里，你的作品表现的，很可能都只是些三脚猫功夫。所以问题就是：以什么样的作品与西方艺术家交流对话？

纵观国内，到今天为止，我们的油画艺术家们在做的，能够做的，基本上都还是在西方油画语言系统里，要么画别人的题材，要么是画自己从中国文化里发掘出来的、自己喜欢的中国题材——能走到这一步已经算相当不错了，因为很多创作已经可以反映出它就是与我们中国人相关的，包括从画中透出来的情感、审美等，都是我们自己的了。但是，最核心的问题，最本体的绘画语言我们没解决：我们没有属于自己

的绘画语言。

想到这些并明确提出来，并不是自卑，更不是妄自菲薄，而是清醒地自省，是必须要明白，我们正在做什么，我们后面该怎样做，才能是最好。

罗中立渴望可以用"中国话"（绘画语言）来讲一个很好听的中国人的故事。

他问自己，今后有一天如果能和西方主流艺术家在比如说卢浮宫里共同举办一个展览，我能拿出什么样的作品去？他说如果可能拿出完全属于我们自己的东西，那为什么不呢？如果现在还没有，为什么不全力争取呢？

如果今天满足于已经把"英语"学得很不错了，可以用别人的语言创作一些也会被很多人叫好的作品了，那就真的是、而且最多是，永远都只能是"用英语讲一个好听的自己的故事"了。可是无论从哪一方面来说，或最少，从身为一个艺术家的角度去看，这都是不应该的，是一种失败。那样，在世界美术史的大舞台上，就不会真正有他们（它们）的一席之地。如果想成为一个大艺术家，这就更是失败。

所以，真正的艺术需要的，是一个百分之百的你——原创：包括了内容和语言的原创。

他说那时他明确地对自己说，将来如果我与西方艺术家开展交流对话，一定是在一种相互尊重基础上开展的心与心的真诚交流。而要这样，首先你自己需要有足够的实力，才能赢得对方的真心尊重。

往深层次里看，还有一个很重要的思想支配他，它应该是一个核心点。那就是，在欧洲游学期间的所见所闻所感所识，让他常常忍不住想起：种种原因所致，中国的近代史，可以说就是一部屈辱史。今天，作为一个中国艺术家，也为了数代中国人、尤其是数代知识分子都追求过的一个复兴强国梦，该怎样从自己的角度去做出努力，从自己的领域去做出奉献。每每想到这他都会热血沸腾。从很大程度上看，正是因为有这样想法的不断刺激，使得他对在艺术之路上走出自我的追求，变得愈加强烈和更有紧迫感。

在欧洲游学期间，罗中立就为自己提出了一个思考和一个问号，但一时也无法彻底理清头绪，所以就在困扰和思索中彳亍前行着。

1986年4月，罗中立带着安特卫普皇家艺术学院颁发的一份硕士班结业证书，带着——用他后来自己说的是，这次出国得到并带回来的最大收获，就是——一个思考，和一个问号，踏上了回国旅途。

欧洲游学让罗中立看到了世界的精彩，看见了别人已跑在我们前面好远的事实。他更饱览了西方大师们绘出的精美绝伦的艺术长卷，从他们那里学到了更多、体会得更深。现在他走回祖国，走回传统，去寻找一条根，去走出"撞到心里"的中国当代艺术之路，去寻找中国人自己的当代艺术表现方式，去实现自己的梦想。

《年终》，1981年

1985年在纽约与陈丹青留影

"邯郸学步"的典故，告诉了人们在学习别人的长处时，该如何记住自己的强项。更重要的，则是在真正学习了别人的长处后，将之转变成为自己的强项所需要的营养，才能生长出更强的强项。

第九章

1

从国外学习归来的罗中立，顺理成章地立即被学校"委以"教学重任。给他安排的教学任务，最多时达到一年500多个课时。虽然常有好累的感觉，但想一想，也公平。自己出国学习两年多，都是其他同事帮着顶下了他的课。现在自己回来了，理所当然应该多上一点儿课。他这样按部就班地一直上课到1998年，在他被任命为川美院长后，由于大量行政工作突至，才停止了给本科生任课，但每年要带研究生。

回校之初，给他安排的是带本科毕业班，学生中，包括继他之后出任四川美术学院院长的庞茂琨，以及副院长张杰等。

从国外归来的罗中立，"被"一下置身于风头正劲的"八五新潮"。

"八五新潮"发生在1985年到1989年之间，严格说它并不是一个艺术流派，而是中国艺术领域的一场"运动"。在西方后现代主义的影响下，它以大量地介绍欧美现代艺术、介绍国内年轻一代的前卫艺术为特点，以否定50年代以来在国内主要流行的苏派艺术表现模式为主。包括前些年国内流行的"伤痕艺术"和"乡土艺术"，也被大幅度地"边缘化"甚至被否定。对于当时国内的尤其是年轻知识分子，在他们非常"空白"的头脑里，这突然而至的西方思想和文化大潮，无异于起到了"补课"甚至"启蒙"的作用。特别是由国外进来的新思潮所凸显出的现代性问题，极大地改变了人们审视外部世界的眼光。实事求是地说，"八五新潮"带有过于偏激和过度模仿的特征，但它对于中国当代艺术的发展有着积极的意义，它使得在国内长期占主导地位的革命现实主义命题艺术,终于成为在令人眼花缭乱般地出现的由众多艺术流派合成的潮流中的浪花之一;它的登台亮相,散发出真正的"百花齐放"的意味。

之前,罗中立因为在哈佛大学举办个展到了纽约,与陈丹青就国内正如火如荼般进行的"八五新潮"有过一些简单交流。对罗中立个人而言,他当时不在国内,离得远,没置身其中,对于他的艺术创作之路,也许反而是一件好事。因为以他喜欢"试验"和"搞怪"的性格,如果身在国内,很有可能会投身于这场艺术运动中去,就像他在之前的70年代末期和80年代初期中表现出来的那样,积极地投入到"野草"展览中,创作"伤痕美术"和"青春思索绘画"类型的作品,乃至被称之为"乡土美术"的旗手。但如果深入剖析从罗中立身上表现出来的文化基因也不难发现,其实他的文化/艺术根基与"八五新潮"所倡导的并不在一个范围里,他的艺术创作路的选项也不在此范围内。所以我们猜测,投身进去的他得到的结果,很可能会是在那条路上走一些弯路,然后再回到自己之前的选择上来。

事实上有很多艺评家也罢,或是艺术人也罢,身处"八五新潮"时,因为受历史认识的局限,纷纷陷入了"为新而新"的"陷阱"。他们当中很多很多人,后来都归于寂然。

另外一个使得罗中立没有介入当时在全国范围内都在热烈展开的"八五新潮"中去的客观原因,则可能与他刚从欧洲留学归来有关。对这,可以从两个方面来认识。其一,罗中立刚在欧洲学习、参观、思考了两年多的时间,面对"八五新潮"提出的主旨,很可能有几分类似于"审美疲劳"般的状态,所以没有那种特别高涨的热情。其二,留学欧洲期间的多种经历给他产生的前所未有的个人独立性体验,对于他天性中本来就有的"自我"性无疑更起到了非常强的鼓励作用,使得他在艺术道路的选择上,此时更愿意持一种独立创作的态度——不是刻意的离群索居,而是为了发自心底的一声呼唤。

乡土美术在"八五新潮"到来时被边缘化,罗中立曾经立志要表现的乡土和农民这类题材,被不断泛出的新兴"流派"所"湮灭"。从这个角度说,罗中立也是被动地卷入其中。但素来也乐于"静心"的罗中立干脆让自己变成一个"旁观者",或者说被迫成为一个"旁观者"。他每天提起一瓶开水,把自己"关进"学校师范系一间

办公室隔出来的一半空间里，埋头画画；他希望借此机会好好地消化一下在国外学习时得到的收获。日复一日，他反复地体验、尝试，在自己心中的那条艺术之路上一步一步地向前。他说，宁愿在五光十色的浪潮中离群独居，宁愿执着地让自己化身为中国乡土艺术辛勤耕耘的农民。

天气正好，下地干活儿！在那个时期，他最喜欢用惯有的诙谐语气这样对自己说。

他后来解释说"天气正好"有两个含义，一是指今天是最开放、创作最自由的时代，另一个是指，只要他的身体还允许，他就会一直画下去，真拿不动笔时，就不画了。

艺术的终极是寻求真善美。

罗中立希望用一个较长的黄金时间，完成自我的重新塑造，写出自己对真善美的讴歌。不过，一个艺术家要想从一种自己已经很成熟的风格转向另外一种风格，并走向新的成熟，这中间要走太长的路，而且，一路上还可能充满陷阱、伸着无数岔道。

但罗中立是一个想好了就愿意、也敢于行动的人。他看清了这样一种启示：艺术是为人类生命活动的需要而诞生的，一切真诚的艺术家都在自觉不自觉地穿过社会生活的层面、历史文化的层面、艺术本体的层面，向生命体验靠近。未来难以预测，这里也没有昨天和今天，只有明天，有强度、深度和殉道者般的牺牲。

罗中立始终清楚地记得自己那个已经生长了好多年的目标：成为大艺术家。他为自己喊出了一句很古老、也很豪气的口号：十年磨一剑。

在川美七七、七八级走进学校时，中国教育战线也开始大刀阔斧地进行改革开放，实行第一批院长责任制试点。川美历史上唯一的党委书记兼院长、著名雕塑艺术家叶毓山教授，给学生提供了很大的创作自由和空间，以及可能的实质性条件。

比如，叶院长安排把当时所有空着的学生宿舍都拿出来给学生做工作室。从某种意义上看，学生们有了这一个虽然狭小到只有几个平方米、却标志着完全自由的工作室，这为学生们后来创作优秀的作品提供了极大的鼓励和营养。应该说，川美那几年能够走出一大批优秀人才，跟院长这个掌门人的管理方式有非常大的联系。有人开玩笑说，那时川美师生间很有点像哥们儿朋友，相互平等也互敬，互无隔阂又互学。总之是，日子过得很精彩、很充实、很过瘾。

叶毓山教授对于艺术教学的改革和培养优秀艺术人才的思想，早就明白地展现出来，事实上对于川美七七级、七八级广出人才起到了非常好的孵化作用。张晓刚后来就曾经多次说过，在一个、两个年级同时出来这么多知名艺术家，且至今活跃在艺坛，在美术史上真的都是奇迹。

"八五新潮"时期，出于办学、艺术教育改革和为国家培养优秀艺术人才的考虑，叶院长大胆在校举办"学生自选作品展"，鼓励学生无拘无束地做创作。这种开放与自由之风，受到广大学子的欢迎，为川美创造了出人才的最好氛围。

叶毓山院长不仅是一位优秀的艺术家，而且是一位非常优秀的领导者，自他主持川美工作后，借着中国改革开放的大背景，川美也走进了一个历史新时期。可以这样说，叶毓山院长领导川美的那个时期，是川美教学上得到长足发展的为数不多的几个时期之一。

对于叶院长为川美所做出的巨大贡献，罗中立在许多场合、许多时候都表示出了他作为一个曾经的学生、后来的同事和下属的真心感谢和高度赞扬。

1986年从国外归来的罗中立，因为一次"误会"，还经历了一次很有趣的经历。

1983年，罗中立作为公派人员出国到欧洲学习时，按当时的户籍管理规定，凡长期出国留学、工作的人员，都必须注销国内的户口。这种情况在数年后，主要因为出国留学人员出现了飞跃式的激增才停止了。但就在罗中立出国后不久，开展了一次人口普查活动。

派出所的民警和街道上的工作人员来到美院，随机上门了解住户的人口情况，恰好"随机"到了罗中立家。妻子陈柏锦拿出户口给上门了解的工作人员时，也顺口就回答说罗中立出国去了不在家。

听说罗中立已经出国了，民警说按规定，既然人都已经出国，那就要把户籍注销掉。罗中立的户口就这样被注销了。两年后罗中立回国，派出所里竟然找不到他的任何原始依据，因此无法为他恢复户籍。罗中立于是就变成了"黑户口"。

叶毓山院长安排人去找了一些有关部门。没用。所到之处得到的答复基本都是一声"官腔"：这事，没依据，不好办。

前后大半年，罗中立就顶着"黑户口"在学校里上课。

表面上看，学校每月给他发工资，好在那时候粮食已经可以基本保障，生活似乎没有受到太大的影响。但"黑户口"也带来至少一个很实际的问题就是，罗中立得不到那时还在按月按人下发的购买其他一些物资的号票。所以，现在他们一家三口人就兼扯着两个人的号票来用。为了帮助他们，陈柏锦父母也把节约下来的一些物资票证拿来补贴给他们家用。

有一天，学校保卫处一个职工无意中知道了这事。她说这怎么就成了难事呀，罗老师就是我们学校的老师，怎么可能没有户口呢？于是她去派出所找到自己很熟的所长，讲清了这事。过了没几天，罗中立的户籍就恢复了。

今天谈起这事，这也许更像一个笑话。

但是这"笑话"中还套了另一个"笑话"。

罗中立得到通知去派出所重新上户口时，警察同志因为已没有原始依据，就让他自己拿张纸写一个出生日期、籍贯等等的信息，作为一手资料记入档案。

罗中立站在那里就写了。

他在写下出生日期1947年时，在那个数字"7"的中部左低右高地斜着写了一贯穿的横线，当时有不少人都喜欢这样写"7"，据说是怕与"1"发生混淆，也有人说是为了防止被他人把自己写的"7"改作"9"。

罗中立写完，交给警察同志，问问没事了吧？

没事了。客客气气地道了谢，离开了。

他这样写的"7"的确没有与"1"发生混淆，可是却让警察同志后来登记的时候，一个晃眼，看成了"8"，于是最后的户口簿上就变成了"1948"年。

高高兴兴地拿到新上好的户口后，回到家，妻子一看，才发现出生日期被写错了。怎么办呢？再去找到学校保卫处那位帮忙的职工。人家也热心，到派出所去一番解释。警察同志听了，说，算了吧算了吧，我们已经归进档案了，不好改，要改的话会非常麻烦。再说差这一岁又不影响你什么。

说得也是，那些日子，不要说差一岁，就是差了好多岁，谁也都不在乎。毕竟，那是一个对这类事情并不那么特别较真的年代，户口上登记的年龄与真实年龄不符的人，不在少数。

也真是不好再给别人添麻烦。警察都说了，差这一岁又不影响你什么。那就算了吧。

从国外学习归来的罗中立，顺理成章地被叶毓山院长期以厚望，专门找到他，希望他能够答应作为学院的第三梯队骨干人员被组织培养。罗中立未假思索一口就拒绝了。理由很简单，他现在有太多的艺术上的想法要去探索、去实现。他需要为自己珍惜每一分钟时间。

2

从国外回来后的开初阶段，罗中立并没有转入表现主义，而是反复地在写实与表现两条线上"游走"。一度，写实主义风格竟大有"甚嚣尘上、卷土重来"之感，包括在前面提到的那一批明显现出伦勃朗古典写实风格的画，透出照相写实影子的画，等等。不管这是不是说明直到此时他还"徘徊"在为自己确定艺术语言的十字路口，抑或是他就是刻意地在沿袭用不同语言做尝试的习惯，总之，让我们依旧看到一个"不安分"、不易满足、老喜欢"搞怪"的罗中立，几乎就是小时候的"那个"罗中立翻版。

真的是"三岁看老"吗？

但令人眼睛一亮的是，另一方面人们也看见，他在80年代末期、90年代初期创作的那些写实作品，其写实水平真可说已达炉火纯青的地步。

■《老磨前的冬水田》，1989年

■《回家》，1992年

另外需要特别指出，这期间罗中立的创作中，还包含了相当一部分少数民族人物等，主要以写实语言画成。

对此予以回顾可知，实际上从80年代初他快毕业时开始，直到90年代初中期，罗中立创作中的题材，都没有真正"单一"地固定。除主要画大巴山农民题材外，时不时地总会间杂一些其他题材，比如《晚风》（1984年），包括主要是出现在80年代末期的少数民族人物画如《初雪》、《大凉山》（1988年），《阿坝雪原》、《绣花女》（1989年），《牧女》、《康定情歌》（1990年），《途中》（1991年），以及仿佛游移在农村与外部社会之间的一些画，如《火车开过》（1982年）、《火车过》（1983年）、《祈》（1987年）等。

两年中分别创作的《火车开过》和《火车过》，首先是题目上的些小变化但画面中出现的则是同一个人物而场景稍有变化的事实，明显向人再次表露了罗中立对"炒冷饭"的爱好。两幅画中色彩的改变可能体现了最明显的不同，似也可以理解为一幅是想表现白天、另一幅则表现为晚上。这个时间的改变，显然也可以领着观众去更深入地阅读创作者的用心。进一步看，画面上出现的虽然也是农村人物，但它所代表的意义，其实已经脱离了农村和农民主题。这幅画的创作灵感来自于70年代铁道兵在达县地区修建襄渝铁路给罗中立的记忆。世世代代山里人从来没有见过火车，突然，铁路修成了，火车鸣着长长的汽笛自远方驶来，又在汽笛声中驶向远方，把兴奋、激动、想象和希望留给山里人，他们望着远去的火车，渴望着自己有一天也能够乘着这飞奔的火车"飞"出大山，到外面去看那些被描述成灯火辉煌的梦幻大城市。

或许可以说个笑话，不知罗中立有没有想到，他创作的《火车开过》，竟然无意中成为几年后农民工大进城的"预言人"。

但那个时期罗中立作品中出现这种语言和题材都不特别固定的情况，归纳起来看，主要应有三方面的原因。

其一，当时，国家艺术教育大纲中，写实，继续是艺术学生学习的最重要内容之一。作为学生的罗中立，自然绕不过去。后来留校当了教师，为了达到"教好"学生的要求，他就必须得要为此一手举起写实的大旗，假如他另一只手是为自己举着表现主义大旗的话。因此，他自然而然地用写实语言画了不少。

《火车开过》，1982年

《火车过》，1983年

其二，从国外学习回来，伦勃朗等人那种超乎于常人的古典写实技法，一直在他心底激荡。对大师极度崇拜下所生起的激情，使他时时渴望着能更加深入地去解读，去研究，去效仿——不是一成不变地照搬，而是从自己理解的角度去效仿——尝试和实验。由此，自然就出现了相当数量的这类"写实"作品。或者也可以换一种说法，现在他创作的"写实"画，他更希望是自己与他人融合后的产物，为了区分——如果可能的话——临时把它叫做"新写实"。

如果细细去研究，还可以从罗中立这十来年的创作中发现另外一个有趣的现象，就是，他用表现主义语言创作的画中，明显也出现一些类写实的手法；同样，在用写实语言创作的画中，也可以看见几许"表现"的影子。

一个鲜为人知的事实是，到了20世纪90年代中期，罗中立对古典写实依然是不离不弃，并在此期间集中创作了几十幅尺寸大约七八十公分，艺术语言"类似"古典写实、至今"鲜以示人"的作品。他说当时画那一批画，纯粹就是想要实践自己所理解的古典写实技法，想要把自己消化后的"伦勃朗"予以重新表现。其间，他也画了一些自己对写实的重新消化、理解后的创作。如：《姐弟》《洗脚》《春雨》（1995年）、《老院子》《喂食》（1996年）。

其三，题材出现的"位移"，主要并非罗中立真心想这样做以求获得某种新的启发。大致看基于两个客观原因。第一个，有一次峨影厂前往阿坝藏族自治区拍片，邀请罗中立作为艺术顾问同往。其间他就顺便画了大量藏族人物速写。这些人物形象在他眼里很入画，回校后按捺不住冲动，就创作了不少藏族人物画。第二个原因是，那段时期，少数民族人物画在市场上很受买家欢迎。也是为了走入市场，罗中立笔下就有了这一批人物画。但同时也应该指出的是，这些人物画的风格，倾向于他在古典写实基础上发展的"新写实"风格。

在"思变"大旗的引领下，这一时期罗中立的主流画风更出现了明显变化，表现主义语言的创作中，个性化特点不仅开始显露，而且非常鲜明，甚至时有让人觉得很"怪异"之感。用他自己的话说就是，此时期是他的表现主义作品的一个重大的转折期。

1988年川美组织了一次学校有史以来规模最大的师生作品国际展，全校共有五十多位师生的一百多件各类作品赴南斯拉夫、斯洛文尼亚共和国参加一个大型的"中国现代绘画展"。南斯拉夫当代美术馆馆长来校挑选作品，选上了罗中立的三幅尺寸宽约两米的作品。并不是说它们的艺术水平有多高多出彩，但却一定是他在此期间具有代表性意义的、具有承上启下意义阶段的作品。

拿这时期的作品与罗中立《故乡组画》作品作对比，可以清楚见到，无论是画中的色彩，还是人物造型的变化，抑或是语言表现等，都拉开了明显的距离，而与他进入90年代后自我语言更为鲜明的作品极大地相似。关于这种"距离"的演变，我们从以下作品也可以清楚地看到。《放牛娃》（1982年）、《吹渣渣》（1983年）、《急雨》（1984年）、《山路弯弯》（1988年）、《夕阳》（1990年）、《乡情》（1990年）、《渡河—赶场》（1991年）、《童趣》（1992年）等等。

但是被《父亲》感染过的观众始终不能忘却那张象征着中国历史的脸。他们中绝大多数人也不希望艺术家脱离他们已经习惯的艺术欣赏轨迹。所以罗中立从欧洲回国初期创作的作品，并没引来批评家和媒体的太多重视，至少，没有大张旗鼓的宣传，自然也就没有大众的叫好。

不过毕竟是艺术"名人"，所以也总有人会围绕着他的艺术创作说事，也会众说纷纭。公共媒体上时不时可以看到一篇文章，对他此时期表现出来的"新"画风，发表一番莫衷一是的见解。

罗中立我行我素，埋头干活儿。

如果做进一步的细致分析，则应该是这样：正如人们已见过的，早自毕业作品《故乡组画》始，罗中立的绘画语言就已转向了表现主义下的变形和夸张。只是到了现在这个时期，大致上说，变形和夸张来得更加鲜明、率性、大胆。他描绘大巴山农民的画面中，依旧是他们最平凡的、最日常的乡下生活，但深入去看则是，几年前在他画面中浓烈表现的苦涩和凝重、荒凉和冷峻，已被大幅度地溶解，此时期画面上呈现出来的气氛渐趋温暖；从前画中那种显得宏大的场面，感觉上已渐行渐远，庄重气氛渐显淡漠，取向表现更为随意，自我性与本土性在画面中被明显地、一花独放似的强调出来；他这时的艺术语言不仅夸张，甚至还溢着几分荒诞。更多时，他的作品会让人觉得，他就像是在写出一篇篇很朴素、很自由的散文，笔之所至，随心所欲，不

■ 《山路弯弯》，1988年

■ 《乡村的小路上》，1988年

做"艺术"修饰，不做理想化处理，只是把一种想象、一种感觉、一种真情讲述给观众，有些像朱自清笔下的《背影》带给读者的体验。

细读他此时期的作品有种感觉，他像是试图在某种"丑"与"怪"中发掘、彰显真善美。比如画面里看见，他对人体形态的塑造，非但不回避山区农家男女矮小、粗壮的身体，甚至像是故意地突出他们"这样的"体形，因变形而似乎不合比例却又让人无可挑剔地、鲜活地展示出来十分旺盛的生命力。按世俗审美观点看，这样的人物造型本应该是属于不"美"范畴的。但如果你去细细地咀嚼，则分明可以品出艺术家对"这样的"芸芸众生所蕴藏、所表达出来的强烈的爱和深厚的感情，无论是那些腰肢粗壮的男人、乳房饱满的女人，还是充满童真的小孩子，他们无不表现得自然而纯洁，这就使得观者清楚地感觉到他们在情感上与自己的内心的完全一致。没错，他们是地地道道的大山深处的农民，但他们的人格、精神世界与每一个人毫无二致，他们是值得尊敬的，他们也是大美的。

而为了与这样一种"原始"进行吻合，罗中立赋之以自由豪放发挥的创作态度，来让自己的想法可以得到最好的体现。他在作品中采用的那种粗重的笔触和大胆的线条，使作品显得更加含蓄、更耐人寻味，也更充满了独特的情趣。

进入了状态的罗中立毫无拘束、毫无禁忌地取材，包括夜半时分农人推着睡眼惺忪的小孩起夜撒尿这种通俗画面，在一般人眼里似乎这是与艺术这个高雅领域根本不相关的画面，也被他"爽快"地"种"进了创作中。但恰恰因为这些画面背后所讲述的平凡"故事"，曾经在好多人的生活中真切地存在过；恰恰因为这些"故事"里饱含着不加任何遮掩的真实与单纯，所以很容易就唤醒了停留于人们意识深处的那个记忆，同时也更让人因此生起加倍的亲切感。艺术家之手，借着这些"小事"，让人们重获年轻，让人们对作品生出真心的热爱。

在他的笔下（不限于这一个时期），他也毫不犹豫地表现了大巴山农民对情感的直接，那些赤裸裸的情感行为，虽然显得有些"粗鲁"、"野道"，但却真实、透出纯洁的火热。让观众在一瞥之下，无笑，无批驳，无感慨，唯有赞美。不知道这样的表现源泉，是否主要转译自当年年轻的他在大巴山时听来的农人们对"性"的赤裸裸的玩笑？如作品《草垛》（1997年）、《冬月》（1998年）、《拥抱》（2004年）、《拥吻》

■《惊梦》，1991年

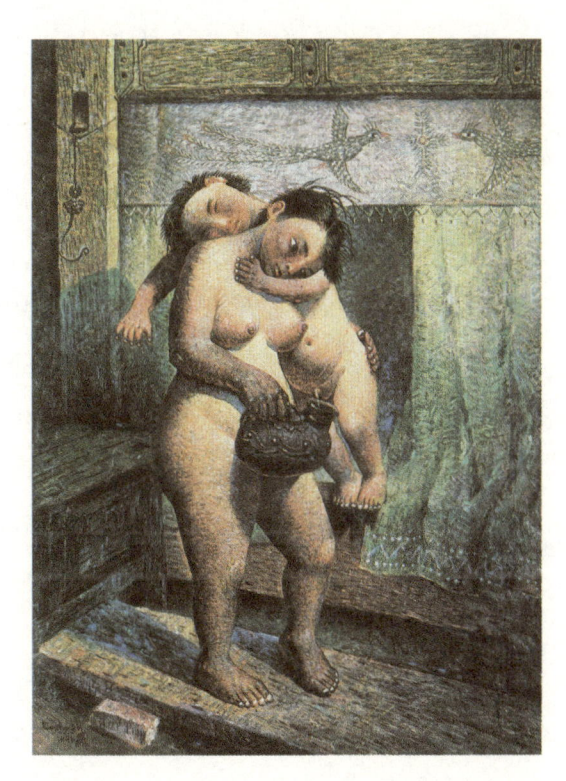

■《撒尿》，1991年

（2005年）等。

于此，是不是可以借一句古话来解释，叫做"兵无常势，水无常形"。

罗中立好像偏偏真就是这样，用出乎于常理的取材，这样大胆的"民俗"，这样自我的洒脱泼辣的笔触，来表现他所认识的、所认定的农民文化的本色，他们生活的悖理和存在的别扭，生命的强悍和习惯的荒唐、风趣，反而因此得到一种意料之外的收获。

这时期的罗中立再一次让人对他的作品很喜欢，但是很多人也又一次陷入"看不懂"。

进入到90年代，罗中立的个人风格日趋成熟，比如都创作于1991年的《撒尿》《惊梦》《母与子》《晚归》《母亲教我一支歌》等。在这些作品里，人们可清楚看到与他几年前的作品表现出的大不同，标志着他的艺术已经迈入一个新的上升阶段，引领着他大步走向塑造自我的目标。

有评论家指出，罗中立这个时期的作品，不仅极富创新思想，更表现出鲜明的中国本土性质，也让观众从中看到中国油画的当代化趋势。比如《春眠》《吹灯》（1994年）等一系列作品，而我们也可以由此看见，罗中立在朝自己选定的目标路上前行时表现出来的明确性，以及他取得的显而易见的成功。

在一次访谈中罗中立说道：绘画语言上我将米勒、伦勃朗和勃鲁盖尔对我的潜移默化的影响融合在自己的生活经历与艺术情感中，艺术形象从现实主义的写实逐渐转向夸张、变形；描绘方式从古典主义的精致逐渐变得粗犷。

那么，罗中立此时期借着自己的作品交代给观众的，是一种什么艺术"语言"？是表现主义，却又仿佛不全是人们认识的、耳熟能详的西方表现主义。

有一句德国谚语说：时间是筛子，终将筛去一切沉渣。

也许那时的罗中立没有想过太多，他只是清楚地看得见自己选定的目标，看得见通向目标的那条艺术追求之路，凭着自己定下的"十年磨一剑"的意志，在自己那片艺术天地里辛勤耕耘着。他执着地往前，知道时间自然会为他筛去那些他终将不需要的。

他说："我需要一个量来锤炼自己，从中累积经验，并始终以描绘农民乡土题材作为目标。"

在生活中，每一个人都会面临这样一个选择：感性还是理性行事。于此，艺术家当然也不例外。然而，由于艺术本身所具有的特性，艺术家大都表现为感性的，或者说以感性居多。罗中立自认属于感性一类。符合做艺术所需要的特性。如他开玩笑般说的，"艺术家都是比较感性的，我又是艺术家中更感性些的之一"。

他之所以为自己的艺术发展选择了表现主义语言，也正是因了他这份天生的感性。对于他这份感性，我们很容易从他20世纪80年代后期开始创作的表现主义作品中感觉到，到了他90年代后期的"表现主义"作品中，这份感性表现得更为强烈、甚至有了狂放的意思。或者我们可以换一种说法，正是因为他所具有的那份感性，像一种特殊的养分不断地刺激他，使得他一直都有一种不断创新、从不满足的精神，也才会把表现主义的感性"玩"到一个高度、玩到让人不得不刮目相看、不得不由衷地称赞的高度。当然，这还是包含了让人"看不懂"的成分在其中。

3

今天翻开罗中立1986年到1998年期间的表现主义作品可以看到，80年代中后期与十年后的作品的画面语言，体现出很大区别。这个区别的产生，与他从国外留学回国后逐渐生发起的一种新的努力追求至为相关——"重读美术史"（后面专门章节介绍）。因此，我们把80年代中后期这个节点，作为罗中立走向新的艺术语言的转折点，作为他后来在艺术的田野里获得大丰收的起点。由此也联系到，两年多出国留学

经历带给他的,的确是一份实实在在的收获,它让他站在了一个真正的崭新起点上,从那里开始了他艰难又充满希望的跋涉。

好像有谁说过这样的话:当有人逼迫你去突破自己,你要感恩他,他是你生命中的贵人,也许你会因此改变和蜕变。当没有人逼迫你,请自己逼迫自己,因为真正的改变是自己想改变。蜕变的过程是很痛苦的,但每一次的蜕变都会有成长的惊喜。

罗中立在被人逼迫、被自己逼迫的双重压力下,选择了走上一条痛苦的、但他知道将来一定会充满了喜悦的改变和蜕变之路。

90年代初中期,他的表现主义作品主要包括《喂食》《春雨》《巴山夜雨》《雷雨》《晚归》《拥抱》《过河》等反映大巴山农民生活的若干系列。

在罗中立作品的画面上,如他自己反复提到过、观众也可以清楚看见的,他有意识地在做一种努力,那就是,画面中的情景,始终沿袭着"动"与"静"两条线索发展。看得出,他也是在很努力地把握、运用这一对相反的哲学观点去解构社会、诠释人性、张扬人文、阐述自己的艺术观和人生观,同时,也为自己营造出一条很明确的创作思路,形成自己作品中很清晰的逻辑线索和生生不息的活力。

创作于1991年的作品《渡河—赶场》,和创作于1992年的《赶场》两幅,是罗中立表现主义风格转型的重要作品,成为连接80年代末期向90年代中期的表现主义创作的桥梁。画面上表现的乡村生活"事件",曾对罗中立影响至深,也是后来让他总喜欢挤出时间到乡下去赶场的原动力之一,并让他总愿意用一种梦幻般的画面,来表现中国乡村生活中这份特有的诗意和情趣。

《过河》系列,始终被罗中立浓墨重彩地予以表现。在这个数量不可谓不庞大的系列作品中,从表面上看去,仿佛画面上只有一些大同小异的人物和场景刻画,但如果细细去品,在那些并不算小的变化中,其实被罗中立植入了很多不同的情感考虑。

《过河》所描画的情景,一如在中国任何一个山区农村一样,在大巴山区里经常可见。

人的生活习惯总是沿水而居,在偏僻的大巴山农村,只要有这个条件,大多场镇的建立也都自然沿袭了这个习惯。

有一条小河,弯弯曲曲地绕着场镇流淌,或者是穿过这场镇。从这个方向或那个

■《渡河—赶场》，1991年

■《过河》，1995年

方向走来的人们进出场镇，会从河上一座古老的石桥上跨过小河。如果没有桥，就会搭一条小渡船过河去。当然也会看见有人干脆挽起裤腿，从浅水处涉水过河。

赶场天，因为有很多来镇上赶场或赶完场回家的农民，这样的过河场景就像是一部不断片的电影，反复地播放。而进到罗中立眼里，就是一幅幅非常生动、充满无数情趣的画。每一次的渡船上都会站着不同年龄不同性别的人，连同着就会表现出来不同的动态和不同的含义；每一个看似大同小异的画面，在罗中立心里都释放出不同的内涵和意义。

比较有趣的还有，在那些日子，赶场也可以说是乡民日常生活中的一件大事，很多人、特别是年轻些的妇女，还会换上一件新衣，至少是洗得干干净净的衣服，愉愉快快地去赶场。除了做买卖，对年轻人而言，他们可能还会利用这个机会去场上见个朋友，聊个天什么的。

因为不需要建桥，不需要摆渡船，但又有一条小河分隔的镇子，平时人们过河，除了涉水，更多是踩着摆放在小河里、被称作"跳蹬石"的几块石头过去，在这种似乎雅致的过河行为中，还透出一份浪漫和趣味。但碰到哪天下了大暴雨，突然而至的洪水，则会让这样的涉水过河充满惊险、刺激，乃至几分危险。到这种时候，就看见那些非得进镇子里去赶场的农民们涉水过河时，从内到外表现出来的一种异于平常的感觉：快速流淌的河水发出哗啦哗啦的轰响声，过河人大声地相互提醒注意脚下的招呼声，站在两边岸上观看那些过河人一举一动的人群不时发出的惊呼声，从稍远的街集上传来的人们的交易声，等等。

罗中立最喜欢、最乐于表达的，正是人们涉水过河的画面。因为，他发现这样的场景更能唤起自己心灵深处的某种情感，能让他的笔变得更加灵动、更有生命活力。比如夫妇俩你帮我扶地相挽着过河的，画面就透着满满的甜蜜和恩爱；比如夫妇俩又带了小孩子一道的，就会弥漫着一份小心翼翼和舐犊情深的意味；再比如是几个扛着猪上街去宰杀的年轻农民，在他们那壮实年轻的身体表现出旺盛的活力和爆发般力量的后面，还有一种敢与自然搏斗的大无畏、有几分压不住的激动——或者，是几分由那个特殊时代生起的无奈——汹涌而出。

罗中立说正是这些方方面面，使他在关注乡民们这一个透出不平凡意味的平凡行为时，心灵受到极大的震动。所以那时，他就画了很多乡民过河场景速写，成为他艺术路上受用不尽的"财富"。

过河系列，被他归入"动"那一条线索中。

90年代前后这个时期，最受人们喜爱的作品包括《巴山夜雨——洞房夜》《撒尿》《惊梦》《金钱豹》《山路弯弯》《隔背》《晚归》等。

"大巴山文化的底蕴很厚重，我用这些绘画语言，是为了展示农民文化的本色。"罗中立说。他之所以会反复让大巴山农民生活中的一些真实的小情景包括梳洗、恋爱、劳动、避雨、掌灯等出现在自己的画面上，就是希望最真诚地表现出在那一种环境中生存的人们一直存在的虽然最原始，但也最感人、最有生命力的东西。

罗中立的作品似乎总让我们觉得，他身上纠结着很多矛盾，但是，他又总能穿越这些矛盾走向成功。作为一个"农民的儿子"式的艺术家，他总能敏锐地体验到农村仍是当代中国社会最重要的缩影，他以相当的热情在描绘农民们一个个普通的日常环节中，表现出他们质朴的内心世界与整个社会变迁的大环境相互遭遇时的现实状态，将画面中的人物还原到人性最本质、最自然的情感中。

普通而平凡的大巴山让很多人都觉得没办法画。但罗中立置身大巴山里时却总会激动、兴奋不已。村里的水塘、牯牛、草垛、猪圈、木梯，在他眼里都是一个个充满丰富情趣的意象。罗中立说他在大巴山里画的稿子都非常有感觉，哪怕晚上，昏暗的光线和氛围总是让"画体透亮"。

他一心希望用自己的画笔，为大巴山农民的生活变迁留下一部原生态记录。作品中，他着意将农民与其赖以为生的大地紧密联系在一起，通过对农民们的具体物件的夸张性描绘，展现他们朴拙而又充满生气的生活世界。他在画面中娴熟运用的那种跳动的笔触，使得作品洋溢出民间文化特有的泥土气息和一种很真实的厚重感。

有句名言是这样说的：艺术本来就是感情的产物，人类如果没有感情，自也用不到什么艺术；换言之，艺术如果不对感情发生任何力量，此种艺术已不成为艺术。

罗中立正是用他自己的行为——他的作品，诠释着名言，袒露着自己的艺术。

更有不少人说，他们都非常喜欢罗中立20世纪90年代前后十年里的创作。或者更准确些说，就是罗中立曾称为"十年磨一剑"的那十年里的作品。

为什么呢？

他们说，这个时期他的作品，无论是色彩、造型、内容表现，他对艺术创新的孜孜不倦的追求状态和出现的鲜明变化等，都看见了迷人的，也非常感动人的满满的"厚重"。

行话说，"守拙觅巧"。"拙"是什么，"巧"又是什么？该怎样"守"，该怎样去"觅"？每一个艺术人，都会有自己不同的答案。然而目的应该只有一个：不断创造新的自我。

4

1993年中罗中立创作了一幅很值得一提的作品：《金钱豹》。

该幅作品在90年代里曾多次出现在国内外举办的罗中立个展出版的画册封面，并于2008年在香港苏富比以约1265万元拍出，创下时至当日罗中立作品历年拍卖的次高价。

"金钱豹"的素材，来源于以前罗中立在大巴山里听的邓大爷的讲述。素材本身其实并不算多精彩，也不具备太大的文学意义。

听老辈人讲，从前大巴山里有金钱豹，时不时跑进村里来，咬死山民们的猪啊牛啊什么的，叼走吃了。后来没有了大树林，就看不见金钱豹了。这就是邓大爷的讲述。

邓大爷的简单讲述，却在罗中立脑海里留下了至为深刻的印象，长期拨动着他的思绪。终于有一天，他舞动画笔，把那简单的讲述化作了一幅活生生的、丰富的画面。

罗中立在邓大爷简单的讲述后面，悟到了人与自然的抗争，人在命运——灾难降临时，为了保证自己的正常生存而做出的抗争，人在为了保护与自己的生存息息相关的"财产"——牛时表现出来的本性，还有大巴山乡民们世世代代为了生存而与自然抗争所付出的顽强努力，等等。

观众认识到了、捕捉到了的还包括：经他笔下创作的那个充满火光、溅着鲜血的场面所透射出来的一种悲壮。那猛烈地、不顾一切地撕咬耕牛的金钱豹们，甚至不在乎农人们手中正喷射出散弹的火药枪——人类制造的、可以夺走它们生命的利器。此刻的金钱豹们似乎被比喻成某种凶猛的力量——但说穿了，其实金钱豹们也是为了生存。在大睁着充满死亡之色眼睛的牛面前，金钱豹携带着的是命运——死亡特有的恐怖，然而在看似无奈、却又手持火药枪的农人们面前，金钱豹又转化成为弱者。金钱豹关乎着牛的命运；人关乎着金钱豹的命运；牛自然关乎着人的命运。这样的矛盾、纠葛、转换，恰到好处地构成了一个内容丰富、情节动人的震撼故事；一个非常吸引人的画面。

这的确是一幅描写农民生活中一个小场面的画，但往深层次看却似乎又可以不单与农民相关，至少不是全部。

除了这些纠缠不清的道理外，《金钱豹》一画能够取得意想不到的成功，一个重要的原因还在于它的构图方式。它那近于十字架的画面构图，配合着画面中内容表现出的明白或引申的意义，不由自主地给人们带来一种英雄般的召唤和史诗般的歌颂：它使人们很自然地联想起德拉克洛瓦的《自由神领导人民》，想起席里柯笔下的《梅杜萨之筏》。它们真的有着异曲同工之妙！而这"妙"的产生，可能正得源于《金钱豹》画面构图的提示，是它，让观众生起来丰富的联想。

艺术家有必要在自己的画面中为观众全面揭示出他想要表现的是什么吗？他真能够吗？

是不是可以这样说，《金钱豹》虽然表现出大巴山乡民们生活的一个侧面，却也被创作者无意中提升到一个高度，一个拥有丰富的文学性和哲学性的高度。而这，

可能是罗中立创作这画时"始料未及"的，是他初衷里并没有想过"要告诉观众们的"。

有评论家说罗中立的创作擅长的不是戏剧性的矛盾，而是绘画的趣味情节。纵览罗中立的创作，可以认为此说法具有相当的准确性。然而让我们非常惊奇的是，在《金钱豹》一画中表现得最为强烈的，好像却正是这种"戏剧性的矛盾"紧紧地俘获了观者之心。对此，是否可以用"不鸣则已，一鸣惊人"作结论？

《金钱豹》毫无疑问可作为90年代中"动"系列的代表作。

罗中立自己是否认为《金钱豹》可算这个时期中的最佳创作？

算之一吧。罗中立还是带着他那种很平静的微笑回答了这个提问。

不过《金钱豹》到底应该算作是史诗般的歌颂，还是该归于一个悲剧之作？或者，兼而有之？这倒是值得深思的。

对于《金钱豹》那由悲剧或史诗般的画面引申出来的对人们的强烈感染力并由此获得的成功，以前面所提到的它与《自由神领导人民》和《梅杜萨之筏》的异曲同工之妙，在对它发出由衷的赞叹之后，也忍不住提出一个问题：德拉克洛瓦和席里柯都是以浪漫主义见长，而罗中立的《金钱豹》渲染出的分明却更倾向于"悲剧"情感，无论这渲染是出于有意还是无意。足以引起思考的是，罗中立当年在卢浮宫临摹画时，偏偏也挑中了这两位大师的作品。这背后有什么可以挖掘的吗？或者就是一种"心有灵犀"般的相通？

严格说，《金钱豹》问世之初并没引起太多人注意，虽说也得到了不少人喜爱。我们甚至更可以说，它出生后根本就没有大张旗鼓地在世人眼前亮相过，当然也没有引起艺评家的十分叫好。究其原因，也许与大家都认为现在正是罗中立的"磨剑"期，因此，不大好对"磨剑"期间产生的作品"妄下结论"。但正如俗语所云，"是金子总要发光"。《金钱豹》后来终于慢慢被大众所知所识，然后被认可、被喜爱。

罗中立心底一定对《金钱豹》这个题材也是很看重的。他于1995年重画了一幅《金钱豹》。画面内容与第一幅相同，描述的都是人、牛与金钱豹的生死拼搏。图式也大致相同，基本上还是十字架构图。但与此同时，出现的不同也非常明显。

这场"冲突"的场景大变了。第一幅画面中，有一架楼梯连着上下两层楼"世界"的小空间，在第二幅画里，转换到了一个更加宽敞、平整的大空间里；第一幅中只有3个农民，第二幅里增加到了5个；在第一幅画面中居于左上方位置的牛，在第二幅画里被放在了画面最突出的中心处、也是最高点的位置，因此，"牛"带给人的冲击力愈显强烈。总体而言，从第一感觉上看，第二幅画面里更突出了"牛"，而在第一幅的画面里，最先最强烈地映入观众眼里的，却可能是"人"。另外还有一个很大的不同点是，第一幅《金钱豹》无论从色彩、描绘、叙述等方面看，都明显更靠近真实，创作者就像是讲述着一个很直观的故事，也是着意地把一个让人很震撼的情节"轰"地一下推到了你眼前。第二幅，则明显看出创作者在讲述中已有了"匠心"，像是在刻画一个"似真似假"的传说；整个画面都置于一派暖色调中，这不仅让场面显得朦胧，更使得一个本该体现生死搏斗的内涵被大幅度地消解。发生的这个变化，我们甚至还可以从农民端在手里的火药枪喷射出的火焰色里感受到：第一幅画中，枪口里喷射出的是那种很正常很真实也很猛烈的、火药燃烧时发出的红黄色火焰，而第二幅画中，就连枪口里喷出的火焰也变成了淡淡的一团白色，有些软弱，又像透着些无奈。因此，第二幅画面中各生物之间正在进行着的生与死的矛盾被大大地淡化，冲突变得不那么强烈，悲剧变得似乎更像戏剧，使得这里的"它"更像是一件艺术作品，而不再是表现一个曾经的、也正在发生的真实，一个让人睹之而恐慌、震惊、战栗的真实。

的确，如果说第一幅《金钱豹》主要是在表现真实的话，那么第二幅《金钱豹》已绝对是一个以真实为基础的"虚构"了。根据新的构图需要，创作者应该是希望让构图更加饱满，画面中于是出现了相比第一幅《金钱豹》更多数量的人和动物；同样应该是创作者的刻意尝试，第二幅《金钱豹》中的笔触效果被大大弱化，所以画面上的色彩相互之间表现出更融合，这使得整个画面看上去更像是一座互相牵扯、互相依靠、共为一体的群雕，而不再像第一幅《金钱豹》中表现出的那样，由于每一个物体各自拥有很分明的轮廓界限，使得它一眼看去就是一幅画，也是一幅显得更灵动，更可以体会到旺盛的生命活力，更可以感受到画面中的每一个个体都是在为了生命的存在而各自付出殊死拼搏的力量。

未经证明，但很感觉得，第一幅《金钱豹》极可能会更受到大多数普通观众的喜

《金钱豹》，1993年

《金钱豹》，1995年

爱。当然，如果用艺术的绝对标准来衡量，第二幅《金钱豹》产生的艺术感也许更好一些。

永不满足的罗中立还画了好几十幅情景不相同的《金钱豹》的稿子。等到哪一天，等他说不定会就这个题材再完成几幅作品后，我们重新回头来欣赏、分析，那时，也许会更加了解他的用心。

5

在罗中立长时期的很多画面中，都可以看见牛。准确说，至少从他附中时代开始，牛的形象就"大量"出现在他的笔下，一直走到今天。如《故乡》《璧山老家》《歌乐山》《晒场》《放牛娃》《新月》《火车开过》《火车过》《春雨之旅》《磨》《伴》《晚风》《穿针》《夕阳》《乡村的小路上》《牛和老人》《乡情》《农忙时节》《秋土》《村口》《母与子》《晚归》《金钱豹》《过河》《荷花池》《老院子》《喂食》《甘泉》《戏水》《暮归》《田园牧歌》《晚归》《牛棚雨歌》《避雨》《家园》《雷雨》《晚归》《老牧人》《呼喊》雕塑《秋风》，等等。

最初，罗中立也是很自然地把牛作为农民生活中的一个基本道具来表现的，就如同农民们养的鸡，养的猪，喂的狗，他们世代居住的小青瓦房，他们家的任何一件农具那样，只是他们农耕生活中必不可少的一个要素。因此，既然他现在是在创作反映农民生活的画，牛当然就应该作为一个必不可少的"道具"出现。

生活的经历使罗中立知道，牛更是农民赖以生活的至关重要的因素之一。甚至可以这样说，在从前的中国农村，没有牛，农民的基本生存就会出现大问题。所以，罗中立选择让牛进入画面，也是基于表达这些认识，就是不仅把牛作为他展现农民生活、确立乡村场景的一个符号，同时还要着力体现它们对于农民的重要意义，以此来多层面、多角度地反映农民。从牛联想到农民，从农民返回到牛，两者相互影响、作用。于是我们就在他那些画面中看见，他描绘牛时，很注意地赋予它们以人的感情，让它们与人处在同一个感情世界里。特别是画它们的眼睛，他总让它们的眼睛睁得老大，表现出来几分唐突下的趣味，也流露着温顺和期待，就像一个还不那么懂事的少年站在你面前。

与此同时，因为对牛有这样认识上的提升，牛也就以一个远比其他大多数代表农村的"符号"重要得多的"身份"，站在了"画面中"重要得多的位置，而且以"一个相同的符号"，在画面中频繁出现。未加以统计，但似乎可以这样说，牛在他的所有创作中，是出镜率仅次于人的第二号形象；而在《金钱豹》一画中，牛更扮演了画面中三分天下得其一的角色。

而且，牛不仅随着他笔下的大巴山农民一起站到观众眼前，也随着很多少数民族人物出现在他的画面中。如《晚风》《微风》《牧女》《彝寨》《哥的呼唤》《牧归》等。这些也从另一个角度，证明了牛在罗中立心中的地位，以及对他的创作产生的影响。

尤其到后期，随着罗中立画中对乡土的景观纪实减少，"牛"的原始概念也被推到了次要位置，但是人予以牛的寓意性却单独跳了出来，并开始升华。这时的牛被他赋予一种精神性，他也更多地开始从文化性上、从人性上去诠释、表现它。在人们心中以忍辱负重、吃苦耐劳这种认识所固定的牛，被他有意无意地用作了代表农民的形象。他想借牛的"精神"来歌颂一种昂扬、昌盛、奋进、不屈不挠，无私奉献；歌颂自己素来非常推崇的鲁迅先生讴歌的那种"孺子牛"。

可以一言以概之：牛，自始至终行走在罗中立的创作之路上。

而从罗中立热衷于对牛的表现，似乎也可以让我们借着这一面"镜子"，看见罗中立深心里的方方面面：如何做人，如何对人，如何生活，如何"耕作"，如何前行……

不过对于画牛，还有一个"故事"。

从前去大巴山乡下搜集素材时，罗中立不止一次听到过关于牛的另一面的故事：牛的愤怒。

农民说，有时候套着牛去犁地，牛表现得很"懒"，无论主人怎样吆喝、威胁，它就是站在地里一动不动。当主人愤怒到极点、用力鞭打它时，天天都一副温顺有加的牛，突然会变得疯狂，低下头去，用头上的硬角把主人顶成重伤，以庞大的身躯把主人撞伤，有的牛还会抬起蹄子把主人踩在水田的稀泥里，挣脱鼻绳在田间坡上狂乱奔跑，一路上还可能不断伤人。到最后，这头失去了理性的牛，很可能要么是被人制服或被人打死，要么是自己跌下山崖摔死了，等等。总之，都是一个血淋淋的过程和结果。

罗中立曾想过表现牛的这一方面，那时也试着照此思路大致画了一幅类似色稿的画。他的本意是想解释说，一个无论多么温顺的"人"，当他被压到极致的时候，也会发出反抗，就像民间俗话说的：兔子急了也会咬人。

在一个相对长的时期中，关于这样的"牛"的作品没能在罗中立笔下完成。因为他老是有些觉得，这与他选择要表现的"农民"有较大的"分歧"。

讲故事讲离题了。他笑着说。

但说不清究竟是为什么吧，对牛有着一份特殊感情和认识的罗中立，到了90年代中后期，终于是忍不住，沿着关于牛的叛逆认识这一个思路，前后创作了二三十幅牛题材画，被他取名为"犟牛"系列画面，主要刻画了牛对人的叛逆，人与牛的冲突、搏斗，也包括了牛与牛之间的争斗。总体上看，画面上的牛虽然不是惯常出现在他创作中的那种"温良恭俭让"形象，但也不是大巴山山民口中讲出的那种完全疯狂野蛮的形象，没有太血腥的场面。虽然牛们表现出来一种不顺从、想奔放的态度，但终归还是被人牢牢地牵制在牛鼻绳中。

"罗中立的艺术也可称为罗中立式的陷阱，因为他在最朴素、最自然、最本源甚至最土的农民形象、农民主题，和艺术中最创造性的、最精神化的、越来越具有语言形式的纯粹感的两极之间找到了联系，他在用一种完全个性的方式讲述中国农民。"中国美术馆前馆长范迪安说。人们现在要关心的并不是创作《父亲》的罗中立，而是

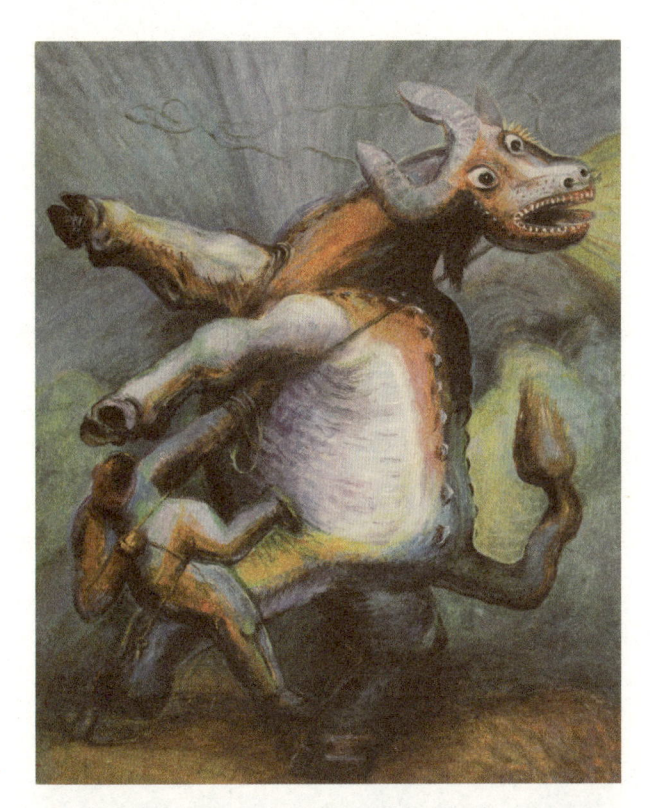

■《犟牛系列》，1995年

■《犟牛系列》，1999年

一个不断自我超越、自我更新的罗中立。从这一点上说，人们"看到了一个全新的罗中立的世界"。

而中国美术学院院长许江教授则说，罗中立笔下的农民都有一份真生活：有沉重劳作的苦，有合家围坐火塘的乐，有夫妻风雨同舟的爱，有老牛舐犊般殷深的情。这苦、乐、情、爱都有一种川味，一种麻辣的生活趣味。这种骨子里的表情被罗中立化为一种日常性的生动叙事，一种夸张的视觉捕捉和强化，一种罗中立式的精神承受。罗中立以他的温和与俏皮，画活了大巴山的生趣，以他的真情承受着中国农民浓厚和泼辣的气息。

6

好像一个人无法自始至终都抵抗得住世俗名利的诱惑。因为人总是生活在现实世界里的，总是想生活得更好，想"人过留名"，而"名"后面带来的应该就是"利"，是让你可以生活得更好的重要因素。从人生的角度看，这本是无可厚非的。但另一方面，更重要的却是，一个人不能沉陷在名利的陷阱和追逐名利的游戏中无法自拔。

一个人的人格和认识观，决定了他会不会不顾一切地、迫不及待地去求"名"逐"利"。艺术圈里，有一种行为被大家戏称为追求"曝光指数"。有了足够的、成功的"曝光指数"，紧随而来的，就可能是名利双收。

人们清楚看见，早年成名的罗中立，一路走过来的表现是，不大喜欢站到聚光灯下、站到公众的视线内。反之，他仿佛更乐意像蜗牛似的蜷缩在自己的"壳"里，一门心思地"做"艺术。

常听他这样说：现在我们的学生中，写实水平在我当年读大学时的水平之上的，大有人在。但因为天时地利发生了变化，人们对艺术的审美标准和追求也发生了变化，每个行业也都进入了按自己领域的标准和规律来发展的正常轨道，所以谁也不可能再像我们当年那样，因为画得很像就可以"一画成名"。改革开放过去几十年了，靠改革之初那样写一首诗、一篇小说，唱一首歌、拍一部电影或者画一幅画，就能让整个社会为之震动的时代，肯定一去不复返了！当年我是糊里糊涂中因为一张画一下子出了名，还有那时候是整个国家的几乎所有媒体都抢着来报道你，因而迅速成就了你。摆在今天这是绝对不可想象、不可能的。我真的很幸运，赶上了那班车，早期出了名，又因此被选派出国留学，为自己的艺术创作之路打下了很好的基础。

由于出名得早，罗中立较早地引起了外面的注意。自80年代初中期开始，就有台湾、香港等地以及美国和欧洲一些国家的艺术公司、画廊找上门来买画，也包括了不少名流显贵和艺术品收藏家。虽然那时候的画价低，但也因此使他较早地进入了市场，经济条件早早地就比较优越了。这样，他就有了条件站到一边静静地做自己的艺术实验，而不必像后来很多优秀的年轻人那样，得靠自己付出更多的努力去追求"露脸"，追求曝光，追求知名度，追求得到哪怕一小点儿成功。

罗中立说，我多年来一直不太在意做自我宣传，主要是个人性格所致，我喜欢不受干扰、安静地待在画室里做创作，不喜欢把太多精力花在与艺术创作无关的事情上。我很清楚，绘画是需要你一笔一笔地去画，要用去你很多很多时间的。想要把艺术做好，你就不可能拿太多时间去赚吆喝，按现今的流行说法是去"打积分"等。不过，我有这样的想法，不代表我不赞成其他人按自己的想法做。每个人面对的情况不同，思考不同，行事的方法自然也不同，每个人都应该去努力争取他能得到的最佳结果的。总之，只要愿意，你可以花大力气去赚吆喝，可以一门心思去追求眼下的风光，只是我个人觉得，这样做的时候，一定要想到一点：今后，当美术史来回顾时，很可能里面没有你的东西。

罗中立说既然选择了艺术创作作为一生的志向，那就要勤奋才行。他说画画的人心里一定要明白一点，不要管别人怎么将你归类，不要太关注别人对你持有什么看

法，只需潜心去画就行，尽量摒弃其他与此无关的信息；要耐得住寂寞，在作画的世界里自娱自乐。他也谦虚地笑着称自己是，"笨鸟慢飞"。

但"笨鸟慢飞"的罗中立在90年代里其作品也不断参加众多国际国内的艺术展览；"笨鸟慢飞"的罗中立也成为了中国改革开放几十年里，最具代表性和影响力的艺术家之一。

早年出名的罗中立并没有独自前行。他一路走过来，其中的酸甜苦辣都很清清楚楚地活现在脑海里，在追求艺术中得到的体会和经验，使他把眼光很自然地着眼于正学习艺术的年轻人身上。他也希望能够为他们的学习尽一点儿绵薄之力，希望能帮助他们走得更好一些。

20世纪90年代初，由台湾山艺术文教基金会出面，设立了"罗中立奖学金"，每年评奖一次，涵盖全国九所美术学院，面向油画新人，每年评选出6名优秀学生获奖。2006年，因故中断几年的这一奖项，由香港的仇浩然先生出面再度启动。重启后的"罗中立奖学金"顺应当代艺术在新时期的发展情况，调整了奖学金的定位，获奖人选已不再限于油画学生，而是涵盖了当代艺术的众多门类。

90年代后期，罗中立曾计划捐资修建一所"艺术希望小学"，他想从小学生起开始培养艺术苗子。他想把这所"希望小学"定址在贫穷的三峡地区中的某一处。后来这个计划因某些原因而搁浅，但他愿为艺术教育有所付出之良苦用心可鉴。谁知道呢，后来他之所以愿意出任川美校长，愿意牺牲自己的大量宝贵时间做艺术教育，为培养新人出一份力、做一份奉献，当年计划办"艺术希望小学"未果，但那一份为艺术教育的初心，是不是正是最大的原动力之一？

《父亲》带给罗中立的肯定不止于早年出名等，也必然在很大程度上为他带来了艺术圈内和圈外的许多荣誉。他后来出任四川美术学院院长、重庆市文联主席、重庆市美术家协会主席、重庆市美术馆馆长、中国美术家协会副主席、中国油画学会副主席等等，无疑或多或少也得益于当年《父亲》成名的影响，得益于人们对他艺术水平的认可、对他的人格魅力的认可。包括到了2009年，中国当代艺术院在北京挂牌，罗中立又被中国文化部钦点出任中国当代艺术院首任院长。同时，国内21名著名艺术家也被文化部聘为当代艺术院研究员。

英国皇家艺术院或者法兰西艺术院那样的机构，会给杰出艺术家以院士称号，而现在中国文化部对这一批艺术家的如此任聘，也等于说是给了他们院士的荣誉。罗中立在当代艺术院的身份，除了艺术家、院长，还成了20个"院士"的"带头大哥"。

罗中立当院长，是由文化部直接任命的，罗中立考虑再三，最终决定出任。他说，中国当代艺术还很"年轻"，希望自己能为"年轻"的中国当代艺术再做一份贡献，为中国当代艺术能够走向明天的辉煌略尽绵薄之力。

但是当这个"带头大哥"的担子实在不轻。因为这个院长并非名誉上的，因为中国当代艺术院除了是个"名誉殿堂"，更是为了要构建一个平台，要对中国当代艺术进行深入的梳理、研究、推广，让它在国际上产生更大的文化影响和对话能力，同时还要承担部分教育职能，当然不是开展对普通本科生的教育，是博士研究生的教育。

7

当年从国外学习归来的罗中立不仅在艺术认识上有了无可估量的收获，有了不可同日而语的感悟，还有一个让他很受益的是，"艺术家工作室"。

渴望有一个属于自己的工作室，缘于大学时代的经历。在创作《父亲》的日子里，这渴望就十分强烈。不过从方方面面的条件看，那些日子这就是、也只能是一个"空想"，但这个"空想"却一直如星星之火撩拨着他的心。后来，游学欧洲期间的所见所闻，使得这个渴望更生起诱惑。为了有一个可以不受外界干扰的空间，为了可以潜心在那个空间里走进自己灵魂中的艺术世界去，可以不把自己用心血浇灌出来的所

有创作像垃圾一样地乱"堆"在哪个墙角落,可以既方便自己创作、修改,也方便有朋友来时,能展示出几幅近作给朋友看一眼,讨论一番,他迫不及待地想有一个条件好点儿的私人创作空间。

但以学校的条件、观念,似乎还没有走到为教师提供私人工作室这一步。

改革开放脚步下的社会大舞台,却为罗中立提供了一个可能。

自80年代末期开始,罗中立就多方努力、寻求把建立个人工作室的"梦"变成现实。几年后,得到政府的支持,罗中立约着来自四川美协等的十多位艺术家一起,在风景秀美的四川都江堰城边上,买下一块五十亩左右的土地,用于创建艺术家工作室。此举,也开启了中国当代艺术史上兴建个人艺术家工作室群的先河。其中,罗中立的工作室,因其建筑风格表现出来的简洁明快、自由开放、造型独特等,被一家著名的家庭和建筑杂志选作经典介绍。

当年为罗中立设计这处工作室的设计师刘家琨,那时还算不得有名气。罗中立回忆起当年与刘家琨见面的情形时说:我在都江堰的这处工作室实际上应该是刘家琨建筑设计的处女作。我和他交流意见时对他说,你什么也不用担心,放开手做,把它当成你的一件建筑艺术品来做就好了。

刘家琨后来对此次谈话也很感慨。他说,罗中立是自己遇到的第一个真正的甲方,就敢于这样给他完全的自由来设计一件建筑作品。他说后来这件作品获得了较大成功后,自己也有过多次反思,说自己当时正是觉得,能够有这样一个完全自由放松地设计的机会,实在是太难得了,所以才能够把想到的最好的想法都用进去了。

为什么会选择在都江堰做工作室?

罗中立说,在国外留学时,发现外国艺术家的工作室大部分都是建在郊外。后来又知道,我们习惯上当作生活中心的城区,在国外,一般只是很多人上班的地方。他们基本上都不在城里生活,尤其是艺术家,多是在郊外或乡下做自己的创作。受到启发,后来在为做艺术工作室挑选落脚点时,他就看上了都江堰。

罗中立说选中都江堰也与他长期都喜欢成都有关,这份喜欢不仅来自于学生时代去参观武侯祠、都江堰、城隍庙等时留下的好印象,来自于原来《读三国演义》时书中对发生在成都及其周边的那些精彩描写的发酵,还包括了读大学时,假期里常和家在成都的一些同学到成都玩耍，有时他们也一人骑一部破旧的自行车从成都去都江堰，一路颠簸过去，屁股都颠得生疼。

除了这些原因以外，罗中立选中都江堰建立自己的个人艺术创作工作室，不知道会不会还与他潜意识中的一份情结有关：小学毕业时，他与在成都的峨影厂的那次擦肩而过。

话得说回来，中国大众当时都属于无车族，要从重庆到都江堰，先得坐"喊里咔嚓"响的火车，腰酸背痛地坐整整一晚上，还只能坐到成都。出火车站，再转长途汽车，正常的话，约两个小时抵达都江堰。由此似也可知，一个艺术家的某种行为下表现出来的，并不仅仅是靠一种大胆，更包含了他对艺术的刻骨铭心的追求。在他们之后的二十多年里，中国艺术家们兴建个人工作室之风，渐呈风起云涌之势，也从根本上验证了罗中立他们当年观念上的前卫。

工作室建完后罗中立就开始种树。他不是简单地种几棵树种几株花作为点缀，也不是想着把环境绿化一下可以躺在树下歇凉遮阴就好，他脑子里萌生着一个把这片"大范围"的地变成一个小森林的概念。他说自己在国外时，最羡慕的就是别人的大环境，除人群和房屋最集中的闹市区，其他地方到处可见参天大树。很多时候，去一个城市，往往都要先穿过森林中的公路，最后才进到城里。这种人与自然的很好结合，让他非常感慨。他说当时就有一个想法，今后如果有机会，一定要尽量学习别人的这些好东西。

都江堰艺术工作室的地，给罗中立提供了第一个"实验"基地，让他可以实现那个种很多树的梦想。约二十年后，四川美术学院大学城新校园，让他有了第二次大展拳脚的机会。罗中立风趣地说，通过为自己的工作室买树种树，我认识了很多这方面的"专家"，更重要的是学到了很多知识，这些知识对我后来在大学城新校园的建设中帮助很大。

有人曾开玩笑说，那时候如果在川美新校园里看见一群民工在种树，看见其中有一个个子高高、戴着眼镜、谈吐随便的人在指挥民工该怎样怎样种，如果有兴趣去与他谈谈树木花草，然后听他口若悬河般讲出来各种相关知识的话，一定会把他当作苗木行家，却无论如何也不会想到，他就是川美校长罗中立。

罗中立曾经想象力很丰富也带着几分思索地比喻说：把一棵树买下来种到院子里的过程，可以反映一个真实的社会缩影。那时候城区还没有今天这样的花木市场，你得自己到这里那里乡下去转悠、找满意的花木。等你看中了人家一棵很不错的树，想买下，三番五次上门讲价，但人家不愿意卖。你就得开动脑筋，想想怎样才能说服对方。这是正常的"生意经"，一般到最后，也会找到一个双方都满意的"点"，做成这笔买卖。问题常常是，买下树后，接下来的困难会更大更多。

树买下了先要挖出来，搬运到工作室去种上，这也就是一句话的事情。实际呢？你总不可能自己跑腿做这些事，自己做不下来。所以，除了是你本人去发现满意的树木、去讲价把它买下来，接下来的所有事，都得找专门吃这碗饭的人，说是"专家"也行，说是找懂行的"包工头"也行，反正由他负责接下来的具体的活儿。这个过程真的可以写一本书。

运树的卡车路上会经过别人的村子，村里有人丢几块大石头在路上，这就是一个路卡了。要过去吗？可以，交买路钱吧！

碰到路窄了，运大树的卡车过不去，不小心碾上了路边别人的一棵小树苗，或是把人家屋檐下晾衣服的绳子给扯下一根来悬在了空中。这你得赔钱呀！赔少了，人家不干，把车拦在那里，张口喊出一个天文数字的赔偿。"包工头"当然不接受了，和村民吵起来，有时到最后还打起架来。村民多，很快把"包工头"带的几个人打得落荒而逃。最终，是"包工头"曲折地找出本地的什么朋友来帮着圆圆场。还是要赔钱，少赔几个吧，这才走得脱路。

卡车开上了主干道，正高兴着，这下可以"一路绿灯"了吧。慢着，车被交警拦下了。你们运的货超长，没经过报批、没得到特殊运输的许可。认罚吧。

好不容易，树运回了工作室，还没开始挖坑，林业局的工作人员上门来了。你们这是私下树木买卖交易，没通过林业局同意。先把大树拉到林业局院里去，等领导来研究处理意见，但最少是要罚款。等到什么时候？不知道，要看领导什么时候有空。如果领导十天半月都没有空研究，到时候不是树都干死了吗？就算是这样那也得等，就算树干死了这事也得要处理，处理的是你们这种违反规定的行为，和结果无关。

赶紧的，"包工头"蹿到外面去买来烟酒偷偷递过去。不好意思，多关照，下次我们不敢了。这次，免了吧。

那好吧，看你们认错的态度还行，这树就不运到局里去了，但罚款还是免不了的，不然咋收场？少罚点儿吧。下次，一定要记得先到局里去报批，做事得按规矩来。

后来一看工作室大院里种下了那么多树啊花的，都笑，说想不出那"包工头"经过了多少艰难曲折，才"光荣地"完成了"任务"的。

数年后的2000年，罗中立已出任川美院长，经过多方努力，政府拨了一笔钱给川美修建综合教学楼。学校在综合楼上为教师和优秀学生规划了108套工作室。罗中立对此打趣说："这里有两个想法，第一是它正好符合川美校区的门牌编号——黄桷坪正街108号，第二是出自梁山泊108条好汉的想法。想的是，如果川美能在这里培养出108位著名当代艺术家，那就天下无敌了。"

不仅如此，做艺术之人都有一个属于自己的工作室的理念，一直在罗中立脑海里萦绕。因此，在2005年，经过努力，学校以较优惠的价钱，从市内一家军工厂手里买回了原属于川美、但因为历史原因被该厂事实占用作其产品仓库的一块地。然后，学校把军工厂在该地块上修建的、有着明显时代特点的仓库建筑群落，改造成为川美"坦克库·重庆当代艺术中心"，里面除设立了200多间艺术工作室供本校教师、部分国际艺术家低价租用外，还留出几间大展示厅，用作举办各类艺术展览，开展包括音乐、舞蹈、戏剧、电影、行为艺术等大型文化艺术活动。仅仅过了一年，"坦克库·重庆当代艺术中心"即声名鹊起，跻身于全国十大艺术机构。同时，在新修了教学大楼和学生寝室后，又把与"坦克库·重庆当代艺术中心"紧邻的空出来的学生宿舍，改造成艺术工作室，供学校在读研究生使用。而在校园外，以"坦克库·重庆当代艺术中心"为中心，则如繁星般出现了社会青年艺术家工作室群落，更是成为"黄漂青年艺术家"追逐梦想、实现梦想的孵化园。

从这些可知，只到当时，川美就已具有了至少在中国艺术院校中规模最大、系统最完备、管理最完善的艺术家个人工作室。

罗中立说："我希望我们的学生能够还在校学习基础的同时，就同步做创作，希望他们在毕业创作之前，就能有其他的创作经验和作品。如果学生只到毕业才做创

作，毕业后进入艺术职场，刚刚萌发的创作势头就可能受到很大影响、甚至消失，本来素质不错的艺术新人也可能会被现实生活的压力所湮没。因此，我认为，学校要努力为学生可以做创作创造出持续的、反复磨炼的机会。向他们提供工作室，就是川美最实际的支持之一。"

他说有这么一个愿望：如果每天晚上十点后，川美工作室有三分之一还亮着灯，那川美的艺术发展就大有希望了。而学院，就是要营造一个良性的气场，形成一种有利于人才成长的宽松氛围，培养一种教学相长、相互提携、相互竞争、共同进步的环境。工作室的聚合，正可以帮助达到这个目的。

不仅如此，后来在大学城川美新校园的规划、建设中，艺术家工作室再次成为一个重点和亮点。新校园里，"虎溪公社艺术家工作室"，以其共五万多平方米使用面积的体量，当之无愧地成为世界艺术家工作室之最，为川美教师、优秀本科生和研究生、部分优秀毕业生、来自社会的部分艺术家和来自国外的艺术家等，提供了一个自由创作、相互学习、相互交流、创造机会的艺术空间。

今天的中国，艺术人拥有一个工作室或已经不是难事，其感觉肯定也不再像罗中立等人几十年前修建私人工作室那样浓醇醉人。但能够时时想到为艺术人提供一个良好的个人创作空间，这个行为本身，却有很深的意义，不是一句话的事。

对此，也许借用罗中立说过的一句话可概括：办学就像酿酒，没有一个好的酒窖，就酿不出好酒来。

毫无疑义，每个人一生中，都必定会有一个可以让你发挥的舞台。问题在于，自己愿不愿意、能不能够抓住机会站上这舞台去，站上去以后，又愿不愿意、能不能够真的表现出自己的最好一面。但另一方面，请一定要记住，当属于你的这个舞台的灯光黯淡后，千万不要问，为什么别人舞台上的灯光此刻会那么灿烂。

第十章

1

  1998年，川美院长退休，资历和年龄处在黄金时代的罗中立，被学校教职员工民主投票选作川美院长。面对这突然而至的"变化"，罗中立陷入了是否愿意跻身行政管理，或者是继续"不闻窗外事"、埋头走个人创作路的艰难抉择。

  他想了很多。

  首先是繁杂的行政工作肯定会占去许多宝贵时间，肯定会对自己的艺术创作——怎么说呢，在可以想象的情况下，有不少影响。

  还有客观情况是，由于多种原因，当时的川美走在了像似四分五裂的十字路口，管理松散，人心不齐，还出现了重庆本部和所谓的"成都分院"。成都那边也希望罗中立过去，不断发出热情邀请，连罗中立本人内心都倾向于去成都。

  但他又想，自己从一个弱冠少年走进川美附中，到现在风华壮年执教川美，已历三十多年，川美成了他事实上的家；自己从一个美术爱好者，成为今天的知名艺术家，川美在他成长的路上给了太多的哺育。可以说，川美于他，是一种强烈的归属感，也可以说，自己的一生差不多都已经在这里了。而今母校需要自己，那么，不是正该为母校的发展尽一份心、出一份力吗？再说，多年来自己在艺术上的诸多感知感悟、自己对中国艺术教育的感知感悟，不是正可以通过一个更高一些的平台而不仅仅是一个讲台，被最好地释放出来吗！

  罗中立终于说服了自己该去担起这份担子，不辜负大家沉甸甸的信任。他说，虽然院长头衔本身于我没有意义，但站上这个平台后，就可以和全体师生一起，共同创造川美新的飞跃。责任肯定重大，但即使这责任就是一个十字架，我也愿意把它扛上，为了自己对母校的一份真挚的爱、一份深深的情感！

1998年9月，经过有关组织部门的考察，从未有过任何行政管理工作经验的罗中立，从一个普通教师，正式走上了四川美术学院院长的岗位。

后来也有人问他说罗中立你以前连个教研组长都没当过，就是一个普通老师，怎么去领导一个学校？

他说刚开始时自己也不知道怎么回答，后来多想想就清楚了。说按照当年自己当学生时、当教师时对学校领导们的期望，按学校之前历届领导们做得很好的去做，不就行了吗！总之，一个学校只要营造出好的文化氛围、学习氛围，有才气的孩子就能在这里成才。办学的本质，最终目标就是要出优秀人才、出好作品。所以就直奔最终目标。

虽然已下定了决心，虽然已明确并直奔最终办学目标，但对于从天而降般的这份"变化"，罗中立还是很有几分"惶恐"。

他形容说，这时的感觉是，本来自己很像是正开着一辆加满了油的车，前往明明知道要去的那一个目的地，也知道大致什么时候可以到达那里，却突然，某些原因发生了，自己眼睁睁地开着这车跑上了另一条陌生的路，这时心里老担心最后会是什么结果，因为对正做的没有一点儿把握。还有，自己原来的抱负，似乎也在突然间改变了。

他说这也让他老有种阴差阳错的感觉：因为油画《父亲》出了名，因此被"推"上了院长的位置。但这个结果他事先没有任何想法，不知不觉地就来了。

他说也回想起读大学时，和张晓刚、周春芽等同学，因为对之前沿袭下来的苏式教育标准很不感兴趣，几个人都属于不那么服从学校管理的"差生"，所以时常被系领导叫去进行善意的规劝，乃至批评教育。而且考试时，成绩也不好。他那时所以老喜欢躲在一边画连环画，原因之一也有为了逃避、为了释放心情中郁闷的意思。还记得，张晓刚更曾经郁闷到几乎就要去退学，等等。随着诸如此类的问题引出的连带思考，罗中立说，我因此对中国的艺术教育现状做了一番认真的、深入的反思。我

说，既然人生已让我站到了一个新的岗位上，那就要下决心，用新的理念、包含了自己和我们这一批人想法的新方法，最好地开展艺术教育，培养出更多更好的艺术人才。

一言以蔽之，感觉人生轨迹发生了大改变的罗中立，不敢有丁点儿懈怠。他对同事们说，川美事实上错过了很多发展的机会，现在，我们一起来让它大发展。我会全力以赴，把每一天都当作一件作品来完成。

他也对自己说，创作时间被占用了，那就让我施展工作之余的每一分"勤快"来弥补上吧。

2

出乎大家意料的是，川美新任院长罗中立，没有显出半点儿新手起步的生涩、迟钝和摇晃，反而表现得出乎人意料地自然、麻利、平稳。

川美新任院长罗中立，以他一贯的"较劲"和认真，凡事一经认定就马上施行那样的果断，雷厉风行地砍出了"三板斧"。

第一板斧，是针对他先前发现的学校的"短板"：硬件设施上的问题。现在，他开始把想法变成行动。

他以艺术家的眼光和思维，和新的领导班子一起，布置新建、改建教学楼和学生宿舍、教师住宅、教师专属工作室、图书馆、美术馆、外教招待所等。一句话，所有会与教学相关的，所有能提供师生们安心学习、良好生活的硬件设施，几乎都进入了学校规划的新蓝图中。是啊，这是一个很好理解的道理，人心不定，人心不齐，何以做事？

实事求是地说，在此之前，川美的教学条件和学生、教师的生活居住条件等，即使只与重庆的其他高校对比，也处在中等水平偏下。能够体现出一些特点的，是在校园里多处安放着的雕塑，小花台里种着的郁郁葱葱的花花草草、路边几行粗大茂密的法国梧桐等，所带来的几分与众不同感。这一切合在一起透出来的几分小资般的幽静美，几十年如一日。但作为一所专业美院，名列全国八大传统美术学院之一，仅以这样的状况，肯定已经不适应新时代的要求了。当然，这种状况的存在并非谁之过，真要说起来的话，该是因了从前人们的认识、社会的条件以及时代观念、经济水平等多方面的局限所致。

所以今天，必须要让川美变成一个真正的"凤凰窝"，能引得凤凰来，能留得凤凰在，能飞出更多的凤凰，要让川美被人看见、被人听见、被人传说。

第二板斧，是针对人才的政策，引进专业艺术教学的，艺术史研究的等，还包括了在行政部门做专业工作和管理工作的人才，等等。他脑海里有一个很清楚的观点：川美要想成为培养优秀艺术学子的摇篮，必须先得全方位地有一大批高水平专业管理人才。

不仅从外引进人才，更是充分挖掘、发挥学院原有人才优势，灵活机动地运用人事政策，为开展优质教学储备人才资源。同时，为了激励专业教师特别是青年骨干教师教学的主观能动性，采取了很多鼓励性的、灵活大胆的措施。

科研创作更成了学校的重头戏。罗中立后来回忆说，即使当时我们的经费非常紧张，学校也会尽量保证科研创作提出的课题费，保证科研创作能够最大程度地、快速地、最好地开展。

曾经的国外留学经历使罗中立尝到了甜头，他很清楚是留学使自己开阔了眼界，回国后的创作才有了新思维，所以他也把眼光投向了国外。为了给教职工们创造一个走出国门去看、去学习的机会，为了让大家走出国门后尽可能没有后顾之忧，学校在法国巴黎艺术城租下一套艺术家工作室，租期五十年，免费提供给本校教职工，每次可两人入住，每次为期两月。而与国外/境外知名艺术院校和美术馆建立交流合作关系，开展留学生互派、外教长短期讲学、讲座、艺术展览等接轨国外艺术圈的活动，都同时驶入了快车道。有开放的胸襟和国际视野，被作为了学校的发展战略之一。

第三板斧，是针对教学的改革。

罗中立说，上任后和校领导一班人做的一切，都是为了一个目标：给师生们创造一个自由、宽松、包容、率性、充满竞争也充满机会的合格的教与学的环境。为了这，无论艺术还是学术都不搞一家之言，鼓励每个人自由选择，鼓励每个人独立思考，让每个人的艺术个性都得到尊重，让每个人的艺术创造力都可以被激发出来。学校教学的目的不是培养学生努力复制老师，而是要全力塑造出无数个独立的"他"。教学中，不能老师告诉学生这里是山顶它就一定是山顶，学生们才应该被塑造成另外一座高山。

他说：我认为这种理念正是早年诞生"川美现象"的基础，自己曾经受益于此，所以很明白现在更要维护和发展它。地处西部的川美能够人才辈出，一个关键就在于条条框框少。改革开放以来，川美更是以不拘一格、敢为天下先闻名全国。而这些，正是滋润艺术家可以茁壮成长的雨露。他说我们要做的，就是和年轻人一起，帮着他们把心灵中追求艺术的火炬点燃，之后他们就会自我燃烧，照亮人生的旅程。

回顾川美的发展史可以看到，八十年代里，由院长叶毓山教授开始的在学校陈列馆举办的三届学生"自选作品展"，展出作品不仅来自传统，其他如装置、音响、材料、拼贴等作品，也都是第一次出现在川美校园的展览上。其观念的挑战性和实验性不仅在全国美术院校中独领风骚，同时开创了川美连续举办学生作品展的先例。进入九十年代，油画系开始领先举办单学科学生作品展，至九十年代中晚期，川美开始举办全校各科学生作品年展。这些展览的出现，让学生在从前只有一个毕业作品展以外，多了很多次可以展示自己的作品并向别人学习的机会。而对于学校，也能由此获得检验教学成果的更多机会。

这种情况在罗中立任院长后，表现得更为强烈、明确、固定。川美也由此逐步建立起一套常规性学生展览制度：鼓励学生积极创作，鼓励学生积极参加校内外展览；参展作品除不能包含血腥、暴力、色情等不健康内容外，学校不对形式、材料、主题等设限。学生自由挑选作品参展，学校对参展的作品只评价"好"与"不好"，不做

"对"与"不对"的定义。

川美的包容和开放，使得每年一度的学生作品年展和毕业作品展，以一个响亮而热烈的名字跃然而出——"开放的六月"，并渐渐成为具有广泛影响的文化活动品牌，成为吸引社会大众走进川美艺术殿堂参与互动的一个焦点，也使川美迅速地以一个全新的形象，走进公众视线。

罗中立希望采取学术与市场兼重的独特教育方式，他开玩笑说这是"体制"与"江湖"并行。他说，国家改革开放的总设计师邓小平曾经说过，稳定的问题压倒一切。没有稳定，就无从谈改革开放！他强调，虽然川美提倡学术体制与艺术市场并重，高度包容，尊重师生个人创作的观点与主张，但仍然有底线，必须要把握好一个"度"，我们所做的一切，都应该要符合中国人"没有规矩不足以成方圆"这个理。

罗中立说，不管砍出几板斧，目的只有一个：一切为了办学，为了出人才，出一流人才。要能酿好酒，就得有好酒窖。好的酒窖要包含很多方面，我们已经做的和正在做的也在其中。最重要的是，既然是美术学院，就该从美术史的角度衡量它，检验它在美术史上的地位，看它培养出了多少可以进入美术史的艺术家。这就是设想的、追求的终极目的。

罗中立后来常说，虽然像是阴差阳错地走上了院长位置，但值得庆幸的是，他也逐渐地把自己从前认识到的艺术教学理念，把以前在学习、生活和工作中摸索、感悟、积累起来的很多想法，一点一点地融入到办学路上。当然更有不少新想法，是在后来的工作实践中发现的，事先并没有计划，为什么要用这样与众不同的方法来办学，有些偶然性和临时的别出心裁。好在，他和学院领导班子一起，让川美的形象真正迅速地走进了全国专业美术院校的前列。

3

2003年,川美站到了大发展的一个历史转折点。

出于新时代下大都市大发展的考虑,政府决定在沙坪坝区歌乐山西北侧山下的曾家镇、陈家桥镇虎溪等区域,建立一座大学城和工业产业园,互促互补,共同发展。为此,政府积极鼓励原本在市内已显拥挤区域中的大学搬入大学城。当此时机,罗中立在院务会上果断提出,这是川美可以大发展的好机会。经过学校职代会和教代会一致讨论,川美作出了进军大学城的决定,就此迈开了全面、高速发展的步子。

川美领导层借着艺术家气质的大胆想象,果断地向政府申报了希望获批700亩地的要求。这可不是一个小面积呀,几乎等于川美老校园的三倍大。

但这次艺术家们的大胆没有跟上政府的发展思路。700亩?那怎么行!给你们1000亩。

川美成了进入大学城几十所学校中唯一一所被政府主动增加了土地面积的学校。

好啊,有了一张更大些的纸,可以更加纵情挥洒笔墨。

历经十余年建设,川美大学城新校园今天已成为重庆市的一个亮点,成为网上重庆市民自发推荐的重庆十大必游景点之一。2013年,川美新校园作为一件作品,从全球141件作品中脱颖而出,获得首届国际公共艺术奖,成为亚洲地区唯一获奖的优秀公共艺术项目。

关于新校园,沿着常规逻辑思路,先来看看校园的正门——一个很值得一提的创意性布局设计。

无数巨大的石头，像英国威尔特郡索尔兹伯巨石阵，在这里被有规划但"无秩序"地"自然"站立，在错综穿插着大片遮天蔽日般粗大的香樟树、银杏树的辅助下，构成一道"天然"的、气势宏大的正"门"。

正"门"外面，宽阔的广场，热闹的商业街，一派车水马龙、熙来攘往的大众化社会市貌，反衬出校门内的川美这片置身于闹市外的一隅净土、闹市中心的"桃源"。喧闹与宁静的反差、大众化生活与小众艺术的矛盾、社会与艺术的自我随心所欲下的选择、社会与艺术的相辅相成的关系等等，在这处不是"门"的内外，被自然地、集中地展现出来，像一个巨大的、流动变化着的展览，敲打着有心人的心扉。

正"门"内，突然大落差地凹凸起数座起伏不平的"小坡"，像路，又不完全像路，至少，不是让华丽闪亮的轿车可以骄傲地飞驰而过的平坦大路。这条"路"呈一种高低崎岖的状态，述说着曲折与神秘，向后面山坡上延伸而去。

来到这条另类的"路"上，你得慢慢地走，用你的心，在思考中慢慢地去一小步一小步地"度"过。

踏上这条另类的"路"往上方走去，被新鲜和不解笼罩着的心还没有来得及想清，何以一所高等学府正校门里的"路"会建成这样，半坡处赫然出现一把巨大的、背衬蓝蓝的高天仿佛耸入了云霄的"尺子"，那是一件装置作品，一把"量天尺"，也叫"刻度"——出自中国当代著名艺术家方力钧，取意来自测测"天有多高"。

这路、这量天的尺，在这里有何深意吗？

也许有。

你不是走进了一所高等艺术学府吗？来，低头看看你脚下的路呈现着多大的起伏，好好想想，你选择的艺术之路可能会是多么艰难？再抬头向上，看看那片蓝天，那片艺术的蓝天，你要通过什么样的努力，才能沿着这条艰难的路一步一步走上去，才能攀上那把量天尺，看自己在这片艺术的"天"上可以爬到多高处？你不想登顶吗？你有登顶的决心吗？你能坚持不懈地登上去量量那片"天"吗？一旦登上去了，你就会发现，你将拥有的，是一大片可以自由翱翔的天空！

不过，也不用把这一切想得太过严肃了。路之所以修成这样，环境之所以运营成

这样，不一定真是基于什么良苦用心，并不就是为了构筑某种很深刻的暗喻，或者说白了，并不真是为了让你去联想什么通往艺术之路的艰难、登上艺术高天之艰难，或者收获的喜悦等等。它也许就只是想让你在无意识中感觉到，艺术之路并不那么枯燥、刻板、一成不变、千篇一律，它更充满了运动、变化、活力、新鲜以及少年儿童都会有的那种贪图玩耍的乐趣。在这样一条路上，你只需随心所欲地往前走、往上走，不知不觉地就会越走越高，自然而然地就登上了那"量天尺"，会站到你应该到达的艺术高点。

真的，不要想得太严肃了。路之所以修成这样，或者一如人们现在常看到的，它就只是为了让生性好动贪玩的年轻人得暇时，只要高兴、愿意，就来到这条起伏路上玩滑板、溜旱冰、骑山地自行车等，从一种另类的游戏运动中，得到生于变化的乐趣；借着一种不同的体验，放松他们的大脑，放松他们的思想，或者，就可以有创作的灵感在玩耍的哪一个瞬间突然产生。不是说，改变学习是最好的休息吗？得到了最好的休息，自然也就得到了开始新的学习与工作的活力。

正校门这里还有一个闪光点：校友墙——一座中规中矩又桀骜不驯般独自站立的建筑。

从20世纪40年代中期川美作为一所艺术学校诞生之日起，所有曾经在这里学习过的学生、工作过的教职人员，还包括来校开展过长短期教学的外籍教师，他们的名字，都被镌刻在这面墙上，闪耀着一份骄傲和荣誉。

校友墙庄重肃穆地站立在大门的入门处，默默地向所有走来的观望者展示着川美走过来之路。这是一份历史的考卷，也是一份历史的答卷，是一份深沉的怀念和极大的感恩，是对所有川美人、所有为川美的发展做出了贡献的人的真心认可和致敬，它更是此时无声胜有声的证明。它作为新校园许多亮点中的一个亮点，见证了无数与川美相干不相干的人在一睹之下发出来的惊叹和感慨，见证了年复一年重逢在这里的校友们太多的欢呼雀跃和淌下的太多激情热泪。

没有考证过，纵览中国高校，乃至世界高校，这是不是唯一的、独出心裁的一个创举。它给予人的当然不仅是感慨和激动，更带给人一份渴望去争取、去奋斗的力量。

4

对一所艺术专业高校，有这样一个可以从零开始建设庞大新校园的天赐良机，川美的一班领导，真的为创建一个"别出心裁"的校园而全面展开、充分发挥了他们的艺术眼光和艺术思维的优势。

有见解的人都会认可的一个论点是，一所大学、特别是好的大学，必须体现出特有的人文，必须与它所在的环境等相得益彰。作为一所高等艺术院校的川美一班人当然更明白这个道理。于是规划新校园之初，建设一个人文的、生态的、田园式的校园，就被摆在了大家的议事桌面上。更进一步，在新校园设计中强调出对历史、对现实生活中的人、对自然等的尊重。

新校园将要"破茧而出"的这片土地，曾是世代在这里生存过的农民们的家园，所以校园虽新，却必须要真实地记录下、清楚地反映出农民的历史和记号，要传承起曾在这片土地上一脉相袭而来的多元文化。希望是百年后生活在校园里的人们，都能清楚学校的源头何来。为此，农民们原有生活状态中的场景、道具，比如土墙院子、水井，乃至竹林杂树野草，都考虑要最大限度地留存保护，让它们向后人原汁原味地讲述发生在从前的故事。

让校园的新建筑物与原始自然共生，让新校园坐拥原始自然的山水，让生活在里面的人与自然达到和谐，成为校园建设重点中的重点。

为此，校园规划以"十面埋伏"为创意。地块上原有的十二个小山头被保留，体

现了当时所称的"不铲山"原则。后来校园里所有的建筑都被安放到这个"自然"当中，一处处"埋伏"在自然下传达出"柳暗花明"意境的建筑，让所有人流连忘返。

为了原始、自然与尊重，农耕被"请"进了校园，或者说被"留"在了校园。从前生活在这片土地上的公社社员，现在被聘为"工人"，在这片祖辈生活与劳作的土地上，继续从前的"旧业"。于是人们看见，校园里：春天，有大片金黄色的油菜花让来自四方八面的游客沉醉；夏季有无数翠绿的荷叶和粉红的荷花迎风送爽；秋天的红薯让人回忆起原始的甜蜜；而冬天呢，又有新种下的绿绿的油菜苗把黑黄色的土地"点彩"成一幅巨大的印象派风景画。

从前人民公社社员们灌溉土地时用到的引水渠更被精心地保护，变成宝贵的人文遗产，带着罗马古城废墟般的骄傲，在人们很欣赏很称赞的目光下，围绕着学院最亮眼的图书馆，释放出很"土气"但也很启发人的气息。

不过罗中立解释说，保留"老物件"的目的，当然不尽是为了吸引人们的眼球，而是想揭示一个理念，建设"新"的校园该怎样建，面对发展应该怎样做，包括原来生活在这片土地上的人——社员们——的对待方法。总之重点是要体现平等、尊重、共享发展，这才应该是保留所具有的意义。

此外，大量的中国古文化、民间文化被借鉴进校园，比如随意陈列在校园里的那些已有着几百年、上千年历史沉淀的各种石雕，它们曾因具备的文化和精湛辉煌过，后来又因为人们的淡漠意识而被如同垃圾般丢弃在乡间田野哪个荒草角落，或是颓废在哪座残破荒芜的民间小院，而今侥幸辗转来到这里，重新扬起一张饱经岁月的脸，多角度地向人们展示着中国传统文化的深厚和丰富，骄傲着中国传统艺术的精美，颂扬出中国古代艺人的工匠精神——当那份由吃苦耐劳、谦虚奉献、朴实不华等品质综合而成的工匠精神，能让所有悟到它的人为之感慨万千，此时，它们曾经有过的、并一直存在的巨大"价值"就复活了。当然，承载着丰富历史的石雕，在从一个角度帮着把一个崭新的校园构成一个似拥有古老文化历史园林的同时，无疑也为学子们营造出、提供了一个"秀才不出门，全知天下事"的环境。有心的学子稍加专心探索，就可以经由这条路径去认识到蕴藏在中国古文化中的大美内涵，去学习、去感受、去领悟古人的"情怀"，从古人的"匠心"里寻觅到可以在自己心里新生的"萌芽"。而校园里用了这样的点缀，更从一个重要角度展现出新校园设计者们的人文关怀，表达出对历史和古人的缅怀与纪念。

中国古园林建筑里最常见的"风雨廊"，带着独有的特色，几乎贯穿了校园，在提示出它本身具有的一切之外，这里至少还多了一个功能：下雨天，可以为"懒"到不想拿雨伞的学生，提供一份方便。

走进川美新校园，在很多地方看到看似随意、实则精心放置的泡菜坛子、石头磨盘等民俗物品。它们或以一种很"怪异"的造型，或以一种"傻乎乎"的姿态，迎接着人们的诧异和兴奋下发出的呼喊。这些曾与普通人生活密切相关但也几被大众断然抛弃、遗忘的物品，现在当它们以一种"另类"、以一个高等艺术学府一分子的"身份"重现于大众眼前时，它们就与大众产生了朴素而真实的互动，在唤醒人们记忆的同时，帮着消解了普通人与艺术之间的高深"鸿沟"。平凡、质朴、真实、升华，"化腐朽为神奇"的艺术要点，就这样悄悄地潜入人们心中。

校园里的美术馆，因其内涵，位置，让人眼前一亮的外形、外观，更成为引人入胜的好去处。到了川美新校园如果没去美术馆，大概会被人说成没有真的到了川美。

美术馆"奇妙"而精彩的外形设计主要出自川美副校长、同样头顶着"七七级"光环的郝大鹏教授；他从同在大学城区域内的一处大粮仓得到启发，于是设计美术馆时有了"粮仓"这个概念，这个概念也正好符合艺术学院的思路：农民们收获后往粮仓里存放粮食，不正与学生们学习后拿出创作成果是异曲同工？区别无非在于一个是为了存放，一个是作为展示。但存放其实不也是为了另一种"展示"？比如说川美当然就更是一个大粮仓，聚集起来自全国各地的优秀学生，他们"秘藏"在这个"粮仓"里研习数年后，再次播撒进外面的广阔田野，作为一颗种子，去那片田野重新发芽、茁壮生长、得到新的收获。

在同时借鉴了中国传统四合院的优点后，美术馆闪亮登场。为了一种情结，为了体现互动，为了展示历史，登场前美术馆还穿上了一件"酷炫"的外衣，给它穿衣的还是川美自己的学生，他们把自己所有灿烂的想法都植入到那些迷人的色彩和图案中，成为让人们惊叹的因素之一。

不仅如此。基于前面谈到的罗中立早年留学国外的所见所闻、所知所识，在和同

事们做校园规划时，定了一个目标是：把川美新校园建成一所"森林大学"。

往深了说或者往简单说，校园里种的树多不多、大不大、像不像森林，都不是最根本目的。希望的是看见这样一个校园：在或大或小的树装扮成的一派郁郁葱葱之中，在它们产生的或密或疏、或高或低的形态变化中，在春夏秋冬四季不同的树染出的不同色彩中，可以看见有阳光穿过有雨露孕育，有生机盎然的希望如雨后春笋般不断生发。这样的校园，可以为师生们提供一个赏心悦目的、快乐生活快乐学习的环境，可让师生们身心浸泡在无尽的轻松与快乐中；这样的师生在这样的校园中，共同凝聚成一个别具一格的、完美的四川美术学院。

所以在今天的川美新校园，就看见有许多茁壮的树，许多高低的灌木丛，许多绽放着不同颜色的花草，等等，合在一起，把川美演绎成一所置身雨林里的学校，并以它们的存在，直观地解释什么是宁静、清爽，什么是快乐、希望……

出彩的还有音乐广场、断桥广场、彩色梯田……太多"亮点"不断在人们眼前闪亮，让人不得不打心眼儿里说，川美就是一个与众不同的艺术学院，新校园就是一个拥抱大众的惊喜和热爱的"另类"。所以，新校园被大众自发推选为重庆市十个必游景点之一，只是一个必然。

作为艺术学院，作为生活在当下的艺术学院，校园内也展示着川美历年师生的很多优秀景观、装置、雕塑作品等，也作为校园的一分子，向人们讲述着学校的足迹，教学的成就，展示校园的另一份美，并代表学校向来访者表达热忱的欢迎。

历史与当下的紧密相连，自然的纯朴与文明进化的融合，复杂的社会与单纯艺术的梳理和沟通，平凡与不平凡的结合，都在新校园里得到很好的体现。

在规划新校园建设时，罗中立坚持把教职工的住宅建在校园的范围里，他说这样教师们平时相互间可以有更多机会交流、学习和相互影响，可以帮助产生起"气场"，有利于教学工作。但这，却与国外那种校园里不建教职工住宅的做法迥异。不知道对此可以提出"孰为鱼孰为熊掌乎"的问号吗？也许，依据不同的文化理念在不同的处理方法下会得到不同但各自满意的结果，能作为注解之一。

艺术创作有一个宗旨，它应该、必须要"与众不同"。以此推理，既然作为艺术学院，作为集中表现创造性思维的殿堂，如果它这里那里都建得和其他学校几乎如出一辙，那它应该就不是艺术学院了。

这肯定不是标新立异，而是因循艺术的特点，是艺术创作的必然，更是艺术教育的需要。

有人曾比喻，说川美新校园建设与罗中立的关系，就像他此生精心创作的最大的一幅"油画"，借以说明他对新校园良苦用心的策划、忘我的投入、精雕细琢的创作。如果你愿意对这个比喻做一番深入了解，如果你后来知道了他对新校园里的每一处建筑也罢、装饰也罢都是那么几乎事无巨细般的关心和关注，甚至就像有人开玩笑说的，哪里该种一棵什么样的树或种一棵什么样的花草，他也会做一番认真考虑，你就明白了这个比喻所包含着的"准确性"；如果你再看到了他作为一个著名艺术家，却认真地为校园建设画了那么多速写式的草图，你肯定就会更加认可这个比喻的精确了。而且还可以肯定，这绝对是中国艺术圈内绝无仅有的行为。

不管怎样说，至少有一点是毫无疑义的。罗中立的确是把新校园建设当作了一件可以很出彩的作品，他用一个艺术家的眼睛和思维，全副身心地去创作，但不为他自己，而是为了川美的今天和明天。

新校园仿佛更可以被看作一件"行为艺术作品"，罗中立和同事们在校园的一草一木、一砖一瓦上，都倾注了"创作"的心血，寄托进一个美好的梦想。

罗中立说他希望，新校园可以成为年轻学子们实现艺术之梦的最佳平台。

按早先的规划，今天的新校园本来至少还有两处重要项目："校园围墙"和"文庙"。

新校园规划的是一个开放的校园，因此"围墙"只是一种说法，但规划中也真有围墙，只不过此围墙非彼围墙吧。它被称为"一米墙"。这当然不是说围墙只有一米，而是表达这围墙的一种显示状态：一米左右的一段墙，作为一个小空间界限，在这个小空间里展示出来的，是来自国内外著名艺术家等、学院师生人等的各类作品，也包括与古今教育相关的、与艺术相关的普及知识等。每一段这样的墙之间，再用其他方式加以连接，构成虚实相间、似与不似、是又不是的"围墙"。

假设一下，围绕着一千亩校园的围墙，可以这样展示出多少个"智慧的空间"？可以为多少人提供一个学习、欣赏、研究的"无限"？！

■ 新校园"文庙"大门草稿

■ "罗中立美术馆"外观一瞥

文庙。

据当地不少老人说，今天川美新校园称作"东山"的这个校园最高处的山头上，从前真有一座文庙。不过这座文庙也早已在从前的某个、某些运动中化为灰烬。文庙当然是与中国古圣贤孔子关联的，但其潜在的基本意义却是劝人就学，认真进取。今天的教育同样秉承着这个意义，所以如果恢复——当然不是简单恢复，而是匠心独运地、艺术创造性地恢复——文庙，有没有可能对学子们起到一点儿积极的促进作用呢？

遗憾的是，由于多种原因，这两个项目都没有成为现实，最终停留在了罗中立的草图上。

5

成为了川美校长的罗中立，真的三百六十五天都把自己"陷"在公务杂事的"泥淖"之中跳不出来了、不再做自己的创作了吗？很多人这样疑问，也有很多人私下这样结论。

但这当然是不可能的。

玩心太重的罗中立肯定无法忍受那样的"折磨"。

清楚自己艺术家身份的罗中立也不愿意被那样"折磨"。

始终记得要做大艺术家的梦的罗中立更不会容忍这样的"折磨"。

无论周末还是节假日，只要稍有空闲，只要突然来了玩劲儿，只要突然接到哪个

朋友的电话：嗨，罗二哥，听说哪里有个很漂亮的古镇，想去看看吗？或者是：罗二哥，明天想不想去哪个老街赶场？

好哇，出发。罗二哥回答。听那声音，分明就是一个在家里"关"得太久被突然"放"出门因而自由兴奋到极点的孩子。

于是几个朋友就一起开车出发了。在私家车不流行的很多年前，也曾经大家一起，驾驶着一溜摩托车出门。

一路上走走停停，反正也不是为了赶路，哪里有好看的、可以画几笔的，就停下来看一阵子，画上几笔，继续前进。所以，咱们出发时不要先讨论路上会用多久才能到目的地，也莫把要去的那个地方真当作此行目的。走出门就是目的，下乡就是目的，赶场就是目的，能玩能放松能自由能愉快就是目的。

一行人常常在路上花掉比别人多得多的时间，才来到一个大体上还保留着从前风貌的老场镇。

来这儿当然不是真为了赶场，为了可以买点儿便宜东西，虽然也的确常常会顺便买几样写着乡情写着怀旧的家什，比如撮箕扫把斗笠蓑衣火钳鼎罐等。主要的目的，是可以呼吸到透出浓醇乡土气息的空气，可以在赶场的熙熙攘攘的人流中"抓住"可以进入笔下的人物，可以和路边摆摊的乡民聊天侃大山，因而说不定就收获一份可资创作的灵感。罗中立也时常一个人默默站到正在街边做买卖的人旁边看一阵"热闹"，而从他凝望着他们的眼神里，分明可以读到正在他深心中鲜活着的丰富思考。

过了中午，和朋友们在街上随便找一家小食店吃碗小面，更喜欢来一碗豆花饭。对于吃的，罗中立好像从没有偏好，也没有嫌弃，而且总是胃口很好，这也老让同行的朋友们羡慕不已。也许，这还是与他从小来与粮食有过的一段特殊认识有关？

但是有一个现象更不得不让人真心赞叹的是，绝大多数时候，他手里的画笔都没有停下过。这给人的感觉是，他真的已经把自己和追求的艺术合而为一了。他真的不是安排好了思路，在需要画时才会提起笔来画，而是意随心动、手随心走，就像从前武侠小说中写的剑道高手那样，出手不是剑，是随心而至的剑气。

平心而论，成了川美校长后的罗中立，艺术创作究竟怎么样了？在人人都可以想到的大量行政工作和杂事"干扰"下，他真的还能一如既往地按自己的思路去从事艺术创作、出优秀作品吗？

受影响是百分之百的。

比如说出任院长前大多数日子里，你可以一天用八个小时大致上是连续地投入创作，现在你只有三个小时甚至更少了，很可能还是不连贯的三个小时。你为创作的构思和创作的过程，就会被不时中断、中断……，效果肯定也大打折扣。

比如从前在完成自己的教学课时量以后，就可以有很多空余时间走进乡下去收集素材，再回到工作室里恣意创作。而现在，至少每周五天的每天八小时里，首先得保证用于工作，除此以外的时间，可能还要开会、要出差，要及时安排落实相关的行政工作，处理学校出现的什么问题，等等。

比如回国几年后他喊出的"十年磨一剑"。那时曾以为十年后自己可以通过努力真的亮出一柄锋利的艺术之"剑"来，好让大家眼前一亮。但现在就是十年之约，该他向人们展示所磨之"剑"了，可是当院长了。日期到，"剑"未成，而往下，会怎样继续磨那把未成之"剑"，何时才能把它向人展示呢？

当然，也可以不必这么绝对地用付出时间的多少来为一件事的最后优与劣下定论。付出时间的多少，取得什么样的效果，肯定是因人而异的。在每个人的生活经历中也不乏如此事实：有的同学仿佛一天到晚都在玩，可他的"成绩"偏就总是优秀。与此相对的是，有同学从早到晚都捧着书本在苦学，取得的成绩却总是平平。按中国中医里有一句话说，叫做"兵不在多，独选其能；药不贵繁，唯取其效"。也许这就是打开问题之锁的钥匙？人不是也老喜欢说，八减一大于八吗？所以关键是，看你心怎样投入、怎样去合理使用有限的时间。

那么罗中立会怎样来解决这看似有些艰苦的"两难"问题的呢？

"行政工作之余，稍有空闲，我就会用很快的速度将我想画的东西记录下来。这样来让自己保持一个创作不辍的状态，不至于让自己画画的思维被行政的杂务消磨掉。"他这样说，也这样做。

也像他常常对自己说的"勤能补拙"那样，就任校长后他表现出来的勤奋劲儿，真的到了更让人惊讶的程度，也令人佩服不已。速写本于他，完全等于平常人随身带的钱包或手机。一有空闲，速写本就像玩魔术般出现在他手上。和他一起出差的同事

发现，无论在候机室里、在飞机上、在宾馆的大厅里，稍微有一小会儿等待的时间，他都会拿起笔在自己的速写本上开始"耕作"。

一个有趣的事实是，有时他因为手头没有速写本，连住酒店的信封、飞机上给客人准备的呕吐袋、会议纸的背面……都成为了他用作速写的纸。偶尔，开会中间突然来了灵感，无法用笔画时，他会先用"心"在脑子里默画一番，会一完就紧着去把这"心画""复制"出来。他说当自己正在工作室里专心画画时，即使是喊吃饭了也不可能把他叫走，因为他不希望这时正酣畅淋漓的创作"状态"被打断，不希望这时正激越的感觉被后来的冷静所改变。等到释放完了那一份激情，等到放松后突然意识到胃早已饿得发痛了，他才会放下画笔赶回去吃饭。为这事，仿佛也扮演着他的生活秘书的妻子，不知有过多少次又心痛、又关心、又无法可施而发出的几句"抱怨"。

如果人在学校，因为事多会多一直忙到了很晚，实在不可能再有时间坐下来画画了，他也一定会赶去画室，哪怕只在那里坐上几分钟。他说要来"闻闻油画颜料的味道"，好让自己脑海中那根弦绷紧。

他说，按从前他画画的速度，当院长后，因此减少的画的数量大致上可以量化，如果把大画小画加起来算，每年会减少了几十上百幅画。不过数量减少并不是他最关心的问题，真正让他担心的是，几年下来，在少画了几百上千张画后，会把创作的状态给丢掉了。所以他一直反复告诫自己一定要保持状态，反复提醒自己，行政是过渡，专业是一生。

因为善于抓住点点滴滴的时间作画，无怪乎担着繁重行政工作的罗中立，依然有丰沛的作品问世。

总体上看，罗中立属于高产艺术家。在不同的时期，每年创作的作品数量有不同。作一个不一定非常准确的比较可知，在回国后的十余年里，他完成的创作作品总数量很多，而在出任院长后的十年里，则是手稿量明显多于完成的作品量，但同时，出任院长后的十年，又表现出大尺寸作品的数量多于前十年。

罗中立坦言，虽然出任院长的确让自己少画了很多画，但他却画了可能在同龄艺术家中数量最多的手稿和草图。他说卸下院长担子后，就会尽快地、尽量地把这些草图变成作品。他说这正是每天激励着他保持创作状态的重要因素。

最难能可贵的是，在此期间，罗中立并没有只满足于简单的重复式创作，他沿着自己之前定下的目标，持续走着那一条艺术探索之路；在之前的表现主义基础上，努力地向着完成自我、完善自我、创新自我的目标跋涉。新的潜能不断地糅合到他的作品中，大巴山的场景和大巴山的农民，现在已成为了绝对到几乎一统画面的题材，但艺术表现手法开始发生极大的变化。

自20世纪80年代开始，罗中立不断受邀在中国美术馆、中国台湾历史博物馆等国内重要的艺术机构，以及包括在美国、比利时、德国、日本等国举办个人艺术作品展。

但罗中立一直的表现都显得低调，不仅在个人与社会关系的选择上，办学中也表现为这样。面对一种可能与否的思路时，他会沉下心来，认真地设想，全方位地思考，要和同事们反复讨论，确定了，才把分分秒秒用到既定目标上。但他不会事未行就刻意去叫喊、去张扬。他说把事儿做到最好，才是唯一的目的。

罗中立在川美当了十七年院长，是到目前为止，川美院长任期最长的。他说自认从本质上看，为人算得上正派，从不在院长这个位置上谋私利。他说他淡泊名利，有一个非常重要的原因是成名早，按人们一般的说法是，得到的第一桶金也早，因此比很多同代人沉稳得多。所谓无欲则刚吧。另外，也有其他一些重要原因，比如从小受的很正统的家庭教育、社会的教育、个人的人生经历等。

不干净的心灵肯定不可能生长出纯净的艺术。纯粹的艺术家只对艺术虔诚，并以敬畏。名和利，在为艺术而生的艺术家眼里，是一层可以忽略不计的尘土。

他说，也许是因为自身的成长经历和天性使然，所以他耐得住寂寞，可以在作画的个人世界里自娱自乐。但他还是想说一点自己的认识，就是画画的人心里一定要明白的是，不要太在乎别人怎么将你归类，不要太关注别人对你持什么看法，尽量摒弃其他与你的艺术创作无关的信息，潜心去画，就行了。

不过对于早年成功，罗中立从不讳言包含在其中的偶然性，他也常用民间俗话来给自己开玩笑，说自己是"一扑爬摔在了狗屎上得了个狗屎运"，画了一张画，就有了后来的收获。他这样说，益发看出他天性中的谦虚。

不过也确有不少人发自内心地对他的成功不以为然，还有说出诸如"画一张画吃一辈子"的话。对此，先抛开其他不论，正如他一个朋友有一次忍不住感叹的那样：假如人都看见了罗中立精心保存着的，好几个大木箱子装着他从小学开始这一路几十年里用铅笔、圆珠笔、钢笔画的，并且还不是全部的速写、素描和色稿等；假如愿意花时间去对他每一张创作的产生过程做一番悉心的研究，看看每做一幅创作之前他都会画出多少幅草稿和色稿，一直到他自己认为真没有缺陷了，才会动手进入正式创作，明白了他对待艺术的这样一种态度后，应该就会真正明白了那个谁都知道但并不是谁都真正明白的道理：机会面前人人平等，但机会永远是留给有准备的人的！人自然也就会明白了，罗中立，为什么能够在一个关键的时候，自然而然地抓住了那个"千载难逢"的机会，收获到成功！

　　有个无法证实的趣闻：当年哥伦布发现新大陆后，很多人都不以为然，说那片新大陆明明就躺在那里睡大觉，你不去发现，有一天别人也会去发现。

　　哥伦布掏出一个鸡蛋来递给一群持这样观点的人，说先生们你们谁能把这个鸡蛋在桌子上竖立起来就请给我竖一个来看看？

　　所有的人都试了，但没一个人做到。

　　哥伦布同志把那只鸡蛋抓在手里，磕向桌面。鸡蛋磕在桌面上的那一头破碎了，自然被轻而易举地竖立在了桌面上。这时哥伦布同志说：先生们，要把鸡蛋竖起来就这么简单。但你们在我这样做之前，都没有像我这样想和做。现在，你们肯定都知道了怎么能把鸡蛋竖在桌面上了。

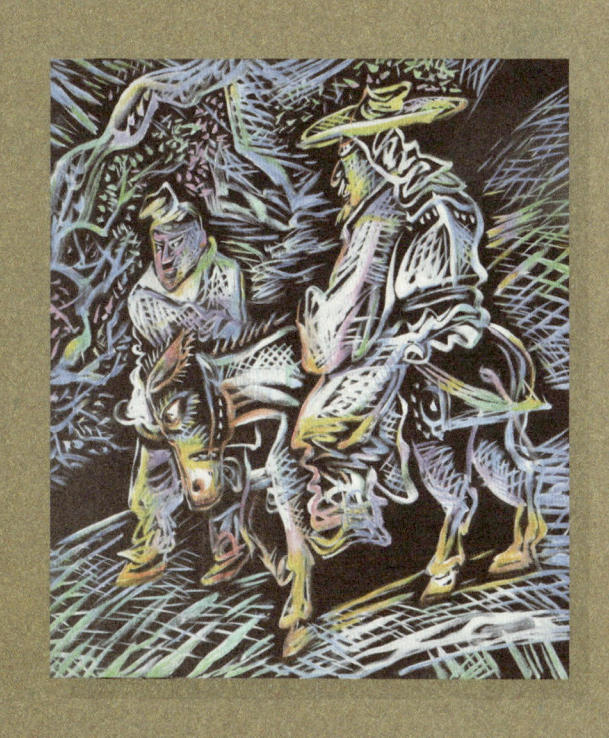

有一句世人皆知的话：不想当将军的士兵不是好士兵。这是一个真理，可以推而广之。然而，想把这个从士兵到将军的梦变成现实，没有"抛头颅洒热血"般的付出，恐怕是很难实现的。尤其，假如这个"将军"还是一个创造历史的"将军"的话，就更可想而知。

第十一章

1

1990年，罗中立为自己写下"面壁十年，穿墙而过"的激励誓言。

据说，达摩祖师曾在嵩山面壁九年，而后得真佛法。

据说，后世有人问智永禅师：达摩祖师面壁九年，到底是为什么？

禅师答：因为他睡不着。

这肯定是一个出人意料的回答，但让人思绪为之一震。

世人素常的定义是，达摩祖师能面壁九年，乃体现了何等特别、坚毅的修为，故，禅师的如此回答，明显有些风马牛不相及的感觉。可是如果我们从另一个角度去思考，它也真实表现出一种轻松、活泼，像是让人借着一种另类的思维，来重新看这个世界、重新审视自己，其中似乎包含着一种用意，就是希望人能时不时地脱离惯性、打破约定俗成的"正常"思维方式，跳出僵化、狭隘、呆板的思维模式，走上一条新路，借着全新的改变，获得全新的成功。

艺术也正具有这样一种用意。

很多很多年前蒲松龄讲的一个故事中，有崂山道士可以令常人难以置信地穿墙而过。

人们当然知道，那终究是一代文人大师笔下的浪漫虚构，也许还包含了他的希望，不过总而言之是为了讲故事的需要。但我们假设，如果崂山道士真的能够穿壁而过，则不仅体现出他自身具备一种超乎于寻常人的本领即被后世人称为的"特异功能"，更标志出他对某一种希望有梦寐以求的忘我努力，他希望能走入一个"新世界"、领略并拥有"新世界"的新风光。在这个美好希望的蛊惑下，他才敢于去追寻、尝试常人之所不能。而他的那种异于常人的本领——假如真有——不用猜也知道，绝非唾手可得，需要他付出不知多少艰辛，才可能会在哪一天"水到渠成"。

故，面壁的目的，穿墙的目的，都是为了实践远比常人更深入的思考；思考的目标，则是为了能真正地求新求异，打破今天的自我，找到一条新路，走向明天的、超乎于常人的自我。

达摩祖师和崂山道士眼前，都有一堵真实的壁；达摩祖师和崂山道士心中，还都有一堵无形的壁。那堵真实的壁时时向他们提醒起那堵无形的壁，激励、鞭策着他们努力去把那堵无形的壁真正化于无形。所以可知，当达摩祖师走出山洞时，"壁"已经没有了；当崂山道士穿"墙"时，他心中也已经没有"墙"了。

为自己写下了激励的句子、决心面壁十年的罗中立，眼前和心中也都有一堵无形的"壁"。他那时为自己可将"壁"消弭于无形定了一个十年之期，但对于十年后是否能修成正果——不再"睡不着"、得到穿壁而过的"特异功能"，他并没有把握，有的只是一个真诚的希望，一个充满"诱惑"的梦，和他愿意为之付出全部努力的决心和行动。但梦醒时分会是怎样呢？

罗中立想面壁，确实是因为"睡不着"。

罗中立"睡不着"，不是从决心十年面壁时才开始的，起于更早些的几年前，当他还在欧洲游学期间就已"酝酿"起来。那时他就开始了深沉的思考。正如他后来对此常说到的：出国留学的最大收获是，对今后的艺术之路生起了一个深切的思考，一个大问号，它像一条路在我眼前向前方延伸。

所以他回国时，就带着一个思考和一个问号回来了。

这个思考中也包含了罗中立的决定，回国后，继续以那些一直鲜活在心中的大巴山农民作为创作的题材。他认定这些世代生活在大巴山深处、与中国农民有着共性的山民，连同他们所积累、所附带的浩瀚内容，能够帮着他完成真正"自我"的重塑。

罗中立后来说那颗"重读美术史"的种子，在那时就悄悄埋在了他心底。只是，他说，实事求是，那时还没有一个像今天这么明确的概念，也真的不清楚今后该怎样

画、会画成怎样，路该怎样走，才能到达目的地。但真实是，有一条线索，就此开始生发。

长期里罗中立作品的题目中都喜欢用到"故乡"两个字，从附中画的《故乡》，一直到后来的大巴山乡情画。"故乡"体现出他心里一条明晰发展的情感脉络，从真实的璧山"故乡"，到虽虚构但也同样亲近的"故乡"大巴山。不仅如此，"故乡"的概念更把他的心紧紧地与祖国连在一起，所以后来他在寻找创新艺术语言时，也会很干脆地选择回归本土，回到传统，从传统里走出来这样的一条路。他真心认定这是中国当代艺术的一条出路。一个中国当代艺术家究竟该怎样画，画什么，必须努力解决好。

从这个意义上看，罗中立当年虽被自己的思考和提问深深地"折磨"，难道不也应该为之额手称庆吗！

带着思考和问号回国来的罗中立，几年后，写出了那一句激励誓言。他希望竖在自己眼前和心底的那堵"墙"会在他的全身心努力下，尽早化为虚无，那时他就可以快乐地站起来，自由而轻松地穿"墙"而过。

现在罗中立因为"睡不着"决定要逼着自己尽快进入十年面壁了。但他不会因为"睡不着"而陷入不能自拔的苦恼中，大致上他一直属于乐天派。虽然这个"睡不着"的实质是"艰难"，他却让自己从乐观这个角度走进去；从这个角度走进去他看见他的"希望"正被绚丽的七彩举托着；他选择从这个角度走进去，就像面对苦难时，有人选择哭泣，有人选择笑对。

三十几年前罗中立不知道自己今后会画成怎样，却很清楚作为一个中国当代艺术家需要做些什么，清楚自己肩头上应该担起一份责任。他要全方位地表现几千年来饱受苦难的中国农民，让现实主义中国油画中的一个重要组成部分——大巴山农民——中国农民——借着他一定要有的原创绘画语言，走向国际。放眼国内外艺术舞台，从这样的题材角度来阐述农民、表现农民的画，好像还是一个空白点，正需要包括自己在内的中国艺术家们去发掘、去表现、去填补。

现实主义扎根于生活，生活则是丰富多彩的，不断发展着的，所以现实主义会永远呈现出多姿多彩的面貌，远没有到所谓的尽头。只要对现实生活赋予真诚、赋予感情，那么笔下的作品就必然是有个性的，不会是重复别人的。

罗中立说：在人生长河中，形成鲜明的个人艺术风格，是身为艺术家毕生的追求。

三十几年前罗中立不知道今后会画成怎样，对一个问题却一直很清醒，就是他必须要实现一个目标："面壁"出一种原创绘画语言，那才意味着全新的自我。

他很肯定地对自己说，今后我的作品一定要有浓厚的中国元素，明确反映中国文化，让人在看到它们的第一眼时马上就明白，这是一个地地道道的"外国人——东方人——中国人"，采用西方以前没有的一种东方原创语言画的油画。

他说他真的渴望看见，有一天，在中国传统文化土壤中生长起来的中国当代绘画（油画），能够作为世界艺术群体中最重要的成员之一，理直气壮地站上国际艺术大舞台。

他始终认为，洋溢着中国传统文化和中国当代艺术特点的艺术作品，应该理直气壮地亮相于国际艺术大舞台！

学艺术的人都知道，要想形成你个人的风格，你所选用的艺术形式与内容必须是完全独立的、与众不同的；或曰形式与内容必须达到和谐统一，才有可能得到相对完美的结果。在罗中立眼里，形式意味着他必须得有一种原创语言；内容——中国农民千百年一脉相承下来的生活状态，以及包含在后面往更深层次去的内涵。满足了这两者的那一天，他就可以站到自己心中那个目标平台上了。这就是他追寻原创语言时的初始想法。

怎样不让自己被大众的瞬时期待"绑架"，如何让自己远离大众焦点，获得自己的艺术创作自由空间，在独立的艺术思考中去"修炼"，最后走上那条可"发掘"到原创艺术语言之路，在回国一段时间后，经过了认真的思索，罗中立最终选择了"面壁十年"，并期待着在"出关"那一天，能够如风一般地"穿墙而过"。

从八十年代初人们经由《父亲》认识了罗中立，并借着紧随其后出现的作品如《春蚕》《金秋》《故乡组画》等，加深了对罗中立作品的印象后，到大众再次看见他的个展时，已是1994年，距离他出国，也刚好过去了十年，不过离他写下"面壁十年"的激励之句，才过去了几年。但他也算以此展览，与出国前的主要创作"符号"，

画出了一个句号，抑或是省略号！至少，这个展览让人们知道，罗中立正在朝着一个新的目标往前走。在那个新目标框架之下展示出来的图像，与留在人们印象中的，已拉开了很大的距离。所以，有人干脆给他这个时期的创作下了一个定义，叫做"罗中立的明日艺术"。

艺评家孙振华教授有过这样一个评论：我们一再强调中国艺术的当代身份，强调与中国当代现实发生关系，但如果说中国最广大的人群，占总人口近70%的农民被排除在当代艺术的事业之外，那么我们怎么体现艺术的公共性？体现对最普通民众的基本的人道关怀？……我们的当代艺术还有什么意义？

罗中立正是选择了画农民，在最普通的现实生活中发掘，表现最本土的、人文的、人性的东西。从这个角度来解读罗中立的创作思想，也就不难看出他一直苦心追求的深层次中的闪光点，看见他实质上的对中国当代艺术的踊跃参与和积极支持。

2

每个人打小以来都有一个梦。

在这个梦里，有长大了要做科学家、文学家、艺术家、工程师、医生等等不同的构想，但每一个构想都是清一色的模式：七彩梦。

这个梦会因为每个人所处的环境不同而指向的选择不同，最后的结果也不同。

这个梦无疑是最纯洁的，最简单的，也是最灿烂绚丽的，最具有吸引力的，但同时也是最没有约束力的；是建立在成名成家这个"虚假"功利基础上的但又是最没有功利实质的空幻的"希望"。

绝大多数这样的梦，是被父母或者启蒙老师灌输给孩子们的。但不管怎么说，这个梦可能会成为每个人对幼年时的一个深刻记忆，一把柴薪，一座灯塔，或一段永远的遗憾。

无法统计有多少人长大后实现了幼时的这个七彩梦。但肯定可以知道，绝大多数的人长大后的实际"成就"或现实，与自己曾经的那个梦风马牛不相及；部分人长大后的成就或现实与自己曾经的那个梦基本不相干，或者会有少部分交叉；真正把自己曾经的那个梦与现实合而为一、走在同一条轨道上的人，则是不是可以用凤毛麟角来形容？

正因为如此，才让我们更加感慨这一种人对自己那片初心的坚持，佩服他们那份不离不弃的努力，赞美他们那种愚公移山一般的精神。

能自始至终走在自己的"七彩梦"构筑成的那条路上直到最后取得成功的人，肯定会有许许多多"故事"发生在他们身上，不为人知。但我们却肯定知道，这样的人，属于真的了不起的一类人。

其实成功本身或并无所谓。成功只是一个人从他人生路上某一个前面的起点走到了现在的一个句号而已。成功当然也是对这个人在这一段路上辛勤付出后的顶着光环的一个肯定。但成功更是对这个人的鞭策，一个问号，假如他还打算在人生路上更进一步、再上层楼的话。

罗中立年幼时也有一个这样的七彩梦，主要来自父母有意无意的"灌输"，或者也包含了一些自己的偶然因素。

他很幸运的是这个梦一直陪伴着他的人生成长脚步，不断地给他以前行的营养和压力，不断地走进他的现实生活中来让他看得见碰得着，所以有一天，他成了凤毛麟角的人中之一。而他也是打算在人生路上更进一步、再上层楼的人之一。

他的七彩梦就是要做艺术家，那他就会被很多人知道。慢慢地他向自己的梦中添了一些色彩，要做大艺术家，还要得到奖金——像在歌乐山中学时得到了那两元钱奖金一样，而且要更多。当然，这背后还有一个理由，他因此可以一直做自己高兴做的事：画画。

在这个梦没有成为事实之前，是一个翻搅在云里雾里的时而有形时而缥缈的幻象；这个梦一度离开过他的思维，与云雾融为一体，或者说被雾霭遮没。幸好后来，由于他的执着，梦重新从云雾里清晰出来。后来的一天，他的七彩梦终于变成事实，他终于成了一个大艺术家，一个在中国几乎家喻户晓的大艺术家，一个有自己的画被编进了全国学生教材的大艺术家，一个早在20世纪80年代末当绝大多数中国人还在因为别人的"万元户"身份而羡慕到两眼放光时，他这一辈子都已不必再为生计而奔波、不必再绞尽脑汁地为自己制造亮点以期待能吸引人们眼球的大艺术家，一个现在可以不被任何名利左右、只潜心于做艺术的大艺术家。当然他也曾追求过名利，这也是他小时候想成为大艺术家那个七彩梦里最主要的内容之一。还有就像在80年代初一样，如果听说谁谁卖出了一张画，整个川美校园很快就会传得沸沸扬扬。

当每一个人还身为"凡夫俗子"时，他是无从奢谈高雅和高尚的。

物质文明和精神文明就像是你自己和你的影子。

但现在，至少是在1990年前后，他的梦境里，涌出了更多内涵。

他已不再满足于做一个在中国几乎家喻户晓的大艺术家：只因为画了一幅基本上就是借用别人的绘画语言而让人们流泪到今天的《父亲》油画，虽然那的确使他登上了自己艺术之路的一个高点。

他觉得在对艺术的追求上，自己现在很有些像是"渔夫和金鱼"故事中讲的那个永不满足的老太婆。不过他今天要追求的不再是名利，名利已经被他远远地抛在身后，他要追求的是梦境中新增加的那些个内涵，也就是他从欧洲游学归来时，带回的那一个思考和问号所生出的答案：在世界艺术大舞台上，用中国话讲中国人的故事。

他希望在世界美术史里，能有中国人原创的一种油画艺术语言。

从欧洲回来后，由那个问号后生起的答案所迸射出的蛊惑就在他的梦里蔓延，开始只闪起几点小火花，有些像电弧焊，慢慢地燃成烈焰，让他觉得自己一直都在被那股烈焰所生起的强力猛推着往前奔跑，根本停不下来。

他现在明白了，原来自己小时候的七彩梦里本来就应该包含这些内容，才是一个完整的梦。自己此前已经实践过的，都只是那个七彩梦的一部分，甚或说只是一小部分，也是不可或缺的一部分。现在他要做的，就是去让整个梦都成为现实。

不想当将军的士兵不是好士兵，同样，不想走进美术史的艺术家，也不算"完美"的艺术家。至少，你得努力为自己打开一条走进去的路，走上去，这才是自然而然的必须。

他不敢说今后自己要去实现的那部分梦境，一定能够比自己之前已取得的成就更能吸引人们的眼球，人们也不一定会把更多的鲜花和掌声献给它——至少在他能想到的时间内，应该不会。尽管如此，他知道自己也必须要去实现它，还必须得是争分夺秒地去实现它。他很清楚，这是让他的梦得以完整的不可或缺的一部分，而且这个梦现在已不仅仅属于他，更属于他被推选出来代表的所有人。

艺术大师的分量，举足轻重。举足轻重的含义，在于对世界文明、世界文化艺术、世界和平的贡献、推动和促进。

今天的中国也要出、也应该出世界级艺术大师，包括在世界范围里广为人知、广泛接受的油画艺术领域。在这样的目标下，相信中国有艺术家已经在努力朝着这个目标前进了。罗中立说他也希望和越来越多的中国当代油画艺术家一起，走进争取成为世界级艺术大师的行列。

他希望自己这个绚丽多彩的梦慢慢会被更多人喜欢和热爱，反过来它也为更多人带去鼓舞和力量，而不仅仅希望有人为了它喝彩。

实现世界美术史上的"用中国话讲中国人的故事"，这个梦或者说少年梦中的一部分，是那样的激动人心。不过世界上的任何事情都是不可能一蹴而就的，特别是像这样与"史"有关的大事。罗中立并不能确定可以被用来创造这种新艺术语言的所有原材料现在都扎根何处！虽然他认为自己先前已经知道可以进入到哪些领域——就是民族文化传统中去寻找。但寻找并不等于一定能找到。知道了人生的目标，并不等于目标就唾手可得。

幸好，他是一个总愿意下地干活儿、也能干活儿的"勤快的农民"。他不怕吃苦，也不怕失落，只要眼睛里还看得见目标，他就会直奔那个目标而去。

当然，作为一个艺术家，他不仅要尽力去民族文化传统中找到一种或多种可能适用的艺术元素，他还得有这个能力使这一种或这一些元素经过"蜕变"，使其最后被综合"创造"成一种很形象、很直观的绘画语言，而且还有很重要的一点，它必须是具有当代审美的绘画语言。说得直白些就是，这个原创艺术语言既要是从中国传统中发掘发展出来的，具有中国精神、中国气派、东方审美性，又要具有当代审美性，符合当代人的审美需要，它是植根于"我们这个民族"的艺术语言，要体现出强烈而浓厚的中国元素，明确地反映出中国文化，又要具有完全区别于西方现有油画语言系统中任何一种语言的本质。

获得这个原创绘画语言是他必须要达到的目标：为了最后有一天完成自己的七彩少年梦，为了有一天终于能够"用中国话讲中国人的故事"——讲大巴山人的故事。

其实也有评论家早就说过：中国美术的未来与真正崛起，还是要从自己民族文化的内在去探寻挖掘。将这种原本的智慧文明在当下发扬光大，唤醒其内在的新的生命，才能成就真正的中国当代艺术。

罗中立循着自己的思考，走上了这样一条路。

3

1986年罗中立回到国内，被动地卷入到"八五新潮"之中，准确说是，他之前在艺术上表现出的一些长项，恰恰为"八五新潮"运动的主旨否定。所以一度，他似乎多少也感到些迷茫。而那段时间的创作，也主要表现为对在国外学习后得到的体会，进行总结似的体验和摸索。

好在他虽然天性好动却也能乐于安静。尤其是刚从国外回来，他觉得有太多想法等着自己去实践，所以真实中的他这时更愿意逃离喧闹，不为被否定而担心。他希望自己在这个风云变幻太快的艺术运动中沉得住气，在"被否定"时不陷入迷茫，不把自我失落在各种假象中。他以惯常的韧劲儿，向着已认准的目标一步一步、踏踏实实地前去。他只想尽快获得强烈"诱惑"着他的"中国话"，从而走上"用中国话讲中国人的故事"的路。他有时甚至觉得那种诱惑真的很像塞壬女妖在海岛上唱出来的歌声，让他明明知道会有很大的"风险"，也会不顾一切地奔它而去。

罗中立留学归来时，也正是"八五新潮"的突破期，国内美术圈极力想在国外缤纷夺目的太多的艺术流派中寻找到参照点。他说后来看《围城》时很有感慨，觉得当时的情形很有些相似，就是"外面的人想进城，里面的人想冲出城"。

但为了"找到"在自己心中萌生起的那个新艺术语言，为了完成自我飞跃，罗中立沉静地走进了自己选择的那片天地。在当时国内艺术圈发出的一片喧闹声中，他没有困惑于自己的选择，没有迷失确立的方向：背靠传统，走进传统。言必行，行必果，这是一个成功者必须有的素质。

罗中立留学归来后，常被问到一个看似大家都很关心的提问，说留学让你在艺术方面体会最深的是什么？

他毫不犹豫地就说，就我个人认识而言，应该是"炒冷饭"。他说这里说的"炒冷饭"，意思就是要重回传统，回到自己的根，回到大众生活中去。中国传统、中国文化、东方精神、中国精神，这是必须要把握好、不能偏的脉。"炒冷饭"的真实寓意也是这条脉。但的确有很多人没看懂这条脉。他说自己在国外努力学习西方艺术家的东西，想的就是通过学习、消化，然后能寻找到自己的艺术语言。"炒冷饭"跟这个想法相关，只是表达得幽默、调侃一点。这个想法滋生了九十年代后画风的大转变，包括后来线性画主流风格的出现。所以，出国的收获就是，明白了一定要找到中国人自己的当代艺术表现方式，画自己熟悉的乡土题材。

目标明确了，罗中立就付诸行动。

他一头扎进了中国传统民间文化艺术的斑斓世界，大量浏览民间文化、涉猎民间艺术。

第一步，按他想的，走进中国传统艺术中去重新学习、理解、提炼，经总结、借鉴，反复尝试，反复推敲，希望最后形成一种既体现个性也是综合的、有鲜明东方性

的、有当代审美性的原创绘画语言。

中国乃世界四大文明古国之一。文明古国拥有的古老文明内容浩如烟海。虽然你做的是艺术，但要学习借鉴的绝不仅限于艺术领域，当然你可以把重点放在这个领域。

十多年后被罗中立定义为"重读美术史"的那一颗种子，从此被他正式付以心血浇灌，在心田里萌芽，一点一点生长。但要收获到他所渴望的那个原创"中国话"艺术语言，注定了将是一个浩大的完整"工程"，绝非三五天之功可及。正所谓"冰冻三尺非一日之寒"。

从此罗中立时时感觉到那颗种子在心底"蠢蠢欲动"，眼前时而也看见一条线索一点儿一点儿向前蠕动，但他对之也觉得心有余而力不足，一方面只能任其"自由发展"，另一方面，为了希望它们能够发展得快一些，他也会更主动地为之添油加薪。

自汉以降，中国传统民间艺术中有极丰富的资源，只愁时间有限，不愁无资源可寻，只怕自己的眼睛不能发现到可为已用的最好的部分。于是无论小众化的还是大众化的传统艺术如石窟、石刻、壁画、年画、木刻、版画、剪纸、国画、书法、图腾、门神画——民间称为的"喜画"、民间绣像、过年挂的纸糊灯笼，乃至一些更为小众的民俗艺术种类如过元宵节时哪个乡下的乡人们玩的铁水龙灯，包括少数民族穿戴的有刺绣的服饰，扎染的花草，等等，都成了罗中立的目光和思想所及之处，成为他思考的小鸟的停栖之地。每一种传统形式在他眼里，既可以看作是某种艺术语言，又都具有自己独特的原创性。

罗中立徜徉在传统大世界里，流连忘返，在忘情的赞叹中欣赏，细细地研究。不断有新的发现、新的体会，他也不断地在新发现新体会下去进行新的尝试，更发觉自己越来越为博大精深的中华古老传统文化艺术深深地折服，越来越领悟到要"用中国话讲中国人的故事"的意义。

付出肯定是痛苦的，更是快乐的，因为他明白自己现在正进行的，是一个既具有总结性、也是开创性的工作。为此，他无怨无悔。

此时期中他的艺术体验和想法，在他的画面中被逐渐地、大胆地显出来，人们在民间艺术里司空见惯、有时会感觉得似乎"俗"到不能再俗的色彩比如桃红、粉绿等，都"喧闹"地出现在他的画面中，因此也不难看出，罗中立在凝练他的"新语言"过程中对中国传统民间艺术和传统文化所表现出的着意彰显。另一方面，人们在此时期他以表现主义语言为主的后面，也隐隐看见有立方主义变形的影子在飘忽。

中国著名国画家李可染先生在艺术追求上曾经有一句名言：用最大努力打进去，用最大勇气打出来。感觉得，此时期的罗中立，正在"用最大的努力打进去"。

当然任何变化都不可能是在一朝一夕之间发生的，它的内在里必须得有一个漫长的、由量变引起质变的过程，今人理解这个道理，非常简单。当经过了一个漫长的阶段后，我们回头去看时，差不多就会于恍然大悟之间，一眼就明明白白地看见那个已经显得非常大的变化。

因此，如果我们对罗中立的艺术语言变化进行一个大致的时间划分，便于更好理解的话，那么我们或许可以这样来划分：1986年之前，为第一阶段；1986年至1998年，出于某种考虑，可大致归纳为他艺术生涯的第二阶段。本阶段作品一个突出特点是，有强烈的原始主义倾向。在这十多年里，他更主要在为了心中的那个目标，大量地学习、寻找、挖掘、思索、反复尝试和总结，为了最后获得原创"语言"而广泛撒网。所以，今天去看他在这十多年里创作的作品，就可以看见画面上存在的一条清晰的在摸索下出现的变化轨迹，有时候，也表现为较大的变化。而在一个较短时间内，对同样的题材、采用明显不同语言来表现的就更不少见。但实事求是说，这个阶段里给人的总体印象是，出来的变化形式不固定，也不是迥然两异式的变化，昨天与今天的表现形式之间仍然联系紧密，互为依靠、相互融合，一脉相承的感觉十分强烈，大有一种"剪不断理还乱"的纠结在其中。除非，你把十年前的作品和十年后的作品摆在一起看，这个变化就体现出跨越式意义了。

罗中立在苦心寻找自己可用来讲中国人的故事的"中国话"艺术语言这个时期中，采用的还是表现主义语言（包括一定数量的写实作品）。现在他手里还没有握着自己的艺术语言，他不可能让以前的自己中途停下。为了凝练一种新的艺术语言与继续运用已经娴熟的语言，在这个时期出现的交叉、交融肯定不矛盾。任何一种全新的事物在诞生之前，其实都会有一个交融过程，应该正是在这交融之下才会裂变出来一条新路。只是，看在这个过程上你脑海里会选择往哪边倾斜，但重要的是不能制造新

的"邯郸学步"。

借著名评论家易英教授之言概括，罗中立艺术的第二个阶段是第一个阶段的延续，但精神被沉淀下去，形式凸现出来……罗中立是借用民间的意象，在写实与民间之间的一种想象的民间。这实际上也是他前一阶段的延伸，也就是把农民的形象特征进一步地形式夸张，最明显的特征就是坏画和颜色。坏画意味着天然的、原始的、不规则的画法，笨拙、幼稚和天真的造型。色彩上则是对比色的不和谐并置，主要是红色和绿色，这一点很接近民间艺术，特别是年画和手工艺品。题材没有变化，形式却有大变化，但形式的意义蕴藏在题材内部，它是持久的，不变的，甚至是永恒的。这是罗中立的民间时期。

今天我们回头去看，可以清楚看见，罗中立艺术风格的"突变"，产生于即将进入新世纪之前。就像一锅开水，当水温达到100摄氏度，就会沸腾。穷尽十几年的苦心探索，或许也正为了证明水滴石穿的精辟。

罗中立在1998年后开始的绘画，归为他艺术生涯的第三个阶段。

当罗中立誓言的"十年面壁"行动正处于结束之期，不知是刻意还是偶然，或者就是一个必然的爆发，反正我们今天看到，当此时期，罗中立的创作风格乃至内容，都开始发生了突变。后来，罗中立把此阶段出现的这一类作品归入到"重读美术史"框架内。用他的话说是，新千年动手来画"重读美术史"系列时，准确说是已经历了十五年以上的思考了，因此对于画"重读美术史"而言，想法可算已经比较成熟。

回过头去，借助以下作品，我们可以比较清楚地看出，这种"突变"其实是怎样一路"渐变"过来的。《山路弯弯》（1988年）、《夜磨》（1990年）、《夜归》（1991年）、《下工》（1992年）、《金钱豹》（1993年）、《隔背》（1994年）、《过河》（1995年）、《憩》（1996年）、《戏水》（1997年）、《晌午》（1998年）、《沐浴》《巴山夜雨》（1999年）、《蒲公英》（2000年）、《雷雨》（2000年）。

因此我们也许可以做这样一番描述：在20世纪90年代末期，罗中立的画风突然大变。尤其是进入到了21世纪，给人一种感觉，他就像是在"以笔作刀"，有一种非常自我的、主要以粗犷的色彩线条所表现的风格让所有人眼前一亮，那是些看似张狂、任性为之的粗线条，但每一根线条都带着自己的个性，在画面上"恣意"地"划出"一种大刀阔斧的效果。这让很多到他工作室参观的外国艺术家、艺评家在见到那些还没有完成的画面时竟大加称赞,更有不少人建议他在画到黑底白线条这一步时,就可以打住了。

需要注意的是,尽管到了即将进入新千年之际,一种新风格的雏形已在"破壳而出",但罗中立仍然是让从前烂熟于心的表现主义与他如影随形,当然也明显"走"得更为自由、更如鱼得水,与他十多年前的创作相比,的的确确堪称有了"天壤之别"。出现这种情况的原因,除了十几年里他的艺术水平的相应提高外,另一个很重要的原因是,在他凝练"原创艺术语言"所作的探索、实践过程中,有大量丰富传统文化的输入,"两种语言"间的交叉、相互影响,因而呈现出来大幅度的共进。

所以准确地说,罗中立此时期的作品,至少包含了两种形式,一、从前的表现主义;二、"重读美术史"或者更准确些的说法是,"重读美术史"第一阶段形式。

不管怎么说,一如数年后罗中立提到的,他苦心孤诣地要获得的那一种艺术语言——他想用来讲中国人的故事的"中国话"原创艺术语言,在新世纪启开大幕时,的确已经初露锋芒。

4

2017年12月底,在四川美术学院大学城校园罗中立美术馆,"罗中立手稿展"开幕。

展览上主要展出了三个内容。1. 从罗中立20世纪60年代中读川美附中开始直到

21世纪初的一部分各类稿子。与创作《父亲》相关的稿子，更是第一次、全方位地展出。2. 大学城新校园建设设计草稿。3. "重读美术史"作品——罗中立用"中国话"艺术语言创作的油画作品。

《父亲》手稿无疑是观众非常在意、非常留心的展品。

"《父亲》是我学生时代最有代表意义的一件作品，那时是文革结束不久，社会处在一个大改革大开放的起点，几十年来对于《父亲》一直都有评论、争议。今天这个手稿展，把创作《父亲》时的主要草稿都放进来了，让人们可以更多地了解到《父亲》的创作过程，希望能对它有更多的理解。"罗中立说。

在为新校园建设设计草稿这部分中，可以看见罗中立当年在为新校园设计时，表现出来的那一片良苦用心，那种作为大艺术家而有的宽阔视线及胸怀；还看见他真的像一个园丁似的，在未来校园蓝图上的辛勤劳作。

虽然无法统计，但不难猜想，最强烈吸引了大众眼球的，应该是"重读美术史"名义下出现的那些作品。

以"重读美术史"名义出现的作品，其实并非第一次露脸。之前的2010年，在川美老校园坦克库艺术中心的个展上，人们已经见过。后来在国内其他一些城市，比如在刚过去不久的2016年，深圳"e当代美术馆"，举办了一个包含这个内容作品的大型个展。但在重庆展出涉及自己艺术生涯数十年、数量和品种都令人叹为观止的这样的一个展览，是第一次；在以艺术家本人命名的美术馆中举办的如此展览，更是第一次。

虽然在本次手稿展上亮相的"重读美术史"作品数量并不多，但因为它是一个著名艺术家最新、最具代表性的创作形式，也是让大众清楚地感觉得到、但又没有完全认识和理解的一种全新的艺术创作形式，因此，大家都想好好看一看、都想认真思考一下，罗中立付出二十余年心血、方用得见成形的"中国话"艺术语言讲出的是什么样的"故事"。

那么，什么是"重读美术史"？

"'重读美术史'是我的一张画。"罗中立这样说。

走进"重读美术史"之前，再来看看在本次手稿展上展出、前面已提到过的、罗中立读附中时临摹的那幅英国水彩风景画。

在临摹这幅风景画时，罗中立把原画中并没有的一个少年添进了画面，堂而皇之地背朝观众坐在石头上，面前放着一个画夹，正在"这个"风景里作画。这个被他想当然地添进画面里的少年，罗中立说就是他自己，用于临摹的那本英国水彩画册，和他手上的画夹，都是罗父当年参加工人美术展览获奖得到的奖品。父亲对他的影响，至少在这里提供了一个直观而充分的说明。而相似的画面，也出现在他1967年在双层生产队画的一幅速写里，不过它并不具备"穿越"意义。

不用去评价这幅临摹的水彩风景画的艺术水平如何，不过有人对它做的一个比喻却很有意思：它是为罗中立几十年后的"重读美术史"拉开的序幕。

它是罗中立说的那一张"重读美术史"的画吗？

不是。

好像它可以被归入今天"重读美术史"第一部分中具有"穿越"意义的作品里。不过实事求是，它绝不是、也不可能是为了起到给今天的"重读美术史"拉开序幕而诞生而存在的。

临摹这幅画时罗中立刚走进川美附中，那时的他也根本还不懂什么是"穿越"。但我们或许可以借着这幅画做一个小小的思考：那时候的罗中立为什么会有这样一种"另类"的想法和行动，把自己无意识地"穿越"进那幅自己正临摹着的风景画里面去？答案不得而知，因为他自己也说不出为什么。但这种半似有意半似无心的行为，大概很够让心理学家费一番解释的。

今天我们可以为之给一个很简单的结论：小孩子的"搞怪"心态。

不过问题的核心却的确在于，这幅临摹画真像是"歪打正着"地扮演了一个"吹鼓手"的角色。若干年后，当罗中立走进"重读美术史"的框架进行创作时，竟然真的把首开先河的尝试，落在了"穿越"这个点上，正好与几十年前临摹的那幅水彩画表现为同一种思路。不同点是，前者主要是出自无意，今天则是因了刻意。不知道是潜意识为了以此来证明罗中立心里一直都有消退不去的"搞怪"和"另类"，还是说"穿越"真的存在于这个世界里，抑或是说"穿越"本来就是人们普通生活中的一种形式，只取决于你有没有恰好碰到它，恰好看见了它，然后着意去渲染它、"实

践它"。

崂山道士的"穿墙",不也是一种"穿越"吗?

"重读美术史",重点在于"重读"。

这个"重读"里面至少包含着几层含义。其一,以前"读"过美术史,现在再来读。目的是在重读的过程中,发现从前主要因为个人能力有限或其他客观原因使自己没有很好地认识到的、被忽略了的;通过重读,在从前已有收获的基础上,对艺术大师们有更深入的认识和理解,解除原先的困惑、得到更多的收获、而后生出个人的新见解。其二,"重读"是一种手段,通过向艺术大师们再一次地全面学习和研究,和他们的交流对话,达到帮助自己升华的目的。其三,"重读"是一种新的具体尝试和实践,就是在与大师们再次交流对话后,依据自己得到的新认识新见解,用自己今天原创的艺术语言——"中国话"——去做反复的实践。看一看,它是不是真能够讲出关于中国人的好听的故事,让所有人都愿意为之侧目的故事?!

这是我们理解的"重读美术史"的"重读"。

罗中立觉得这样的认识不够全面、没有包括他想表述的另一部分。

既然名为"重读美术史",则其作品,一定应该与美术史相关。沿着这个理解可归纳如下。

到目前为止,"重读美术史"可划分为两个阶段,加一个"过渡期"。

1. 第一阶段:大约在新世纪前两年开始到2003年左右。此阶段出现的作品,关于"重读美术史"的意义,并不明晰也不完整。主要表现形式包括:

(1) 西方大师油画经典作品中的人物与大巴山农民展开的时空穿越,是本阶段的最典型作品,表现主义语言。如图《沐浴》1999年、图《巴山夜雨——洞房夜》1999年。

(2) 大巴山题材作品,表现主义语言。

2. "过渡期"或称"深化期":2000年后到2007年左右。此期间的作品表现形式包括:

(1) 使用了原创"中国话"艺术语言创作,内容表现的大巴山题材;如图《巴山夜雨——吹灯》2003年、图《呼喊》2006年。

(2) 表现主义语言，内容是大巴山题材。

(3) 与"重读美术史"理念无关，所用语言并非原创"中国话"，但看似也并非完全的表现主义，内容是大巴山题材。让人好奇的是，第一眼看上去，都会觉得这类作品很像是采用的原创"中国话"，因其画面感与本时期的第（1）类作品非常接近。不过细细推敲、究其本质，才会发现它们实际上与"重读美术史"作品的确存在着很大差异。由此，将它们单列，语言仍归入表现主义。

对这里提到的第（3）类创作做一个单独的总结：这类作品，还没从罗中立原来的绘画语言即表现主义里完全跳出来，但看得出，他想在绘画语言上找新感觉，也开始在尝试塑造他独特的新绘画语言。这类作品与他前期的表现主义画，事实上也已拉开了很大距离。感觉上它们是在朝着过渡期的第（1）类创作发展，换句话说像是通向第（1）类作品的一座桥梁，出现的时间也多在新世纪最初几年里。因为它们所用的语言还没完全平面化、纯粹化，它们的体现也还是采用的罗中立原来那种表现主义，有明暗，而且没有经过"重读美术史"第二阶段必有的特殊制作手段，还是在画布上直接画出来的，所以，它们不能算作"重读美术史"概念下的作品。其实仔细回顾可知，这种类型的画面，回到90年代初期就已可以看见。只是那时画面中的人物显得更加具象些，到了这个时期，人物的描绘变得更意象些了。（图《蒲公英》1992年）

3. 第二阶段：2007年后直到今天。第二阶段开始用原创"中国话"语言演绎东西方艺术大师的经典作品，这类作品正是准确地架构起并完善了"重读美术史"理念，使之走向最后完美的主体。

上面提到在"重读美术史"第一阶段和"过渡期"中的作品，分别表现出了好几种类型。那么，一个艺术家同时期的作品中，为什么会出现多种语言并存的情况？

要回答这个问题我们可以说，首先是，一种语言的形成不可能有一个断然的时间分界线，正如同它也不会有一个断然的结束线一样，肯定有一个承上启下的、相互交融的过程。

然后，罗中立是不是也有几分刻意，用"英语"和自己新获得的"中国话"在进行交叉，试图在这个过程中完成比较，从而完善自己的新艺术语言。当然也可以理解

《巴山夜雨——吹灯》，2003年

《呼喊》，2006年

■ 《吹灯之一》，2002年

■ 《雷阵雨》，2003年

《蒲公英》，1992年

为，他到这个时候，对自己的新创艺术语言还没有达到百分之百把握的程度。

最后或许还可以有一个解释，那就是罗中立常提到的，有时候，他会突然觉得用这一种语言来完成这个画面不能最好地诠释、表达他心里的想法，不是他心里最想要的，所以他会选用另一种语言来表现它。即使这"另一种"语言与他现在的风格和追求相去甚远。因此，就出现了同一个时期的作品会有几种不同的表现语言，还包括几种语言"融合"的情况。这样的情况，其实一直都萦绕在罗中立的创作路上。

比如在本次手稿展上有一幅作品《洗脚》，创作于1995年。画面上是一个年轻女孩，正伸出一只脚去接着从屋檐上流下来的雨水洗脚。有过那些年里乡村经历的人都知道，下雨的日子，可以看见很多相同的情景。因为不能下地干活儿了，爷们就坐在屋檐下抽叶子烟、聊天，妇女们就坐一堆纳鞋底板，或者是守着摇篮里面的奶娃娃。总之，这是一个流露出非常宁静的情感画面。但这里值得提出的有两点。第一，不用猜就可以看出，这幅画表现的这个女孩，应该是一个知青，因为挂在她身后墙上作为道具的那个斗笠，写在上面的字虽已有些暗淡但仍然可以看清："广阔天地大有作为。"这就是一个明白无误的时代印记。你当然也可以说她现在是大巴山的人，但她却不是大巴山真正的农民。就这幅画而言，是不是也可以因此认为罗中立多少偏离了大巴山农民题材呢？第二，此时期正是他探索、尝试，努力"磨剑"，力求改变自己之前语言风格的实验期，为什么会在这时选用写实语言来表现"知青"题材画？难道不会有冲突的感觉？

罗中立的解释却很随意。

他说这幅画里表现的的确是一个女知青。为什么会在这个时期来画知青题材，画的时候真没有想太多，也没觉得会造成什么冲突，但画它应该是主要与夫人当年的下乡经历有关。夫人曾多次给他描述过下乡时住进的那处老院子，讲她那时的一些生活经历，渐渐地在他脑海中浮出来一幅充满诗意的画。于是这一天，他就用一种近似朦胧的风格，画出了一幅自己内心也非常喜欢的画。之所以要采用写实语言画，是因为他认为这种语言才能最好地表达出他心中想要的那种情调。

知青时代虽然过去了，但从前在脑海里留下来的种种场景无法忘怀，有时候一想起来就会生起非画不可的冲动，必欲一吐而后快。画的时候，也是以当时的认识去

画,事先并没有太多地考虑用什么方法去画。比如《洗脚》这幅画里,她身后的那个老院子、朦胧的大巴山,真的是好有诗意,但这种诗意里又透出一点儿忧郁和惆怅。知青恰逢生命之花盛开的时期,却置身在这样的山村里。当然这也不是说山村不好,但对于有另外一种身份的知青而言,从人的角度去认识,就不应该这样来看问题了。他说画大巴山的知青,至少也算表现的是大巴山农民的一个侧面,所以应该也不算离题。

他说对这样的场景和这样的情感,如果用那时他正在探索、实验的表现主义语言,或者是用现在原创"中国话"语言去画,真会感觉有几分别扭。他说自己一直都认为,画面属于哪种情调、哪种记忆,就要选择用相对应的语言来讲述,用激烈些的,还是抒情些的。就比如表现女知青的这种题材,如果用现在的新语言去画,和来自当时的那种情怀、和留在脑海里的记忆,可能真的就会发生冲突。

无独有偶,同年,罗中立在同一个题材下,用相同的语言画了另一幅《洗脚》的女知青,几乎相同的场景,几乎相同的内容,几乎相同的情调,虽然在"变化"中少了一头牛,却足以感受到罗中立的浓浓情怀。

还是同一年,一幅被命名为《春雨》的画,还是几乎相同的场景、几乎相同的题材、相同的语言,但画面上多了一个老农、少了代表知青符号的草帽以后,不知道罗中立这时的情怀仍旧是寄托于知青呢,还是转向了大巴山农民?抑或,根本没有想过?

罗中立对表现主义所"表现"出来的难以割舍心情,当然可以充分理解。毕竟,对于这种可以让他自由传达感性、具有个体解放潜在意义的语言,他已经在其中浸泡了三十多年,自觉可以游刃有余。正也如很多人说过的那样:无论是在写实主义还是表现主义上,罗中立都为中国当代油画的发展做出了非常杰出的贡献。

如上所述,"重读美术史"第一阶段的作品,用罗中立的话说,还是在"用英语讲故事",画面语言仍然是从前的、此时他也已运用到炉火纯青般的表现主义。此时期的作品,在造型、色彩、技法等方面,较之此前的作品,放开了很多,人物变形多了很多。同时有一个现象是,还出现不少"类"写实风格的画面。

回顾并加以分析后可知,在第一阶段时期,罗中立的原创"中国话"艺术语言已

■《洗脚》二幅，1995年

■ 《春雨》，1995 年

成雏形。因而似乎可以问问，他为什么没有试着用新的原创语言来展示他的"故事"呢？

关于这，罗中立解释说，首先因为这些画面是他用自己很熟练的表现语言就能够操控的，对那些题材、情景、构图等，"英语"就已能顺利表达出自己，已经画上手了，画着也不会影响创作时间。再呢，因为后来出现于"重读美术史"作品中的原创艺术语言，此时毕竟还处在一个上手阶段，没有真的成熟，所以还想多给点儿时间打磨一下。

他说，今后可能会用原创艺术语言来重画这时期的一些作品。还有，今后对已画得很顺手的表现主义，也会一直画着。他说自己的体会是，即使是在沿袭一种自己觉得很"熟悉"了的过程中，也可能会突然"悟"到新东西，经过思考酝酿后，极可能就能把它"跳"进新的语言中去。他还说，还因为直到今天，创作"重读美术史"作品的这种艺术语言，并不认为已到了最好、完全成熟了。

对于追求突破上限的人，不需要用底线去束缚他。

对于追求攀登高峰的人，每一个高峰都是一个新的起点。

虽然罗中立在"重读美术史"第一阶段中用来"讲故事"的还是"英语"，但前面提到的画面中出现的一个前所未有的特别现象：时空穿越，或称"东西方文化嫁接"、挪用、错位等，却的确让观众眼睛一亮、让艺评家们动起心思。而正是因为有这些带着"时空穿越"或"东西方文化嫁接"含义的作品，成就了"重读美术史第一阶段"的定义；换句话说是，"重读美术史第一阶段"定义，就因这类作品而生。

时空穿越也罢、"东西方文化嫁接"也罢等等——简便起见，姑且称作时空穿越吧——这种表达形式本身并不新奇，按说也不见得应该成为一个太特别的现象，因为之前，在文学作品中、影视中，这样的时空穿越形式早已为大众领教，且似乎并没换来多少叫好声。当然另一方面说，作为文学艺术表现形式的多一种探索，其本身无可厚非，也是可以被提倡的。

然而，在罗中立创作的画面上出现的时空穿越，却并不是一种简单的为穿越而发生的穿越，它是在"重读美术史"大旗下发生的穿越，所以这个穿越不是仅仅要满足于在画面上出现一种时空错位的现象，更不只是艺术家为了猎奇而做的尝试、为了想

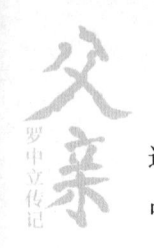

追求一种"新颖"而出现的图式。事实上，它们承担着一个更为重要的意义：揭示罗中立艺术创作路上的一个重大转折。

另外，恰恰也是在这类作品里，我们分明感觉到艺术家在为了进行某种探索的过程中多少流露出来的犹豫心态，他对自己正进行着的探索并没有绝对的肯定。但这些作品都是在艺术家一片良苦用心地进行实验的指导思想下被创作出来的：借鉴、挪用、尝试，这些都是罗中立此时期心里想着并付诸实践的行动。他力图通过这种方式，这样的由穿越带来的"创新"，完成自己一门心思想要的"重读美术史"，虽然已到了这时，真实说，如何开展"重读美术史"，在他脑海里，都还没形成一条完整的、清晰的逻辑思路。

虽然这时还是在用英语讲故事，但一个重大区别被凸显出来。如上所述，区别正是在"穿越"之下凸显出来的：由出现的"穿越"可以发现，罗中立的创作思路这时出现了大幅度调整：之前几十年里，他的创作题材只是赋予大巴山农民的，而在"重读美术史"第一阶段的这类作品中，"挤"进来了西方经典油画中的人物等。并且，不是作为配角，是作为主角，是在画面中与大巴山农民至少平分秋色的主角。

在"重读美术史"第一阶段"一种创作形式"里出现的这个破天荒的调整，是为什么？难道是罗中立真的慢慢偏离了他当初为自己定下的要一生一世都画大巴山农民的设想吗？

当然不是。

这正好体现了一个艺术家的思想认识发生了某种本质上的突变后出现的飞跃，一个不仅仅与艺术语言变化有紧密关联的飞跃，更意味着一个艺术家的视野、胸怀所包容的范围、世界观都发生了飞跃。这才是"重读美术史"第一阶段画面里出现的时空穿越所代表的深层次里的重大意义；这个重大意义正是由它所揭示的罗中立艺术路上的那个重大转折：罗中立要"用中国话讲故事"了！罗中立不再只是"用中国话讲中国人的故事"了！

这肯定不是一个简单的词语增减问题。它真实包容的内涵成几何级数般或无限制般地增加了。就像当年的油画从《我的父亲》更名为《父亲》一样，它增加的包容、内涵，它产生的意义飞跃，是无法以三言两语说清楚的。

出现这种飞跃自然与艺术家本人经过了多年的实践后，认识水平提高、知识和经验有了丰富的积累相关。是的，当一个人已经站上了一个高点之后，大概率上，后面他不需要特别多的时间做进一步铺垫，下一个飞跃就会于自觉不自觉中产生，让他从一个较低处的平台向一个更高些的平台飞跃，从而站上下一个高度。

本就已经站在了一个高点上的罗中立，就这样完成了从"用中国话讲中国人的故事"到"用中国话讲故事"的本质上的飞跃。

话虽短了，理，却更长。

不过为此飞跃，艺术家也已经花去了二十年以上的时间，虽然飞跃只是发生在最后那一刻。

熟悉罗中立的人都知道他有一个"业余爱好"，喜欢重复一个腾空而起的"飞跃"动作，无论是在国内还是国外，有时在空旷的乡下田野，有时甚至在喧闹的闹市，他都表现出这种类似顽童般的"任性"。不过总体看，这时候表现的，就是一个天性得到充分释放的罗中立。

多数时候他会是平地腾空跃起，有时也选择站到一个相对高些的比如一个石台阶上。兴奋中的他会让跟在一起的朋友，或他太太，或他儿子，帮他拍下几张照片以"留作纪念"。

他做好"飞跃"的准备后，口里喊出"一、二、三"，双手使劲儿向上一甩，双腿弯曲成平燕式，用力腾空而起，让天空作为背衬、让大地停在脚下，把一个"飞跃"的姿势，凝固在那一个极为短暂的时刻。

他这是为了在潜意识中常常提醒自己，人生必须要飞跃吗？

他"业余爱好"的另外一个经典动作是"拿大顶"。谁也不会相信也不敢相信，一个平时并没有专门坚持锻炼的罗中立，即使在已过花甲之年，居然还能够随时随地头下脚上、平平稳稳地"拿大顶"！他自己的说法是，小时候很喜欢玩这类动作，所以自然就能信手拈来。他说现在他更愿意把这称之为"换一个角度看世界"。因为，或许在哪怕只是一瞬间的视角变化中，就可以得到一种新思路、新灵感。

这是他艺术家的说法。我们更宁愿相信，这都是他受潜意识中保留着的童心和玩心刺激而致的产物，或者也正是这，让他艺术创作中的思维和想法可以总是表现出一

种"玩童"式的新颖，且被持续更新。

有一次，他去德国参观卡塞尔文献展双年展，竟然在人家主展馆旁的大草坪上，旁若无人地自娱起"拿大顶"，获得了一大群站在边上看热闹的老外们的热烈掌声。

"飞跃"和"拿大顶"，或者也是帮助他完成了艺术上的飞跃的重要原因之一。

经由第一阶段对"穿越"概念的认识，出自罗中立这个时期里笔下的创作中，我们就看见了一批人们熟悉的西方艺术大师们画中的图像。

2017年在川美大学城美术馆里举办的手稿展上，展出有两幅画面包含了时空穿越的画。选展这两幅画的目的，正是为了向人们说明，"重读美术史"实际上真是进行了两个阶段的尝试的，这两幅画也算第一个阶段的代表。它们揭示出在这个阶段的罗中立，选择了这种时空穿越或挪用、嫁接的方式，这样一种开展东西方对话的方式，来表述他心里对"重读美术史"的追求、探索和理解。用表现主义语言，重新诠释西方大师经典，并与大巴山人"穿越"，从而得到自己想要的一种什么结果。这明显地表现出罗中立与西方大师交流对话的最初设想。

在与西方大师进行了心灵深处的反复交流对话后，罗中立把大师们笔下的人物以"穿越"的方式，"邀请"进了大巴山里，和他笔下的大巴山农民，共同展现出一幅新画图。

作品其一，《沐浴》（1999年）。罗中立借鉴雷诺阿的名画《浴女》，创作了一幅东西方时空穿越的作品。

这幅画面上，雷诺阿原作中的几个貌美如花的西方浴女，和罗中立创作的一个个子矮小、面容黢黑、一身土气、牵着一头水牛犁田的大巴山农民，在大巴山这一处水田一隅"遭遇"。

作品其二，《巴山夜雨——洞房夜》。对这一幅画的"嫁接"，罗中立选用了自己创作于九十年代的一幅很经典、很受大众喜欢的同名作品《巴山夜雨——洞房夜》来展开嫁接。原作中，是一个巴山青年农民手中端着一盏油灯，攀着窄小的楼梯从楼下上楼来。楼上的睡屋里，他的新娘正坐在床沿上等着他到来。而现在出现在观众眼中的这幅"嫁接"画中，端着油灯上楼来的青年农民惊诧地一眼看见，正在他睡屋里那张百年古雕花木床上"等着"他的，不是与他新婚的巴山女，而是法国著名艺术家、

《沐浴》，1999年

《巴山夜雨——洞房夜》，1999年

现实主义画派创始人库尔贝油画作品《睡眠》中的两个人物。

由这些"穿越"构成的画面中充盈出来的荒诞、亦真亦假的场景，让人不得不去生起很多的思考，去提出数不穷尽的为什么。当然，罗中立在这里"制造"的"穿越"，不是为了以制造荒诞为目的，而是为了一种"创造"。

观众还会发现一个很有意思的"发现"是，在这个本就已经显得有些特殊的阶段里，就在用"穿越"的方式来尝试与西方大师交流之时，罗中立也没有冷淡自己自觉地玩"重复"的热衷。比如，上面提到的那一幅《沐浴》，就在同一年，他也"重复"了另一幅：构图方式大致相似，场景大同小异，画中的人物甚至他们的动作都没有特别大的改变，但画面里反映的时间有所不同；此外，一幅流露出倾向于"类"写实的感觉，而另一幅的风格多少表现得更主观一些。这样的重复，足可以让观众再次提出又一个为什么。

在罗中立这些"穿越"画前，观众被罗中立以一只似乎带有强行，又似乎毫无所谓的手拉着，走进画面里，去与画中人物交流，去向他们问出若干个为什么。

这样的"穿越"带来什么效果呢？

来自东西方不同时代、不同文化背景、不同社会地位的人物或者场景，以一种明明格格不入的"怪异"，带着一种错位下造成的强烈冲突，这样地闯入观众的视线。这样的画面，自然而然地生出一种奇特而古怪的气氛，流溢出一种明明荒诞却又感觉得真实的幻觉，现实中的不可能在眼前的画境中已经成为可能。这样的场景很自然地激起极大的趣味，更让人不由得浮起无限联想，让我们在难以置信之后又不得不生起深切的思考。这种状况从一个角度看去很有些像人们常挂在嘴边说的：明知不可为而为之。然而事实却是，不可为的事情在被"强行"为之以后，竟然变成了可为。这是一种什么逻辑！

这是艺术家以艺术的名义创造的把不可为变成可为的艺术逻辑。

在艺术的名义下，不可能都能变成可能。当一种不可能变成可能后，奇迹可能就应运而生了。

当西方大师经典名作中的人物"穿越"进大巴山以后，"奇迹"就发生了。对"重读美术史"的深层次、多形式的探索，自此开始在罗中立脑海里发芽、发展。

有"穿越"内容的作品，数量相对小，有几十幅。虽然小，却代表了罗中立在"重读美术史"框架里开展的这条创作路初期的探索思路：为什么会一改初衷，让不具备大巴山农民身份的西方人物走进画面？探索——目的："重读美术史"。

以"穿越"形式跻身"重读美术史"第一阶段的作品，并没让罗中立真正满意。他觉得它们没能真正满足自己想要的，没把自己的艺术目标表达透彻。简单说，这个体系的光影、体积等都还是西方过来的，一看就知道它还是"用英语在讲故事"，只是画面中借着大巴山的场景、大巴山的农民等，与来自西方的那部分内容形成了一种交错和穿越，营造出肯定会让观众去问问为什么的荒诞，虽然这不是他的主要目的，虽然这种形式里也包含了他与西方大师交流、对话的实质。但这真的不足以覆盖罗中立想要的全部。因为他现在明白追求的终极目标，是要"用中国话讲中国的故事"。

虽然在第一阶段里采用了东西方的"穿越"，就是说西方大师经典作品这个概念走进了罗中立脑海，但我们依然可以看见，当他意识中充分自觉已获得了可用来讲故事的"中国话"艺术语言以后，最先做的，还是本能地、惯性地把它用来讲述了那些烙印在他深心中的故事——大巴山的农民们，亦即"过渡期"中出现的第（1）类创作。因此也可以看到，罗中立与他从前立下的、要永远讲述大巴山农民的初心的联系，其实并没有"失联"。他从前这样想，现实中也一直是这样在做的。

"过渡期"第（1）类作品的创作路，行走了三五年时间，渐渐有一条思路在罗中立眼前浮出来，越来越清晰，使他在第一阶段里思考的"重读美术史"的意义一点点完整、领着他一步一步走上了新高度。

我们也许可以做这样一个猜测或者说分析，正是因为有第一阶段的"穿越"形式，有几年"过渡期"反复的、多角度的探索和实践，有最初"重读美术史"思路的引领，大致在2007年，罗中立终于完成了"重读美术史"合奏曲的前奏，开始了他真正的"重读美术史"表演：与东西方大师交流对话——借着"重复"表现东西方艺术大师的经典，就是观众们今天看见的、归为"重读美术史"第二阶段的主流作品。

当罗中立用原创"中国话"艺术语言来重新诠释西方大师的经典、东方大师的经典时；当画面与美术史联系到一起时，"重读美术史"的观念和意义才真正完整了、才成熟了。到了这里，"重读美术史"其名，也才算名符其实，意义才真正出来了。

罗中立说，当我的平面语言全部出来后，我才开始有了重画美术史上东西方大师经典名作的概念，这是核心，因为我知道，现在我可以用"中国话"来讲故事了。

由此得知，用（相对）成熟的"中国话"艺术语言创作的，换句话说就是用"中国话"讲述的"故事"，也是那些在今天最引人注目的"重读美术史"作品，是在"重读美术史"定义下的第二阶段出现的。而出现在之前的"过渡期"的第（1）类作品，即那些的确也是采用了"中国话"艺术语言讲述大巴山农民故事的作品，因为那时候罗中立对于在今天意义下的"重读美术史"的认识还没完整也没有十分清晰，所以，它们属于在"重读美术史"概念里用"中国话"艺术语言讲出的中国人的故事。

虽然"重读美术史"到这时才真正清晰，然溯其根源，回顾这个"命题"的最早诞生，正如罗中立说过很多次的那样，却起于他在欧洲留学时的那个思考和问号。

他的思考后来诞生了"重读美术史"的命题，"重读美术史"回答了他的问号，他在"重读美术史"里与东西方大师们交流对话，在"重读美术史"框架里用原创的"中国话"艺术语言讲述各种故事。

5

不错，"重读美术史"第二阶段里的作品，代表了罗中立苦心追求后获得的成功，无论就其包含的理念抑或是艺术语言，至少到目前看，都是在一个相当高度上的成功。

当罗中立正式拉开"重读美术史"第二阶段创作的大幕、开始与东西方大师以另一种方式交流对话时，受脑海中深深的烙印支配，受感情的支配，他选了伦勃朗的一幅人物画，作为本阶段的"开山之作"。

如前所述，"重读美术史"第一个阶段里的创作还是用的"英语"，而第二个阶段里［包括"过渡期"中的第（1）类作品］，用的就是原创"中国话"艺术语言。它有着鲜明的独特性，自我性和符号性已基本成熟，极易识别。不过对大多数普通人而言，则有相当的难度，而最可能出现的混淆，应该来自"过渡期"里的第（3）类作品。但是，基于艺术史的方法，如果有兴趣挑选他不同时期的一些作品放一起做个对比，差别就显而易见，艺术表现方式与语言间的变化，也一目了然。

特别强调一下，即使在罗中立事实上已经高举着"重读美术史"的大旗前行时，他并没有丢开另一面旗子：表现主义，而现在聚集在表现主义旗下的，恰是他自己最谙熟的大巴山农民题材。

我们无法知道但可以想象，罗中立行走在为寻找一种独特的、此前从未有过的艺术语言那条路上所付出的艰难；可以想象，他如何时时被自己已经"烂熟"的表现主义如藤蔓般紧紧纠缠不得轻易脱出而做出的挣扎；可以想象，他怎样被两种完全不相干的语言困惑但为了厘清混淆时有过的艰难；也可以想象，他是怎样地以一种"最大的努力打进去"的意志打进去、在经过了漫长的艰辛努力后、突然得到了某种爆炸般的灵感下的"突变"、那种由缓慢爬行的虫至僵死般的蛹、由蛹到蓦地展翅飞翔的蛾一样的突变，才得到了"用最大勇气打出来"的结果。

"重读美术史"是一张画，是我在一个题目下画的系列画。罗中立这样说。

因此你可以张开联想的翅膀：它是一张巨大的画，大到可由无限张画组成，无限张展现东西方艺术大师以及任何人的画、无限张包括古代和当代内涵的画、无限张可以是描绘山水人物花鸟草虫的画组成，这张画如此庞大，庞大到任谁穷其一生也无法完成，庞大到犹如浩瀚大海，无论有多少人愿意跳进去游泳它也不显得窄小。这更是一张特立独行的画，画面被用一种原创的"中国话"艺术语言表现出来。

"重读美术史"包含了两个核心内容。

第一个核心内容：一种原创且全新的"中国话"（艺术语言）。拿它去与美术史上现有的任何一种艺术语言做对照，都会发现，它与任何一种艺术语言都拉开了距离，

"它"就是它——一个唯一——要点是：虽然它是从中国的传统文化、民间艺术中挖掘、凝练出来的，但它具有当代视觉、当代审美性，可以被用来讲述任何人的故事。套用一句现在很流行的话就叫做：越是民族的，越是世界的。所以，这个核心内容代表的，是要进入世界油画艺术语言里去的一种"中国话"艺术语言。

第二个核心内容：这应该是一个综合内容，主要包含了罗中立当年在欧洲留学时的思考，体现中国几代知识分子和几代中国人都有过的复兴强国梦、民族文化崛起的梦怎样能成为现实等，还有借那只出现在《天职》一画中不嫌母丑不嫌家贫的"狗"表达出来的含意，以及罗中立想借助"重读美术史"这个平台对大师们的作品再次进行解读和诠释，与大师们的对话交流等。

对这第二个核心内容，目前在艺术圈内也罢、圈外也罢，基本上是被忽略了。人们大都在不同程度上看到了罗中立这二十多年来艺术语言创新上的变化，看见他为了获得一种新的绘画语言而呕心沥血地去寻找时所付出的巨大努力，都把目光聚焦在了他追求绘画语言的突破和原创这一点上，注意到了出现在他新艺术语言下的作品所具有的鲜明而独特的风格，但最终，总结都停留在了"艺术语言创新"这一个点上。而支撑着他努力、让他能够忘我地、坚持不懈地去追求这种创新艺术语言的，也就是促成了这语言诞生的深层次内容，恰好被忽略了。罗中立当年游学欧洲时，正是反复受到这个内容的刺激，才使得他本能地生起一个念头：创新一种油画艺术语言，用它来讲述中国人的故事。

因此简单归纳说，"重读美术史"包含的两个核心内容表述的就是：一种原创艺术语言和民族文化自信。

从本质上看，获得一种新的原创艺术语言只是在艺术范围里做的一个探索，但在这个探索的后面，有很深的个人情感和文化态度在作支撑。

那么，为什么会出现人们的目光几乎都只专注于他的艺术语言创新这个点上去了呢？仔细分析可知，觉得主要应该还是由于罗中立自己一直强调出来的都是这一点。你经常点出它来，别人的目光自然就专注到那上面了。

他也说为什么自己会如此看重"重读美术史"，重要的原因就在于，他愿意它不仅仅代表着出来一种创新艺术语言，更希望是在今天全球一体化的大背景下，一个中国艺术家应该清楚，怎样以一种文化自信和文化自觉，来明确表达他自己和国人的文化身份和定位，努力为世界文化做出应该的贡献。

他说其实这种思考与《父亲》反映出来的内容也是吻合的，它们都是在体现出一种文化，一种人文精神，与我们一贯提倡、追求的精神同出一脉、不谋而合，是中华民族的主旋律之一，也是中国几代文化人、更包括了我们今天的文化人心目中的一个立场和态度。

中国当代艺术家需要也应该能与西方平等地对话交流；中国当代艺术需要也应该走入世界艺术大舞台去。无论是借"重读美术史"第一阶段里表现出来的"穿越"，还是第二阶段里大量地"重复"东西方大师们的经典名作，罗中立都在围绕着这一个焦点具有的意义展开着画卷。换句话说就是，借着平等的对话交流，体现中国当代艺术家的文化身份、中国精神，展示一个古老大国在当代的文化崛起。

这，才是他追求并认可的"重读美术史"的完整意义。

重画东西方大师们的经典作品——仿佛又与"重复"连线、与"炒冷饭"连线——但要注意的是，此"重画"既非简单的临摹式的"重复"，也不是简单的"炒冷饭"，而是一种创新下的"重复"——用全新的艺术语言对一个相同的内容进行的——再现。

假如在这以前，罗中立对包括自己的作品和大师们的作品所做的一切"重复"，都是为了在一个"重复"中去寻找一个新的自我，那么现在的"重复"，则已变成了用"自我"去"重复"或者说重新诠释、表现人们已经熟知、认识、理解后的包括了东西方大师们的经典作品，使那些已被人们熟悉的经典作品在被用原创的全新"中国话"艺术语言"重复"下，以一种全新面貌出现，让它们在成为了"我"的创作的同时，也成了用"中国话"讲出来的"故事"！

当历史上大批东西方大师的经典作品，在"重读美术史"框架内被以创新的"中国话"艺术语言"重复"画出，以一种全新的、打动人的面貌出现在人们眼前时，当人们明白了"重读美术史"的全部意义后，大家也就明悉了艺术家罗中立何以要用二十余年心血去争取这份收获。

"重读美术史"框架下出现的作品带给观众的，包含着既熟悉又陌生、既真实又

荒诞、既接受也质疑、既喜欢也拒绝等复杂的情感。但不管如何，一个与众不同的结果，借由着任何人都会看见的这种创新艺术语言——"中国话"——已经产生了。

不忘初心，方成大师。是这样吗？

6

表现"重读美术史"作品的"中国话"艺术语言，具体表现形式是怎样的呢？

这个艺术语言包含了如下主要内容。

第一点，异乎寻常的色彩。

在所有人眼里，出现在"重读美术史"两个阶段作品的画面上，都有一个共同特点：色彩异乎寻常的亮丽，或说"响亮"，到了极致似的。当人们的眼睛第一眼看见它时，都有种被"亮"到几乎睁不开眼的感觉。紧跟着从那鲜亮后面释放出来的绚丽美，让所有观者感慨、为之称绝、为之叹服。夸张点儿说，那亮丽色彩所产生的光，就仿佛是从有些灰暗的天穹上炸裂开的一条缝后面射出来的一道强烈的日光。

西方油画艺术家曾有借鉴教堂彩玻璃画带给人的感觉来进行创作的——人走进教堂大门，教堂深处，一大片彩玻璃在日光的映衬下，以五彩缤纷的浓艳、万紫千红的斑斓，当人对它一瞥之下即给予人瞬间的强烈冲击，那种冲击会因为是在突然中发生而对人的视觉和思想都产生"俘获"；再至少，色彩借着光线的穿透之力，可以轻易地达到给人留下异常深刻印象的效果。

在"重读美术史"框架内出现的作品中，画面色彩带给观众的印象，正颇有几分与教堂彩玻璃画产生的效果相类似。

但罗中立做这些创作时没有刻意模仿教堂彩玻璃画的想法。他说自己是在中国民间艺术用色中得到的体会。民间艺术中出现这种色彩强烈性和原始性已经很普及了，而且不仅仅在中国民间，它也是一个世界性的现象。能见到的世界各国的原始艺术和民间艺术，在这点上都很突出，它的原始色源自强烈的对比，不像我们看见的印象派采用那种很科学的手段，讲究色彩的极度和谐统一。在民间艺术中，可能恰恰会反其道而行之，很多都是不按常理出牌的。所以说，艺术中时不时就会"冒"出来一种颠覆性的理论，对于启迪人类文明却会起到很好的催化作用。

罗中立在画这些画时，也没采用什么特殊技法，只是把颜色用得纯一些吧。要强调的是，在"重读美术史"第一阶段里借印象派大师的经典画面实现"穿越"的作品里，也不是采用的印象派用色方法。印象主义作品其色彩是通过很柔和的细微的变化来表现的，并不像罗中立这些作品的画面中如此"火爆"。罗中立只是想让人可以一眼看出他的作品里有印象派的东西，所以他借用大师们在美术史上有很高地位的经典画，寄寓他自己的思想，表达他作为一个中国艺术家来表现西方大师的画时该怎样画、想怎么画的出发点。他想要这样一个结果，当大家来看这画时，都会眼睛一亮，心里说，这是一个有独到想法的艺术家。

也有人说，罗中立那些刺激的色彩、交错的笔触，就像是一种粗犷也饱含着细腻情感的书写方式，只属于他的独特书写方式。

是吗？

第二点，画面表现形式。

听听著名艺评家易英教授对罗中立这时期作品中的画面形式是如何描述和概括的。

易英教授说，罗中立第三阶段的作品：去除了环境和背景，进一步消解现实的特征，形象被符号化了。符号不是孤立的存在，与此并置的还有网格状的形式。网格用白色的直线排列，而形象则增加了颜色的强度，不了解他以前作品的人，还以为进入了一个卡通世界。不排除罗中立有意挪用卡通的意识，更准确地说，应该是图像化的表现。这时期的作品在视觉上大多可分为三个层面，一个是原始的形象，但已没有现

实的参照；第二是图像化的颜色，区别于民间的颜色，更接近于数字化图像的关系；第三是符号化的网格，非形象的符号与形象形成强烈的对比。作品的关键就在于这种对比。符号也意味着象征，不断重复的形象逐渐演变为符号，网格更是符号化的表达，两者的并置就是符号所代表的意义之间的对抗。图像时期的作品不是以前那样随心所欲的表达，而是处心积虑的设计，网格是现代、西方、全球化的象征，它用冷漠、中性的白色来表现，网格覆盖着形象，原始粗野的形象似乎要突破网格，与它格格不入。罗中立不再追求从形象中挖掘形式语言，而强调形象原有的历史、传统和文化的意义。这个意义也是在传统与现代、东方与西方、本土与全球化的对抗中更加显现出来。

而著名美籍艺评家巫鸿教授则这样说：笔触或线条提供了观察罗中立艺术实验的第三条线索……这种画法在他的作品中从未消失，进而在2000年化为信手涂抹的写意……沿着这个线索，我们继续发现一种极具特色的新风格的逻辑：这些2003年以后的画如同麻胶版画，如同刀刻的坚利硬线从黑色底色跳跃而出，承载着各种鲜艳的原色塑造出人物、环境和四射的光线。值得重视的是，在所有这些例子中，笔触和线条都不仅仅是造型的手段，同时也被赋予作为独立视觉对象的性质，为画面增添了情节和叙事之外的绘画性。

的的确确，当人们走来站在罗中立这些作品面前，多少都有几分瞠目结舌，对眼前出现的这种与他们记忆中固定的图像认识发生了强烈反差或曰"全新"甚或可称"怪异"的画面，不是那么能够理解、那么接受。当然，在那些仿佛就是以无数线条形式绘出的画面上，大家基本上还看得见真人实景的轮廓，就是说多少还是大家视觉习惯的具象物象，是也许还能够讨得人们几分喜欢的图像，何况还有那些谁都很喜欢的"喧闹"的色彩。

观众在看见"重读美术史"作品第一眼时得到的印象，似乎主要是沿着这一种思路：强烈而鲜亮的色彩；数不清的、仿佛很纷乱的、以不同颜色放射出来的粗犷的线条；色彩的线条在画面上构成还看得出来的一个个人、物体、场景——构成基本还分辨得出来的东西方大师们的经典作品或作品中的人物、局部图像。

最普遍的感觉是，人们从前见惯的、通过平涂或其他常规手段得到的物象的

"面"所表现出来的真实具象，到这里已基本上消失无影了。画面上最强烈、醒目地表现出来的，是或长或短、自由存在的色彩线条，仿佛是木刻刀在木板上大刀阔斧地率性凿出来的、具有宇宙射线般那样的无限张力效果的线条，背衬着——注意！！！——似乎是宇宙黑洞般的那种深不见底的黑色，正是这满幅深不见底般的"黑色"，才把前景的所有彩色线条，"变"得异常地鲜亮刺眼，也因此让画面上由线条构成的各种图像——符号化的图像，显得特别突出，带有一种仿佛就要冲出那一片平面的画幅、进入到三维立体空间里的感觉。凝目画面，似真似幻之下，人好像又看见了很多年前很熟悉的一种玻璃画：那里，人可以看到真实地画在玻璃平面上的一幅画，还有似乎存在于玻璃下面、被似实似虚地勾出来的一幅似隐似现的影像。

　　细心的人回头去看，早在罗中立的毕业作品《故乡组画》中，就已经可以见到罗中立在画面中对线条的刻意运用。之后，彰显线条的手段就一直陪伴着他，只是有时显得纤细一些，容易被人疏忽，有时线条比较粗犷、一目了然。但是，尤其在进入新世纪后的"重读美术史"作品里，线条的运用被他发挥到了"极致"。因此展现在大家面前的，是一种很像版画的、线性的画风。这种风格实际上已经回到了中国的传统，回归了国人的审美习惯。在这样的创作里，题材已经不那么重要，只是一个媒介了。而这个结果，也正归因于他在中国传统中去挖掘、凝练"中国话"艺术语言的过程中，由不断的新发现与他心底原存的"材料"碰撞后一同燃烧、交融后所获得的结果。

　　第三点，原创"中国话"艺术语言的基础。

　　对于"中国话"艺术语言的主要基础，要先来看看中国传统文化艺术中一些不同门类所提示的特点。

　　（一）版画。中国版画在千年发展过程中，留下了大量的作品，深入研究这些作品会发现它们具有以下艺术特点：

　　1.古代工匠在制作版画时，会尽可能地利用被刻对象的本色，显出固有的木的趣味；

　　2.工匠们会巧妙地利用"留黑"的手法，对刻画的形体作特殊处理，从而获得版画特有的艺术效果；

3. 工匠们发挥刻版水印的特性，让大块阳刻产生出强烈的艺术效果；

4. 借助匠心独运的构图，通过密集、萧疏、简淡等表现手法，来衬托出主题。

（二）年画。中国年画不仅历史悠久，且流派众多，共同特点都表现为用色艳丽、丰富、大胆、率性，具有强烈的民间美术特色，地域性明显，因此富于中国气派。

（三）前面已提到的中国其他民间艺术门类所具有的特点。

7

来看看罗中立采用原创"中国话"创作的"重读美术史"作品过程。

复杂，是与它关联最大的词。

这里提到的复杂，所涉及的还只是制作步骤。

先在画布上做肌理，肌理干了后用砂纸砂、用小刀刮。肌理这一步完成后，开始上黑色。黑色干透了，用白色画出木刻线条那样的效果，然后再等白色干透。白色干透了后，才开始用需要的颜色慢慢染。

这听上去好像也不那么复杂呀？

听上去似乎是不复杂。但是等你去真正做起来的时候，就知道什么叫复杂了。

实施每一步制作的时候，要顾及季节、时间。

画的时候，更要顾及季节和时间。

大致上，进入四月份以后，当气温在二十几度到三十度时，由于颜料干得快，画的时候就比较难了，尤其是在画白色线条这一步的时候，最好在二三月份这种天气，因为温度比较稳定，温差不大，空气中水分也相对多一些，这个季节好画些，出现在画面上的效果感觉得也更能表现出你想要的"艺术"。

由此可知，完成如此一幅画需要的时间，比起传统方法画的周期要长得多。

怎么想到用这样一种较普通方法复杂得多的制作方法呢？

最初罗中立从传统的木刻、版画、年画等等中得到一些启发，于是开始尝试。但是由于艺术种类不同，表现方式不同，所以开始时的效果并不好，因为走的就不是一条正确路。比如，最开初时在画布上直接用白色画，画完后再用颜色画出线条，心里想的是把画面画成显现为木刻的那种效果，也会像传统的年画一样，在木板上用刀刻后再印出来那一种效果。但最后发觉，出来的都不是他想要的，或者说没有达到他心里想要的效果。经过了很多次、当然也是在不短的时间里的尝试，最后才找到了一条至少到今天为止，认为还算正确的路。

采用这样较之一般更为复杂的方法来画，还有其他原因吗？

也许，可与另外一些理解关联。

比如一件作品的好与不好，是不是有价值，应不应该、能不能够被包括美术馆或私人藏家收藏，它要包括如下考虑。1.作品在美术史上的地位。这可能是作品能否被收藏的首要考虑。2.作品是否具有鲜明的个人艺术风格、个人文化语言，让别人一看就知道它是谁的作品。3.作品具有难于复制的特点。

那么，"重读美术史"的作品采用了更复杂的方法来完成绘画，最明显的之一，比如表现在制作上的艰难，是为了刻意造成"难于复制"的结果呢，还是因为这种绘画语言的需要？

当然主要是为了满足绘画语言需要，这是主旨。在这里，只有经过了复杂的过程，有这些为满足需要而出现的复杂处理程序，最后它才会出现一种与别人的语言风格真正不同的效果。就比如，像他开初那样直接在画布上画，或是用其他一些也曾经尝试过的什么方法画，都出不了现在"重读美术史"画面上这种色彩异常鲜亮、绚丽斑斓的效果。

经过了这样的复杂过程后完成的作品带来的结果，的确是让人感觉"非常"的。有个小例子可资证明。

有一次罗中立在苏州做一个展览，岳敏君、方力均等国内一批著名艺术家都来看展。结果罗中立被问道，"你是不是用了荧光色来作画的哟？"

他笑着回答，只用的油画色，但是用了薄油把它罩在白底上，当上面的色彩被下面很深的黑色衬出来后，色度、亮丽度，都要比普通方法画出来的高得多，效果也就完全不同了。这就是在制作过程中要选择用黑色那一步的原因。因为油画色是染出来的，很薄的一层，这样就要求有很深的肌理在下面，等走近画面去看时，你才会看见那下面有更多的东西。反之，如果在画布上直接画，它就会显得很浮很飘，就沉不住。

我们始终觉得，也许还是该归于罗中立从不满足、总想"搞怪"的思想支配，才使得他能有那份坚持，去做无数反复的尝试，才终于可以走到收获的今天。当然今天的都还不是盖棺定论的结果，因为罗中立自认还在探索中。但至少，它事实上已经崭露头角，成为一种可以用来讲自己想讲的故事的原创"中国话"艺术语言了。

真正的复杂，更来自于艺术家对自己要走的路进行选择和决定。

自罗中立在"重读美术史"理念下用"中国话"艺术语言开始创作时，也多次对自己提出一个很关键的问题：为什么要画成这样？

他回答自己说，回顾过去，这一路几十年画过来，纵然全部作品都是画的大巴山题材，但因为画画所用的本体语言是来自西方油画语言系统，所以事实上就是用别人的语言在讲中国人的故事。而作为中国艺术家，他是真的想用一种中国艺术语言来讲故事，他想呈现出有当代视觉的、有中国精神和中国气派的作品。

所以他告诉自己必须得这样画。

到现在，至少，当他把这原创"中国话"艺术语言放进美术史里去后，的确没有找到一种相同的或类似的语言可以与之重叠、重合。因此他可以基本肯定的是，原创"中国话"艺术语言已经诞生了，他可以问心无愧了。特别是今天，参看美术史，当架上绘画语言的创新似乎有种已被穷尽的感觉下，发现自己，包括一些中国艺术家，还在为获得新的艺术语言努力付出，而自己终于从本土传统中挖掘、锤炼出了可为己用的"材料"，并转化成了一种有独特风格的创新艺术语言，他觉得这真是太美好了，心里也很有几分骄傲和激动！不过，即使到了此时，罗中立也并没对之大加渲染，他依旧沿袭着一贯低调的作风，埋头于用这创新艺术语言做继续探索下的创作，埋头于对它的不断完善。

每个艺术家当然都希望自己在艺术上能有大突破，有大收获。而罗中立之所以能够走到今天这一步，与他这一路实际上一直都是用美术史为自己作对照至为相关。

在寻找原创"中国话"艺术语言的过程中，正如他早就定好了的目标，中国精神、中国气派、东方审美、当代视觉这几个词，是被反反复复考虑的关键词。直到某一天他终于想到了借"重读美术史"的方式，运用原创"中国话"艺术语言，从自己的认识角度、自己内心感受的角度，去表达、去展示、去落实中国这个古老大国在今天的文化崛起。

罗中立说需要强调一点的是，画中国画的经典部分，他内心真实想的是要对中国传统有一种新认识，借以表达他对传统进行继承和发扬的一种崇敬态度。这是他的一个立场。就是说，形式上好像是自己把它们重画了一遍，但实际是把它们的语言、笔墨等一切，都用当代视觉的图示来做了一个新的诠释，重新解读，就好像是它们以新的姿态、新的气派，重新走进了当代人的世界，再次向世人展示出它们的伟大。

当然，从某一个方面看，罗中立目前以原创"中国话"艺术语言创作的"重读美术史"作品，也可以与表现主义拉上一些关系。但对这一点，我们主要是从艺术家创作时内心具有的感受上来考量的，再加上注意到他这一路走过来，表现主义事实上占据了绝对主流这个关键因素。但进一步看，如果把他现在这些作品里用的新语言去与表现主义语言进行一番比较后，我们又不得不说，这些作品中的艺术语言，从最直观的形式上去看，的确与表现主义有着断然的区别，再如果从他创作时采用的方法上去看，区别就愈见显著。因此，将之归在表现主义旗下，似有不妥，至少牵强。于此差别，我们似可用"差之毫厘谬以千里"来结论？

那么，"重读美术史"是今后要一直画下去的吗？

理论上是可以无止境地画下去的，因为它可以涵盖东西方美术史中至少是绘画类所包括的任何部分，比如人物肖像、人体、山水花鸟等等，都可以用这个"中国话"艺术语言来再创作。穷有生之年谁也画不完。

巫鸿教授这样总结说：（罗中立）两年留学和之后的近十年的闭门索居进而造成

了一个硬性的"断裂",不但在时间和空间上脱离了与国内艺术生态的纠葛,而且在创作心理和目的上引入了一套全然不同的逻辑。这个逻辑是什么?是什么因素贯穿了他以后对绘画性的孜孜探索和转换定义、对相同题材的"变调"般的反复使用、对二维与三维之间转译的兴趣,以及与世界美术史中名作的对话?我认为贯穿这些艺术实验的中心观念是"在艺术中创造历史":此处"历史"的含义不再是外在的宏观框架,不再是艺术家无法控制亦无法超越的客观存在,而是属于艺术家自己,通过不断追求和实验造出的内在于其作品的连续性。

"他是一位能真正代表中国当代艺术的艺术家",中国美术馆原馆长范迪安教授说。语言的轨迹不是单纯的时间线索,而是将艺术家艺术语言的个案研究纳入了中国文化发展进程的互为关系之中。因为如何建构艺术个性化的语言方式,在罗中立的艺术中,已经不仅仅是局限于个人化的风格表现,更重要的是将之诉诸中国本土文化和艺术的构建之中,为中国艺术语言系统探寻一个可能和实验性的方法。

据此,我们或者可以一问:罗中立,你的原创"中国话"艺术语言又创造了美术史上的一段"艺术历史"吗?

2007年,罗中立画了两幅纸本《父亲》色稿。有意思的是,这两幅色稿也表现出完全不同的风格。其中一幅更倾向于他从前的表现主义,面部表情也更像原作《父亲》。而另一幅,则是用他的创新"中国话"艺术语言画出的,面部表情似乎也缺少了原作中那张脸上流露出的悲情。相同之处则在于,两个"父亲"都大张开了眼睛,不再像照相写实原作里那样朦胧;两个"父亲"手里端着的土疤碗都从左侧"位移"到了右侧;两个人都大张着嘴,不再透着从前父亲那样的含蓄,而更像是在发出什么呼喊、在倾诉……

为什么会在这个时候、用两种不同的艺术语言来画这幅经典——虽然只是色稿?是一时兴之所至、是基于某种更深层次的设想、是因为心底对《父亲》的眷念,那个在心底种下了的、始终萌动着想再画一幅《父亲》的情怀的刺激吗?

这两幅色稿《父亲》也是几十年里罗中立唯一画的。画完后,因为并没从中找到他一心想要却又不太说得出的那种感觉,所以并没有新的正式作品出现。

罗中立多次说他整个创作,包括早期的毕业创作《故乡组画》,直到今天,还包

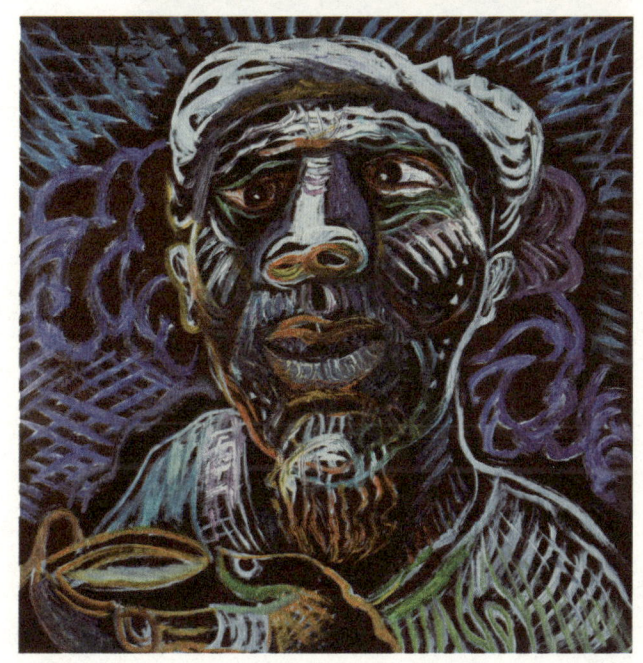

两幅《父亲》色稿，2007年

括今后的创作，都贯穿着一条颂扬人性和爱情的主线，以人为核心。改革开放以前，人性和爱情是被抹杀的。人可以有理想，是一个共性的理想。在那个扭曲的时代里你画人性题材，因为时代背景不一样，意义就会不一样。今天开放了，人性可以自由张扬，这是一个前所未有的自由、开放的时代。就个人而言，无论绘画语言怎样在变、会怎样变，但内在的这一条主线永远不会变。他说所以他会把自己的全部经历都看作是"财富"，是一种艺术体验，一种人生感受，一种收获，成为艺术创作的积累。而今后有一天，这种积累如果爆发在画面上，就可能成为非常有生命力的图像。

8

多年来，中国油画艺术家一直是作为学生努力地在学习西方油画艺术。毋庸置疑，向成熟和先进学习，是人类社会发展进程中的必然，也是世界不同民族间活动的必需。套用今天流行的一个说法，西方油画艺术与我们，是创造和制造的关系；别人是创造，我们是做制造，没有知识产权。

作为一个艺术家，从自己的传统文化中"原创"出一种全新的艺术语言，不是说直接回到传统去搬出来一个什么，而是这个"原创"艺术语言要适应、符合当代人的审美观，呈现的审美图示要有当代性。若能成功，这无疑是对他毕生追求的最高奖赏。而这，既是对他自己的传统文化的推崇和尊重，同时也是对世界文化的一份贡献。罗中立心中一直就有这样一个目标。他执着地、心无旁骛地在追求实现那个目标的路上一步一步往前走，最后他打开了"重读美术史"殿堂的大门。

"重读美术史"的目标，也可以说是它的核心意义，就是要挖掘出、建立起一条"原创艺术语言"之路，"在艺术中创造历史"。

众所周知，原创的主要因素可以包括了材料、技术、手段、技法、理念等。而其中最要紧的，又莫过于理念，它具有的唯一性、颠覆性、开创性，是含金量最高的。

毫无疑义，一如今天罗中立自己认可且大家也有共识的，在"重读美术史"观念下创作出的作品，是他艺术之路上最重要的一部分，而今后他也必然会对之进一步浓墨重彩地发展。那么，这里似乎值得提出一个问题：为什么罗中立不选择干脆就此改变他目前事实上还表现出的"两条腿走路"的做法，就是说彻底放弃他一直也坚持着的用"英语"讲出的表现主义，转而把全副精力都投入到用原创"中国话"语言进行"重读美术史"创作的深入研究和进行之中，也让这个原创语言更为成熟呢？毕竟，人的精力和时间都是有限的。

这肯定是一个有意思的提问。但罗中立也说，按他自己看，两条腿走路的方式，至少首先是从一个角度反映出来他对绘画的强烈欲望。因为多年前他曾有许多很好的可画的东西，但是在那个阶段里没能画完，所以心里对它们总有种难以割舍的情感，老是想着要回头去完成它们。但如果用现在这个原创语言去画从前那种情绪下诞生的东西，得到的那种感觉就是前面已经提到了的：无法满足他心里真实想要的。因为，从内在含义而言，它们本质上只能属于从前的某一个阶段；在那些场面下生成的画面，一方面总让人渴望着要把它们画出来，而画的时候，你心里又老是会生起一种从前的情绪去给予配合，于是你只好用相应的语言去画它们，才觉得是那么一回事。这应该就是他为什么没有断然丢开原来的表现主义语言、在同一个时期内会出现用不同语言交替展开创作的重要原因。但当然，实事求是地说，即便如此，很多的从前的东西也肯定回不去了。

可不可以也这样说，有时候，有意地这样不断转换频道，也是艺术家训练自己本领的一个方法？想一想，你的艺术频道居然可以随心所欲转过来换过去地画，而且能都画得那么精彩，不是正体现出你有一种出乎于常人的"本领"吗。这也可以算是一种"变相的搞怪"行为吗？

还有一个提问。如果今后出现在罗中立的"重读美术史"框架里的作品，都是与

中外大师们对话交流的形式，阐述的是与美术史的关系，就像大家在"重读美术史"第二阶段里主要看到的，那么，曾与他自身生活经历关联密切的这部分创作，即大巴山农民这一部分，会被怎么对待呢？虽然，它们似乎也曾经作为"重读美术史"的先锋人物灵光乍现过。再如果，今后把这一部分也装进"重读美术史"框架里面去，该怎么理解它们与美术史的关系？

这个问题看似有些让人困惑。但或许可以这样来认识：首先，只要是以原创"中国话"艺术语言做的创作，都可以归在"重读美术史"的框架里（第二阶段）。"重读美术史"在美术史这里只是一个泛概念，原创"中国话"语言肯定也不是只被用来画世界级大师的经典名作，可以延续到任何人的作品，包括同学的、老师的、国内其他艺术家的，都可以用它来再创作。因此关于大巴山农民题材的创作，更可以名正言顺地走进"重读美术史"里，并不在乎它们出现在哪一个阶段。只是说，用原创"中国话"艺术语言、循"重读美术史"的观念与东西方大师交流这个概念，是到了第二阶段时才明晰的。其次，美术史的内容当然不仅仅只指大师的作品，还会包括一路上不断诞生的各种艺术语言、流派等等。事实上是不是还可以这样来理解，一个艺术家"原创"的艺术语言走进了美术史中，那他自己本身也就应该是艺术大师了，那他的作品当然也就是大师作品了，那它们进入美术史不就是顺理成章吗？当然，这里所说的进入美术史还是一个泛概念，因为即使是美术史上的大师，他能进入美术史的作品也寥寥无几。

在罗中立的"重读美术史"作品里我们再次看见了很多的"重复"，难道"重复"对于一个艺术家真的那么重要吗？

对此罗中立的回答是，首先他以前已谈过很多次，这里就再"重复"几句。他说伦勃朗和毕加索是他个人找到的两个榜样，是对他的艺术之路特别有启蒙和启发的两个极端个例。为什么这样说呢？因为伦勃朗是一辈子都在重复，在重复中突破、找到新的自我；毕加索则是一辈子都在自我否定，在否定中创造新的造型法则。他们二人走的路径不一样，但最后都成了艺术巨匠，成为美术史上的两座高峰。两个巨人殊途同归。这让他非常感慨。他说对一个"问道"的后来者，在大多数情况下，会依据自己的天性、性格爱好，更靠近哪一种人，就选择走哪一条路。而他却把伦勃朗和毕加索两个人都作为榜样，分别在他们身上学到了很多。他说自己从两位大师的成功那里得到的启示是：在伦勃朗式的重复中寻找自己，又借鉴毕加索否定自我的方法，在否定中创造新我，创造与昨天完全不同的东西，这个与昨天完全不同的东西是在一个"重复"的过程中完成的，当然，在这个重复和否定的过程中必须有认真的思考。他还说回头去看走过来的路，的确是一直都在做重复，不仅某些画面，包括大巴山情结、大巴山农民，从没改变。

其实我们是不是也可以这样来认为，毕加索的不断自我否定，也是另一种形式的"重复"？就是说，两个大师都以同样的"重复"方式，沿着最适合自己的那条路："不断的重复和不断重复的否定"，到达了成功的终点。

罗中立自觉属于热爱劳动型的一类人，下力人，农民命，年复一年地在自己选定的这块土地上耕种，反复耕种，靠着辛勤努力去面对一切，希望获得一个好收成。这个意思就是，"重复"对于他有多重要。事实上，每个人都在劳作，也可能都在重复。但区别在于，很多人可能只是"做一做"就放过了，有的人却在重复"做"的同时也进行了深入的思考。他说觉得自己是有更多一些感性的人，在并不知道结果的情况下，只管凭着热情、埋头往前一路画过去，乐在其中。对艺术他就是一个永无后悔、永不回头、永无他顾的痴迷者。

"重读美术史"框架下的这类作品，可以算在表现主义里面吗？

罗中立说他画任何画时都没有想过该把它归在哪一类风格、什么主义里去，从没有这个概念。出发点只是，为什么要这样画这幅画。而把它归到比如说抽象、表现、或者新表现等什么的，那是创作完成后的事情，同时也不是他的事情，是批评家、写美术史的人们的事情，因为如果他们对他的作品感兴趣，认为它们很重要，就会来书写，来为它们定义、定位。

对"重读美术史"下一步的创作有什么特殊想法呢？

经过了之前两个阶段的创作后，下一阶段在表现形式上，罗中立说想画得更写意一些。相当于练习书法的人，开始时练正楷，练隶书，后面可能去尝试草书，到最后也许还会想试一试狂草，尽情抒发一下情怀。打个比喻，希望下一步的创作，可以等于书法中的写狂草阶段。比喻是否恰当不得而知，但是，觉得在艺术造型上有了这么

多年的反复尝试和积累，走到今天，在艺术上对审美追求的这一步，好像可以到该狂草一下的时候了，想尝试一下被称为中国书法最灿烂的这个部分，如何表现在自己的绘画中可以产生什么样的感觉。就是说，你从最初一步一步走过来，到现在有了比较强烈的想在厚积之后薄发出来的欲望，有了一种想很随意地、奔放地书写那种冲动。当然出来的画面上应该还是那些场景、那样的情结，但在笔墨上会有变化。是写意，也许略带点儿抽象，所以用"意象"这个词儿可能更准确些，就是说下阶段的创作总体表现会更倾于"意象"。意象的问题，与中国书法的联想，在目前，觉得是一个很好的探索、一个实验方向：草书与绘画的意象联系。中文本来就是象形文字，草书既要保证中文的象形内涵，又体现出半抽象半具象的感觉，即使很多人不认识草书，但它的形始终存在。中国书法走进草书、狂草阶段后，其实有更多的抽象和表现性在里面，这和绘画的本质是一致的。另外，之所以用书法来打比喻，也是为了强调对"重复"的自我理解下的理念。可不是吗？千百年来，大家都在重复写汉字，特别是书法家，重复地苦练，但为什么最后只有比如像王羲之、柳公权、颜真卿、赵孟頫等少数的人可以走出来，成为被历史书写下的巨匠呢？那是他们的才气、气质、人生体验和认识等，都超越了其他人，而且在坚持"重复"的过程中，都有个人的想法。

当然，即使后面是画更意象些的画，也可以把现在正做的内容就是与中外大师对话交流这部分包含进去。再者，"更意象些"也可以只是现在的一个设想。拿搞科研设计来打个比喻。比如说人们今天驾驶的很时髦的汽车，极可能是十年前的设计，一直搁在设计师的抽屉里。而设计师今天设计的最前卫的款式，也可能要十年后才会拿出来。这样做技术储备，在艺术上也有相似。艺术为什么能够启迪人的思维，成为人类文明的前锋、为社会进步开拓创新，就是因为它本身具有的超前特质。艺术最能够自由地开发人的大脑，它作用于大脑，让人想怎么画就怎么画。艺术成就了人类不断创新的生命活力，在无意中切中了人类发展最本质的部分就是开发创新。艺术也是让人最能够率性进入的一种人类活动，充满趣味和吸引力，哪怕几岁的小孩子也可以自由进入。对个人而言，是到了成长后的"后来"，艺术作用于他的，反而被一些经验性的东西制约、扼杀了。

毕加索说过一句名言：我这一辈子都在学习儿童。罗中立说对此他非常认同。他说看小孩子画画，常常给他很多启发。简单说就是，按艺术家成熟的经验，在这里本该这样画，可是小孩子们会反着你的经验去画。仿佛在他们的世界里看见的东西，就是那样反着的，而且他们画出来的东西所体现出来的那一种"美"，那一种无法言状的享受和乐趣，真的是让你服气。他说比如在他的《父亲》专馆里有一批儿童们画的"父亲"，他真心认为，其中有相当一些都是他肯定想不到去那样画出来的。儿童的世界很单纯，很简单，正因为如此，往往就有出乎人意料的东西萌生出来。所以说艺术的创造性，它是人类文明发展中的一个至关重要的催化剂。说一句题外话，为什么国家教育部最近取消了其他专业的特长生，唯独保留了艺术特长生优先录取。真正说起来，我们现在的艺术教育，包括最基层的艺术教育，还应该大力加强和发展。

如果把创作"重读美术史"作品的这个原创艺术语言——"中国话"，放进西方油画语言体系中去，说在西方固有的油画语言大家庭里诞生、增加了一种新的油画语言，觉得是不是更容易被理解、被广泛接受？

但罗中立说对此恰恰他多次明确说过：并没想把这个原创"中国话"绘画语言归在西方油画语言体系里去。他这个原创"中国话"绘画语言的核心，并不在于要在西方油画语言大家庭里去增加一个谁的什么语言。

这里要强调一个重要的概念：语言的原创。"语言"在这里等同于理念。一如前面提到的，理念在原创各因素里的含金量是最高的，最主要的，独立的。显而易见的是，一种有着颠覆意义的原创油画艺术语言，要的就是区别于任何一种既有的油画语言；而一个东方艺术家的原创油画语言，要的就是可以区别于任何一种西方既有的油画语言。据此而强调的关键一点就是：创作"重读美术史"作品的这个原创"中国话"绘画语言，不归入西方油画语言系统。即，在这里实际要展示的，就是这一种原汁原味的"中国话"绘画语言，它不再是"英语"。在这里，任何人看见的，都是具有中国精神和中国气派、具有东方视觉和当代审美图示的，一个中国艺术家原创的油画语言。

他说，早年在国外留学时曾经很坚定地对自己说过这样一句话：回到中国传统中去寻找到符合中国当代艺术的绘画语言。感觉现在已基本做到了。当然，他是在努力对西方油画学习、探索的过程中，大量吸收了别人的长处，经过消化，变成对自己有益的营养后，再结合从我们自己的传统中挖掘、研究、整理、总结出来的，完成了重构。

经过艰难努力后获得的这个原创"中国话"绘画语言，讲述了一个中国艺术家想为世界文化艺术大家庭做一份应该的贡献、为世界当代艺术大家庭奉献一份新鲜血液的忘我拼搏精神；由此，也让数代中国人、数代中国知识分子从前为追求文化自信、文化身份的梦得到一份实现，得到一份相应的尊重，和真心的赞许。

　　一个不争的事实是，在近现代史上，当中国人被列强打、被肆意欺负时，表现出来的文化心态总体是萎缩的、低下的，自然也被别人低看。而当你获得了一种真正的文化自信后，回头去看看西方历史的前前后后，就会觉得中国人不应该输给谁，也不可能输给谁。我们当然不应夜郎自大，但至少我们该拥有平等。这就是"重读美术史"第二个核心内容的主要意义，也是原创"中国话"绘画语言背后透出的真实含意。

　　回到当年的《父亲》去看，更多的人在这里看到的都是父辈的艰辛、历史上一代代人的勤劳、生活给予的与付出的不成正比，但少有人从里面看出，这个时代的改变，对于我们这代人的实际意义是，当你可以畅所欲言地说出真心话时，你才突然明白，那些假大空、那些不正常的心态，就应该一去不复返了。敢于、能够并且有能力说出真心话了，这才是时代创新的本质，也是一种创新艺术语言的本质。

　　整体上看，中国当代艺术事实上还沿袭着西方的系统，还是在用"英语"讲故事。当然很多人讲的也的确已经是中国人的故事，情感、审美等，都是中国人的，但语言确实还是不折不扣的"英语"。绘画语言是绘画涉及的一个最本体的主题，如果你用的语言都不是自己的，这就始终让人心有不甘。现在已有不少中国艺术家在努力寻找，以求找到新的艺术语言，完成自我艺术的重构。然而到目前为止，第一个问题是大多人都表现为各自为政的意思，第二是已经取得了较大成功的艺术家，属凤毛麟角，没有形成潮流，更别说主流。

　　中国当代艺术必须有自己的原创绘画语言，这是中国当代艺术最终可以站上"自我"、"自信"的关键点。今天，当在"重读美术史"的框架内有这个原创"中国话"绘画语言站出来后，觉得算是有了一个开题报告。这里还想强调一下"重读"二字。虽然是说"重读"，重点却应落在"重"字上，它标志的是一个新起点，也可以说重回起点，或是意味着新高度、新视野、新手段、新的对话角度，等等。

　　用一种新的艺术语言来重新诠释、解读大师作品，实际上是找到了文化传达的另外一个方式。所以"重读美术史"事实上像一篇"前言"。在全球语境一体化的背景下,作为一个中国艺术家他的文化身份、定位、文化自觉和文化自信,是"重读美术史"的内在命题,深层次的含义是立志,或者还可以有点儿夸张,就是要在重新学习艺术大师的过程中,建立中国人自己的一个语境。由此可知,从今天往后,还有更多的事要做,有很长的路要走。一句话,要体现中国艺术家在世界艺术大舞台上的平等地位。这里说的"平等",含义不等同于人们平时讲的人权平等。这里是说,今天,中国艺术家也可以不是只坐在讲台下面听别人讲课的学生,而是在文化上、艺术上有了一些新"想法"的人,这是身份的重新定位。

作为中国艺术家,当然希望世界美术史里能出现中国当代艺术语言的一席之地。果真如此,那就像是中国人在这里获得了诺贝尔奖。而俗话说,艺术无国界,中国人的成功,也是世界的。

中国一定要出世界级艺术大师,这是一个远大的目标;好多的中国当代艺术家已在为之努力,但中国应该有更多的艺术家一起去为这个目标努力。

可是罗中立也让人很有些诧异地表示,接下来他要做的,很可能是回头去再用"英语"讲故事,比如已想到的借鉴书法表现形式来做创作的这部分,或者就会先用"英语"去讲一讲,看看感觉会如何。不过总体的想法是,要更多地对中国书法、草书的笔法,还有笔墨感,尽可能地加以体会和表现。

果真如此,就是说下阶段他又会进入一个明明白白的、有几种语言交叉出现的状态;果真如此,好像罗中立再次让人"看不懂"。

罗中立目前正创作中的"重读美术史"的作品,自认为比较重要的,有一幅《韩熙载夜宴图》,原想赶在近期一个展览上展出(2018年11月),不知能不能画完。他还说现在想着可能会把重画"故乡组画",作为他的收山之作。

重画"故乡组画"会以哪种形式出现呢?还是那样有几十幅的组画吗?不确定。

拭目以待吧。

9

  从艺术的角度，从美术史的角度，从艺术家行走艺术之路的角度，这里可以很干脆地给出一个结论："重读美术史"表现出的，才是真正的罗中立。换言之，"重读美术史"，才是罗中立艺术之路上最重要的那一部分。至少到目前为止是这样。

  博伊斯说：艺术家能干什么、艺术家能做什么，并不是天经地义的，一个好的艺术家就是要用想象力去创造无限种可能。

  这正是罗中立追求的吗？当代艺术就应该贡献思想和方法。

  这是罗中立正在做的吗？

  现在，最后，如果从美术史的角度，如果按中国俗话所云"名不正则言不顺"的逻辑，对于罗中立凝练出的这种原创、全新"中国话"艺术语言，我们该予以它一个什么"名字"，才会觉得比较合适呢？

  这的确也是一个大难题。

  在对罗中立这一路走过来的不同阶段中、以一种始终不变的对待艺术的心态、但以多种艺术语言创作出的作品进行了较全方位的分析、研究，并重点考虑他在"重读美术史"框架下的作品、重点考虑他从今天往下一步走的创作方向、重点考虑东西方文化中的一些语言习惯和文化认识，参考了世界美术史一些主要相关资料后，觉得，可以为之冠名为：魔幻意象主义（Magic Imagism）。

  可以吗？先来看看以下分析。

"魔"在这里，理解为变化、创新、挑战、活力、奋进、积极、力量、升华、魅力、不安分、引人入迷、不墨守成规；幻者：幻象、想象、希望、幻想、虚构、美好、梦幻、似真似幻。魔幻之意，本质上也是表现人的创造力、展示文化方面的重要精神财富。此外还有重要的一点，也在这里特别提出以为助力。正如前面提到的"重读美术史"第一阶段的作品，是以画面中存在的"穿越"形式作为典型特征；进入第二阶段后，作品转而以罗中立与中外大师交流对话的形式出现，坦率说，这两种形式都是近乎于"虚幻"和"类抽象"的形式，很需要观众运用抽象思维方式和丰富的想象力去进行深度解读才能把脉其真谛的。如果仅从直观上看，第二阶段这里，出现在第一阶段的"穿越"形式似乎已不存在了。对此，我们也可以很肯定地说，"穿越"的画面在第二阶段的作品中的确不存在了。但是，如果我们往深层次里加以分析、理解，就会恍然大悟，其实，"穿越"在第二阶段作品里不仅依旧存在，更已上升到了一种新的、更高层次的"穿越"状态，那就是，人与人之间心灵交流下产生的"穿越"状态。可不是吗？当罗中立与古往今来的中外大师们在画面上进行无障碍、无拘束的交流对话时，在古今中外之间的多种"穿越"就已经发生了，而无数心灵也就在这"穿越"的交流下，相融相生共存共进。而"穿越"，恰恰是对人最具有魔幻般吸引力的一种超常形态。由此从形式到内涵的统一，则更可以资证明，为罗中立这个原创艺术语言冠名中以"魔幻"二字正恰如其分。

至于意象者，首先，罗中立曾经这样说过，他到目前这个时期创作的"重读美术史"作品，并非如很多人认为的属于抽象，应该还属于具象偏于意象的范畴。比如出现在"重读美术史"第二阶段的作品中，梵高自画像、米勒画中的农夫、伦勃朗的肖像画等，人们都还是可以一眼知道他这些作品原出何处、看清画面中的物象。另一点则是，按罗中立现在想的、下一步的艺术方向，将会走得更为"意象"，乃至走进中国书法的狂草阶段，他的笔墨表现也会更加随意——于此，或许我们还可以将之与中国画的泼墨拉上更多一些联系。

艺术意象是艺术家审美理想和审美意蕴追求的体现，是主观与客观的统一。简单说，意象就是寓"意"之"象"，就是用来寄托主观情思的客观物象。艺术意象具有以下特征：（1）虚拟性，指意象所具有的非现实性。意象既可以用想象和虚构来表现现实中没有的东西，也可以用非现实的形态表现现实中已有的东西。（2）感性，指意象可以为主体感官直接把握、感知、体验和感受的直接性和具体性。（3）想象性，指意象是经过艺术家的想象将"意"与"象"融为一体的产物。（4）情感性，是艺术家创造意象的重要动力和导引，并伴随着意象创造的全过程。

纵观罗中立的今日主流作品和他的创作思路，与此表述确有极大的关联。

再溯源可知，中国画及中国书法，归于"意象艺术"的范畴。尤其在中国近现代，也早有一大批从事艺术意象研究的中国画大师包括齐白石、黄宾虹、张大千、林风眠、傅抱石、李可染、吴冠中等，这至少可以证明"意象艺术"与中国传统书画的渊源，因此，也符合罗中立从一开始就想要的、在中国传统中去凝练出自己的原创、全新艺术语言的初衷。现在，当他这个原创艺术语言成立后，我们再予其一个与中国传统文化艺术主流表现形式——中国书画——有紧密联系的名字为之命名，应真正是"水到渠成"、"名副其实"。

进一步归纳：一、魔幻在这里，也可指艺术家使用的语言，一种表现手法、一种传达艺术家内心感受的工具，以及用这种魔幻般语言创造的画面给观众心灵产生的最直观的印象和感觉，可以让人在不由自主中着魔入幻。二、魔幻在这里还可代表一种新生事物，它以一种前所未见的景象引人着魔，就像人们在"重读美术史"第二阶段画面中看见的、那种被深邃的黑色衬托出来、在画面表层闪耀的五彩缤纷和斑斓夺目，当其时，人的心灵所得到的一种特殊认识。三、此处的"魔幻"，已超越于人们常规认识中的魔幻之义。

而意象，准确些说，或许是指画面的图示，它既是创作者的思维指向、思想指向，也是罗中立在"重读美术史"中追求的、全心要表现的一种画面风格。

最后，经广泛查阅西方世界美术史资料，未得"魔幻意象主义"之现成条目，应无前者，此点，亦可满足罗中立"创新"艺术语言的初衷和需要。

故此，为罗中立的原创"中国话"艺术语言，正式冠名以"魔幻意象主义"。

如果说，当年是《父亲》使罗中立站上了中国当代艺术大舞台，成为中国当代艺术史上一座"里程碑"的话，那么我们认为，"重读美术史"——"魔幻意象主义"，就是另一个媒介，或许他终有一天可以走进世界美术史中。

■重读美术史西方大师的经典

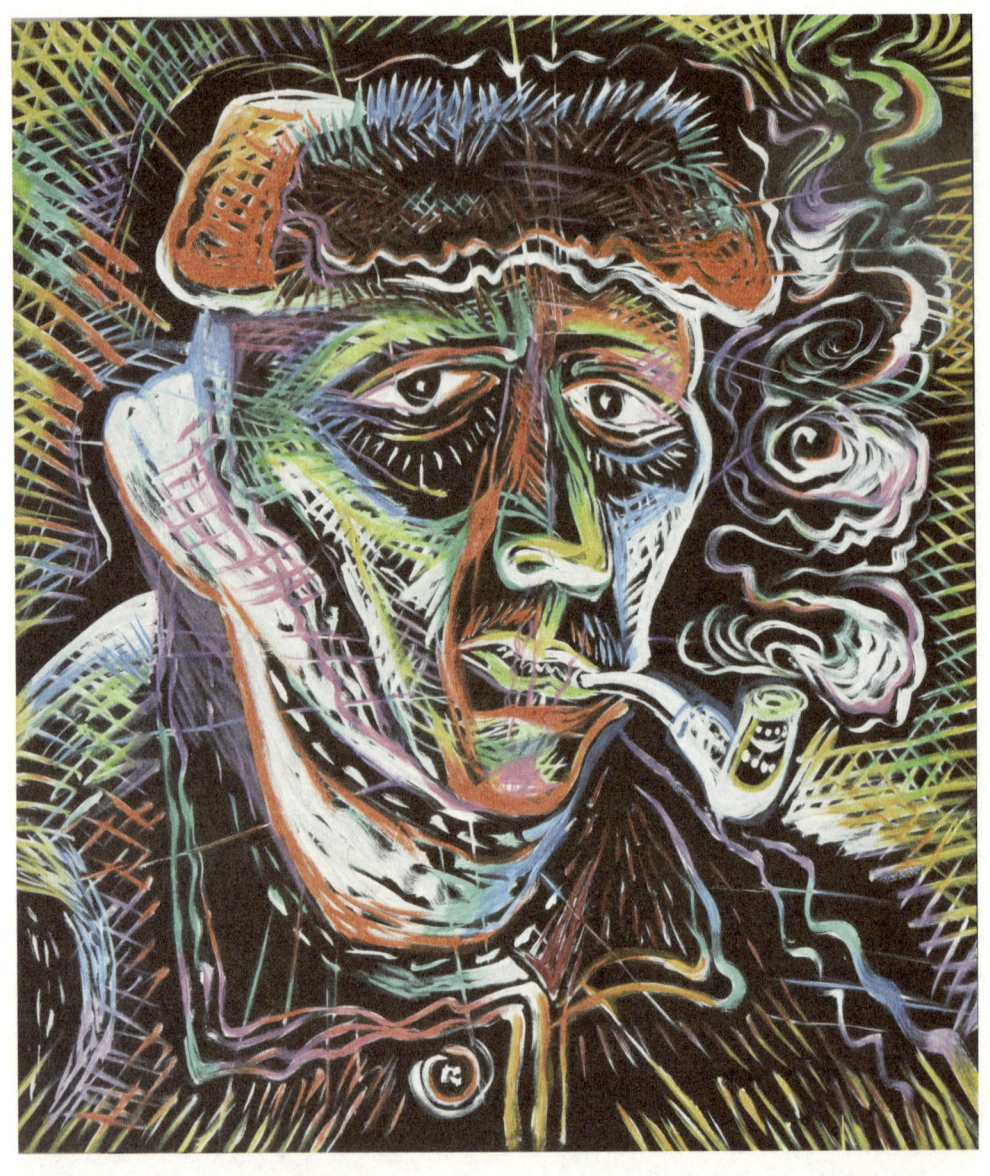

■ 重读美术史西方大师的经典

重读美术史西方大师的经典

中国古典山水画经典

众里寻他千百度，蓦然回首，那人却在灯火阑珊处。

第十二章

1

  每一个人对于自己不知道的事物，肯定都会怀有一份好奇心，一份想去了解、想去学习的冲动。这是人与生俱来的一种天性，学者们称之为"求知欲"。这种"求知欲"会特别明显、特别旺盛地出现在人的幼年、童年及少年时期。随着年龄增长，知识不断积累，求知欲大概率会收缩，不一定是"量"的收缩，而是涉及的范围会收缩，多会停留在与自己的生活、工作密切相关的节点上，比较强烈地反映在与生活和工作有紧密联系的范围里，还包含在他的业余兴趣范畴里。

  人最早的这种求知欲自然是潜意识行为，到了后来，慢慢地增加进了下意识，或者说是受潜意识支配的下意识行为。这种行为在不同的人身上，可以表现为程度很大的不同。因此我们在生活中很容易就会看见两类人，一类人是依着本能和惯性打发掉每一天的日子，第二类人则是总不知疲倦般勤奋地"干"着每一天，人们口中常说的，恨不得把每一分钟的"银子"都掰成八瓣来用的意思。于是人们看见属于第二类人的这些个他，就总是在"丢下这个活儿又赶紧着抓起了那个活儿"，还沉湎于这一样之中时，又喜欢上了动手去干另一样。对此，我们可以说是他专业的延伸，也可以套用一句俗话，说：这个人"爱好广泛"。

  要细究第二类人何以会有如此的行为，肯定得花很多时间并多角度地去做一番研究才能有结论。但他至少得具备两点：旺盛的精力，对未知永远保有强烈的探索之心。

罗中立显然属于第二类人。

说罗中立属于第二类人，这里主要从他的专业这条线来说，真实是在这条线之外，还有其他线索可以证明这一点。

笑称自己是"笨鸟慢飞"的罗中立喜欢说，"我属于热爱劳动类型的人。既然选择了艺术创作作为一生的志向，我就要勤奋地去做"。

笑称自己是"笨鸟慢飞"的罗中立身为油画艺术家，在油画创作上自然会表现得特别勤奋，但同时，他的求知欲似乎也总是永无止境，不停地在这里那里迸发出来。

很好理解的道理是，虽然同属于艺术范畴，但不同的艺术种类，毕竟还是有着与其他类不同的特性。这对于想"一专多能"的人，无疑就多出来不止更高一分的要求。

罗中立就在油画创作之外，又大幅度地涉足于水彩画和雕塑等领域。水彩和雕塑虽都是艺术大家庭中的成员，但要想"摆弄"它们，无疑也得具有"驾驭"它们的不同特性的本领。

谈到在油画之外又涉猎水彩画和雕塑，罗中立说别人为什么会有类似行为他不清楚，但就自己而言，第一真的是因为精力充沛，第二是对其他艺术门类也有很大的兴趣，既然如此，就去尝试做吧。他说以他的了解，一个艺术人的心里，大都对自己在做着的是不满足的，都希望有另外的尝试，另外的体验，另外的收获，都想着可以通过对多种艺术形式的尝试来"检验"自己的才能，也得到一些相通、相关的体验和收获。这样的例子在美术史上有很多，在今天的现实生活中也很多，国内不少绘画专业的著名艺术家都有尝试，比如张晓刚、周春涯、许江、方立均等都做雕塑。他说也是在这种心理支配下，自己早年来就一直画水彩，但过了很多年以后才开始涉足雕塑——虽然在达钢时做过读大学前的唯一一件雕塑，不过重新来做雕塑，已是进入21世纪了。他说一辈子只涉足一种艺术门类、那种一生的事业只一竿子插到底的人肯定很多，但在玩到一定程度后会想着去变换一下玩法、会想着新的追求的，也不乏其人。

很多年前罗中立还曾说过，基于以前热心于画连环画的经历，以及后来一度对中国画的憧憬，他心里一直都有一份画山水风景的情结。但遗憾的是，几十年里我们基

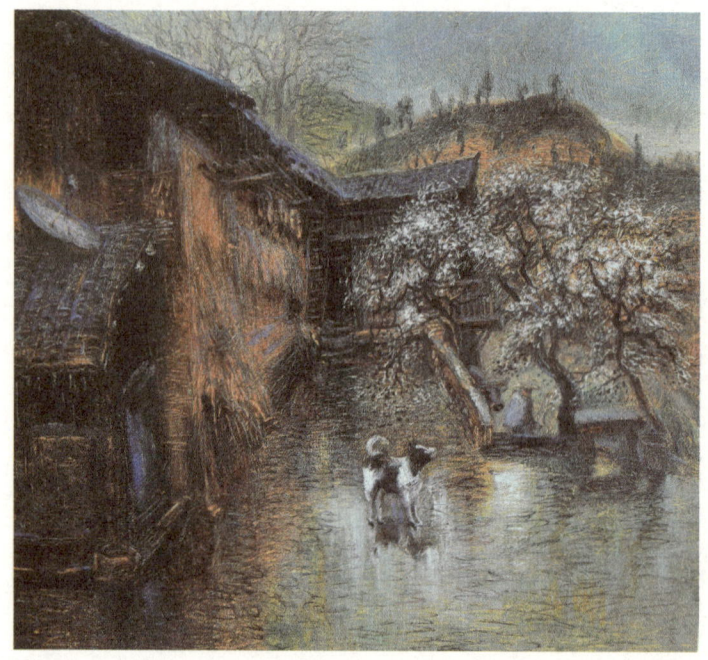

■ 《梨花风景》，1999年

■ 《村景》，1999年

本上没见到他的纯风景油画创作,只在新世纪前后,才见到不多一些风景所占比重超过了画面中人物,或画面上不以人物作为主要表现对象的作品。

幸好,他这份风景情结在他大量的速写——水彩画里得到了满足。从这个角度来理解,"跨门类"学习、尝试,是不是也可以看成是一个人可借以满足自己的愿望,完善自我的一种有效方式?

罗中立的水彩、风景速写大致可以归为三个阶段:读附中和大学时期,留学国外的日子,回国后至今。

罗中立自己谈到写生风景画时说:"这种手工活,我们这一代从学画画起步就开始了,我在附中时就这个水平,有时甚至觉得以前画得还好些。所以也可以说,实际上我在这方面的水平并没有提高。"

他这样说显然带有几分谦虚在里面,也有他自己的某种思考。当我们来进行一番梳理后也不难发现,这几个时期里他画的风景画,其实有着很大的不同,或者说是各有特点。

首先就题材而言,第一个时期里画的,主流是田园风光,农民的草房,农村的田野,农人的生活、劳作场景,古镇旧巷,残垣断壁。而第二个时期,即在国外留学时画的,从个人感受和视线所及的理解角度出发,则顺理成章地画了大量异国情调的建筑,包括外国人生活、活动的一些场景。这一类画因为常常是旅行一路所得,因此多表现出速记式的、写生式的特点。它们不仅记录了沿途的"风土人情",更是罗中立如何勤奋的侧面证明。这些画基本以线条勾勒为主,很有些像摄影人采用的抓拍效果,把撞入他眼里和因此在他心里激起的那一瞬间的感受,迅速地定格在画面上。八十年代末期至今,在国外画的,题材与第二个时期里的内容相差无几,区别更多可能来自于表现的是不同国家不同城市的风景人物等;而在国内画的,则是在乡村风景和古镇老房以外,多了许多关于人的方方面面活动的记录,也就是说,这个时期哪怕只是在这种"速记"式的作品里,他关注的重心也很自然地、有意识地向"人"在倾斜,这也符合他一路走来、明确的以人作为自己创作主线索的思路。

就表现手段而言,早年多用铅笔、钢笔、水粉、水彩,后面阶段,则大多用了笔痕比较粗的黑色签字笔之类,多是先速写画出稿子,再用水彩色染出,或一开始就直

接用水彩画出。

从表现形式上看，早年画法比较严谨，是相对"刻板"的记录式，或是直接的对景写物。后面两个时期，则运笔流畅，无拘无束，大多以寥寥数笔交代出景物，却形神兼备，也饱含着作者此时此刻的特定心情、感受和感悟。因此，看他后面两个时期的"风景"速写画，总觉得会有一种自由奔放感自画面里冲出。作者倾注在画中的独特的真情，带给观众浓浓的在场感。

虽说水彩画并不是罗中立艺术生涯的重头戏，但的确是了解他艺术创作路的一个重要方面。事实上，人们都认可的是，文学家也罢，艺术家也罢，往往都会在最无拘束、最随心所欲的时刻，比如作家写的短篇散文，画家的速写，才最容易展现出自我，最容易创造出瞬间的灵感，并把这份"灵感"即时地表现在转瞬即逝的"描绘"中。因为当其时，创作者没有半点儿功利的考虑，完全不受任何框框约束，不考虑任何创作意义或者精心的整体计划，他有的只是忘我的热爱，是全身心的投入，有的只是那种因为受到在瞬间被点燃的激情的蛊惑下汹涌而出的奔放，张扬地跃然纸上。他在无意识下完成的作品，却在人们的有意识下得到了最好的交流和沟通。

有艺评家这样说：附中时期罗中立的作品比较学院气，讲究构图，块面的分布较为严谨，或者说画得很正确。因为注重块面之故，形体的团块感明显；从色彩看，黑白灰关系比较清楚，用色直截了当而略显粗略，不在意细节刻画的微妙变化，再加上总是使用比较宽阔的笔触，画面倒是显得质朴而厚重，有一种耐看的拙味。似乎从一开始，罗中立就不是那种画得轻松、飘逸和帅气的画家。米兰·昆德拉所言"生命中不能承受之轻"，对罗中立而言，恐怕是与生俱来的。

多年前罗中立没有在每幅完成的画面上即时写下创作时间的习惯，若干年后，要筹办展览，整理作品时，才突然意识到这个问题。因为有好些画，特别素描速写类，很难说明准确的时间。只好大致回忆、或按照风格近似来判断，进行归档。这自然也造成了一些差错，准确说就是有少数作品上标出来的时间，不一定真创作于那一年，也有可能是前后一两年中创作的。后来，他就很注意这个问题了。

2

如果说水彩是可以辅助、刺激罗中立进行油画创作的一支插曲，那么雕塑则似乎正好是从另一个方向走来的：它是他在已经成为结果的油画作品的基础上，延展出来的另一种形式的创作。至少目前是这样。它有点像是与他的油画、水彩、连环画、速写等一起，合成一支交响乐的意思。

除了精力充沛外，除了想在艺术领域对更多的门类有一些尝试和体验外，对于为什么会涉足雕塑，罗中立也有多一些解释。

他开玩笑地说，我的孩提时代也有过把一团稀泥巴捏出各种形状的人人马马当玩具的经历，而且因为有这个"本事"，在孩子们中时常觉得自己很"酷"。我们那时的孩子根本就没有买玩具这一说，更不要说像今天的小孩可以玩手机玩电脑玩电游了。那时小孩子们成长的氛围都是和自然有更多的结合，几乎都表现为动手能力很强。比如小孩子差不多都会用高粱秆和几小块马粪纸来做飞机，削一些竹片片做成风筝做成灯笼，还可以拿一块大些的木块做只小船，一块小的木片作螺旋浆，和船身接合好，再拿一根女孩子扎头发用的橡筋拴紧螺旋浆，手一松，那只小船就可以在水面上"蹦"出去一两尺远，旁边观看的孩子就会发出一片大大的欢呼。这些既是我们孩童时代的乐趣，是我们想起童年时都一定会有的记忆，也是使我们从小脑子里就铺垫起一种"三维造型"的原始基础。长大后进入了艺术圈，很自然地对雕塑也多出来几分本能的亲切感，小时候玩泥巴留下的那种很特别的感觉，一直都存在于心中。所以在

大学学习时，偶尔也动过做雕塑的念头。

他也说他原来其实是把做雕塑的梦"安排"给儿子的。特别是在儿子报考美院时，他希望热爱艺术的儿子可以报读雕塑专业。他心下认为，真要是那样的话，以后就可以父子合作，借着由血缘生成的相通的心意、无缝隙的情感，联手来把他的一些现成的油画作品转换成雕塑，那就既了了他孩提时从捏泥巴中生出来的雕塑"愿"，也实现了他把自己的一些二维油画人物转换成三维雕塑的愿望。这听起来很有些浪漫的成分，同时也构成一个很有趣的画面，一个在美术史上或许也并不太多见的父子艺术组合模式，当然还充盈着一个父亲的满满的希望。而在这样一份"诱惑"下，他对有一天由自己的画面转换出雕塑作品，生起很强烈的冲动。

但是玩过了不少电动玩具长大的儿子，虽然热爱艺术，却可能并没对传统雕塑找到那么多热爱，至少是，儿子最后没有选择走入雕塑专业，却是子承父业般进入了油画专业学习。

罗中立说，这就"只好"自己来完成心里激荡着的那份心愿了。

长期让罗中立动着念头、想把自己的油画人物转换成雕塑，还有一个很直接的原因。就是他一直都认为，自己油画创作的人物，本就已具有了很强的雕塑感，再说，画面中出现的大都只有一两个人物，做转换比较容易，只需要有一些不那么难的取舍变化，应该就会出来很好的雕塑。另外，还有不少题材，虽然也已经就它画了多幅画，比如《晚归》《拥抱》《雷雨》《过河》等等，但是他总觉得还有很多可以说、也想说的，同时又觉得，用二维语言仿佛已不能完全表达出、不能承载下他想要再说出的那些想法了，所以，他想进入三维领域里做一些尝试，来发出一些心声，让自己笔下的人物换一个角度走到大众身边，以另外一种姿态，向人们传达他的心思、诠释他之所想。

当然雕塑毕竟是艺术最重要、最主要的门类之一，它有着自己显著的特点和强烈的排他性。因而，罗中立做的雕塑，真能按照他自己想的那样，成功走进大众吗？

2010年6月，在川美黄桷坪老校区的"坦克库·重庆当代艺术中心"，举办了罗中立个展"语言的轨迹"，由时任中国美术馆馆长范迪安教授策展。在本次展览上，罗中立的绘油彩雕塑作品第一次正式在大众眼前亮相。那些透出几分荒诞、很异乎于

■ 雕塑作品

■ 雕塑作品

■ 雕塑作品

大众平时见惯的人物雕塑，突兀地站到人们面前，因为他们变形的体态、夸张的表情、特别是整体看去显得很"俗"很艳丽的色彩等，因而展出后的总体效果，可以用"惊艳"世人来形容。

作为一个著名的当代油画艺术家，突然展出来一批总的看上去应该说显得很有几分另类的雕塑作品，但他之前在此领域并没有过任何出类拔萃的作品而能够吸引人们为之再次注目，甚至人们基本上都不知道他还在做雕塑，加上这次展出的雕塑数量也有限，因此结果是，无论对一般观众，还是对专业人士，除了都释放出几分惊奇、几分出乎意外，最后的感觉都是，大家现在知道了罗中立借着自己油画作品里的人物在做雕塑，给出的结论大体上是，都认为他可能就是想做一些跨界尝试，仅此而已。连同着艺评家们，好像也都没有对此花太多力气，去进行一番深度研究，写出几篇专题性的文章来。

不过这样的转换尝试至少从一个方面再次证明了，罗中立心底的那份"搞怪"的确始终存在，即使是在他成了川美院长若干年后。

往回说，其实在此之前几年，国内就曾经刮起过一股油画艺术家做雕塑的"风"，但其结果，好像并没有涌出来被一致叫好的跨界或按有些人说的"串行"艺术家。来自艺术圈内的声音普遍认为，油画家出于玩新鲜、为了某种体验而走进雕塑领域，但是，因为并没有很好地理解雕塑语言，从而导致了从绘画平面性到雕塑空间性的转换失败。甚者，有人更为简单明确地归纳说，这是用"旦角"的腔调唱"生角"，结果当然会是不伦不类。

罗中立最初做的那些雕塑总体看还是很写实，色彩是尤其丰富甚至可说浓艳，如果拿去和他油画画面中的人物做对比，有一种感觉，很像是那些人物直接从他的画面里走了出来。这看上去也符合他就是以一种尝试的、比较小心的心态走入三维领域的事实。

罗中立的雕塑第一次相对集中地亮相于大众，应该说没有听见多少叫好声。至少，并没迎来艺评界主流的叫好。反之，听到较多的是更近乎于批评的声音。归纳起来看，以下几种看法较有代表性：

前几年有画家做雕塑，也不管自己的作品是否适合"雕塑化"……罗中立现在再

次让观众悲哀地看到：大巴山下起了色彩雨。

罗中立在做新的尝试，但不是所有的尝试都是成功的，尝试需要冒险。他的新雕塑缺乏空间感，而雕塑上的油彩也远不如其油画上的笔触质感富有表现力和张力。

罗中立绘画中那种乡土的、民间的、朴实的、粗犷的、稚拙的气质曾经在文革结束后的一段时间契合了时代精神，为历史选择，却也因此成为符号。……经转换后的雕塑，沦落在雕塑、绘画与民艺之间，既失去了原初绘画的感染力，也没有在空间、形体方面取得进展，又不具备民艺的精神性、工艺性，最终似是而非，暧昧而尴尬。

将二维作品变成三维的雕塑越来越流行，越来越普遍，很多人都有创作，但如何走进雕塑的空间意识与立体语言，是一个值得思考的问题。也许作者的立意本来也不想让它们像雕塑，就像一幅立体的画。但作为雕塑的立体语言造型，是否就是直接过渡过来，成为这批作品的焦点，或者说，作为架上的绘画思维与作为立体空间的思维有何差异、有何共性，不一定非得是空间感才是最重要的，但是否就是绘画的直接延伸，就成为可以探索的实践与理论问题了。

从上述观点不难看出，"跨界"或"串行"并非易事，不管你自己是怎样想的，但在别人尤其是专业人士眼里，既然你事实上已经涉足这一领域了，他们是一定会用这个领域的艺术标准甚至还可能是更高标准来衡量你的作品的，并因此作出专业的评判。这当然无可厚非而且属于自然而然。你可以不做，但一旦你选择了做，就得在心里做好准备，无论别人是正常的批评也好，善意的建议也好，或是过激的挑刺也罢，你都得听着。见仁见智，古人早有论断。当然，另一方面，你也可以选择不听，依然故我地走自己的路。

但罗中立之所以热衷于做雕塑而且将其做得如此的色彩浓艳，与他油画作品中的图像效果惊人地相似，他是不是真的有另外一种想法，就是在他创作《重读美术史》的油画作品时，也是把雕塑作为自己这个框架内的一分子来同时进行的？就像有艺评家已指出的那样：罗中立在《重读美术史》的作品中，甚至将其造型方式分解成线性构成油画和彩色雕塑作品。换句话说就是，已经有艺评家把他的这类雕塑归在了《重读美术史》框架内。但是，如果从被归于《重读美术史》框架内的油画作品都具有那种在画布上的前期制作程序这个特点来考虑，把这些雕塑归入《重读美术史》里面，似觉牵强。或也觉得，以它们的色彩特点为考量，去归入《重读美术史》，似也可以。

罗中立本人是怎样认识自己的雕塑的呢？

他说，无论从自己手下出来的雕塑形象是写实的还是怎么样的，有一点自己脑子里是非常清楚的，即：出自于一个画画人之手做出来的雕塑，一定要充分区别于一个做雕塑的人做出来的雕塑。这是必然的更是必需的。他说，换言之，当我来把自己画面的东西转换成雕塑形象时，我会注意更多地体现出绘画语言，包容进一些绘画元素。所以，我之前在做雕塑中所用的高光，很多地方的明暗关系、冷暖关系等，实际上就不是按照雕塑本来要求的那种空间和体积关系来确定的，而是沿着把绘画的元素转换进三维这样一个概念来展开的。我自己认为，这是我在做雕塑上区别于其他做雕塑人的最大不同。同时我认为，我的鲜明的个人风格、个性化的绘画语言等，当转换进雕塑之后，人们走来一看就会一目了然，就会很清楚地看见一个与别人的作品表现出明显不同的雕塑，包括创作者的个人风格，因为它具有很强的符号性和识别性。这就是我从开始做雕塑以来直到目前为止，所采用的一个大的路径，一种考虑，一个前后因果关系。

那对下一步做雕塑有何考虑呢？

下一步吗？至少希望不会再像第一阶段这样写实，即基本上是把原来的画面直接转换成雕塑，转换时在形体比例上也都还是在参照着绘画里的因素。下一步希望能做得更变形一些、夸张多一些、更写意一些，与自己当时的绘画风格形成呼应。事实上，在2017年12月开展的手稿展里，就已经出现了一些受这种想法支配而诞生的"雕塑"，就是那些用塑料纸和其他一些材料"扎"出来的、给人感觉似乎是抽象的形象。也就是说，下一步的雕塑可能表现为更随意、更意象一些，略带点儿抽象，但也还不能叫完全的抽象。在材料的使用上、造型上，应该会有一些新的想法。可能还会把以前的一些画面拿来重复做。

罗中立第一阶段做了大概有四五十件雕塑。尺寸都不大，大的高约一百五十公分，数量也少，其他的多数也就八十公分左右。

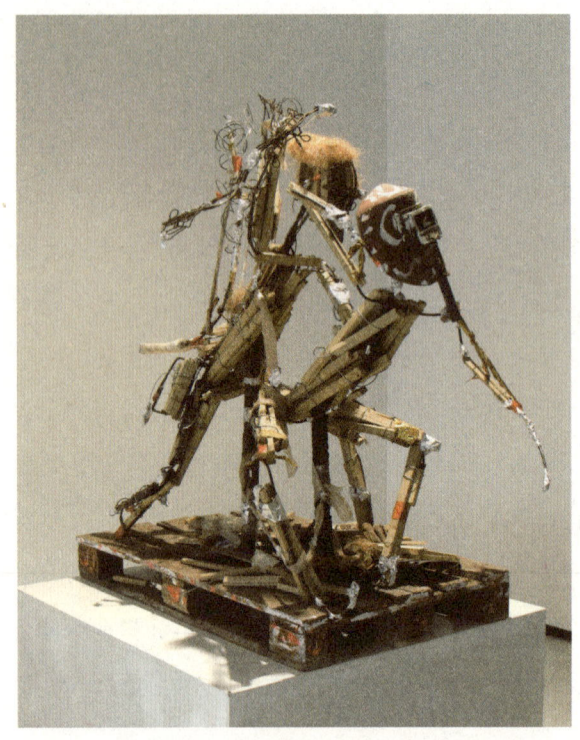

■ 更意向表现的雕塑

■ 更意向表现的雕塑

■更意向表现的雕塑

3

虽然之前进行的由二维绘画转换成三维雕塑的尝试似乎没有获得好评,而且也不知道罗中立本人对这结果感到满意还是不太满意,但他按照一贯的行事风格,坚持在转换雕塑这条道上朝前走了下去。不仅如此,"不甘寂寞"、乐于重复的他,竟于2013年中亮出来一个"大动作":他要把自己的油画成名之作《父亲》,转换成雕塑。是因为如何重画一幅《父亲》的问题一时无解才出现转向,想在另一个领域来说出自己想说的话吗?是因为"玩"雕塑之下发生的巧合、刻意的重复——形式与内容的重复吗?抑或,还有更多的考虑?

以罗中立一人之力,当然无法完成这件转换作品。因为他要做的,不是一次简单的转换,他想转换出一件超大型超级写实雕塑。简单说有两点:一、超大;二、雕塑作品《父亲》展现给人们的,与人们当年看见的油画《父亲》具有相同,甚至更真实的"超级写实"效果。

先大致认识一下超级写实雕塑。

一言以蔽之,超级写实雕塑是既具备传统雕塑特征,又表现出比传统雕塑更逼真、更写实的雕塑艺术品。因其具有高度写实的艺术效果,所以当人们来观看时,极易被它显示出的"真实"效果带入它展示的状态中去,就是说观众的情绪极易被它的"真实"左右。"真假难分",可能正是超级写实雕塑最想追求的一个结果。

有人对超级写实雕塑从四个大的方面进行了总结:(1)视觉效果的真实性。传统写实雕塑为了追求纯粹的形体，会摒弃其他任何会影响到整体的细节，转而强调整体的气势。但是在超级写实雕塑这里，形体细节却正是要被充分强调和细致刻画的对象。如人身上的皱纹、毛发、皮肤斑点等，这些在传统雕塑中可能都是会被刻意"遗忘"的。(2) 使用材料的多样性。传统雕塑中使用到的材料，在超级写实雕塑这里不仅都可能会用到，它还会多用到很多附加材料，比如用玻璃材质制作人的眼珠，用塑料纤维制作人造毛发并且会一根一根地植入作品中，以创造完全逼真的效果。(3) 制作技法的灵活性。除了采用传统制作方法外，超级写实雕塑家更还大有在人体模特上直接翻制模具的，如美国超级写实雕塑家杜安·汉森，作品《公共汽车站前的女士》。(4) 思想内涵的深刻性。这也是超级写实雕塑的一个重要特征，正是这使得它超越了蜡像，在真实中超越了真实，在超级的真实下产生了现代观念下的真实美与抽象美的奇妙结合，使它成为严肃艺术而不是流于高度娱乐性和商业性的蜡像艺术。

总之，超级写实雕塑以其强烈的视觉冲击力，给现代人以巨大的感官刺激。当人们明明知道自己是站在一件艺术品面前，却又被眼前的"真实"所左右、所带领着走进另一种真实中时，超级写实雕塑就成功了。

国外最早从事超级写实雕塑的，是出生于美国纽约、被称为美国现代波普雕塑大师的乔治·西格尔，所学专业是艺术。他采用的方法就是直接从人体上翻模具，用模具浇注雕塑，出来的作品与真实对象几乎完全一样。他采用这种绝对客观、绝对准确的方式，来体现传统雕塑的异化，是波普运动时期雕塑上的一个很突出的现象。

其他著名的超级写实雕塑家包括：让·穆克，出生于澳大利亚，最初的工作是为电影制作模型。在工作中，由于感到"摄影几乎摧毁了原始物体的本来面貌"，从而转向美术，进入雕塑领域。他主要使用硅胶和玻璃纤维材料，大都以真人大小比例制作超级写实雕塑，创作了一大批著名的超级写实雕塑，如《交流》《若有所思》《瞻仰》等。

杜安·汉森，出生于美国明尼苏达州，美术专业毕业，作品多用树脂模塑真人大小的塑像。他先直接从人体上翻模，然后把翻制下来的人体各部分装配在一起。为求逼真性，他还在模型上染上与真人肌肤相同的颜色，给它穿上真的衣服，配备真实的道具等，使得观众在距它两三米远处，都会以为那是一个真人。但是汉森也强调他的

翻模方式仅仅是一种手法,他仍然有着自己强烈的个人艺术立场和原则。他认为自己作品的重要性不在于写实的、逼真的外表,而在于这个真实的人体所传达的某种信息。

鲍比·柯思,居住美国密歇根,自学成才,没经过专业学习,主要通过对电影明星们的照片进行观察,使用硅胶材料,制作了一大批电影明星超级写实雕塑,令人叹为观止。

约翰·德·安德里亚,作品《交叉双手坐着的金发女子》。

汤姆·库伯,美国俄亥俄州超级写实雕塑家,作品多与科幻形象关联,多次获得光谱奖等专题大奖。

这里需要做些解释的是:超级写实雕塑与超级写实主义绘画之间,有着一定程度的差别。主要在于,超级写实主义绘画是以照片为依据进行创作,这也是它又被称为照相写实主义的原因之一。而超级写实雕塑却与照片没有半点儿关系,在创作技法和参照物上差别很大。但是在观念上,比如中性立场、绝对客观主义、高度写实技法的应用等等,它们属于同一个范畴,没有本质的区别。另外,超级写实雕塑基本都集中在人体上,以人体作为表现主体,这与超级写实主义绘画倾于尽量回避人物的做法大相径庭。

罗中立要转换的雕塑《父亲》,具有以下几个最显著的特点。

(1) 尺寸巨大。

大到什么程度?

雕塑全高六米,几乎是油画原作尺寸的三倍。因为雕塑制作的只是包含了一个人的头部和胸部的一小部分,因此,以该雕塑的制作比例还原,其"整个人"的高度可达约35米。

(2) 超级写实语言。

它采用与从前的油画《父亲》相同的语言。未经、未能全面核实,但就已知的,以超级写实语言出现的雕塑《父亲》的如此体量,在当今世界上、自然更包括了在国内,是为最大的超级写实雕塑作品。

(3) 它是从大众非常熟悉的经典油画《父亲》进行的一次转换,因此对于创作者而言，整个制作过程具有严谨的指导性、严格的被约束性。而雕塑与绘画毕竟分属于艺术大家庭中两个本质不同的主要成员，都有自己的独特性。在这种情况下，无疑会给创作者带来更多艰难的考虑和左右为难的选择。

为了最好地完成超级写实大型雕塑《父亲》的创作，成立了一个工作团队，由四川美术学院雕塑系徐光福教授带领。

如前所述，要从二维的油画转换出一件超级写实雕塑，并不是一件易事。而要把一件油画经典转换成另一种形式的、向一个现实空间扩展和延伸且属于超大型范畴的三维雕塑作品，肯定更不会是易如反掌之事。至少可知在国内，这样的尝试尚属首次。无论是观念上还是技术上，都没有任何可资参考的，所以它具有十分明白的挑战性，所以这个创作过程中一定会问题多多。

首先，能想到的主要问题就包括，（1）创作油画《父亲》时，罗中立是对老人进行的正面形象描绘，基于二维平面的特性，老人的侧面部分是被"统一"进了阴影中的。但是在三维立体雕塑中，侧面却必须得恢复出来，还复成一个完整的、让观众三百六十度地转着去看时也无可挑剔的《父亲》。而因为艺术表现形式的不同，就必然会带来二维与三维艺术语言表达上的差异。因此，雕塑的空间意识与立体语言该如何准确地体现？（2）《父亲》是以（准）超级写实主义风格画出的，画面上反映出的那种细腻和逼真，无论是老人面部、手上出现的那一条条皱纹，他满脸的颗颗汗珠，皮肤上的根根汗毛，甚至是那只硕大的土疤碗等等，都曾经深深地打动了观众们的心扉。那么，今天的雕塑，也能够达到这样的效果吗？（3）色彩。二维油画与三维雕塑，基于它们会在同一个空间中从不同角度扮演相同的角色，所以在雕塑上做的色彩还原至关重要。有一个很关键的问题是，所有人都已经熟悉了《父亲》的相貌，都记住了他那一张饱经沧桑的脸，昨天的《父亲》已经在人们脑海中刻下了根深蒂固的烙印，"他"已经是一个容不得有丝毫改变的人物（除非你明确表示了你是用另外一种语言来创作的另一个《父亲》）。而帮着人们得到这个印象的，除了固定的造型外，更还有画面上那些帮着完成了整个造型的色彩。那些色彩当年被艺术家用他的笔一点一点地、精心地凝固在了画面上，创造出了受大众喜爱的《父亲》。理论上说，在今天转换出的雕塑上，对色彩也不能稍有改变。一有任何改变，一旦被人们"发现"，他可能就无法继续扮演人们铭记于心里的那个《父亲》——无论你说这是为了艺术的名义也罢，是因为有其他什么考虑也罢，是因为有什么客观原因导致的也罢。反正结果只有一个，你现在既然是依着那幅二维平面油画经典中的人物来转换出一件三维的雕塑，而不是借着原来那件二维平面画中的人物来重新创造一件任意形式、任意色彩的三维雕塑——所以，就得把一个与人们印象中基本上没有变化的《父亲》还给人们，让他们以为，这不过就是《父亲》从油画中走了出来，更加直观地、活生生地站在他们面前，更加亲切地、融洽地与他们交流，更加愉快地、和谐地让他们重温昨天的感受。

然而在平面的画布上着色，和在三维雕塑上着色，还真不是一回事。最简单易懂的道理是，三维条件下的每一个小凹凸"面"，都会受到甚至就在这一个空间里也会存在的、从不同角度射进来的光线作用，从而得出不同的色彩效果，即使这效果的变化看似细微，但考虑到它是一件高达六米的超大型雕塑，它的某些凹凸"面"也会相对比较大，因此，由光线作用产生的色彩变化，就可能变得比较明显，因而也就会与原作的色彩发生较明显的改变。如果这种变化是在可控的范围内，应该还不至于让观众太失望，否则，仅就色彩这一个问题，该"转换"就可能被大众归之于"失败"。此外，在三维雕塑上着色，更要考虑到当雕塑被放置在陈列空间中时，由点光源光线照射下出现的差异性变化。所以，如何既尊重油画原作，又要满足雕塑的特点，的确是一道大难题。

当然有一个"迂回"的办法。那就是以艺术的名义，你想转换什么《父亲》形象就怎么去创作，不用考虑大众的感受。但结果如何，自然也就不在你的考虑中了。

就这么简单。俗话云：说得轻巧，拿根灯草。

现实当然不像说一句话这么简单，要知道《父亲》雕塑也不是一根灯草，它是铸铜完成后可重达逾七吨的"灯草"。所以，创作者得有举重若轻的本领。

但无论这个转换有多难，罗中立对自己说必须坚持下去。一方面还是性格使然，开了头就必须完成。另外呢，或者更因了当年他创作《父亲》时的那一个"遭遇"，也就是他曾经想把《父亲》画得要再大好多好多、最后却因为客观条件不能满足而不得不放弃所导致出的那一个"遭遇"。

罗中立今天想要把昨天的那个遗憾弥补上。

经过对一般美术馆的陈列空间的了解，再加上其他一些参考后，就有了把《父亲》雕塑做成六米高的想法。至少，今天他已不再是像当年那样只能想当然地"求大"了。

或许有人会问，为什么一定要选择把雕塑做到这么大？应该说，除了罗中立今天想要弥补一下当年的遗憾外，《父亲》雕塑制作团队领头人徐光福教授的两点解释，可以说明另外一些原因。

第一，通常情况下，大型雕塑会给人造成一种崇高的感受力，如康德所论，凡是我们的视觉不能够掌握的东西，往往便造成了一种可怕的感觉，而当这种可怕不会伤及自己时，便易于形成一种崇高的感受力。另外，在古代世俗美学中，孔子认为，"大"是一种道德意义上的大，美德意义上的大。因而"放大"所指向的东西，往往是偶像和信仰，这样的情况比较突出地表现在古代佛像塑造和帝王偶像上，到了现代社会，则转化成伟人和英雄像。因此，雕塑《父亲》的大，从这一个层面说，也是为了与罗中立当年的创作观念形成呼应，即：一个普通农民站上历史大舞台。第二，经过近四十年的长足发展后，国内的美术馆基本上都可以提供很大的展览陈设空间，大体量的艺术作品已屡见不鲜，成为了一种常态。由"大"所产生的撼人心灵的感受，也就相应地被大幅减弱。因此，在这样的客观情况下，如果把雕塑《父亲》只做成一般大或比较大的尺寸，可能就完全丧失了当年《父亲》因为打破常规的大尺寸所带给人们的那种震撼效果。

■ 雕塑《父亲》铸铜小件

■ 修改雕塑《父亲》

4

虽然事先也想到了在正式的转换中肯定会遇到很多很多困难,但在从油画《父亲》到超级写实雕塑《父亲》的转换成为现实、其创作过程中的难度,还是远远超过了罗中立和工作团队的预想。难度不仅仅在于制作技术上,也包括了其他很多方面。

一、虽然《父亲》雕塑被定义在"大型"的概念下,却不能让它因为"大"而使得观众在视觉不能掌握下产生出"可怕的感觉"来。所以,创作团队必须要解决一个很重要的问题,就是,如何让大众把已经非常熟悉的由经典油画《父亲》得到的经验,即那种除了会在大家心灵里产生起强烈惊奇下的震撼外,还有那个沧桑老人带给人们的慈祥、平和、喜爱、思考和亲切感等,平移到雕塑《父亲》上。这肯定是一个涉及多方面因素的综合性难题。经过研究,主要从以下几个方面着手,解决这个难题。

首先,一个浅显的道理是,距离可以"改变"一个物体的"大小"问题。说得简单些就是,人离这一个大的物体越远,它所具有的那份"大"和由之对人产生的那种"大"的感觉就会越被弱化。

不过现实是,尽管今天很多美术馆的展览空间已经相对够大,但都还不能够大到可以完全解决观众与超大尺寸作品之间有足够距离这个问题。这样的话,当观众走进美术馆来观看一件超大型雕塑作品时,就极可能会因为相互间的距离欠缺,而被得到某种程度的"可怕的感觉"。还因为,《父亲》雕塑作为一件摆放在美术馆里一个开放

空间内的作品，观众可以围绕着它行走，近距离地观看，而在这个围绕行走观看的过程中，观众看到的会都只是该雕塑的一个局部，并且还多会是处于"仰视"的状态。这种由局部性观看和"仰视"所带来的观感，恰恰是可能产生出"可怕的感觉"来的最直接诱因。所以，不能让雕塑《父亲》从进入人们视线的第一眼开始，就生起来那种"可怕的感觉"。

为解决这个问题，雕塑团队设计了一个方法：事先选定一个点，把观众"引导"着走到距离雕塑《父亲》够远的这一个点，同时先设置好一种媒介，让观众在这个距离点借着这个媒介看过去，用这样的方式来把油画《父亲》给予人们的经验往雕塑《父亲》过渡，让观众对雕塑整体有了一个先入为主的良好印象，然后就可以顺理成章地延续他们脑海里固有的油画《父亲》的印象。不管怎么说，油画《父亲》从前已经给大众固定了一个美好的经验和美好的印象，总不能让它毁在雕塑这里。

最后，团队在雕塑《父亲》的展览陈列空间里距雕塑本体约十五米距离的地方，设计了安置一个高为二百五十厘米的小平台，再在这个小平台前面找到一个精确的角度，架上一部光学缩小镜。观众走来时，通过这个缩小镜去观看正前方远处的雕塑《父亲》，就得到一个与油画原作几乎相等的观看效果。同时，为了强化经由这种方式得到的绘画式的观看效果，还给这部缩小镜上增加一个油画框，让它把进入观众视线的雕塑给"框"起来，变成一幅"雕塑油画"，使之与留存在人们心目中的油画《父亲》产生互动、发生交流、得到良好的融合。

这样的"别出心裁"之举，让人想起当年罗中立创作《父亲》时，也是因为工作室空间不够大，才去买了一部望远镜反过来看借以缩小画面增加景深的趣事。两次相同的手法，为了同一个名称、同一种语言下的两件不同门类的艺术品，是巧合，还是借鉴？

二、雕塑的细节处理，难度很大也很费时。出于一些考虑，《父亲》雕塑拟分别制作一件玻璃钢成品和铸铜成品。对于不同材料制作的成品，最后的处理方法也会不同。大体上，对玻璃钢制成的作品，会采用对整个雕塑用油画色还原回油画原作效果的方法。而对铸铜件，则可能不做任何色彩处理。但是铸铜件上的毛发、胡须等的处理就显得尤其艰难。举例说，毛发、胡须，对比雕塑的如此大体量，相应地该做多长？很多胡须还得根据需要进行弯曲处理。此外，用作毛发和胡须的铅丝、铜丝，还表现出根部粗顶部细的特点，因而得进行专门的加工。胡须或毛发处理好后，进入安装时，要先在生长胡须或毛发的地方钻一个小孔，然后把胡须、毛发焊接进去。

三、平面油画与三维雕塑的表现差异。在油画《父亲》上，"父亲"的面部是作为画面中心的，观众的视觉焦点也停留在这里，作为前景的"父亲"的双手和手里端着的土疤碗则非画面中心，而且，罗中立创作时在其暗部又做了大面积的平面化处理，还从正面将之"切掉"了很大的部分。但是进入雕塑后，显然不能够再依样画葫芦地"处理"了。在三维造型这里，手和碗的比例关系与头部的比例关系，都处在同一个比例关系基础上。带来的问题是，当把完成的雕塑放进陈列空间后，就会发现手和碗因为比头部更靠前于观众，其比例就会发生了"变化"，变得更为巨大。这就是人们都能理解的由视觉差造成的"近大远小"的道理。所以，得想一个很好的办法来解决它。

事实上，《父亲》雕塑的核心问题，就是要解决作品最终带给观众的效果呈现问题。对于这，团队最后的解决办法是，借助改变观看视角的方法，来消除比例"虚"差异的问题。就是用上面提到的、在距离雕塑本体十五米左右搭建一个高二点五米的小台子来观看的办法。这时的小台子成了一个固定的观看点，在这个点观看，手和碗已处于观众视线的下方，因而和平面画中一样，它们也不再是视觉的中心部位，观众的视觉中心仍然是在雕塑的眼睛、鼻子这个区域。当然手和碗依然是按等比例尺寸来制作完成的。

徐光福教授这样说：创作一个超现实主义的《父亲》雕塑，很有些像把一本小说改编成电影剧本再拍出来，必然会因为艺术表现形式的不同而出现语言表达上的差异，并由这样的差异带来观众理解上的差异。但我们确实已经很努力地在尽量减少这种差异了。

一个小插曲：制作《父亲》雕塑泥塑时，团队最初很有信心地准备了二十多吨黏土。等真正动手做了时，才发现由于超大体量泥塑制作方法上的差异，因而预估的黏土远远不够。最后总共用了约四十六吨黏土才完成了泥塑。仅仅泥塑从开始制作到完成，十个人就做了一年零九个多月，也远远超出了事先的估计。

当年，罗中立出于一个"偶然"，让一个普通的中国农民"父亲"借着来自西方的超级写实主义站上了中国当代艺术大舞台，之后，他基本上就与超级写实主义绘画"绝缘"。但今天，他又一次让雕塑《父亲》以超级写实的形式，走进中国当代艺术大舞台。

当年的《父亲》，以其给人第一印象下的绝对"逼真"效果，获得了广大国人的一片叫好声，那么，今天的超级写实雕塑《父亲》呢？

历史会重演吗？

由于超大型雕塑翻铸过程的复杂性，因此，迟至2019年本书出版时，雕塑《父亲》仍然处在未完工阶段。但我们可以设想，超级写实大型雕塑《父亲》的出现，除了会让人们重温当年油画《父亲》带来的那种震撼、重忆起那段历史外，更会唤醒当代人对乡土生命本源的关注，会重新聚焦于今天这个大时代下中国乡土文化新发展的深远意义。

5

罗中立说创作时也喜欢听听音乐。

喜欢听什么音乐呢？

西乐、民乐都听，不特别针对哪一种，而且不专业，不像大学的有些同学比如何多苓等，他们非常专业了。甚至，还有人到了只要听教堂唱诗班的清唱那种程度。

他说创作时听音乐对于他，可能就是自己想有一种氛围，感觉这也是他艺术创作整体需要之一。他说自己的体会是，音乐传导出来的节奏和声响，很多旋律，不管是否已经听懂了，莫名其妙似的常有一种感觉，好像是音乐在推着你去思考，在思考中你经常会热泪盈眶，有时甚至会起一身栗子。他说其实我觉得音乐对我的艺术创作的影响也真可以说不小，包括川剧锣鼓中那些民间击打乐器如镲子、锣鼓等发出的仿佛很"土"但透出古老意味儿的节奏音，都会在我的创作中给以某种"配合"和启发。他说看我的很多乡村作品时可以用心去仔细听，真的能听到经由我的心、我的手，一点一点写进那些画面去的、已经在中国流传了上千年的民间乐曲声。

音乐之神这样告诉歌手：我给你灵感，你给我形式。罗中立借助音乐的，是不是正是为他心中的音乐寻找一份在画面表现的特殊的形式？

罗中立并不是传统意义上的天才，不像骆宾王那样，七岁就吟唱出了流传千年的"咏鹅"诗；不像莫扎特那样，七岁就开始在欧洲多国做巡回钢琴演奏。事实上，罗中立就是他给自己下的结论那样，一个在艺术的田地里辛勤耕耘的"农民"，几十年如一日地、比大多数做艺术的人更努力地劳动着、借着自己那往往表现为与众不同的"不安分"和"另类"的天性、坚持着对艺术的一份无悔而执着的永远追求——因为艺术，很早就成了他生活中、生命中密不可分的，甚至可以说是最重要的一分子；他也是很满足地、一步一步地收获着这条路上的每一个成果；他更是一个对生活、对自己、对自己的艺术始终保持着清醒的旁观者状态的人，这一切的一切，帮助他最后成为这一个"罗中立"，在一种机缘际会的时候，使他成为了中国当代艺术史上的里程碑式的艺术家。

罗中立是家中的老二，小时候邻居家大人和孩子都喜欢把他叫做罗家二。

罗中立是家中的老二，长大一些后，很多人叫他罗二。

罗中立是家中的老二，读附中时，不少同学还叫他罗二，又因为这时他年龄比很多同学偏大，有同学就叫他罗二哥。进到大学后，因为他年龄继续偏大，所以继续被同学们叫做罗二哥，但这也是因为班上有几个同学原来就知道这么叫他，其他同学干脆就跟着这样叫了。不然，说不定他又会再次被同学们叫做"罗眼镜"，就像在达县钢铁厂时工友们叫他的那样。

后来他大学毕业了，当大学教师了，当院长了，可是很多人还继续叫他罗二哥。

— 529 —

这样叫的人主要是从前的同学，和他很熟悉的同事，走得很近的朋友，例外的还有小孩子，他朋友的小孩乃至后来朋友的小孩长大了结婚后生的小孩，就是说，小孩子们都叫他"罗二哥"，而且经常是边好奇地叫边哈哈大笑，当成很开心很好玩的事儿。罗二哥最喜欢被叫做"罗二哥"，特别是被小孩子这样叫。偶有朋友带着自家的小孩在第一次见到他时会对小孩子说：快叫罗伯伯。罗二哥会赶紧着抢断说，不要不要，就叫罗二哥好些。当听到那小孩子很害羞很天真又很甜地叫出"罗二哥"时，罗二哥高兴得简直是两眼放光，忙不迭地一口答应，脸上也总会笑开了花。这肯定是一点小事，却让人看见一个真实的罗中立，看见孩童时代的罗中立，看见他深心中保留着的那颗童心，看见他骨子里存在着、会在不经意间流露出来的玩童的天性。

　　无论认识了罗中立很久的、还是第一次和他见面的人，都会对他得出这样一个结论：和气、朴实、真诚、平易近人，没有大艺术家的架子。

　　这就是罗二哥。

　　罗二哥，今天天气正好，下地干活儿去吗？

　　好啊，干活去！

2017年5月开笔
2018年8月稿毕于川美大学城新校园

后记

1

最初动起想写《父亲》这本书的念头，应该是20世纪90年代初哪一年。

记得有一天，罗二哥和陈姐来到我南坪的家中，我们喝茶，聊天。闲聊中，我对罗二哥说，我要先预约好，以后有空了，要把油画《父亲》以及和他有关的事来写一本书，因为当年，《父亲》对于文革后首批参加高考进入高校的我们这些热血青年，完全是一种号召和刺激和激励。记忆中留下的印象是，每次看见它，几乎就想发出疯狂的呐喊。

罗二哥听了，开玩笑似的回答说，好呀，等哪一天说话时嘴巴都包不住口水了的时候吧。

2017年仲春，第一本中篇小说集出版后休息了半年的我，认定正好有空而且必须赶紧提起笔来，写这本已在脑子里"纠缠"了二十多年的书。虽然这时候罗二哥说话不但是没有嘴巴包不住口水的状态，反之，他条理清晰、趣味横生且记忆力超好，好到让我都忍不住羡慕。比如聊天中他对自己的童年、少年时代的那些记忆，清楚而准确，常常是把我也一下子就拉回到了那个经历过的年代，那些趣事、趣话，等等，都随着他的回忆重新在我脑海里鲜活起来。

2018年初夏，为了确证书中提到的一些细节，我采访了已经年届一百岁的罗父，又因罗父表现出的与罗二哥几乎完全相同的精神状态而惊奇且震撼。也因此我很明白了，何以平时里罗二哥的行为会显得那样洒脱、大度、敞亮、无所在乎，敢情都是得益于天生和真实，得益于从小以来父亲的言传身教。

真实话，当我动笔写这本书的时候，才发觉我之前太低估了写出、写好这本书的难度。特别有几个主要的问题，真是估计不足。就此大致说几句。

1. 信息量超大。

信息量超大的原因涉及几个方面。

首先说说本书的一个重头戏：油画《父亲》。

在过去近四十年里，有太多的人，包括媒体界和艺评家们，对这幅画以及罗二哥本人，连同与他相关的方方面面，不仅已写了太多的各类文章，更几乎可以说已经给"挖"了个遍。今天我来写，还该写些什么，该怎样写，才不至于让读者有老生常谈、味同嚼蜡之感？坦率说，在我这本书里，围绕着油画《父亲》的如何诞生等等，我自认的确花了很大的精力来写，为了写这一幅画而使用的篇幅和付出的心思，不折不扣是最大的，明显超过了对他原创的"中国话"艺术语言的描写。但即使如此，我真不敢说把它写得够好够到位了。只能说，在人们之前对它已经有很多了解的基础上，我新增了一些大家以前可能不知道或者不太清楚的东西，新增了一些从我的角度去认识、分析和理解的，但也不一定就正确的东西。怎么说呢，我想，既然我是作者，好歹总得要有一些自己的观点在里面才对，不是吗！

其次，由于罗二哥是个手脚勤快、又总不甘寂寞的艺术家，在他几十年的辛勤努力下，他那块艺术土地里已积累了太多的各种"收获"。显然我不可能也无法一点不漏地都写出来，但至少，主要的不能丢吧？所以，一个大问题出来了，到底应该筛选出哪些来作为必写，才有可能向读者展示出一个最真实的、相对全面的罗二哥，才能恰如其分地呈现出他走过的人生路和艺术之路上发生的有关重要内容，才能够保证这本书拥有翔实的信息量。

2.罗二哥作为著名艺术家，要写他，肯定少不了很多内容要与艺术扯上关系。偏偏我又不是艺术科班出身，顶多是有几分爱好，偶尔也涂抹几笔国画，用罗二哥看见了我的国画涂鸦后说的，你这属于画菜画里面画得好的。我理解他这话的意思是说，我比绝大多数画菜画的人画得更菜。所以我身上的那一丁点儿艺术感在这里不能真帮得上大忙。因此，写这本书时，与艺术包括与艺术理论有关的，我只好尽量去多问艺术专业的朋友、多看也多借助艺评家们写的文章。但因为隔行如隔山的道理，往往是问了、看了仍然心中不明。只有不怕惹别人心烦，去多问几遍、自己再反复多看几遍。幸好还有几分文学底子，于是把自己从文学的角度得出的理解，从艺术专业的朋友那儿问来的，从看艺评家们的文章里得来的体会，也加上依着自己的艺术爱好下得来的肤浅认识，糅合一起，小心翼翼地写出，希望不至于让懂行的读者觉得我完全是在乱开黄腔。但假如我都这样做了还是有大不妥，就只好求予谅解了。同时还得做个特别声明：关于罗二哥的艺术，不是本书的最重点，顶多，是若干个重点之一。

3.罗二哥作为一个公众人物，因而对他的褒贬必然都有。所谓"人上一百，形形色色"。而我该怎样才能做到主观上的不偏不倚呢？首先是，我肯定要加倍"避嫌"，不能让有人觉得，我这样或那样来写他有刻意粉饰之嫌。其次是我必须坚守我一贯的"一切真实"原则，确保真实是本书最重要的要旨。书中出现的一切尤其可能与资料相关的，只要是在我可掌控范围内的，都绝不会是我戴着有色眼镜写出来的。最后，涉及人们对罗二哥和他的艺术、作品的看法时，我的方法是，尽可能搜集到两方面的意见写入，再按照我玩文字的原则，只写事实、不加任何分析或评论或引导。见仁见智，都让读者自己结论。

4.本书描写的内容时间跨度大，在写的过程中，我发现不少原来写的相关重要资料有差错或者不清楚。对这，我认真分析了一下，觉得主要还不应该把账算在时间跨度大的头上。因为严格意义上看，三五十年的时间跨度也并不算太长。所以准确些说，该是因为我们以前在对文献资料的记录和写文章时的较真这些方面做得不好，才给今天留下若许失实带来的后遗症。比如与罗二哥本人经历相关的、与《父亲》创作相关的，甚至连与举办全国青年美展这样的重大事件相关的，都是要么以讹传讹，要么王顾左右而言他，要么流于表面，要么干脆就错误。我的确感觉得很奇怪的是，之前有那么多人写了那么多的相关文章，居然从没有谁站出来加以纠正？这里说一个小例子。不仅很多人口中所传，也包括很多艺评家的文章里，都把罗二哥得以创作出了《父亲》的最根本逻辑原因，归于他曾经在大巴山当过许多年知青，因而理所当然地结论出正是基于他的那段经历，才使得他能够如此了解大巴山农民，与农民有真感情，最后选择画了大巴山这个农民"父亲"。如书中已指出的，罗中立没有当过一天知青，所以他与从知青经历产生的那种对农民的认识没有直接关联。常人所谓的由知青生活得到的对农民的认识，最多是他创作《父亲》时燃起来的熊熊大火中的极小极小一撮柴薪，而且还只是他的间接经历，比如说听来的、看来的，却绝不是亲身经历来的。

表面上看，有没有过知青经历，对于他创作《父亲》似乎没有很大影响，因为《父亲》不是已经诞生了吗？

其实不然。对于我们研究《父亲》的诞生，对《父亲》深层次里所包含着的内容，这恰恰很重要。首先，它会使得我们抛开这种流于表面的、简单的认识，转而从不同的角度、"迂回"得多的角度进入，去探索、总结、获得他选择并画出这样一个农民"父亲"的真实原因。而这个真实原因，可能会在相当程度上改变了人们之前认可的"父亲"肩负的责任，改变人们对《父亲》的许多浅显认识。

当然，罗中立也不是像有人猜测的那样，本就是一个出身农家的子弟，所以能把农民《父亲》画得这样酣畅感人。

面对所有这些问题，我只好开一个玩笑，说"拨乱反正"，真是本书一个非常重要的内容。

从以上几点也可知，本书的完成在时间本就有限的前提下更被约束，这必然导致本书中一定存在不少类似挂一漏万的瑕疵。那并非作者不严谨，是事出无奈。谨此，向读者朋友们致以真心的歉意！

郑重声明，本书中出现的任何观点、论点、见解、认识等，除明确注明出处的以外，都不代表出自其本人；也包括罗二哥、包括书中提到的他说的话，大都是作者自我理解后的描述或转述，并非原话；也都不旨在对之前人们已有的某种观点或认识重新进行评估或给出新的结论，不作为"对与错"的评判标准，或思考的引导标准；还包括作者在本书中写到的对罗二哥的认识以及对他的艺术作品的观点，皆属作者一管之见。

关于这本书我有两个想法。

第一，可读性。为此，在篇幅允许的情况下，除了把罗二哥的人生成长经历作为一条主线索写以外，也尽可能多地把这几十年里出现的社会事件真实地写进来，包括哪怕是人们习惯认识上的社会底层的一些现象。目的是让读者们可以借此看到社会的某些侧面，进而多少对之前人们的生活状态等有所了解，也知道置身其时的中国当代艺术的一些侧面背景，自然，还是为了可以帮助大家更好地认识、了解罗二哥的人生路，社会对他的艺术创作路产生的影响，全方位地增加理解。

第二，资料性。关于这一点，除了上面谈到的"拨乱反正"的意思外，还包括了围绕罗中立和他的艺术创作路发生的大量方方面面、更有与之相关联的同时代社会事件的准确性上，等等。既然写这本书最初就有一个目的，想着要为中国当代艺术留下一些真实的记录，那么在写书的过程中，发现了那么多有意无意的差错造成的遗憾，一是足见我们以前对资料文献的重视这方面确实做得不好，二是既然知道了，现在这里我就必须得尽量做到准确。尤其当我联想起在世界艺术范围里世人皆知的德国"卡塞尔文献展"，想起曾经看到的他们对于相关资料文献的重视，认真到近乎于苛刻的态度，完善到无可挑剔的地步，就更加强了我一定要用认真再认真的态度来写出这本书的信念。希望它能成为一本资料既准确又丰富的好书，想着它能成为某一天，某些人愿意精读的一本好书。

能不能达到我的目的是另一回事，但我有没有为之这样去做，就是我的问题了。

感谢一直关心着我写这本书的所有人！正是你们反复的、不厌其烦的催问、鼓励和热切的希望，使得我能够鼓起了最大的勇气，在自认为的最短时间里顺利完成了这本书。不然，我不知道我是不是真的可能会半途撂笔。

感谢所有我借用、引用过你们文中的思路或段落、句子等的艺评家们！正是你们思维的光辉，使这本书多了若许灿烂色彩！限于篇幅，我无法一一向你们致谢，仅借此，致以最真心的感谢！

2

1980年1月,我正在四川外语学院英语系七七级学习。

1977年高考时,我本也报考了美术,结果却阴差阳错,被招进了外语学院,虽也不能说因此有多大的后悔。正因为有对画画的几分爱好,我对于看别人画、看画册、看画展等,有一份相对高些的热情。

1980年1月中旬里的这一天,应该是一个周日的上午,因为记得那天我是和班上几个外地同学约起去沙坪公园一游。作为"地主",我陪他们去公园里看全国仅存的那个红卫兵墓。后来就在这一天的沙坪公园里,在一排平房那儿,我们看见正在举行一个画展。好多年后才知道,那就是在中国艺术圈里很出名的"野草画展"。

好多年后知道的叫做"野草画展"里看见的那些画,当时留给我的印象如果要用语言来概括的话,可叫做"不知所云",或者叫"云里雾里"。仅作为爱好者的我,和我的几个连爱好者也不算的同学,基本上是走马观花般地溜达了一圈。终于,当我们站到一幅不很大的画前,本来就是完全看不懂,又要附庸风雅,或者说是装腔作势地在看的时候,一眼瞥见旁边站了一个高个子青年,他正在和身边一个中年人交流着什么,听上去感觉他的话很专业。我就半假半真地去问他,说这幅画画成这样,要画什么呀。

高个青年听见我发问,转过身来,马上就着这幅画,热情地给我和几个同学讲起这呀那的。但实话说,他讲的什么我们谁都没听懂,过后也是一句都想不起。我唯一记住了的是他脸上那种热情和微笑，肯定是怕我们听不懂，所以讲得很认真、很投入，而且我猜极可能还因为有人来提问而带有极大的兴奋。

我记住了他的模样，因为第一眼就觉得他很亲近，像一个认识了很多年的老朋友；他讲画时，像是一个大哥哥在给你讲一件兄弟之间的什么事一样。我还记得，他当时看见了我们几个人胸前佩戴着四川外语学院的校徽，还笑着说了一个英语单词。说的什么，记不清了。离开的时候也很礼貌地顺便问了一下他的名字。他笑着说我叫罗中立，四川美术学院的学生。我一下子就记住了他的名字。原因一是自己对画画的那一点儿爱好，自然就对美术学院的学生有几分"仰视"。二是因为"中立"这个词，让我马上联想起"中庸"，联想起"而立"。我后来还多次想过，罗父给他取这个名字，应该就是为了对应古话说的"三十而立"，对他寄予了一份厚望吧？好多年后当我终于有机会问起他时，他笑着说不是，只是为了合着家族的字谱，父亲才给他取了这个名字。

那之后，也就过了将近一年吧，油画《父亲》横空出世。知道作者是四川美术学院七七级的学生，名字叫罗中立时，我一下想起了之前在沙坪公园里看展览时碰到的那个热情青年。

沙坪公园的偶遇，成了我和罗二哥认识的第一个"巧合"。

不太久之后，不过离第一个"巧合"也有了两年之隔，第二个"巧合"出来了。

大学毕业时我和罗二哥当年一样，分配去了达县。

到了那里，本来我最后也可以借着一个长辈的帮助，留在地区的什么学校当外语教师。偏偏我那时对写小说正孕育着一种异常强烈的渴望，也和当年刚到达县的罗二哥怀有同样的心情，希望走进大巴山深处去，满心以为那样就可以有机会听到很多当年红军的故事，他是为了能创作出革命题材的画，而我则想着可以写出很精彩的红色小说来。

在地区人事局的毕业生安置办公室，借着乡音我认识了重庆大学毕业后分回达县的一个重庆小伙子，也是个大个子，60年代下乡的老知青，后来招进厂工作。他是带薪学习，按政策回到原工作单位。他听了我很直白的想法，就说，去我们厂吧，在万源，当年红四方面军打过万源保卫战，那里是四方面军的老窝子，现在很多山上都还

留着红军打白军时挖的战壕，岩石上有很多红军标语。

我脑海里和眼前立即浮现起那些在银幕上见惯听惯的硝烟弥漫的厮杀场面，耳边似也响起弹雨横飞的呼啸声。我没再多想，接受了他的建议。心里说，好歹那里有一批重庆老乡，还找到了一个可以写红色故事的"窝子"（据他当时告诉我，说厂里还有很多重庆知青调出来工作的。去后，知道是事实）。

我就去了达县地区万福铁厂，当年罗二哥也曾经被分配去但最终没有去的地方。

罗二哥没有去，我去了，不知这算不算是第二个巧合。

实话说万福铁厂给我的印象真的是很差，看在后来和厂子弟校的一大批老师及厂里不少职员都成了好朋友的分上，就不在这里对之详细描述了，再说它也不是我这本书的主角之一。但有一句话我在此却必须说出来。刚到厂里时，学校有一位文革前从外省分配来的大学生，他对我说过这样一句话。他说，不要小看万福厂这条夹皮沟，里面可是藏龙卧虎的哟。很多年后，我看到有大量事实证明了他的话。但我始终不理解同时又觉得非常惋惜的是，为什么那么多的"龙虎"，会被迫"搁"在万福铁厂所在地那个被称作"沙滩镇"的"滩"上？

我在万福铁厂子弟中学待了大约三年，经过无数折腾终于调回了重庆。其间，我听到过好些人谈起当年罗二哥来厂里为搞厂史宣传画画的事，也在厂部那条长长的、黢黑的过道上若干次见到罗二哥当年为厂史宣传画的那幅很大的工厂全貌图。

离开万福厂时，我带着几分遗憾，因为最终没能写出一篇红色小说，连像样的草稿也没有一篇；更准确说这时已经没有了当初的激情，它曾经蛊惑着我为了写出红色小说而不惜走进万福铁厂这道夹皮沟里来。那几年也勉强写有几个短篇小说草稿，但都是与当时的社会背景关联的，最后不知被扔到哪里去了。幸好，其间我借机学完了人民大学开的两年函授课程，是主要关于写作、逻辑和语言等方面的课程。

多年后我越来越发觉，其实在万福铁厂的经历里，更有一分很沉重的遗憾，就是没能把当年罗二哥画的那幅很大的万福铁厂全景图给"抢救"出来，甚者，连照片都没有拍下一张。

我为什么提出这点来加以强调，是基于若干年后才想到的一个很基础、也很关键的国人与艺术的问题。在万福厂时，我和我身边的大多人，谁都知道那幅巨画是出自罗二哥之手，而且也谁都知道他是很出名的艺术家！但问题却在于，我们谁都没有丁点儿概念，要把出自一个名艺术家之手的这幅已经差不多就要沦为垃圾的画保护下来（虽然它不一定是一幅多了不起的作品，但至少记录了一段历史，至少是出自一位名家之手）。所以说对于艺术，那时的我们真的是最多有一小点儿朴素的喜欢而已，对保护艺术品的下意识就半点儿全无。由此可知，在过去那些年代，艺术和艺术品在广大国人的心目中，其真实地位如何！亦可知，艺术教育对于中国人，何其重要乃尔！因为就连我这个貌似对画画还有几分感觉的爱好者，一个受过高等教育的人，中学的一个教师，当时，竟也没有做出比普通人更多出一分"上进心"来的举动。呜呼！

1991年初春，我去武汉接一个美国来的朋友。我们乘那时很热火的三峡旅游船回重庆。

黄昏时分，游船惬意地缓行在长江三峡里，我和朋友坐在游船的顶层观景台更加惬意地欣赏两岸如画风景。

美国朋友突然问我，你认识罗中立吗？我说知道，有过一面之交，但没有来往。

美国朋友说罗中立是她的好朋友。然后又问，你现在能够联系上他吗？我说可以试试。

我就去找到船长，用船上的电台，给罗二哥发了一份电报，告诉他一个美国朋友希望两天后到达重庆时与他见面。

两天后船到重庆。船正靠码头，我一眼就认出了站在趸船上等着的罗二哥，旁边站着他的太太，当时还不认识。后来我喊她陈姐。罗二哥则每次都是那样充满温情更充满甜蜜地喊她"柏锦"。

罗二哥和太太上船后，美国朋友给我们做了介绍。我忍不住很激动地问他，还记不记得那一年在沙坪公园画展上我们的见面？我还提醒他说我是川外七七级的。

他思考了几秒钟，带着几分兴奋说，想起来了，有点儿印象。

从此，我们成了朋友。

这无疑该算作第三次巧合，最后一次巧合。

这三次巧合，成了我后来想写《父亲》一书的主要催化剂。我有时候甚至无事生非般地认为，冥冥中是不是真的有什么力量，故意制造了这么些"巧合"，目的就是

要让我来写这本书？我漫无边际地想，换一个学文学的人来写，应该比我写得更有文采；换一个学艺术史的人来写，肯定会比我写得更专业。但是我非常自信的是，应该谁都无法写得像我这样生动，这样投入，这样真实，这样感同身受，这样零距离，这样透着真挚和真诚。就好像罗二哥有时候和我开玩笑说的，你写这本书最有条件，有问题想问了，直接来串门就是，反正咱两家的门也就隔着三十米远。

其实距离不是问题。问题在于写书人持有的态度。

3

本书脱稿之日，正值处暑，虽然我知道炎炎夏日已所剩无几，但在重庆，就算夏天已经成为"秋后的蚂蚱"，接踵而来的很多个日子还都会让人饱受"烧烤"。就像有一句笑话说的：人间蒸发不是梦。

本书脱稿之时，我如释重负地取下几年前买的二百五十度老花镜（听着有点儿像是自称二百五），突然发现电脑屏幕上的每一个字一瞬间都演变成了至少是三个模糊造型。我就知道我眼睛的老花程度在过去这一年半左右时间里，又大大地进步了。

本书脱稿之日正值火炉重庆的处暑日，所以我还穿着一条火腰裤，打着光巴胴，抬手在我那张清中期木匠创作的可以值几个银子的酸枝木画案前面的一张分文不值的小破桌上的电脑屏幕上，以类似神笔马良的功夫"画"出了最后一个字，那时，我的鼻子突然隐隐闻到了画案所用的酸枝木本身有的、现在一定是被重庆酷暑的极度炎热给猛逼出来了的酸臭味。虽然酸臭，它却让我空前清醒，明白我的确可以喘一口长气、暂时放松了，因为终于又把一个有二十几年历史的梦变成了现实。

我说我还穿着火腰裤打着光巴胴玩写书，一定会有人站出来嗤之以鼻，而且我还知道主要会是我从前在另一个单位里那几个老是故意和我过不去的女同事，她们会说些诸如现在都什么年月了，你还可不可能穿火腰裤、打光巴胴之类爬格子的话；说你不坐在空调屋里端一杯龙井捧一盒比利时黑巧克力尽情享受。鬼才信！

爱信不信。我说的是事实。我现在充当书屋的地方其实就是一条过道，装不了空调，但是有网线。装了空调的客厅和卧室里，没有装网线。造成这个"可悲"事实的原因是，十年前我装修这个屋子时，犯下了很多人戏谑别人时爱挂在口头来说的"你龟儿一个农民"那种错误，实际上说这样的话就是总结你目光短浅、吝啬。而我原来单位上那几个老是故意和我过不去的女同事们最喜欢挖苦我的也是这点，表达的也是这个意思：你龟儿一个农民。

我多费了几句笔墨来写这些，其实就是想在完全结束本书之前借机绕回我在书里写到的那个关于人们如何认识农民的话题，证明人们对"农民"不客观的普遍性、深入性和持久性。你看就连我那些貌美如花的七零后女同事，都还保有这种深刻的思想认识，你敢保证她们不会把这样的认识传递给她们的下一代、再下一代？

我说我这时还穿着火腰裤打着光巴胴，既是事实，同时也是重温一下当年罗二哥画完《父亲》时的状态。也是重庆的酷暑八月天，罗二哥也是穿着火腰裤打着光巴胴在工作室里忘记温度地当了几个月的"耐温将军"，才终于得成正果。

看来《父亲》注定要和重庆的酷暑——火热、热情——结缘。

我穿着火腰裤打着光巴胴写书的出发点，当然是为了减轻炎热给我身心带来的折磨，但它到底能有多大的效果，无法评估，因为当我坐在清代画案前的这张小破桌前写这本书的时候，早已忽略了炎热，脑海里和眼前只有思想和文字。我想象罗二哥当年一定也是这样"感同身受"。

当我偶尔轻松地从有空调的客厅走出来，走到画案前的小破桌这儿坐下时，才会迅速意识到弥漫在这儿的炎热的严重程度。好在，我可以最快地把这热量转化成文字，让它们走进电脑屏幕的最里面去：那里永远都是一片深沉的、舒适的、温馨的蓝。

虽然本书在我的电脑上脱稿时还值火炉重庆的处暑，虽然我也还穿着火腰裤打着光巴胴，但我可以非常欣喜地说，这本书以固态的形式再次走向我、走向我的读者们时，虽然我不知道它最后是否真会被我的读者们喜爱，但至少，那时该已经是金秋十月、凉风习习了！

是一个收获的季节。与衬托《父亲》的是同一个季节。

4

此书写完之际，我心里有一种空落感，没底，不像两年前也是承重庆出版社出版的我的那部中篇小说集，写完时，心里很充实，很有点儿终于胜利在望的感觉。

不过无论如何我得强调，起码我自己认为，在这的的确确有限的写书时间里，我已尽了大努力，还一路强忍着颈椎和腰椎因受累过度所发生的巨大疼痛。无奈之下我只好期待着本书会有再版的机会，那时我一定愿意用更多的时间，坚定不移地把它做得更好。

2004年，我和罗二哥从巴黎乘火车前往安特卫普，去他当年留学的皇家艺术学院。他是个很怀旧的人，只要来到欧洲，只要抽得出可能的空闲，都要回学校去看一眼、转一转，哪怕只待上一两个小时。

我们在火车上一路聊天。

罗二哥谈到，因为《父亲》的影响太大了，所以过去的很多年里，有不少人建议他再画一幅《父亲》。但是这么多年过去了，他都没能找到再画《父亲》的好角度和好方法。也有不少人提出是重画，还是再画的观点。他说对于个人艺术的不断深入尝试来说，再画或者重画都是很有意思的一个命题。一件家喻户晓的作品，你在重新创作的时候如何赋予它新的意义？但他也说，至少有一点心里是清楚的，即使重画，也不会是重复当年那样的写实画法。

这时他也很谦虚地问我，觉得再画《父亲》这个想法的可行性如何？假如画，可以怎样画？

我觉得这是一个大难题，难度也不亚于哈姆雷特发出的两难呼喊：活着，还是死去，这是一个问题。

以罗二哥在艺术中喜欢"重复"的行为来看，画另一幅《父亲》很正常很自然。

但是，对于《父亲》这幅有特定意义的画，是不是应该、是不是可以重画，我认为还真得两说。

选择怎么画，才是最大的难点所在。

当现在的《父亲》事实上已经成为了"唯一"时，还有可能再画一幅同样图式的《父亲》吗？答案必然该是"No"。否则，可以想到的结果就一定是，弄巧成拙、画蛇添足。在上千年的历史长河中，咱们的老祖宗对这样的行为已经有若干个成语在候着。

那么就不画吧。

但我也觉得罗二哥心里可能还是很想画一幅的，难就难在该怎样画，不然，他就不会说"一个艺术家，把美术史上的作品，或者把自己的作品重新演绎是一直都有的"这样的话。也不然他就不会在新世纪的2007年用两种语言来画了两幅《父亲》——虽然都可以只算是色稿，但涌动在他心中的念头，足见一斑。

我记得我的回答是：如果能找到足够的动力，当然可以画一幅，而且我也很认可的是，不能重画一幅原来那样的《父亲》。我又故作高深地说可不可以在"父亲"这个角色所代表的意义、所包含的内涵上来大做一番文章，因此也可多装进去一些当代性？比如图示，就可以更当代一些，但画面不要抽象，要让人们看了后能够有很丰富的联想和反思。可以举例说一点。在现实生活中，有太多太多人，当"父亲"已永远地离开了后，甚至可能还不知道"父亲"的生日，更不用说当与"父亲"同在时，竟

然没和"父亲"有过多少深入的交流甚或日常聊天,等等。我说希望再出现在大众眼前的"父亲"能够从人文上、人性上、今天时代里人与人之间的关系上,来拨动人们的心弦,让人们可以在这幅《父亲》里认识到,每一个人,都应该哪怕是把"父亲"当成一个可以交心的好朋友、一个好人,好好地与他走过快乐的一生。就这么简单。

罗二哥说我再好好想想吧。

我期待着。

我们都期待着。

期待中我也想做一次重复:在艺术家心中没有画出来的那一幅画,永远都是最美丽的画。

也仅以此,作为本书的结语。

2018年8月于四川美术学院大学城新校园

■ 2008年访问安特卫普皇家艺术学院前院长。右一为本书作者

主要参考资料

《美术》	1980年、1981年全年刊
《芬奇论绘画》	人民美术出版社
《李可染》	古吴轩出版社
《大陆美术选集》	台湾艺术家出版社
《充满激情的乡土写实主义》	邵大箴
《新形态美的创造》	邵大箴
《消逝的乡土》	易英
《罗中立的艺术历程》	巫鸿
《在绘画语言探索中生存》	王林
《读罗中立风景画》	王林
《罗中立绘画艺术的重复激情》	吕澎
《镌刻时代的印记》	凌辰伟
《社会学叙事与审美现代性之间的双重变奏》	何桂彦
《大型超级写实主义雕塑的创作》	徐光福

罗中立生平资料

1947年7月出生于重庆

1960年9月—1963年7月　　歌乐山中学

1963年9月—1966年7月　　四川美术学院附中

1966年7月—1968年9月　　文革期间停课

1968年9月—1978年2月　　达县地区钢铁厂

1978年3月—1982年2月　　四川美术学院油画系

1982年3月　　　　　　　　四川美术学院留校任教

曾任：

四川美术学院院长

重庆市美术家协会主席

重庆市文联主席

中国美术家协会副主席

中国油画家学会副主席

中国艺术研究院当代艺术院院长

重庆美术馆馆长

文化部"德艺双馨"艺术家

国务院"政府特殊津贴专家"

全国先进工作者

二级教授

博士生导师

设立：

"罗中立油画奖学金"

"中华文艺奖"奖金100万捐赠筹建罗中立教育基金